パーソナル・リスクマネジメントと保険

人身事故、医療・介護、所得保障

李洪茂
(Hongmu Lee)

HAKUEISHA

はしがき ────────────────

　パーソナル・リスクマネジメント（Personal Risk Management; PRM）は、リスクマネジメントを各個人のニーズに適用するプロセスであると定義される。これは、個人のリスクを特定・分析・評価し、その後、対応計画を実施し、その後の変化のモニタリングとレビューを行うプロセスである。

　リスクマネジメントは、企業にのみ適用されるわけではない。すべての人と家族は、予期せぬリスクが発生した場合に対処するための計画が必要である。これには、さまざまな保険制度を利用することができる。

　このようなパーソナル・リスクマネジメントに適用できる保険制度について、第一部　人身事故と保険制度、第二部　医療・介護と保険制度、第三部　所得保障と保険制度に分けて概説している。

　本書では、リスク別に強制保険と任意保険、社会保険と民営保険を統合的に概説している。例えば、所得保障であれば、公的年金である社会保険と企業年金や個人年金などの民営保険がパッケージとなって、一つの目的を補完的に達成しているためである。したがって、対処しようとしているリスクに対する保険制度を社会保険と民営保険を統合的に立体的に理解する必要がある。

　しかし、これらの分野に対する既存の保険関連書籍では、民営保険と社会保険などに分割して解説しているため、我々の人生の中でそれぞれのリスクを体系的に管理できているのかを総合的に理解することが容易ではなかった。本書では、社会保険と民営保険の区分での概説ではなく、パーソナル・リスクマネジメントの観点から、リスクの対応に利用できる保険制度を体系的に解説している。

　さらに、保険学の専門書の代表的なものとして保険論があるが、この保険論の学習後には、生命保険論や損害保険論などの保険学の各論ともいうべき科目の学習をしている。しかし、これらの保険学の各論の内容は、保険論の抜粋の域を出ない場合も少なくなく、それらの各論は保険論やリスクマネジメント論に統合・廃止される事例も散見された。本書は、保険論の内容の抜粋ではなく、パーソナル・リスクマネジメントにおける重要なテーマである人身損害・医療と介護・所得保障に保険制度を適用すること中心に、保険論を学習した人が発展的な内容の

保険学の各論として学習できることを目指した。

　本書が、パーソナル・リスクマネジメントのための保険学の各論として、活用
されれば幸いである。

2021年9月17日

李洪茂

目次

第一部　人身事故と保険制度

第1章　交通事故と自動車保険　　　4

01　賠償責任保険　　　5

　1　賠償責任保険の概要　　　5

　2　賠償責任保険の対象　　　5

　3　てん補限度額の性格と種類　　　6

　4　First-Party Coverage(Insurance)とThird-Party Coverage(Insurance)　　　7

　5　人身事故と自動車保険　　　7

02　自動車損害賠償責任保険（強制保険）　　　9

　1　損害賠償責任の条件付無過失責任化　　　9

　2　強制加入　　　12

　3　被保険者　　　14

　4　担保危険および免責事由　　　15

　5　保険金請求と保険金の支払　　　17

　6　支払基準の法定化　　　21

03　交通事故と従来の任意の自動車保険　　　22

　1　担保種目　　　22

　2　自動車保険商品の種類　　　28

　3　人身傷害補償保険　　　31

第2章 休業損害と逸失利益　　36

01 交通事故と損害　　37
　1 交通事故による損害の分類　　37
　2 消極損害　　38

02 休業損害の発生と計算　　39
　1 休業損害の発生　　39
　2 休業損害の計算　　40

03 逸失利益の計算要素と算出　　43
　1 逸失利益の計算要素　　43
　2 逸失利益(死亡)の算式　　44
　3 逸失利益(後遺障害)の算式　　53
　4 労災保険の障害等級表　　56
　5 後遺障害等級の認定　　58

04 中間利息控除の方法　　63
　1 中間利息控除の概念　　63
　2 現在価値と将来価値　　65
　3 単利と複利　　66
　4 ホフマン方式とライプニッツ方式　　68
　5 ライフニッツ係数　　71

05 中間利息控除の保険金への影響　　75
　1 民法の改正　　75
　2 中間利息控除と保険　　76
　3 中間利息控除割合と保険金　　76

第3章 損害賠償金(保険金)の計算　　78

01 損害賠償金(保険金)の計算項目　　79

02 財産的損害と精神的損害　　81

1 財産的損害 ... 81

2 精神的損害 ... 82

03 傷害による損害 ... 84

1 治療費 ... 84

2 慰謝料 ... 86

04 死亡による損害 ... 87

1 逸失利益（死亡）... 87

2 慰謝料（死亡）... 87

3 扶養利益の喪失（死亡）... 88

05 死亡の保険金（損害賠償金）算出の事例 ... 88

1 給与生活者の死亡 ... 88

2 18歳未満の未就労者の死亡 ... 89

3 主婦（76歳）の死亡 ... 90

06 後遺障害による損害 ... 91

1 後遺障害の定義 ... 91

2 逸失利益（後遺障害）... 92

3 慰謝料（後遺障害）... 92

07 後遺障害の保険金（損害賠償金）算出の事例 ... 94

第4章 人身損害と減額 ... 96

01 混同 ... 97

1 混同の概念 ... 97

2 親族間事故と混同 ... 98

02 過失相殺（民法）... 99

1 過失相殺の概念 ... 99

2 過失割合 ... 100

03 重過失減額   102

04 自賠責保険と任意の対人賠償責任保険   104

05 好意同乗   105

06 素因   106

07 因果関係の認否が困難な場合の減額（自賠責保険）   107

08 損益相殺   107

09 民営保険と減額の関係   108

第5章   **アメリカにおけるストラクチャード・セットルメント**   110

01 ストラクチャード・セットルメントの概念   111

02 ストラクチャード・セットルメントの免税   113

03 ストラクチャード・セットルメントの利害関係   117
   1 被害者   117
   2 加害者（損害保険会社）   120

04 ストラクチャード・セットルメント・ファクトリング取引   121

05 ストラクチャード・セットルメントの効用   126

第6章   **労働災害と保険**   128

01 労働保険と労災保険   129
   1 労働保険   129
   2 労災保険の性格   130
   3 労災保険の担保リスク   131

02 労災保険の適用 132

1 労災保険の適用の種類 **132**

2 アルバイト・パートタイム 133

3 費用の徴収と支給の制限 134

03 業務災害 135

1 業務災害の概要 135

2 業務上の負傷 136

3 傷害事例と業務災害 138

4 業務上の疾病 139

5 職業病リスト 141

04 通勤災害 142

1 通勤災害の概要 142

2 逸脱、中断 143

3 通勤の要件 145

4 事例と通勤災害 146

05 労災保険の給付 147

1 労災保険給付の概要 147

2 給付基礎日額、平均賃金 150

3 労災保険給付の支払 153

06 自動車保険と労災保険の支給調整 157

1 自動車保険と労災保険の関係 157

2 自動車保険と労災保険の支給調整 158

第二部 医療・介護と保険制度

第7章 公的医療保険と民営医療保険　164

01 公的医療保険の皆保険　165

02 公的医療保険の運営の仕組み　168

03 公的医療保険の保険者　171
1 国民健康保険（地域保険）　171
2 健康保険（職域保険）　171

04 公的医療保険の保険料　173
1 国民健康保険（地域保険）　173
2 健康保険（職域保険）　176
3 制度間の財政の調整　177

05 高齢者医療制度　178
1 老人医療費の無料化　178
2 老人保健法　178
3 長寿医療制度（後期高齢者医療制度）　179

06 公的医療保険の診療報酬　181
1 診療報酬の概要　181
2 診断群分類　182
3 診療報酬の請求・審査　184

07 公的医療保険の自己負担　185
1 自己負担割合　185
2 高額療養費　187
3 自由診療と混合診療　191
4 保険外併用療養費制度　193

08 民営医療保険の構造と特徴 196

  1 給付金 196

  2 担保範囲の限定 201

  3 医療保険の長期化 205

09 民営医療保険の役割 207

  1 第三分野保険の生損保相互参入 207

  2 公的医療保険の流動的な補完 208

第8章 公的介護保険と民営介護保険 212

01 公的介護保険制度の導入 213

02 公的介護保険の仕組み 214

  1 公的介護保険の概要 214

  2 公的介護保険の利用手続き 217

  3 公的介護保険の要介護の認定 218

  4 認知症の種類 221

  5 認知症の症状 221

  6 公的介護保険の保険給付と要介護区分 223

  7 公的介護保険と公的医療保険の相違点 225

03 介護保険指定事業者 226

  1 指定居宅介護支援事業者 226

  2 指定居宅サービス事業者 226

  3 指定施設サービス 227

  4 その他の事業者 227

04 公的介護保険サービス 227

05 介護サービス 229

  1 居宅サービス 230

  2 施設サービス 233

  3 地域密着型サービス 238

  4 介護予防 240

06 介護保険の利用者負担と高額介護サービス費制度   244

    1 区分支給限度基準額   244

    2 利用者負担   245

    3 高額介護サービス費制度   246

    4 施設の食費・居住費（滞在費）が軽減される制度   249

07 有料老人ホーム   250

08 公的介護保険と民営の介護保険   251

第三部   所得保障と保険制度

第9章   公的年金制度   254

01 日本の年金制度の概要   255

02 公的年金制度の概要   257

    1 国民皆年金   257

    2 国民年金の被保険者   259

    3 厚生年金と国民年金   262

03 公的扶助   263

04 公的年金の給付   265

    1 公的年金給付の概要   265

    2 老齢年金   266

    3 障害年金   274

    4 遺族年金   279

05 公的年金の給付   288

06 公的年金の財政方式   290

07 マクロ経済スライドと所得代替率   297

08 社会保障協定   302
1 社会保障協定   302
2 二重加入の防止   303
3 年金加入期間の通算   305
4 日米社会保障協定（年金）   307

第10章 企業年金   310

01 退職金と企業年金   311
1 退職金と退職給付会計   311
2 企業年金制度の発展   315
3 企業年金制度の再編   319
4 確定給付型と確定拠出型の特徴   321

02 確定給付企業年金   323
1 確定給付企業年金の仕組み   323
2 確定給付企業年金の年金数理   331
3 リスク分担型企業年金   338
4 キャッシュ・バランス・プラン   339
5 確定給付企業年金における問題点   341

03 確定拠出年金   346
1 確定拠出年金制度の概要   346
2 確定拠出年金制度（企業型）   348
3 確定拠出年金制度（個人型）   352

04 通算制度   357
1 通算制度の概要   357
2 企業年金連合会の通算制度   358

第11章 個人年金 　　366

01 個人年金保険 　　367
1 個人年金の概要 　　367
2 新種の個人年金保険 　　370
3 返戻率（戻り率） 　　372
4 個人年金保険料控除 　　374

02 変額年金 　　375
1 先進諸国おける変額年金の発売 　　375
2 変額年金の仕組み 　　376
3 変額年金の特徴 　　377

03 変額年金の種類 　　379
1 変額年金の保証型 　　380
2 最低保証引き上げ型（ラチェット型） 　　381
3 到達目標設定型（ターゲット型） 　　383
4 早期年金開始型 　　384

04 投資信託と変額年金の比較 　　385
1 投資信託と変額年金の相違点 　　385
2 投資信託と変額年金の税金の比較 　　387
3 変額年金と投資信託のリスクの比較 　　389

第12章 就業不能リスクと保険 　　392

01 就業不能リスクと保険 　　393

02 所得補償保険の利用 　　397
1 アメリカ 　　397
2 日本 　　399

03 就業不能に対する保険の事例 　　401
1 AIG損害保険（旧富士火災） 　　402

    2 キャピタル損害保険   403

    3 アメリカンホーム   405

    4 ライフネット生命   406

04 就業不能リスクに対する保険の役割   409

第13章 リバース・モーゲージ   410

01 リバース・モーゲージの概念   411

02 リバース・モーゲージの歴史   412

03 リバース・モーゲージにおけるリスク   414

04 不動産担保型生活資金   414

05 金融機関によるリバース・モーゲージ   417

パーソナル・リスクマネジメントと保険
- 人身事故、医療・介護、所得保障 -

人身事故と保険制度

　賠償責任が介在する人身事故は賠償責任保険によって補償される（賠償責任が介在しない自己責任による傷害や疾病などは、第二部で解説する医療保険や介護保険によって対応される）。この人身事故に対する損害賠償保険の代表的なものが自動車保険（対人賠償責任保険）である。この自動車保険には、強制保険と任意保険があるが、労働災害保険との関係が深い。

　しかし、これらの保険制度によって、人身損害が十分に回復できるわけではない。それらには各種の減額事由が存在するためである。

　第一部では、自動車保険と労災保険における人身損害の補償制度について解説する。

01　交通事故と自動車保険
02　休業損害と逸失利益
03　損害賠償金（保険金）の計算
04　人身損害と減額
05　アメリカにおける
　　ストラクチャード・セットルメント
06　労働災害と保険

第1章

交通事故と自動車保険

モータリゼーション（Motorization）によって、自動車が広く普及し、生活必需品となった。これに伴って、自動車事故の発生も多くなっている。この自動車保険には、強制加入の自動車損害賠償責任保険（自賠責保険）と任意の自動車保険がある。

01 賠償責任保険

1 賠償責任保険の概要

　賠償責任保険は、個人の日常生活、あるいは企業の業務遂行や被保険者が所有・管理する施設等が原因となる偶然な事故により、第三者（=Third Party；被保険者以外の者）に対する法律上の賠償責任を負担した場合に、被保険者が被る損害（つまり賠償金の支払や負担する費用）をてん補する保険である。特定の物に対する損害ではなく、被保険者が賠償責任を負担する場合には賠償金の支払の原資となる総財産に対する損害を対象としている点、および被害者という被保険者と保険会社以外の第三者の存在を前提とする点で、火災保険や傷害保険等の他の保険とは大きく異なる。

2 賠償責任保険の対象

　賠償責任保険の対象となる法律上の賠償責任の主なものは、民法上の不法行為責任、債務不履行責任であり、生産物賠償責任保険においては製造物責任法の製造物責任が追加される。被保険者の故意は普通保険約款で免責とされていることから、被保険者の過失責任を対象としているということができる。なお、被保険者の犯罪に関しては、犯罪を構成する要件が様々であることから、普通保険約款では免責としていない。

　自動車保険や傷害保険の特約などで、対人事故や対物事故での賠償責任を担保しているものがあるが、今日一般に賠償責任保険という場合には、自動車保険の

ように独立した保険商品や他の保険商品に付帯される賠償責任特約は除かれる。自動車保険等を賠償責任保険の一種とする場合は、「広義の賠償責任保険」という。

　同一の危険に対して複数の保険契約が締結された重複契約における保険金の支払は、それぞれ他の保険契約がないとして計算した保険金の全額が支払われる独立責任額全額方式が採用されている。原則として、保険契約に関しては保険業法上の付保規制があるため、日本国内で発生する保険事故を対象とする。例外として、海外PL保険では保険適用地域を原則として海外としており（契約ごとに指定し、保険料にも反映される）、会社役員賠償責任保険（Directors & Officers Insurance; D&O）は原則として全世界を保険適用地域としている。

3　てん補限度額の性格と種類

　てん補限度額（Limit of Liability; LL）は、賠償責任保険において被保険者の損害がてん補される限度額である。物の損害を対象とする火災保険などの物保険における保険金額は、保険の目的とする物の価額（保険価額）との大小を比較して、超過保険や全部保険、一部保険といった考え方がある。賠償責任保険では、予め賠償責任額（保険価額）を確定できないため、それら超過保険等の考え方がない。

　通常、人身損害に対する賠償責任に関しては、1名当たりおよび1事故当たりのてん補限度額が設定され、財物損害に対する賠償責任に関しては、1事故当たりのてん補限度額（Any One Accident; AOA）が設定される。

　自動復元方式は、保険期間中に何回事故が起きてもてん補限度額に変更はない方式である。一方で、1回の事故の損害が巨額となる恐れのある生産物賠償責任保険や物保険に近い受託者賠償責任保険などでは、保険期間中の総てん補限度額（Aggregate Limit; AGG.）が設定され、保険金支払があると支払時以降のてん補限度額は支払われた保険金の金額が減少する残存保険金額方式が採用されている。ここでは、人身損害と財物損害のいずれか一方を対象事故とすることも契約上可能である。また、人身損害と財物損害等の区別なく、保険証券全体でのてん補限度額である証券総てん補限度額（Policy Limit）が設定されることや、特定の事故に対して、てん補限度額を通常より低い額（サブリミット；Sub-Limit）とすることがある。

　一般に、てん補限度額の枠内で被保険者が負担すべき損害賠償金がてん補され

るが、例外として、受託者賠償責任保険など、他人から預かった物に関して、その持ち主等に対する賠償責任をてん補する保険では、その預かった物の時価額が限度となる。

4 First-Party Coverage(Insurance)とThird-Party Coverage(Insurance)

保険契約者および保険会社は、保険契約における第1（First-Party）および第2（Second-Party）当事者である。First-Party Coverage（Insurance）とは、保険契約者の所有財物またはその身体のための保険であり、Third-Party Coverage（Insurance）とは、保険契約者が、第三者から訴訟を提起された場合に備えて購入する賠償責任保険である。

5 人身事故と自動車保険

(a) 交通事故と適用法律

自動車損害賠償法（以下、自賠法と称する）が適用されるのは人身事故の場合のみであり、このときに、一定の限度額の範囲内で、自動車損害賠償責任保険（強制保険）（以下、自賠責保険と称する）から支払いが行われる。民法による損害賠償の請求の際には被害者が加害者の過失を立証する必要があるが、自賠法ではその立証責任が加害者に転換されている。

一方、人身事故において、自賠責保険の限度額を超える損害賠償責任額には、民法が適用され、この部分に対しては、任意の自動車保険が適用される。

表1 交通事故と保険

事故の内容	適用法律	保険
死亡・障害	自動車損害賠償保障法	自動車損害賠償責任保険（強制保険）
	民法（不法行為法）	任意の自動車保険（対人賠償責任保険）

（出典）各種資料を参考にして作成

(b) 人身損害の特徴

　人身損害の特徴は、次の通りである。第一に、同一の事故でも、賠償すべき損害額は被害者の職業・年齢・性別などによって異なる。休業損害や逸失利益は、被害者の現実の収入と就労可能年数などを基準に計算されるからである。第二に、交通事故の損害賠償額の高額化である。1950 年代の判決では損害賠償額が 100 万円以上のものが数えるほどしかなかったが、現在では 1 億円を超える判決も決してめずらしいものではない。

　一方、交通事故による人身損害に対する損害賠償額の定額化・定型化が行われている。交通事故は死傷者数が膨大であり、かつ事故態様も共通するものが多い。したがって、同種、同様、同程度の事件について、損害賠償額が大きく異なることは不公平、不合理であること、被害者の早期救済のため、被害者側の損害額の立証負担を軽減し、かつ裁判所の事件処理の迅速化が必要であることなどから、損害賠償額の算定について、定額化、定型化が進められてきた。

　定額化とは、入院中の付添看護費や雑費、葬儀費用、慰謝料等の各費目について特に具体的な立証を要することなく、たとえば入院雑費なら、入院 1 日につき 1,400 円〜 1,600 円というように一定額を認めるものがある[1]。この損害賠償基準額の最低には、通称「赤い本」と「青い本」と称される過去の交通事故の損賠賠償責任訴訟の判例を分析している本が多く参照される[2]。また、定型化とは、逸失利益や生活費控除割合、過失割合などが一定の基準によって算定されているものである。しかし、この基準は 1 つではなく、「自賠責保険基準」、「任意自動車保険基準」、「弁護士会基準」の 3 つがある。

---

[1] ㈶日弁連交通事故相談センター編『交通事故損害額算定基準』。

[2] 「民事交通事故訴訟・損害賠償額算定基準」（㈶日弁連交通事故相談センター東京支部編）が「赤い本」と称され、「交通事故損害額算定基準」（㈶日弁連交通事故相談センター編）が「青い本」と称される。いずれも、交通事故を扱った民事裁判の過去の判例が紹介されている。「赤い本」では、算定基準が一定の数字で書かれているのに対して、「青い本」では算定基準の上限と下限で書かれている。

02 自動車損害賠償責任保険（強制保険）

1 損害賠償責任の条件付無過失責任化

　自動車損害賠償保障法（以下、自賠法と称する）は、自動車事故による人身被害者の保護を目的とする法律として、1955年公布された。この自賠法では、交通事故による被害者を救済するため、加害者の損害賠償責任を明確（自賠法第3条）にし、その損害賠償責任の支払は、自賠責保険の強制加入（自賠法第5条）によって実現するようにした。

　民法の第709条における不法行為による損害賠償は、加害者本人に責任があり、加害者以外の者は責任を負わないのが原則であり、被害者（賠償請求者）は、加害者に過失または故意があったことを証明しなければならない。しかし、この加害者の過失を立証することが難しい場合が多く、泣き寝入りする場合もあった。これに対応するために、自賠法第3条には、次のように規定されている。

> 　「自賠法第3条　自己のために自動車を運行の用に供する者は、その運行によって他人の生命または身体を害したときは、これによって生じた損害を賠償する責に任ずる。ただし、自己または運転者が自動車の運行に関し注意を怠らなかったこと、被害者または運転者以外の第三者に故意または過失があったこと並びに自動車に構造上の欠陥または機能の障害がなかったことを証明したときは、この限りでない。」

　ここでは、「自動車を運行の用に供する者」という「運行供用者」の概念を設定し、この運行供用者は、その自動車の運行により生じた他人の人身被害について、いわゆる「免責の3条件」を立証しない限り賠償責任を負うものとして、被害者の保護を図っている。これは「運行供用者責任」と呼ばれている。

　運行供用者とは、その自動車につき運行支配、運行利益を有する者である。自動車の所有者は、盗難にあったりしてその運行支配を事実上完全に失った場合以外には、ほとんど常に運行供用者にあたる一方、所有者でなくても、これを借り

受けて使用していた者など、実質的にその運行を支配し利益を得ていた者もこれに該当することになる。

　また、「保有者」というのは、「自動車の所有者その他自動車を使用する権利を有する者で、自己のために自動車を運行の用に供する者」のことである（自賠法第2条3項）。保有者は、運行供用者のうちでも、所有者に代表されるような、自動車を使用する権利のある者のことである。車の所有者はもちろん保有者に当たるが、所有者Aから無償で車両の貸与を受けた友人Bも、自動車を使用する権利のある者であるから、保有者となる。

　これに対し、無断でA社の所有車両を私用運転した従業員Bは、自動車を使用する権利はないので、運行供用者ではあっても、保有者ではない。

図1　運行供用者と保有者

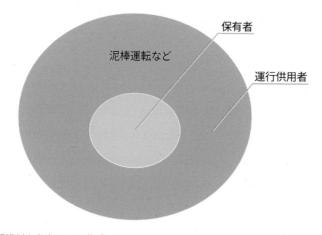

┃ （出典）各種資料を参考にして作成

　運行供用者と保有者を区別することの意味は、保有者は自賠責保険の被保険者であるが、無断借用運転者や泥棒運転者は当該自動車の自賠責保険の被保険者ではないという点にある。これらの運行供用者の中で保有者に運行供用者責任が発生する場合に当該自動車の自賠責保険の保険金が支払われ、運行供用者責任が発生しない場合には、自賠責保険の保険金は支払われない。しかし、自賠責保険に加入していない無保険車であっても、自賠法第3条は適用されるので、運行供用者には運行供用者責任が発生する。

　この運行供用者責任は、民法第 709 条とは異なり、故意または過失の存在を責任発生要件としていない。民法第 709 条においては、たとえ他人に損害を与えたとしても、加害者に故意または過失がなければ損害賠償責任を負わない（過失責任主義）。運行供用者責任においては、加害者に故意または過失がなくても損害賠償責任が発生する。運行供用者責任の対象となるのは人身損害に限られる。物損に関しては自賠法の適用がなく、民法第 709 条の過失責任が適用される。この運行供用者責任は、自動車損害賠償責任保険（自賠責保険）と連動している。加害車両の「保有者」に運行供用者責任が発生する場合は、加害車両に付保されている自賠責保険から保険金が支払われる（自賠法第 11 条、第 16 条 1 項）。

　運行供用者責任の成立要件は、次の通りである。

　第一に、運行による事故であることである。自賠法第 3 条の責任は、自動車の運行によって生じた損害に限られる。この運行とは、「自動車を当該装置の用い方に従い用いることをいう」とされている。第二に、他人の生命、身体を害したことである。自賠法第 3 条にいう「他人」とは、通常、運行供用者および運転者（運転補助者を含む）以外の者をいう。その車の所有者、使用者、運転者、バスの車掌等は他人に当たらない。第三に、免責の 3 条件が立証できないことである。通常の不法行為責任の場合には、被害者が事故発生について、加害者に故意または過失があったことを証明しなければ賠償を請求できない。

　しかし、自賠法第 3 条は、交通事故の人身損害に限ってこの立証責任を転換し、加害者側がその無過失等上記 3 条件を全部立証しない限り賠償責任を免れないとして、加害者側に立証責任を転換することによって、被害者の保護を図っている。

　この自賠法第 3 条の但し書きによる運行供用者責任の免責は、第一に、自己または運転者が自動車の運行に関し注意を怠らなかったこと、第二に、被害者または運転者以外の第三者に故意または過失があったこと、第三に、自動車に構造上の欠陥または機能の障害がなかったことの 3 条件を全部証明したときである。

　この過失の立証責任の転換は、過失責任（民法の第 709 条の不法行為）の条件付無過失責任化ともいわれる。被害者側は、当該自動車の運行によって、生命または身体を害されたことを証明すればよい。

2 強制加入

　自賠法第５条[3]では、自動車損害賠償責任保険（以下「責任保険」という）への強制加入を規定している。この自賠法における自賠保険の強制加入によって、自動車事故の被害者が保険金による損害賠償を確実に得られるようにし、被害者の救済を図っている。

　自動車に関する損害保険として、自賠責保険（強制保険）のほか、任意の自動車保険がある。任意の自動車保険には、対人賠償責任償保険、対物賠償責任保険、車両保険等があり、任意の対人賠償責任保険は、自賠責保険の限度額を超える損害をてん補する性格を有している。言い換えれば、自賠責保険は、対人賠償責任保険の一階部分であり、その他の損害は、任意の自動車保険によって担保されている。

　自賠責保険（強制保険）と任意の自動車保険の関係は、次の通りである。

図2　自賠責保険（強制保険）と任意の自動車保険の関係

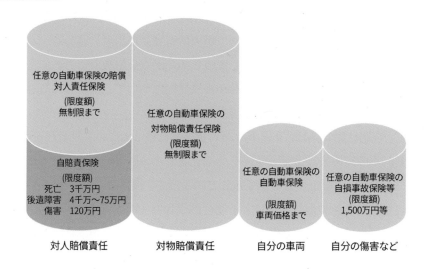

　（出典）各種資料を参考にして作成

---

[3]　（責任保険又は責任共済の契約の締結強制）
　　第五条　自動車は、これについてこの法律で定める自動車損害賠償責任保険（以下「責任保険」という。）又は自動車損害賠償責任共済（以下「責任共済」という。）の契約が締結されているものでなければ、運行の用に供してはならない。

　自動車は、自動車損害賠償責任保険（以下「責任保険」という。）または自動車損害賠償責任共済（以下「責任共済」という。）の契約が締結されているものでなければ、運行の用に供してはならない（自賠法 第5条）。「自動車」とは、道路運送車両法第2条第2項に規定する自動車（農耕作業の用に供することを目的として製作した小型特殊自動車を除く。）及び同条第3項に規定する原動機付自転車をいう（自賠法第2条）。

　この自賠責保険への加入規定の違反に対しては、1年以下の懲役または50万円以下の罰金に処せられる（自賠法第86条の3第1号）。1966年10月1日以降、原動機付自転車（原付）も強制付保の対象となり、車検対象車ではないので車体にステッカーを貼付するようにしている。

　適用除外車（自賠法10条、同法施行令1条の2）は、次の通りである。国が自衛隊の任務の遂行に必要な業務のために運行の用に供する自動車、日米安全保障条約に基づく日本国内にあるアメリカ合衆国の軍隊や国連軍がその任務の遂行に必要な業務のために運行の用に供する自動車、そして所定の道路以外の場所においてのみ運行の用に供する自動車（いわゆる「構内自動車」）がある。しかし、自賠責保険に加入義務が無いだけで、賠償責任（自賠責法3条）に関する規定は適用される。

　特殊車両は、構内のみ走行する場合は不要であるが、公道を走る場合は自賠責保険への加入が必要である。農耕用大型特殊自動車は、車検の有効期間を超える自賠責保険に加入する必要がある。農耕用の小型特殊自動車（耕うん機、田植え機等）は自賠責保険には加入できないが、任意保険には加入することができる。

　自賠責保険は、保険会社が、政令に定める正当な理由がある場合を除き、責任保険契約の締結を拒絶してはならない（自賠法24条）。自賠責保険の引受を拒絶できる正当な理由は、次の通りである（自賠法施行令11条）。①強制保険の適用除外車であるアメリカ軍用自動車・国連軍用自動車・自衛隊用自動車・構内専用自動車の場合。②告知義務違反の場合、つまり保険契約者が悪意または重大な過失により、自動車の登録番号、車両番号・車台番号、車種について、告知しなかった場合や、不実のことを告知したとき。③保険料の不払いの場合。④申し込まれた保険期間の末日が国土交通省の定める期間（3年1月、2年1月または1年1月）の末日以後である場合。自賠責保険の保険期間は、車検期間をカバーするものでなければならない。しかし、あまりにも長期の保険期間は、保険料率の引

き上げなどの場合に保険収支上問題がある。したがって、保険期間の終期を自動車検査証の有効期間に 1 ヶ月加えた期間以内とし、それ以上長期にわたる保険契約は拒絶しうるとした。

さらに、自賠責保険は、次の場合を除き、解約が禁止される（自賠法第 20 条の 2）。①適用除外車の場合である。自賠法（自賠法第 10 条）に規定される適用除外車の場合は、自賠責保険の強制加入義務がないからである。②保険契約者の悪意・重過失による告知義務違反の場合である。自賠法における「重要な事実または事項」は、「道路運送車両法の規定による自動車登録番号若しくは車両番号（車両番号がないときは、車台番号）」および「政令で定める自動車の種別」の 2 種類に限定される（自賠法第 20 条）。③重複契約の場合である。重複契約の場合に解約できる保険契約は、無保険車の発生の可能性をなくすため、保険の終期が早く到来するものであり、他方の保険期間が既に開始している場合に限定される。④登録自動車の抹消登録を受けた場合。⑤軽自動車または二輪の小型自動車の商標登録票を陸運支局長または軽自動車検査協会に提出した場合。⑥小型特殊自動車または原動機付き自転車の使用を廃止した場合。⑦登録証書の交付を受けた自動車について輸出の許可を受けた場合。⑧締約国登録自動車について輸出許可を受けた場合。⑨臨時運行に供する自動車について臨時運行許可番号標を行政官庁に返納した場合などである（自賠法施行規則第 5 条の 2）。

以上のような場合の自賠責保険の解除は、解除事由がある場合に当事者の一方が他方になす意思表示によって行われ、当事者の合意によって保険契約を解除する「合意解除」、または一定の条件が成就したときに保険契約を解除する条件を付した「解除条件付保険契約」は認められない。

3 被保険者

自賠責保険における被保険者とは、自動車の保有者およびその運転者（自賠法第 11 条第 1 項、約款第 2 条第 2 項）である。自動車事故を発生させた運転者は、その過失に基づいて、民法第 709 条による損害賠償責任を負うことが考えられる。その場合は、保険金を支払った保険会社は、その支払った金額を限度として、被害者の損害賠償権を代位し、運転者に求償することができるようになる。自賠責保険では、これに対応するために、保険料を負担して保険契約を締結する保有者

のみならず、運転者も被保険者にすることによって、運転者に対する保険会社の求償ができないようにした。

図3 自賠責保険における被保険者

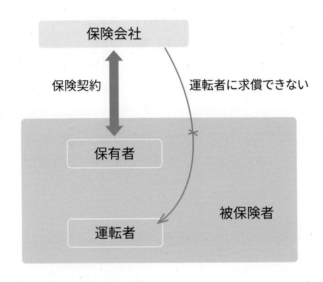

保険会社

保険契約　　　運転者に求償できない

保有者

被保険者

運転者

▌ （出典）各種資料を参考にして作成

４ 担保危険および免責事由

　自賠責保険は、「自動車の運行によって他人の生命または身体を害した場合において、法律上の損害賠償責任を負担することによる損害」[4]をてん補する保険である。したがって、自賠責保険の被保険者（保険契約者）が加害者となった場合、被害者の人身損害の中で賠償責任が認められる部分に対してのみ、限度額を上限として、被保険者である加害者の保険から支払われるものである。その結果、自賠責保険では、対物賠償責任、車両損害などは担保されない。また、人身損害が発生した場合でも、加害者が不明であるか加害者に責任がない場合、被害者は救済されない。このような場合でも、被害者が救済されるように、後述する「政府の自動車損害賠償保障事業」が運営されている。

---

[4] 自賠責保険約款第１条。

このような自賠責保険は、免責事由を次の２つに限定し、ほとんどの場合に保険金が支払われるようにしている。第一に、保険契約者または被保険者の悪意によって生じた損害についてのみ保険者の保険金支払の責任が免除される（自賠法第14条）。多くの交通事故は、保険契約者または被保険者の過失によって発生するが、この過失または重大な過失による損害も担保される。しかし、保険契約者または被保険者の悪意によって生じた損害は、免責される。ここでいう「悪意」とは、故意の明白な場合であって、わざと衝突して他人を死傷させたような場合であるとされる。しかし、この悪意の場合でも、被害者は、保険会社に直接損害賠償額を請求することができ（自賠法第16条）、被害者が救済されるようにしている。この損害額を支払った保険会社は、政府の自動車損害賠償保障事業にその損害額を請求し、損害額を支払った政府の自動車損害賠償保障事業は加害者に求償することによって、悪意で損害を発生させた加害者の損害賠償責任が免除されないようになっている。

図4　自賠責保険における免責（悪意）

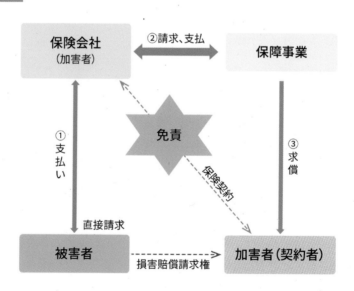

┃ （出典）各種資料を参考にして作成

　第二に、自賠法の制定当時、自賠責保険の重複契約が認められ、その保険契約のすべてが有効とされた。しかし、重複契約によって、被害者間に不均衡が生じるこ

とは妥当でないという理由から、1970年、複数の自賠責保険のうち1契約のみを有効な保険契約とすることに、自賠法が改定された。したがって、重複契約の場合、一方の保険契約が免責とされる（自賠法第82条の3）。一台の車両について2以上の自賠責保険契約が締結されている場合は、これらの保険契約のうち、保険契約締結時期が早い保険契約から保険金が支払われ、それ以外の保険契約は保険金支払責任が免除される。保険契約が同時に締結された「同時重複契約」の場合は、それぞれの保険契約は、重複契約がないときに支払うべき金額を保険契約数で除した金額を支払うことによって、合計して1保険契約分にしか支払われない。

5 保険金請求と保険金の支払

　保険金額とは、保険によっててん補される最高限度額である。しかし、自賠責保険における保険金額は、一般の損害保険でいう保険金額と異なり、1事故における1人に対する限度額である。つまり、自賠責保険では、1事故における死傷者一人当たりの限度額は定められているが、1事故当たりの限度額は無制限である。このような自賠責保険における限度額は、保険契約者と保険会社の間で任意に定められるものではなく、政令（自賠責法施行令第2条）によって定められている。この保険金額については、「自動復元制」がとられており、保険期間中に発生した損害は、何回でも支払われる。従来は、被害者が死亡した場合には、死亡日より保険の残存期間に対して追加保険料を徴収していたが、2001年の自賠法の改正によって、この追加保険料の徴収制度が撤廃された。このような自賠責保険における保険金額は、死亡、傷害、後遺障害の3つに区分されている。この中で、死亡による損害は3,000万円、傷害による損害は120万円であるが、後遺障害に対する保険金額は、自動車損害賠償保障法施行令別表[5]に定められている。ここでいう後遺障害とは、「傷害が治ったとき身体に存する障害」と定義される（自賠法施行令第2条1項）。この後遺障害は、2001年の自賠法改正によって、介護を要する後遺障害（別表第1）とその他の後遺障害（別表第2）に分類された。その結果、介護を要する後遺障害に対しては3,000万円から4,000万円まで、その他の後遺障害に対して75万円から3,000万円まで等級別の保険金額が定められている。

---

[5]　自賠法損害賠償保障法施行令別表の別表第1と別表第2参照。

一方、賠償責任保険とは、本来、保険契約者が加害者となり損害賠償責任を負った場合、その損害賠償責任を履行するための金額が、保険契約者に保険金として支払われるものである。このような賠償責任保険は、保険料を支払っている保険契約者と保険会社が保険契約当事者である（被害者は直接の保険契約当事者ではない）。したがって、自賠責保険の保険金請求の方法として、賠償金額が確定した後、保険契約者（被保険者）が保険会社に保険金を請求する加害者請求がある。

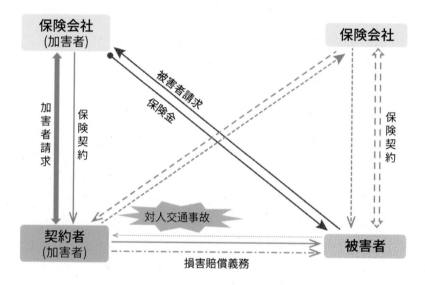

図5　自賠責保険の保険金の請求と支払

（出典）各種資料を参考にして作成

　しかし、自賠責保険で保険金の請求を加害者にのみ認めると、加害者に支払われた保険金が被害者に賠償金として支払われず、目的としている被害者救済が達成できない可能性がある。したがって、自賠責保険では、自賠法第16条によって、被害者が直接保険会社に保険金を請求する被害者請求が認められた。任意の自動車保険においても、被害者の保険会社に対する直接請求権が認められている。しかし、自賠責保険における直接請求権は、自賠法によって保障された権利であるが、任意の自動車保険におけるそれは、被保険者の保険金請求権を前提としており、保険約款によるものである。さらに、この自賠責保険の直接請求権は差押さえが禁止されていることが（自賠法第18条）、任意保険におけるそれとは異なる。

また、自賠責保険における加害者請求の場合は、被保険者が被害者に対する損害賠償金を支払った限度に制限される（自賠法第15条）。これらの自賠責保険の措置は、被害者に保険金が確実に渡るようにするためである。

このような自賠責保険の保険金請求は、次の通りである。

表2 自賠責保険の保険金請求

区 分		内 容
加害者請求	本請求	損害賠償金を被害者や病院などに支払った後、その金額の範囲（法15条）
	内払い	― 傷害事故の場合、被害者や病院などに支払った賠償金額（治療費、休業損害、慰謝料など）が10万円以上に達したときは、治療の途中でも何回も請求できる（昭和41年から損害保険会社の自主的な決定）。
	仮渡金	なし
被害者請求	本請求	― 治療終了などで損害が確定している場合は、被害者の方から直接損害賠償を請求できる（直接請求権、法16条）。 ― 差し押えが禁止（法18条）
	内払い	― 傷害事故の場合、既に発生した損害額（治療費、休業損害、慰謝料など）が10万円以上に達したときは、治療の途中でも何回も請求できる（昭和41年から損害保険会社の自主的な決定）。
	仮渡金	― 損害賠償責任の有無につき調査に時間が必要とされる場合や治療継続中でいつ治癒するか見通しがたたない場合など、賠償責任や賠償額が確定していない状況で、被害者が治療費や葬儀費などの当座の費用に支障をきたさないよう設けられた制度（法17条） ― 死亡290万円、傷害40万円～5万円（自賠法施行令5条） ― 差し押えが禁止（法18条） ― 後日、損害額から仮渡金を控除した金額が支払われ、損害額が仮渡金を下回る場合は、保険会社はその差額を被害者に請求。 ― 保有者の損害賠償責任が発生しなかった場合は、保険会社は政府の保障事業に対して補償を求めることができ、補償をした政府の保障事業は被害者に対して同額の返還を求めることができる。

▌（出典）各種資料を参考にして作成

一方、傷害事故の場合、被害者の治療に長期間を要する場合がある。このような場合の被害者の経済的負担を軽減するため、保険会社が自主的に打ち出した内払制度がある。この内払制度は、加害者または被害者いずれも請求することができ、傷害事故に限られる。この制度によって、治療費が10万円以上になったときにその全額について請求することができる。

　また、被害者請求の場合は、加害者請求とは異なり、必ずしも示談の成立または判決の確定を必要としないが、その請求に対するてん補は責任の有無および賠償額が決定してから行われる。その結果、被害者は、この責任の有無および賠償額が決定されるまで保険金の支払いを受けられず、医療費や葬儀費などの当座の出費に迫られることになる。したがって、自賠責保険では、仮渡金制度が設けられ（自賠法第17条）、その責任の有無を問わず、自賠責保険を引き受けた保険会社が遅滞なく一定額（死亡290万円、傷害の場合は40万円・20万円・5万円の三種類）を支払うようにし、被害者の便宜を図っている。この仮渡金の金額は確定金額であって、実損害による増減はなく、その支払の迅速性が要求されることから、損害調査事務所を経由しない扱いとなっている。

　このような仮渡金は、被害者請求による損害賠償額の前渡し金的性格を有するものであり、将来正規の保険金が支払われるときにこの金額が控除される。しかし、仮渡金が支払われた後に、保有者に責任がないため、保険会社に保険金の支払義務がないことが判明することがある。このような場合は、保険会社は被害者に対して返還請求をすることができるが、政府の自動車損害賠償保障事業に対して補償請求することもできる（自賠法第17条4項、第72条2項）。また、仮渡金が支払われた後に、事故が保険契約者または被保険者の悪意によって生じたことが明らかな場合も、保険会社は政府の自動車損害賠償保障事業に補償請求することができる。これらの場合、自動車損害賠償保障事業は保険会社に対して補償を行ったうえ、保有者に責任がないとき被害者に、また保険契約者または被保険者に悪意があるときはこれらの者に対してその返還を請求することができる（第76条3項）。

6 支払基準の法定化

　自賠責保険（共済）の保険金（共済金）および損害賠償額を迅速かつ公平に支払うための「支払基準」を、法律に基づいて国土交通大臣および内閣総理大臣が定めることとなった。また、損害保険会社等は支払についての情報を書面により請求者に提供することとなった。これにより、保険金（共済金）および損害賠償額について、支払額が妥当なものであるかどうかを請求者自らチェックすることができるようになった。

　請求者には以下の情報が提供される。

① 請求するとき

　支払基準の概要、支払手続きの概要、紛争処理制度の概要

② 支払いするとき

　支払額、後遺障害等級と判断理由、減額割合と判断理由、異議申立ての手続き

③ 支払わないこととしたとき

　支払いできない理由

上記に加えて、必要な追加情報も損害保険会社等に請求することができる。

図6　自賠責保険の支払基準

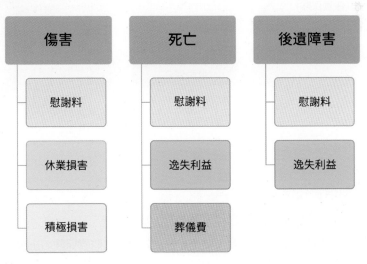

傷害	死亡	後遺障害
慰謝料	慰謝料	慰謝料
休業損害	逸失利益	逸失利益
積極損害	葬儀費	

（出典）各種資料を参考にして作成

自動車保険には、強制加入の自動車損害賠償責任保険（自賠責保険）とその担保範囲を超える部分を担保する任意の自動車保険がある。

1 担保種目

自動車保険の種類は、次の通りである。

図7 自動車事故に対する保険

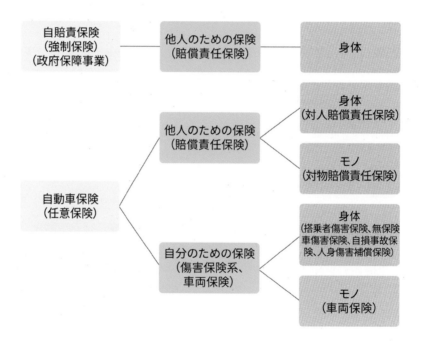

（出典）各種資料を参考にして作成

(a) 対人賠償責任保険

任意の自動車保険の種類別内容は、次の通りである。

任意の対人賠償責任保険は、対人賠償責任に対する自賠責保険の上乗せ部分を担保する保険である。したがって、被保険自動車に自賠責保険契約が締結されてい

るか否かに拘わらず、自賠責保険によって支払われる金額に相当する金額を超過する場合に限り、その超過額のみがてん補される。保険金額は、被害者一人当たりの限度額であり、保険金額の下限から2億円まで1千万円単位で保険契約可能であるが、2億を超える場合は「無制限」の保険契約となる。この対人賠償責任保険は、「保険証券記載の自動車の所有・使用・管理に起因して他人の生命または身体を害することにより、被保険者が法律上の損害賠償責任を負担することによって被る損害」を担保する。

　自賠責保険と任意の自動車保険の相違点は、次の通りである。

　第一に、自賠責保険における担保は、「自賠責証明書記載の自動車の日本国内における運行によって、他人の生命または身体を害したとき」法律上の損害賠償責任を負担することによって被る被保険者の損害が担保される。しかし、任意の対人賠償責任保険は、記名被保険者が被保険自動車の所有・使用・管理に起因して他人を死傷させ、法律上の賠償責任が生じた場合、自賠責保険（自賠責共済）の支払額を超える部分についててん補する。したがって、車庫に格納中は「運行」に当たらないが、自動車が格納・陳列されているような状態なども「所有、使用または管理」に当たることになり、このような場合は自賠責保険では担保されないため、任意の対人賠償責任保険から損害額（賠償責任額）の全額が支払われる。つまり、対人賠償責任保険は、自賠責保険の上乗せ部分ではあるが、正確に言えば対人賠償責任保険の担保範囲は自賠責保険のそれと一致しないため、完全な形での自賠責保険の二階ではない。また、損害賠償責任は他人に対するものであるが、自賠責保険では配偶者、父母、子供、兄弟・姉妹が他人と定義されるため、これらの人に対する損害（賠償責任）がてん補されるが、対人賠償責任保険では兄弟・姉妹までしか他人と定義されず、配偶者・父母・子供に対する損害はてん補されない。

　第二に、自賠責保険では保険契約者または被保険者の悪意のみが免責とされているが、任意の対人賠償責任保険では故意のみならず戦争・暴動、地震、噴火、台風、洪水、高潮、津波等や原子力危険による損害が免責とされる。第三に、自賠責保険では重過失減額が行われるが、任意の自動車保険では過失相殺が厳格に行われる。第四に、自賠責保険は車単位の保険で保険料率の割引割増制度がないが、任

意の自動車保険には運転暦・事故歴などによる割引割増制度がある。

(b) 自損事故保険

　自損事故保険は、対人賠償責任保険に自動付帯されるもので、限度額なども選択できない。これは、自賠法第3条による救済を受けられない被害者を救済するために1976年に導入されたもので、定額保険として任意の対人賠償責任保険に自動付帯されることになったものである。自損事故による死者数が全体の交通事故による死者数の20〜25%（2,000〜2,500人）にも達するといわれる。この自損事故保険は、被保険自動車の保有者、運転者および搭乗者の事故による損害が、自賠責保険、自動車損害賠償保障事業のいずれからもてん補されない場合の損害をてん補するものである。

　例えば、相手のいない単独事故、つまり運転ミスによる電柱への激突、崖からの転落などによる被保険者（保有者、運転者、搭乗者）自身の人身損害を担保するものである。また、相手がある事故で自分の過失が100%である交通事故、例えば信号待ちの車両に衝突、センターラインを越えて対向車と衝突した場合などによる自分の人身損害についてもてん補される。このような自損事故保険では、原則として単独事故による「被保険自動車の正規の乗車装置または当該装置のある室内に搭乗中の者」が担保され、トラックの荷台で荷物の積み卸しをしている者や、走行中のトラックの荷台に搭乗している者などは除外される。しかし、被保険自動車の保有者および運転者は、自賠法第3条に規定された「他人」に該当しないことによって自賠責保険と対人賠償責任保険では救済の途がないため、車外での事故も救済される。

　自損事故保険は、定額給付方式の傷害保険であるため、代位することなく、無過失責任である労災保険またはその他の傷害保険・生命保険・医療保険などと重複して保険金が支払われる。この自損事故保険の保険金額は、死亡1,500万円と1級後遺障害（1人）1,500万円から14級50万円までを限度とし、介護費用保険金200万円または350万円、医療保険金100万円を限度とする。このように死亡の保険金額を1,500万円とした理由は、自損事故とは過失が100%で自賠責保険からてん補されない事故であるが、この自損事故に対して、過失が100%未満である自賠責保険における最低額よりも多額の保険金が支払われることは合理的ではないというものであった。

(c) 対物賠償責任保険

対物賠償責任保険は、保険証券記載の自動車の所有・使用・管理に起因して他人の財物を滅失、破損または汚損することにより、被保険者が法律上の損害賠償責任を担保することによって被る損害を担保するものである。対物賠償の対象は、建物や家財など様々であるが、対物事故の圧倒的多数は車と車の衝突である。

車両の対物損害には、直接損害と間接損害がある。直接損害（積極的損害）には、全損のときの時価額、分損のときは修理費用と格落ちである。格落ちとは、被害車両の修理を行っても現状に回復し得ないことによって生じる評価損のことである。間接損害（消極的損害）には、休車損害がある。休車損害は、車が稼働していたならば得られたであろうところの喪失利益であり、その経済的利益の喪失は、営業用車両に限定して認められる。代車費用は、休車損害を未然に防ぐための費用であり、重複して払われることはなく、証明を求められる。これは、主としてタクシー・バス・トラックなどの有償運送を業とする者の自動車について問題とされる。このような対物損害は、物自体がてん補・回復されれば精神的損害も回復されると考えられるため、別途慰謝料を認めることは少ない[6]。

しかし、記名被保険者、被保険自動車を運転中の人と、その父母・配偶者・子、被保険者とその父母・配偶者・子、被保険者の使用者（但し、被保険自動車を使用者が家事で使用している場合を除く）が所有・使用・管理している財物が滅失・破損・汚損した場合は、他人への賠償損害とはならないため、対物賠償責任保険の保険金は支払われない。保険金額は、一事故当たりの限度額であり、1億を超える場合は「無制限」の保険契約となる。信号機一個の賠償額は500万円程度、踏切で電車と接触した場合や、積み荷の損害については高額になることもある。

(d) 搭乗者傷害保険

搭乗者傷害保険は、被保険自動車の「正規の乗車用構造装置のある場所に搭乗中」に死傷したすべての者を対象としており、運転者本人、家族、運行供用者（所有者および運転者）も担保される。これは、純粋の傷害保険形式が自動車保険に導入されたものであり、過失が問題とされることなく、加害者の自賠責保険・自損事故保険・無保険車傷害保険・加害者からの損害賠償などの他の保険の

---

[6] 愛玩動物が死亡したときには、慰謝料が認められる場合もある（自動車保険料率算定会編『自動車保険論（第20版）』損害保険事業研究所、1999年、pp.250-251）。

支払いとは無関係に、保険金が支払われる。保険金は、死亡保険金（180日以内に死亡した場合、人数×保険金額）、座席ベルト装着者特別保険金（1名につき3百万を限度とする保険金額の30%）、後遺障害保険金（保険金額の4〜10%）、重度後遺障害特別保険金（介護が必要な場合は100万円を限度とする保険金額の10%）、医療保険金（180日を限度して治療日数）である。

(e) 無保険車傷害保険

PAP（後述参照）では、被保険自動車の正規の乗車装置があるところに搭乗中の記名被保険者が無保険車である他車によって被った人身損害がてん補される。また、SAP（後述参照）では、歩行中または他の自動車に搭乗中も担保される。記名被保険者の配偶者（妻または夫）、同居の親族（両親や子ども）、別居している未婚の子どもも対象になっている。

一方、無保険車傷害保険によって担保される無保険とは、次の通りである。a. 相手自動車に対人賠償責任保険がまったく締結されていない場合。b. 相手の対人賠償責任保険によって損害のてん補を受けることができない場合(免責など)。c. 相手の対人賠償責任保険の保険金額が被保険自動車の対人賠償責任保険の保険金額に達しない場合。d. あて逃げなどにより相手自動車が不明な場合。

無保険車傷害保険における保険金支払いは、死亡または後遺障害に限定（死亡または後遺障害確定までに要した治療関係諸費用・弁護士費用などはてん補）される。被保険者に損害のてん補をした保険者は、被保険者が加害者に対して持っていた損害賠償請求権を代位取得する。

(f) 車両保険

車両保険では、自動車の車体自体に偶然な事故によって生じた損害がてん補され、休車損害などはてん補されない。偶然な事故とは、衝突・接触・墜落・転覆・物の落下・火災などのすべての偶然な事故であり、免責事由を除き被保険者の過失による事故が含まれる。つまり、この車両保険は、自分の保険からてん補を受けるもので、被保険者の過失は問題とされないことが賠償責任保険とは異なる。ここで、被保険者は、自動車検査証（車検証）上の所有者である。割賦販売契約で購入した自動車の場合は、自動車の形式上の所有者（売主）と実際の使用管理者（買主）が異なるが、形式上の所有者が被保険者となる。実務上は形式上の所有者から保険金請求に関する委任状または保険金支払指図書を取り付け、実際の

使用管理者（修理費の支払者）へ保険金を支払う[7]。また、被保険者の承諾を得た者などに対しては、原則として賠償請求権を行使しない。但し、故意、酒酔い運転、麻薬など運転および無免許運転によって損害が生じた場合、または自動車を取り扱うことを業としている者が受託した被保険自動車を使用・管理している状態において損害が生じた場合は、賠償請求権が行使される。残存物については、財産価値がなく、公権力によって撤去命令などによって費用が掛かる場合があるため、保険者はその権利取得を放棄することもできる。

　また、全損のときの保険金額は市場販売価格相当額とし、被保険自動車と同一の車種、同一年式で同じ損耗度の自動車を購入する場合の価格で、いわゆる再調達価格とすることができる。

　車両保険の種類は、次の通りである。

表3　車両保険の種類

（○は担保、×は不担保）

区　分	危険種類	車両保険の種類			
		一般車両保険	エコノミー車両保険	車両危険限定(A)	ワイドエコノミー
走行中の危険	自損事故	○	×	×	×
	他車との衝突（相手不明）				
	他車との衝突（相手判明）		○		
その他	火災・爆発台風・洪水当て逃げ（相手判明）落書き盗難		×	○	○
添付可能な保険商品		SAP、PAP、BAP	SAP、PAP	PAP、BAP	SAP、PAP

（出典）各種資料を参考にして作成

---

[7] 　自動車保険料率算定会編『自動車保険論 (第 20 版)』損害保険事業研究所、1999 年、p.196。

2 自動車保険商品の種類

　自動車保険は、従来からいくつかの保険をセットした次のようなものが販売されてきた。

表4　任意の自動車保険商品

保険商品　保険種類	BAP	ドライバー保険	PAP	SAP
対人賠償責任保険	○	○	基本契約	基本契約
自損事故保険				
対物賠償責任保険	○	○		
搭乗者傷害保険	◇	◇		
無保険車傷害保険	なし	なし		
車両保険	○	なし	○	

（○：任意に選択可能、◇：対人賠償責任保険または対物賠償責任保険に添付可能）
自損事故保険と無保険車傷害保険は、他の担保種目または保険商品に自動付帯

　一般自動車保険（BAP；Basic Automobile Policy）は、いわば単品売りの自動車保険であり、保険契約者が、対人賠償責任保険（自損事故保険自動付帯）、対物賠償責任保険、車両保険を任意的に選択でき、さらに対人賠償責任保険または対物賠償責任保険を選択した場合には搭乗者傷害保険を付帯できる自動車保険商品である。また、いわゆるペーパードライバーを対象とした「他車運転者賠償責任保険」（ドライバー保険）がある。これに対して、自動車総合保険（PAP；Package Automobile Policy）と自家用自動車総合保険（SAP；Special Automobile Policy）は示談代行サービス付のパッケージ保険である。PAPでは、対人事故に関する示談代行が行われ、対人賠償責任保険・自損事故保険・対物賠償責任保険・搭乗者傷害保険・無保険車傷害保険を基本契約とし、車両保険を任意に付帯できるものである。SAPは、PAPの基本契約と車両保険を一括してセットにしたものであり、対人事故と対物事故に関する示談代行が行われる。この4種類の保険に付帯して、担保範囲を拡大または縮小し、保険料を調整するための特約

は、1965年の約款改定の際に12種類であったものが100種類を超えるまでに急増していた。

(a) 一般自動車保険（BAP）

　一般自動車保険（BAP；Basic Automobile Policy）は、単品売りの自動車保険であり、すべての用途・車種がその対象となる。搭乗者傷害保険は、対人賠償責任保険、対物賠償責任保険、車両保険のいずれかの特約として添付可能である。対人賠償責任保険に自損事故保険が自動付帯される。対人賠償責任保険に加入しないと年齢条件の設定ができず、「年齢問わず担保」となる。また、対物賠償責任保険には必ず免責金額が設定される。BAPには無保険車傷害保険が付帯できず、示談代行サービスもない。

(b) 自動車総合保険（PAP）

　自動車総合保険（PAP；Package Automobile Policy）は、対人賠償責任保険・自損事故保険・対物賠償責任保険・搭乗者傷害保険・無保険車傷害保険の5つの種目をセットにし、車両保険を選択的に付帯できるようにしたものである。このPAPでは、緑ナンバーの営業用自動車を含むすべての車種が対象とされるが、対人事故のみの示談代行が行われる。また、PAPに添付される無保険車傷害保険では、被保険自動車に搭乗中の事故のみが対象となる。保険金額の下限は、対人賠償2,000万円、対物賠償100万円、搭乗者傷害200万円である。

(c) 自家用自動車総合保険（SAP）

　自家用自動車総合保険（SAP；Special Automobile Policy）は、対人賠償責任保険・自損事故保険・対物賠償責任保険・搭乗者傷害保険・無保険車傷害保険・車両保険の6つの保険がセットされたものである。このSAPに付帯される無保険車傷害保険では、歩行中または他の自動車に搭乗中も担保される。SAPには、保険金額の下限が、対人賠償5,000万円、対物賠償200万円、搭乗者傷害300万円と設定される。このSAPは、自家用5車種（普通乗用車、小型乗用車、軽四輪乗用車、小型貨物車、軽四輪貨物車）に、自家用普通貨物車、特殊用途自動車（キャンピングカーなど）を加えた7車種が対象である。このSAPでは、対人事

故と対物事故に対する示談代行が行われる。

　示談とは、当事者の話し合いによって問題を解決する方法で、法律上の和解（民法第695条）である。示談が成立すると、示談書あるいは和解契約書を作成するが、この文書が示談成立の要件ではない。任意の自動車保険における示談代行は、加害者の加入している保険会社が被害者と示談交渉を行うものである。示談が成立すると、通常は保険会社から被害者に直接損害賠償金が支払われる。弁護士でない者が報酬を得る目的で示談交渉などの法律業務を行うこと（非弁活動）は、事件屋が善良な市民を食い物にするのを防止するため、禁止（弁護士法第72条）されている。

　しかし、日本弁護士連合会と損害保険協会の合意によって、1974（昭和49）年に対人事故についての示談代行の自動車保険が発売されたが、そのときに直接請求権が認められた。SAPでは、対人事故のみならず対物事故についても示談代行が行われる。日本弁護士連合会と損害保険協会の合意によって、物損事故調査員は弁護士の指示のもとに事故の処理を行い、被害者は直接弁護士との交渉を求めることもできる。一方、対物事故の場合には車両損害が発生することが多い。この対物事故の場合、被保険者に過失があれば被保険者の車に車両保険がついてないと被保険者がその損害額を直接負担することになる。したがって、SAPでは対物事故に対する示談を円滑に行うためにも、車両保険がセットされる。

(d) 自動車運転者損害賠償責任保険（ドライバー保険）

　自動車運転者損害賠償責任保険（ドライバー保険）は、自分の車はもっておらず、他人の車を借りて運転する人のための保険である。記名被保険者の（明示または黙示の）承諾を得て被保険自動車を使用・管理中の者、つまり許諾被保険者は、被保険者となり、その他人の保険を使うこともできる。しかし、その保険に家族限定特約や年齢条件などが付帯されているために使えない場合もある。このような場合のために、他人の車を借りて運転する人に付ける保険が、自動車運転者損害賠償責任保険である。対象となる車両は、自家用5車種、二輪車、原付、同種のレンタカーである。自分の家族が所有する車や自分が役員をしている法人所有の車は対象外である。この保険には、搭乗者傷害保険が、対人賠償責任保険、対物賠償責任保険、車両保険のいずれかの特約として付帯され、対人責任保険に自損事故保険が自動付帯される。また、運転する車両が特定できないため、車両保険は付帯できない。

3　人身傷害補償保険

　従来の自動車保険には、自分の過失に相当する被保険者の人身損害が、加害者の損害賠償責任に基づいて加害者の保険からてん補されないことに起因する限界がある。自分の過失に相当する被保険者の人身損害は、相手方の対人賠償責任保険からも被保険者自身の対人賠償責任保険からもてん補されないからである。被保険者自身の保険からてん補される自損事故保険・搭乗者傷害保険・無保険車傷害保険があるにしても、これらにも限界がある。自損事故保険は、第三者の加害行為がなく単独で事故を起こした場合の損害がてん補されるものであり、保険金額 1,500 万円を限度として、傷害などの程度に応じて一定額が支払われる一種の定額保険である。また、搭乗者傷害保険は、対人賠償責任保険の給付とは別個に支払われる一種の定額保険であり、保険金額を自由に設定できるとはいえ、通常引受時に保険金額が制限されるものである。無保険車傷害保険も、死亡または後遺障害に限定して相手方に損害賠償責任が認められる金額までしかてん補されない。このように、自動車保険においては、交通事故被害者救済のために、過失のすべてが担保されるようになってきたが、被保険者自身の過失による自分の人身損害はてん補されず、自損事故保険で見るように、自賠責保険で行われる最大 50% の重過失減額を考慮して、その保険金額が制限される。

　このような既存の自動車保険における被保険者自身の人身損害に対する担保の限界に対応するため、東京海上（現在の東京海上日動火災）が、自動車保険料率算定会の料率によらず独自に開発した「人身傷害補償」担保を付帯した自動車保険である「TAP（Tokio Automobile Policy）」を 1998 年 10 月 1 日から発売した。この TAP は、リスク細分型保険に対抗する意味もあった。その後、各損害保険会社がこれに追随し、現在はほとんどの損害保険会社が人身傷害補償保険または人身傷害補償特約を販売しており、各社別にその内容が少しずつ異なっている。このような人身傷害補償保険は、基本的に PAP または SAP をベースにして、被保険自動車に搭乗中の人が被った人身損害の全額を、過失相殺なしに自分が保険契約した保険会社に請求できるファーストパーティー（First-Party）型の保険である。

　また、従来の無保険車傷害保険よりも担保範囲が拡大され、被保険者[8]は、歩行

---

[8]　被保険者とは、記名被保険者およびその配偶者・同居の親族、別居の未婚の子である。

中または他人の車に乗車中の事故の場合にも、死亡・後遺障害だけてなく傷害による損害がてん補される。したがって、被保険者が、人身事故の加害者・被害者いずれの場合でも、事故相手との示談代行にわずらわされることなく、自分が保険契約した保険会社に損害額に相当する保険金の請求を可能にし、これまで PAP または SAP で担保されていなかった被保険者自身の治療費・慰謝料・休業損害などが過失分を含めててん補されることになった。被保険者に保険金を支払った損害保険会社は、事故の相手またはその保険会社に対して過失割合に応じて求償を行うことになる。

　人身損害額 5 千万円で、過失割合が保険契約者 4 割・相手 6 割の場合の保険金支払いは、次の通りである。

> **図8**　人身傷害補償保険の保険金

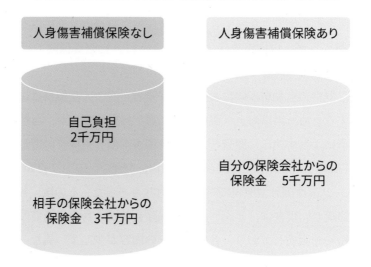

事例: 人身損害額5千万円、過失割合:契約者4割・相手6割

人身傷害補償保険なし

人身傷害補償保険あり

自己負担
2千万円

自分の保険会社からの
保険金　5千万円

相手の保険会社からの
保険金　3千万円

▌（出典）筆者作成

　このような人身傷害補償保険は、自損事故保険などの既存の一部の保険の必要性をなくしている。自損事故保険は、人身傷害補償保険と同様に、被保険者の過失割合が100％の場合の被保険者自身の人身損害をてん補するファーストパーティー型の保険であるからである。また、無保険車傷害保

険は、加害者の過失による賠償責任を前提にして、その加害者（相手）が無保険車である場合、死亡と後遺障害に限定して、被保険者の人身損害に対して責任のある相手方の賠償責任額まで補償するファーストパーティー型の保険であるが、人身傷害補償保険で過失割合に関係なく被保険者の人身損害が全額てん補されるため、人身傷害補償保険の限度額の範囲内ではその必要性がなくなる。実際に東京海上日動火災が販売する新型 TAP は、傷害の保険、賠償責任保険（対人・対物）、車両保険の３種類の保険によって構成されており、傷害の保険は人身傷害補償保険と搭乗者傷害保険によって構成されている。また、搭乗者傷害保険は、保険会社が求償権を行使せず、他の保険からの保険金支払に関係なく被保険自動車に搭乗中の全員に一定額が支払われるファーストパーティー型の保険ではあるが、人身傷害補償保険では被保険自動車に搭乗中の人も担保されるので、その必要性が減少することになる。

　したがって、人身傷害補償保険は、被保険者の人身損害に対する過失相殺の分も担保されていることがこれまでの自動車保険とは大きく異なる点であり、被保険者保護という任意の自動車保険本来の機能という側面から、既存の対人賠償責任保険に自損事故保険と無保険車保険、搭乗者傷害保険の一部を統合し、さらに担保範囲を拡大したものであるといえる。その結果、自動車保険における特約の数は、減少の傾向にある[9]。

---

[9]　1996 年に損害保険事業総合研究所が発行した『自動車保険約款集』には、強制保険である自賠責保険以外にも普通保険約款 4 種類、特約 109 種類が掲載されていた。しかし、2000 年に同研究所が発行した『自動車保険約款集』には、強制保険である自賠責保険以外にも普通保険約款 4 種類、特約 47 種類が掲載されている。この 2000 年版は、東京海上が使用している自動車保険約款を纏めたものであり、すべての約款が網羅されているとはいえないが、1996 年版に掲載されていた多くの特約が掲載されていないことは確認できる。

図9 既存の対人賠償責任保険と人身傷害補償保険

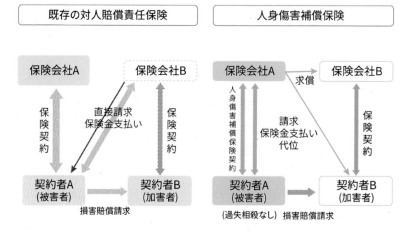

（出典）各種資料を参考にして作成

第2章
————

休業損害と逸失利益

交通事故による人身損害は、財産損害と精神的損害を
積算して計算される。本章では、その積算される損害の
中で、最も重要かつ複雑な消極損害を中心に概説する。

01 交通事故と損害

1 交通事故による損害の分類

　損害賠償請求における「損害」とは、加害行為がなかった場合の利益状態と加害行為がなされた場合の利益状態との「差」を意味すると解されている。交通事故による損害は、人身損害と物件損害に分けられる。人身損害は、財産的損害と精神的損害（慰謝料）に分類される。

図 10　交通事故による損害の分類

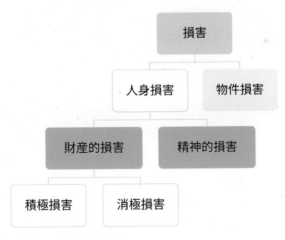

(出典) 各種資料を参考にして筆者が作成

　財産的損害は、積極損害と消極損害に分類される。「積極損害」は、事故によって被害者が支出させられたことによる損害であり、治療費、付添看護費、諸雑費、

葬儀費、弁護士費用等の実際に支払いが発生するものがこれに当たる。「消極損害」は、被害者が事故に遭わなければ得られたであろうと考えられる利益であり、収入がなくなる休業損害、逸失利益等がこれに当たる。また、精神的損害には、慰謝料がある。

2 消極損害

積極損害は、加害行為により被害者の財産がマイナスになった損害であるのに対し、消極損害は加害行為により財産がプラスにならなかった損害を意味する。この消極損害とは、交通事故がなければ得られたはずの利益であり、休業損害と逸失利益がある。休業損害とは、交通事故などによるケガが原因で仕事を休んだために減った収入額を指す。逸失利益は、不法行為（事故）がなければ得られたであろう将来の利益であり、将来得べかりし利益である。

つまり、逸失利益とは、加害行為がなければ被害者が将来得られるであろう経済的利益を失ったことによる損害であり、逸失利益における「利益」は、「損害」の意味である。休業損害が過去発生型の損害であり、証拠による認定が比較的容易であるのに対し、逸失利益は、将来発生型の損害であり、どのように算定するかは、損害の捉え方、評価方法によって異なる。その損害の算定をめぐっては理論的対立の激しい分野の代表である。

逸失利益の種類には、「後遺障害による逸失利益」と「死亡による逸失利益」の2つがある。死亡事故の場合は、「もし、被害者が生きていたとすれば、これから先に当然に得られたであろうとされる利益」が逸失利益であり、後遺障害の場合は、労働能力を失うか低下してしまった場合に、「もし、被害者が事故にあわなければ、これから先に当然に得られたであろうとされる利益」が逸失利益となる。収入は、普通、月または年単位で取得するが、逸失利益として請求するときは、一括して請求するのが一般的である。

逸失利益の本質論をめぐっては、差額説（現実損害説、所得喪失説）と労働能力喪失説の二大対立があり、その他の説（死傷損害説、評価段階説等）もあるが、現行実務では、基本的に差額説に基づきながら、労働能力喪失説の考え方も取り入れられている。「差額説」は、交通事故がなかったら被害者が得られたであろう収入と事故後に現実に得られる収入との差額を逸失利益とするものであり、「労

働能力喪失説」は、労働能力の喪失または減少を逸失利益とするものである。逸失利益の算出方法としては、現在、大枠でほぼ固定され、一般的な計算式は、いずれの説によっても共通している。

図11 休業損害と逸失利益

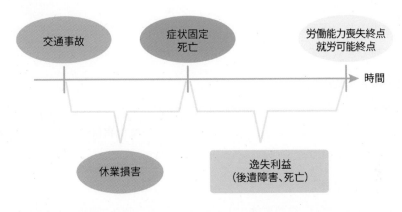

▌（出典）各種資料を参考に作成

02　休業損害の発生と計算

1　休業損害の発生

　休業損害は、職業や収入、休業した期間、休業中の通院日数などによって金額が変わり、治療のために有給休暇を使った場合でも請求できる。また、専業主婦も事故で家事に影響が出た場合は請求することが可能である。治療費などは事故による支出が発生するため積極損害に分類されるのに対し、休業損害は事故により収入が減少したものであるため消極損害に分類される。

　休業損害の具体的な事例は、交通事故で出勤できなかったために会社からの給与が一部、または全部支払われなかった、ボーナスが減った、または支払われなかった場合などである。ケガの場合だけでなく、死亡した場合でも、事故から死亡までに日数があるときには対象となって休業損害が発生する。休業損害の支払いには、収入の減少を証明する書類の提出が必要となり、一般的には事故前3ヶ

月の平均賃金をもとに算定される。有給休暇を使用した場合など、現実の収入減がなくても休業損害として請求することができる。

専業主婦が交通事故の被害に遭って家事ができない場合なども、家事労働に経済的価値が認められるため、家事労働の休業損害を請求できる。失業中の場合やアルバイト中の学生でも請求することが可能である。

①傷害事故の場合

後遺障害のない傷害事故の場合には、交通事故による受傷から傷害が治癒して仕事に復帰できるまでの間の休業について、休業損害を請求することになる。

②後遺障害事故の場合

交通事故による受傷から症状固定時までの間の休業について、休業損害を請求できる。症状固定後の収入の減少分については、休業損害は認められないが、後述の逸失利益の損害賠償請求が認められる場合がある。

③死亡事故の場合

死亡事故の場合には、交通事故による受傷から死亡時までの間の休業について、休業損害を請求できる。死亡時以降の収入の喪失額については、後遺障害の場合と同様に逸失利益を損害賠償請求することになる。したがって、即死であった場合には、逸失利益のみが問題となり、休業損害は存在しないということになる。

2 休業損害の計算

休業損害の請求をする場合には、具体的な損害額を計算する必要があり、休業損害の算出方法には、自賠責基準、任意保険基準、裁判基準がある。

自賠責基準による休業損害（2020年4月1日以降の事故）は、次のように計算される。

> 休業損害（円）（自賠責基準） ＝ 日額 6,100円 × 休業日数

ここでの日額は、会社員などの給与所得者でも、専業主婦（主夫）でも同じである。休業損害証明書などを提出することで収入が証明できる場合には、日額19,000円を上限として休業損害が認められる。休業日数とは、ケガの治療のため

に仕事を休んだ日数である。

　ここで、収入は原則的に事故当時の現実収入額である。休業の相当性が認められない場合、期間を短縮するか、収入の一定割合を減縮する。休業損害は、労災保険や健康保険、所得補償保険および会社規定等により、給与の一部分が支給されている場合は対象外となる。会社を休んでも給料が支給されている場合は認められない。有給休暇を使用した場合は、休業損害に含まれる。

　家事従事者については、休業による収入の減少があったものとみなされる。賞与等について、現実に休業を原因として収入の減少があった場合は、対象になる。役員報酬は原則として対象外となるが、労働の対価とされる部分がある場合は、対象になる。年金、金利、地代・家賃収入生活者は、労働の対価としての収入を得ていないので、休業損害は認められない。

　一方、任意保険基準は、任意保険会社の基準に基づく算出方法であるが、一般的に公開されていない。また、裁判基準は、弁護士が過去の裁判例をもとに、示談交渉や裁判において用いる基準である。

　裁判基準による休業損害の計算式は、次の通りである。

$$\boxed{休業損害（円）（裁判基準）} = \boxed{1日当たりの基礎収入額} \times \boxed{休業日数}$$

　裁判基準による1日当たりの基礎収入額は、次の通りである。

① 給与所得者
　給与所得者の休業損害は、現実に収入の減少が有った場合に限り認められる。

$$\boxed{1日当たりの基礎収入額} = \boxed{事故前3ヶ月の総支給額} \div \boxed{90日}$$

　治療のために、年次有給休暇を使用した場合も、休業損害として認められる。付加給・賞与等の減少については、減少額が確実に立証できれば支給される。休業初日から連続して休んでいる場合は土日祝祭日も休業日数に含む。連続して休

業した後、一旦出勤し、再度連続休業した場合は、直近の土日祝祭日は休業日数に含まない。

② 会社役員・団体の役員

会社役員が受け取っている役員報酬は、労務提供の対価部分と利益配当の性質をもつ部分に分かれる。休業損害に該当するのは労務提供の対価部分のみとなり、利益配当の性質を持つ部分は対象としない傾向にある。

③ 事業所得者

商工業者、農林・水産業者、自営業者、自由業者等の事業所得者は、事故前1年間の所得を365日で割って1日当たり基礎収入を計算する。事故前の所得の証明は、前年度の所得税確定申告書の控えや課税証明書などの資料によって行う。確定申告をしていない場合や、過少申告していたためにこれらの資料が実際の所得額を反映していない場合には、これらの資料に代え、帳簿や銀行取引明細等の財務関係書類によって所得額を証明することになる。

1日当たりの基礎収入額（事業所得者）

= （事故前1年間の収入額－必要経費） × 寄与率 ÷ 365日

店舗を休業している場合の固定費は立証資料により必要かつ妥当な実費とし、代替労力を利用した時は、被害者に収入の減少があったものと認め、休業損害に代えて、当該代替労力を利用するに要した必要かつ妥当な実費とする。

④ 家事従事者

厚生労働省が発表する「賃金センサス」（職業、性別、年齢別の平均賃金をまとめた統計）をもとに基礎収入を算定する。

兼業主婦の場合、実際の収入額と全年齢平均給与額のいずれか高い方を基礎に休業損害を算出する。

⑤ 無職など

　失業中の無職者の場合は、休業する業務がないため、原則として休業損害は存在しない。しかしながら、既に就職が内定していた場合や就職する蓋然性が高い場合には、就職内定先の給与額や賃金センサスの平均給与額などを考慮して計算した１日当たりの基礎収入を算定する。

　学生等は、原則として休業損害は認められないが、アルバイトをしているなど、収入がある場合には、認められる場合がある。

03 　逸失利益の計算要素と算出

1 　逸失利益の計算要素

　逸失利益は、死亡と後遺障害の場合に発生するが、その計算要素は、次の通りである。

図12 　逸失利益の計算要素

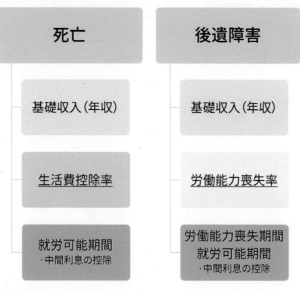

■ （出典）各種資料を参考にして作成

内のテキスト：

死亡
- 基礎収入（年収）
- 生活費控除率
- 就労可能期間
　・中間利息の控除

後遺障害
- 基礎収入（年収）
- 労働能力喪失率
- 労働能力喪失期間
　就労可能期間
　・中間利息の控除

死亡の場合の逸失利益は、基礎収入（年収）から本人の生活費控除率を控除した金額を就労可能年数分失っていると仮定して、その金額に対して中間利息を控除した金額としている。これは、遺族の立場からすれば、本人が生きていたとしても本人の生活費は必要であったので、その分を控除して損害としようとするものである。

　これに対して、後遺障害の場合の逸失利益は、本人が生存しており、損害賠償請求も本人が行っているため、生活費控除は行わない。つまり、死亡の場合は、遺族の立場で失った損害を算出しているが、後遺障害の場合は本人の立場で失った損害を算出してるといえる。この後遺障害の逸失利益の算出では、収入の減少分である労働力喪失率を使用して損害を計算している。この労働力喪失率と収入の減少分が一致しているいない場合もありうるが、この労働能力喪失率を収入の減少分とすることが定着している[10]。この収入の減少分が発生する労働能力喪失期間の損失額に対して中間利息を控除した金額を後遺障害に対する逸失利益としている。

　中間利息控除は、死亡・後遺障害事案において、将来の期間（後遺障害の場合は労働能力喪失期間・死亡の場合は就労可能年数）に相当する損害（逸失利益・将来の介護料）を算定する際に、当該期間分に相当する利息を控除する。中間利息控除の方法として、保険実務では、これまでの損害賠償事例に係る判例並びに裁判所の運用を参考に一律に５％のライプニッツ係数（複利方式による利息控除）を適用していたが、後述するように、民法の改正によって、変動制となっている。

2 逸失利益（死亡）の算式

　逸失利益（死亡）は、基礎収入、生活費控除、就労可能年数の３要素で決まる。
　逸失利益（死亡）の場合の算式は、次の通りである。

$$逸失利益 = 基礎収入（年収）\times（1－生活費控除率）\times 就労可能年数に対するライプニッツ係数$$

10　拙稿「後遺障害に対する労働力喪失率」『損害保険研究』第64巻4号、損害保険総合事業研究所、2003年2月を参照。

労働能力喪失率を 100%（＝1）として、新たに損益相殺として生活費控除の操作を加えたものとみることができる。

18 歳未満の就労可能年数とライフニッツ係数は、未就労者と有職者に分けて、後述の表 16 に掲載されている。また、18 歳以上の就労可能年数とライフニッツ係数は、後述の表 17 に掲載されている。

死亡事案における逸失利益の算定を図示すれば、次の通りである。

図 13　死亡事案における逸失利益の算定

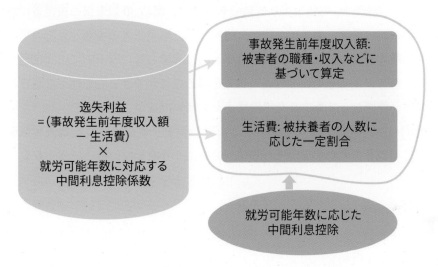

逸失利益
＝(事故発生前年度収入額
－ 生活費)
×
就労可能年数に対応する
中間利息控除係数

事故発生前年度収入額:
被害者の職種・収入などに
基づいて算定

生活費: 被扶養者の人数に
応じた一定割合

就労可能年数に応じた
中間利息控除

（出典）各種資料を参考にして作成

(a) 基礎収入

逸失利益算定の基礎となる収入は、原則として事故前の現実収入を基礎とするが、将来、現実収入額以上の収入を得られる立証ができれば、その金額が基礎収入となる。なお、現実収入額が賃金センサスの平均賃金を下回っていても、将来、平均賃金程度の収入を得られる蓋然性があれば、平均賃金を基礎収入とする。具体的な基礎収入の内容は、次の通りである。

① 給料所得者

給与所得者の基礎収入は、原則として、事故前の現実の収入額を基礎とする。賃金センサスの平均賃金額を下回るときは、平均賃金による。賃金額には、本給、各種諸手当、賞与等が含まれる。給料のベースアップは、明確な昇給規定が整備されている場合には考慮されることもある。

基礎収入の算定にあたっては、原則、将来の一般的な賃金や物価の上昇は考慮しない。昇給、昇格、ベースアップなどによる収入の増加については主張することは可能であるが、蓋然性につき具体的な事情の立証が必要であり、昇給、昇格は将来の話なので、立証は困難を伴うことがある。

事故前の現実の収入の金額が賃金センサスの被害者の属する性の学歴計（または学歴別）・年齢別平均賃金より低額であっても、概ね30歳未満の被害者については、事故時の職業、事故前の職歴と稼働状況、現実収入の金額と上記の平均賃金との乖離の程度及び乖離の原因等を総合的に考慮して、将来的に生涯を通じて賃金センサスによる平均賃金程度の収入を得ることができる蓋然性が立証された場合には、原則として死亡した年の賃金センサスに基づくとされている。

一般的には、67歳までの期間を通じて同一額を基礎収入として逸失利益を算定し、定年退職を考慮しない代わりに、退職金も考慮しない場合が多くある。

② 事業所得者

事業所得者（自営業者・自由業者・農林水産業者など）の基礎収入は、原則として、事故前の申告所得額を採用するので、確定申告書や添付書類の控えによって立証する。提出された証拠の信用性が十分でない場合には、さらに納税証明書や課税証明書の提出が必要とされ、年によって所得額の差が大きい場合には事故前数年の平均の金額を採用することがある。被害者が収入につき申告をしていなかった場合や、申告に係る所得額の信用性が問題とされる場合の立証においては、収入や経費について、会計帳簿、伝票類、日記帳、レジの控え等の資料による。文書の信用性の吟味や、過去の業績や経費率等に関する統計と対比しての検討が行われる。

申告所得額が賃金センサスの被害者の属する性の学歴計（または学歴別）・年齢別平均賃金より低額の場合、その被害者が若年であれば、給与所得者（就業期

間が比較的短期な若者の場合）と同様の考え方に従い、原則として死亡した年の賃金センサスに基づき被害者の属する性の学歴計・全年齢平均賃金等を基礎収入として採用することができる。

　事業所得が本人の労働だけでなく家族の労働なども含み総体的に形成されている場合には、本人の寄与部分に相当する金額が基礎収入となる。その認定は、事故前後の事業や収支の状況、事業の業種・業態、被害者の特殊な技能の有無や担当職務の内容・稼働状況、家族その他の従業員の関与の程度やその給与等の金額等が考慮されることになる。

　被害者が 67 歳に達する以前に死亡時の職業を離れたであろうとみられる事情が存在する場合（例えばプロスポーツ選手等）には、具体的な事情に応じ、その時期や離職後の収入の金額につき認定することになる。

③ 会社役員

　会社役員の基礎収入は、原則として、事故前の報酬の金額を採用する。利益配当の実質を有する部分がある場合に、その部分を除く労務対価に相当する金額を採用することについては、死亡以外の事案においてはこれを採用することで格別異論をみないが、死亡事案においては議論がある。

　労務対価部分が報酬に占める割合は、会社の規模・営業状態、当該役員の職務内容・報酬額、他の役員や従業員の職務内容・報酬額・給与額等を勘案して判断する。

④ 家事従事者（主婦）

　家事従事者（主婦）の基礎収入は、原則として、死亡した年の賃金センサスの女性の学歴計・全年齢平均賃金を採用する。家事専業者がする家事労働については、判例上それも財産上の利益を生ずるべきとされており、その金銭的な評価については、「家事労働に専念する妻は、平均的労働不能年齢に達するまで、女子雇用労働者の平均的賃金に相当する財産上の収益を挙げるものと推定するのが適当である」とされている。

　被害者の年齢、家族構成、身体状況及び家事労働の内容等に照らし、生涯を通じて上記の平均賃金に相当する労働を行い得る蓋然性が認められないなど、特段

の事情が存在する場合には、死亡した年の賃金センサスの女性の学歴計・年齢別平均賃金を参照して適宜減額する。なお、独居者が自己のための家事労働を行っていた場合は、原則として逸失利益の発生は認められない。

⑤ 兼業者

兼業者（共稼ぎ・パートタイマー・内職等）の基礎収入は、現実収入の金額と、死亡した年の賃金センサスの女性の学歴計・全年齢平均賃金を比較して、いずれか高い方を採用する。現実の収入の金額と家事労働分とを加算することはしない。

⑥ 幼児、生徒、学生

幼児、生徒、学生の場合は、賃金センサスによる男女それぞれの全年齢平均賃金額を基準として、原則として就労可能な18歳から67歳までの間の逸失利益を請求できる。大学生や大学進学の蓋然性が立証された被害者については、死亡した年の賃金センサスの被害者の属する性の大卒の全年齢平均賃金が基礎収入として用いられることもあるが、そのような場合、中間利息の控除に当たっては、就労の始期を大学卒業予定時期として計算する。

大学在学中の学生や、小学生・高校生などについてもその家庭環境や本人の成績等から、新大卒の平均賃金によることを認めた判例もある。まだ収入を得ていない医大生の場合、医師の平均給与を基準として算定されている。

⑦ 高齢者

約65歳以上であって、死亡時に就労していなかった被害者については、就労の蓋然性の立証があれば、原則として、死亡した年の賃金センサスの被害者の属する性の学歴計・年齢別平均賃金を基礎収入として採用する。就労の蓋然性がなければ、逸失利益の認定は困難となる。高齢者の家事専業者については、家事従事者の専業者と同様に考える。

⑧ 失業者

原則、失業者の逸失利益は認められないが、死亡時に現実の収入はない者であっても年齢、職歴、就労能力、就労意欲等に鑑み、再就職の蓋然性が認められ

れば、逸失利益が発生する。

　再就職しての稼働が確実であれば、予定収入額を基礎収入とする。失業前の収入も参考とするが、賃金センサスの平均賃金以下であれば、平均賃金による。一時的に離職していた場合は、失業前の収入を基準とする。

⑨ 年金生活者など

　判例は、各種年金の性質を踏まえて逸失利益性を判断している。受給者のみならず、その者の収入に生計を依存している家族に対する関係においても生活保障を与える機能を営むものは、基礎収入として認められる（普通恩給、退職共済年金、老齢年金など）。そこから生活費、掛金、遺族に対する給付が発生する場合はその給付額（例えば、遺族年金）などは控除される。遺族年金などのように、社会保障的性格や一身専属性が強く、その存続自体に不確実性が伴う場合は、認められない。

表5　年金等の主な例

受給原因	国民年金	厚生年金
老齢・退職	老齢基礎年全	老齢厚生年金
後遺障害	障害基礎年金	障害厚生年金
遺族	遺族基礎年金	遺族厚生年金

　被害者が死亡時に年金等の支給を受けていた場合に、これらの年金等につき逸失利益として認められるか否かは、当該年金等の給付の目的、拠出された保険料と年金等の給付との間の対価性に基づいて判断される。老齢・退職の際に支払われる年金等については、逸失利益の発生が認められる。後遺障害に対して支払われる障害年金等については、逸失利益の発生は認められるが、子や妻の加給分については、逸失利益としては認められない。

　遺族年金については、受給権者自身の生計の維持を目的とした給付という性格を有するものであること、受給権者自身が保険料を拠出しておらず、給付と保険料との関連性が間接的であり、社会保障的性格の強い給付であることなどから、逸失利益としては認められない。

年金等につき逸失利益の発生が認められる場合に、その算定に当たっては、実際にその支給が受けられるであろうと認められる期間につき積算を行うことになり、受給権者が生存している限り受給し得たであろうと認められるときは、余命の年数をもって積算することとなる。

　また、年金等につき逸失利益として認められる場合において、その算定における生活費控除の割合については、その支給の趣旨に照らし、他の場合よりも高い傾向がある。被害者が年金等の他にも稼働収入を得ていた場合の生活費控除の方法については、稼働収入と年金等収入とで異なる割合で控除することもある。

　なお、被害者が死亡時に年金を受給していなくても年金受給資格は取得している場合、年金を受給することは確実と考えるので、逸失利益として認められる。しかし死亡時に年金の受給資格の要件を満たしていなかった場合には、逸失利益の発生が認められないことも考えられるので、認められるとしても、金額についてはかなり控えめになる場合がある。

⑩ 外国人

　永住資格を有している場合は、日本人と同じく算定する。就労可能な在留資格を有し、現に日本で就労していた場合は、日本での現実の収入の金額を採用する。在留期間につき制限があったとしても更新を受ける蓋然性が立証されれば、更新後の期間についても上記の金額を基礎とする。その立証がされなければ、想定される出国先での収入等の金額を採用する。

　就労可能な在留資格を有しておらず、日本で就労していなかった場合、例えば、観光等のための短期滞在の在留資格で日本滞在中に事故にあった場合は、母国での収入等の金額を採用する。就労可能な在留資格を有しておらず、日本で不法就労していた場合は、事故後3年程度は日本に在留し、その後は本国に帰国するのが通常であろうという前提のもと、3年間は日本における現実の収入額を基準とし、その後は本国における収入を基準として算定される例が多い。

(b) 生活費控除

　被害者が死亡した場合、存命であれば必要であった収入を得るための生活費の支出を免れることから、損益相殺の考え方に基づき、逸失利益の算定に当たり被害者

本人の死亡後の生活費を控除する。被害者が死亡した場合は、後遺障害の逸失利益の場合は死亡逸失利益の場合と異なり、生活費を控除しないのが原則である。

控除率は、一家の支柱場合は 30 〜 40%、独身の女子 30%・男子 50%である。

表6	生活費控除率	
区　　　分		控除率
一家の支柱（被扶養者1人の場合）		40%
一家の支柱（被扶養者2人以上の場合）		30%
女子（主婦・独身・幼児を含む）		30%
男子（独身・幼児を含む）		50%

（出典）「損害賠償額算定基準」(財) 日弁連交通事故相談センター東京支部

生活費等の控除において、議論がある事例は、次の通りである。

子供が死亡してその損害賠償請求権が父母に相続される場合、その父母が支払う必要がなくなったその子供に対する養育費を損害賠償請求額から控除すべきであるかについての議論である。

① 養育費

被害者が幼児等で扶養を受けていた場合に、被害者の死亡に伴い扶養者である父母等が支出を免れた養育費は、被害者が将来得ることができたであろう収入との間に損益相殺の考え方に基づいて控除すべき同質性がなく、父母が被害者の損害賠償請求権を相続し、加害者に対して請求したとしても控除の必要はないとされる。死亡した被害者に扶養を受けていたものとその被害者の損害賠償請求権の相続人との関係に関する議論である。

② てん補済みの扶養利益

死亡した被害者の扶養を受けていた者は、加害者に対し、その固有の利益である扶養請求権の侵害につき賠償を請求することができるが、扶養を受けていた者に対して扶養利益がてん補されたときは、その金額は相続人にてん補すべき逸失

利益の金額から控除するとされる。

③ 所得税等の税金額の控除

原則として控除しない。

(c) 就労可能年数

　稼働（就労）可能期間は原則として、18 歳から 67 歳まで（49 年間）とされる。67 歳までの年数と平均余命（生命表）の 2 分の 1 のいずれか長期の方を採用する[11]。この平均余命の認定に当たっては、死亡した年の簡易生命表を参照するのが一般的である。

　始期は、未就労者の就労の始期については原則高校卒業時の 18 歳とするが、大学進学や卒業が確実視されている場合には 22 歳とされることもある。終期は、一応の基準として、67 歳とされている。就労可能年数は、一般に 54 歳未満の者は、67 歳から被害者の年齢を控除した年数とする。死亡時から 67 歳までの年数が簡易生命表により求めた死亡時の年齢における平均余命年数の 2 分の 1 より短くなる高齢者（54 歳以上）の稼働（就労）可能期間は、原則として平均余命の 2 分の 1 とする。

　生命表（Life Table）は、死亡表（Mortality Table）とも呼ばれ、人口統計学において、年齢別・男女別に分類し、ある時期における死亡状況（年齢別死亡率）が今後一定不変と仮定した場合の、それぞれの年齢別・性別に次の誕生日までの 1 年間の生存率・死亡率および平均余命などを示した統計表である。つまり、特定年齢（通常は 0 歳）の生存数（出生数）を一定人（普通は 10 万人）として、その生存数が年齢の進むにつれて減少していく状況を表す表であり、各年齢の死亡率または生存率が示されている。

　日本では、厚生労働省が全国規模の生命表として完全生命表と簡易生命表の 2 種類を作成し公表している。簡易生命表は各年の推計人口、死亡数、出生数（概数）をベースに、簡略化された方法により毎年作成しているのに対し、完全生命

11　金融庁・国土交通省・平成 1 3 年告示第 1 号「自動車損害賠償責任保険の保険金及び自動車損害賠償責任共済の共済金等の支払基準」。

表は、国勢調査[12]の確定人口および人口動態統計の確定データをもとに、より精密な方法で5年に1度作成されている。この厚生労働省が全国民を対象にして作成した生命表を「国民生命表」という。

| 表7 | 完全生命表と簡易生命表 |

区　　分	完全生命表	簡易生命表
作成年	5年毎	毎年
人口	国勢調査	10月1日現在推計人口
死亡数	人口動態統計（確定数）	人口動態統計（概数）
出生数	人口動態統計（確定数）	人口動態統計（概数）

(出典) 厚生労働省

3 逸失利益（後遺障害）の算式

逸失利益（後遺障害）は、基礎収入、労働能力喪失率、労働能力喪失期間の3要素で決まる。

就労者の場合の後遺障害に対する逸失利益（後遺障害）の算式は、次の通りである。

| 逸失利益 | ＝ | 基礎収入（年収） | × | 労働能力喪失率 | × | 労働能力喪失年数に対するライプニッツ係数 |

18歳未満の就労可能年数とライフニッツ係数は、未就労者と有職者に分けて、後述の表16に掲載されている。また、18歳以上の就労可能年数とライフニッツ

---

[12] 現在の法的根拠は、統計法（1947年3月26日法律第18号）で定められた義務調査で、調査対象者は調査に答える義務がある。調査は5年ごとに行われ、調査項目の違いから、10年ごとの大規模調査（22項目）と、その5年後にあたる年の簡易調査（17項目）に分けられる。調査対象は全数調査となるため、日本に居住する者すべて（外国人やホームレス、さらには皇族も含まれる）が申告の義務を負う（統計法第4条および第5条）。

係数は、後述の表 17 に掲載されている。

後遺障害事案における逸失利益の算定を図示すると、次の通りである。

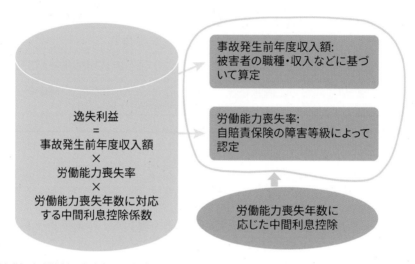

図 14　後遺障害事案における逸失利益の算定

逸失利益
＝
事故発生前年度収入額
×
労働能力喪失率
×
労働能力喪失年数に対応
する中間利息控除係数

事故発生前年度収入額:
被害者の職種・収入などに基づいて算定

労働能力喪失率:
自賠責保険の障害等級によって認定

労働能力喪失年数に
応じた中間利息控除

（出典）各種資料を参考にして作成

(a) 基礎収入

基礎収入は、死亡の場合と同じであり、実際には経済状況によって変動するが、被害時の収入（幼児・生徒、家事従事者などは一定額を認定）が労働能力喪失期間中に継続するものと仮定する。被害者が幼児や学生、主婦など実際の収入額が不明確な場合は、賃金センサスを参考に平均賃金より算出する。

(b) 労働能力喪失率

労働能力喪失率は、被害者の性別、年齢、職種、障害の部位・程度、事故前後における具体的な稼働状況、生活状況等を総合的に考慮して、喪失割合が認定される。この場合、自動車損害賠償保障法施行令 2 条別表（障害等級表）に記載さ

れた障害程度に応じて定められた障害等級を基に、労働能力喪失率表[13]が利用されている。

その後遺障害等級と労働能力喪失率は、次の通りである。

表8 後遺障害等級と労働能力喪失率

後遺障害等級	労働能力喪失率	後遺障害等級	労働能力喪失率
第1級	100/100	第8級	45/100
第2級	100/100	第9級	35/100
第3級	100/100	第10級	27/100
第4級	92/100	第11級	20/100
第5級	79/100	第12級	14/100
第6級	67/100	第13級	9/100
第7級	56/100	第14級	5/100

（出典）金融庁・国土交通省・平成13年告示第1号「自動車損害賠償責任保険の保険金及び自動車損害賠償責任共済の共済金等の支払基準」別紙Ⅰ

(c) 労働能力喪失期間

後遺障害は、一般には、被害者が就労可能な期間中は症状が改善されないものと考えられるので、後遺障害により労働能力の一部が失われる期間は、原則として「傷害の症状の固定した時」から就労可能な終期とされる67歳までとなる。この労働能力喪失期間は、実際には失業したりする可能性もあるが、労働能力喪失期間中にわたって就労可能であるはずであったと仮定する。ただし、障害の内容、部位、年齢などによっては期間に応じた漸減を認めることもある。

例外として、いわゆるむち打ち症の場合には、症状の消退の蓋然性や被害者側の就労における慣れ等の事情を考慮して、それが自賠法施行令別表第2の14級9号に相当するものであれば5年、12級13号に相当するものであれば10年とされることが多くある。それ以外の後遺障害については、相手方に反証がなされ

---

[13] 労働基準局通牒（昭和32年7月2日基発第551号別表）

たときに、被害者の後遺障害の具体的な内容や程度等に応じて、就労可能な終期までのうち限定された期間において労働能力喪失期間が認められることもある。

未就労者の就労の始期については原則として18歳とされ、被害者が大学生であった場合等には大学卒業予定時とされる。

高齢者の被害者については67歳までの年数と平均余命の2分の1のいずれか長期の方を採用することを原則としつつ、具体的な職業の内容や健康状況等も考慮して判断される。なお余命の認定にあたっては、症状が固定した年の簡易生命表を参照するのが一般的である。

4 労災保険の障害等級表

「身体に残存する永久的な精神的、肉体的毀損状態やこれ以上治療を継続しても医療の効果が期待できない症状固定の状態」を後遺障害（Permanent Disability）という。

(a) 障害等級表の概要

1947（昭和22）年に制定されたものであるが、障害による労働能力の喪失に対する障害補償給付を目的とするものである。これは、1875（明治8）年の太政官達「人夫死傷手当規則」に規定されたものが現行法までに改正されてきたものである。

しかし、ここでの労働能力とは、一般的な平均的労働能力を意味しており、被災労働者の年齢、職種、利き腕、知識、経験などの職業能力的諸条件については、障害の程度を決定する要素とはなっていないため、障害等級が必ずしも労働能力喪失の程度を正確に表しているわけではない。

身体を解剖学的な観点から目と耳など10の部位に分け、それぞれの部位における身体障害を、例えば眼の部位の場合は「視力障害」、「運動障害」、「調節機能障害」、「視野障害」、「眼瞼」といったように、機能の面に重点をおいた生理学的な観点から、一種または数種の障害群に分けている。これが障害の系列といわれるもので、後遺障害等級表には、10の部位に対して、35種類の系列に分類される。

さらに、それぞれの障害は、その労働能力の喪失の程度に応じる「障害の序列」に従って配列されている。眼、耳、鼻、口、神経系統の機能または精神、頭部・

顔面・頸部、胸腹部臓器、体幹、上肢、下肢である。

(b) 障害の系列と序列

35 の障害群である「障害の系列」があり、138 種の各身体障害はその労働能力の喪失の程度に応じて一定の順序のもとに配列されており、これが「障害の序列」である。後遺障害等級表上の後遺障害は、35 種類に分類された障害の系列ごとに障害の序列に基づいて第 1 級から第 14 級まで配列されている。

障害の序列の特徴は、次の通りである。

① 障害の程度を一定の幅で評価することから、上位等級の身体障害と下位等級の身体障害との間に中間の等級を定めていないものがある。

② 上位等級の身体障害と下位等級の身体障害との区別を、労働能力に及ぼす影響の総合的な判定により行っているものがある。

③ 障害等級表上、最も典型的な身体障害を掲げるにとどまり上位等級の身体障害と下位等級の身体障害の間に中間の身体障害が予想されるにかかわらず定めていないものがある。

④ 欠損障害は、労働能力の完全な喪失であり、障害等級表上、同一部位に係る機能障害よりも上位に格付けられているので、同一部位に欠損障害以外のいかなる身体障害が残存したとしても、その程度は欠損障害の程度に達することはない。

表9　後遺障害の系列と序列（後遺障害等級表）1

障害系列			系列番号
眼	眼球（両眼）	視力障害	1
		調節機能障害	2
		運動障害	3
		視野障害	4
	まぶた(右または左)	欠損または運動障害	右5 左6

耳	内耳等(両耳)	聴力障害	7
	耳殻（右または左）	欠損障害	右8 左9
鼻		欠損及び機能障害	10
口		咀嚼及び言語機能障害	11
		歯牙障害	12
神経系統の機能または精神		神経系統の機能または精神の障害	13
頭部、顔面部、頸部		醜状障害	14
胸腹部臓器（外生殖器を含む）		胸腹部臓器の障害	15
体幹	脊柱	変形または運動障害	16
	その他体幹骨	変形障害（鎖骨、胸骨、ろく骨、けんこう骨または骨盤骨）	17
上肢	上肢（右または左）	欠損または機能障害	右18 左21
		変形障害（上腕骨または前腕骨）	右19 左22
		醜状障害	右20 左23
	手指（右または左）	欠損または機能障害	右24 左25
下肢	下肢（右または左）	欠損または機能障害	右26 左30
		変形障害（大腿骨または下腿骨）	右27 左31
		短縮障害	右28 左32
		醜状障害	右29 左33
	足指（右または左）	欠損または機能障害	右34 左35

▎（出典）各種資料から抜粋して作成

5 後遺障害等級の認定

(a) 自賠責保険の後遺障害等級の認定基準

　自動車損害賠償保障法施行令では、後遺障害の程度により等級が分類され、1級から14級まである。自賠責保険においては、等級表に規定されない障害で

あっても、表示される障害と同程度に相当すると考えられるものは等級が認定される（自賠法施行令別表備考６）。

　後遺障害に対する自賠責保険金給付を受けるに当たっては、損害保険料率算出機構の事故発生場所を管轄する調査事務所による等級認定を受ける必要がある。認定手続きには、加害者が任意保険に入っている場合に加害者側からの照会によってなされる事前認定と、被害者請求（自賠法第 16 条）によってなされる認定とがある。

　等級認定には診断書と同様に医師が作成する後遺障害診断書の記載内容が重要となる。訴訟になった場合は裁判所が後遺障害等級を決めるときもある。等級認定を受けるためには、所定の書式に医師が作成した後遺障害認定診断書に、診断書、診療報酬明細書、事故発生状況報告書等を伴わせて提出する必要がある。

　被害者請求の場合、調査事務所で後遺障害等級が認定されると、それが保険会社に通知され、保険金（損害賠償金）が等級に応じて直ちに支払われる（保険金の支払と保険会社からの簡単な通知で認定があったことが分かる）。認定に不服があれば、異議申立書に、医師の診断書または意見書等を伴わせて提出して、異議の申立ができる（既に認定された等級が下がることはない）。たとえ自賠責保険では非該当（等級外）とされても、逸失利益を認めた判例も多数存在する。

　自賠責保険における後遺障害は、自動車損害賠償保障法施行令の別表第一で「介護を要する後遺障害」について１級と２級、別表第二でその他の後遺障害について１級から 14 級まで定められており、各等級別に保険金額（支払限度額）が定められている。

　自賠責保険における後遺障害の等級認定は、自動車損害賠償保障法第 16 条の３に基づいて定められた自賠責保険支払基準により、原則として労災保険の認定基準に準拠することとされている。

　労災保険の認定基準には、身体の部位（眼－眼球、まぶた、耳－内耳等、耳介など）と部位に対応する障害群（眼－眼球⇒視力障害、調節機能障害、運動障害、視野障害）を区分した「障害の系列」と労働能力喪失の程度に応じて１級から 14 級に配列された「障害の序列」を定めた障害等級表があり、部位別に障害等級の認定基準が定められている。

(b) 併合

「併合」とは同一事故によって後遺障害が2つ以上残った場合の等級の決め方である。併合は、一人の被害者に対しては1回しか適用しない。つまり12級に該当する後遺障害が3つ以上存在しても、12級と12級を併合で11級とし、これに残りの12級を併合し10級にはならず、11級の扱いとなる。

表10　併合

区分	1番目に重い等級			
2番目に重い等級	1〜5級	6〜8級	9〜13級	14級
1〜5級	+3級	-	-	-
6〜8級	+2級	+2級	-	-
9〜13級	+1級	+1級	+1級	-
14級	+0級	+0級	+0級	+0級

(c) 相当

「相当」とは、自動車損害賠償保障法施行令別表備考6には「各等級の後遺障害に該当しない後遺障害であって、各等級の後遺障害に相当するものは、当該等級の後遺障害とする。」と規定されている。「味覚の脱失」、「嗅覚の脱失」がこれに該当し、いずれも12級に相当する。

同一系列にある複数の後遺障害はまとめて一つの等級に格付けする。例えば右肘の関節の用を廃し（8級6号）、右手関節に著しい機能障害を残した（10級10号）場合、1上肢の2関節の用廃（6級6号）よりは軽く、1関節の用廃（8級6号）よりは重い後遺障害と考えられる。

併合の考えを準用して6級と8級の間の7級相当と認定される。同一系列にある複数の後遺障害に対して併合の考えを準用していくと、等級が高すぎたり、低すぎたりするケースが生じる。さらに、一人の被害者に相当数の後遺障害が残った場合、同一系列にあるものをまとめて一つの等級に格付けした後に、残りの後遺障害と併合の考えを準用する必要が出てくる。これらの考え方、取り扱いを「相当」という。

相当の事例は、次の通りである。

右上腕神経叢麻痺により、肘と手関節の用を廃し、右肩関節に4分の3以下の運動制限が認められた18才男子

「1上肢の3大関節中の2関節の用廃」に該当し6級が認められる。肩関節は4分の3以下の制限であるので12級が認められる。両者を併合すると5級になるが、「1上肢の用を廃したもの」の5級には及ばない。

この場合は序列調整により直近下位等級の6級に相当する。

(d) 加重

既に後遺障害のあった人が、交通事故によって同一部位にさらに傷を負った結果、後遺障害の程度がひどくなる障害を「加重障害」という。

22才の未婚の女性が、友人の車に同乗中、友人の運転ミスにより国道脇の田圃に転落した。彼女はフロントガラスに顔面部を突っ込み、額に長さ6cmに達する、かなり醜い線上痕を残した。これは7級12号に該当するものと捉えられる。しかし同時に左こめかみ部に事故以前からの長さ5cm幅3cmの範囲の人目に明らかな不規則な形状の瘢痕が認められる。

既に事故以前から外貌の醜状障害として、今回事故による上記醜状障害と同等の既存障害が存していたものと捉えられ、自賠法施行令第2条第2項に規定する加重障害の認定の対象に該当するものと判断されるる。女性の顔面部の醜状痕は7級が最上級である。既存障害で7級が認められたため、支払はなされない。

一般的には加重後の後遺障害から既存の後遺障害を差し引いて保険金が支払われる。

(e) 顔面の線状痕等級表

金属を溶かす仕事中に顔面にやけどを負った男性は、労災保険制度の後遺障害等級表における著しい外貌の醜状に関する評価が、女性の7級に対して男性は12級とされていることは、男女平等を定めた憲法に反するとして、国の給付認定の取消しを求めた訴訟を提起した。京都地裁は、顔の傷に対する障害等級における男女格差は違憲と判決した（2010年5月27日判決。同年6月10日確定）。

区分	男　性		女　性	
-	後遺障害の等級	保険金額	後遺障害の等級	保険金額
著しい醜状を残すもの	12級	224万円	7級	1,051万円
醜状を残すもの	14級	75万円	12級	224万円

表11 顔の傷に対する障害等級における男女格差

（出典）自賠法施行令第 2 条別表第二

　ここで、「著しい醜状」とは、「顔面部にあっては、鶏卵大面以上の瘢痕、長さ5cm以上の線状痕または10円銅貨大以上の組織陥凹」であり、「醜状」とは、「顔面部にあっては、10円銅貨大以上の瘢痕（はんこん）または長さ3cm以上の線上痕」である。

　この判決を受けて、自賠責保険の等級表（自動車損害賠償法施行令別表第二）が改正され、労災保険制度の外貌の醜状に関する男性の等級を女性の等級に揃えると同時に、医療技術の進歩等を踏まえ、中間の等級が新たに設定された。第9級については、「医療技術の進展により、傷跡の程度を、相当程度軽減できる障害を、新設する「第9級」として評価する」と説明されている。

　労災保険制度における等級表は、2011年2月1日に改正され、違憲判決の確定日である2010年6月10日に遡及して適用された。自賠責保険における障害等級表は、表とその解釈、運用について、労災保険制度に準拠していることから、厚生労働省における検討結果を踏まえ、自賠責保険の等級表（政令）を改正した。

表12 外貌の醜状障害

改正前		改正後		-
障害等級	後遺障害	障害等級	後遺障害	（保険金額）
第7級	12 女子の外貌に著しい醜状を残すもの	第7級	12 外貌に著しい醜状を残すもの	1,051万円
第9級	-	第9級	16 外貌に相当程度の醜状を残すもの	616万円
第12級	14 男子の外貌に著しい醜状を残すもの 15 女子の外貌に醜状を残すもの	第12級	14 外貌に醜状を残すもの	224万円
第14級	10 男子の外貌に醜状を残すもの	第14級	-	75万円

（出典）自賠責保険の等級表（政令）から抜粋

04 中間利息控除の方法

1 中間利息控除の概念

　逸失利益は、収入が減少する将来の損害が事故時を基準に一時金で計算されるため、その一時金を実際に損害が発生する将来までに運用した場合には利息がつき、実際の損害額を上回ることになる。そこで将来の利息による増額分を控除する必要があり、その利息分の控除を中間利息控除という。損害賠償額算定における中間利息控除は、将来に現実化する損害について現在一時金で損害賠償金を受け取る被害者や受傷者が、損害が現実化するまでの期間にその損害賠償金を運用できることになるから、公平の見地からこの間の運用益を予め控除するものである。

　一方、法定利率（民法404条）は、債権者が履行期に金銭を受領して運用したならば得られた運用益、または、履行期に受領できるはずの金銭を他から入手する調達コスト（借入金利）を債務者に負担させるものである。しかし、中間利息

については、現行民法では明文化されていない。最高裁平成 17 年 6 月 14 日判決は、法的安定及び統一的処理の必要性を理由として、また、被害者相互間の公平の確保、損害額の予測可能性による紛争の予防を図ることができる点も理由として、法定利率である年 5 ％とすべきと判断した（現在は 3 ％、詳細は後述）。

中間利息控除は、将来当然得られるであろう利益（得べかりし利益）を事故発生時を基準にまとめて計算した一時金として受け取っているので、その間の利息を控除するものである。この中間利息を控除する計算方式には、ライプニッツ方式とホフマン方式があり、従前はホフマン方式が主流の時期もあり、いずれの方式も是認されていたが、近年、裁判実務では、ライプニッツ方式に統一された。

1999 年 11 月、東京、大阪、名古屋各地方裁判所の交通事故損害賠償請求訴訟専門部により、「交通事故による逸失利益の算定における中間利息の控除方式については、特段の事情のない限り、年 5 分の割合によるライプニッツ方式を採用する」と提言された[14]。

現在、損害保険会社等が保険金等を支払うときの支払基準を定める国土交通省・金融庁 2001 年告示第 1 号「自動車損害賠償責任保険の保険金等及び自動車損害賠償責任共済の共済金等の支払基準」（2002 年 4 月 1 日から施行）では、逸失利益の算出はライプニッツ係数によることが明記されている

死亡・後遺障害事案において、将来の期間（死亡の場合は就労可能年数・後遺障害の場合は喪失期間）に相当する損害（逸失利益・将来の介護料）を算定する際に、当該期間分の利息が中間利息として控除される。

死亡・後遺障害に関して、中間利息控除の対象となる保険商品は、次の通りである。

---

[14] 1999 年 11 月 22 日付け東京・大阪・名古屋 3 地方裁判所の共同提言（判例時報 1692 号 162 頁，判例タイムズ 1014 号 p.61，ジュリスト 1171 号 p.124 頁）参照。

表13	中間利息控除の対象となる保険
区　分	保険商品
賠償責任	自動車損害賠償責任保険（自賠責保険）
	対人賠償責任保険（任意の自動車保険）
	その他の賠償責任保険
傷害	人身傷害補償保険

▌（出典）各種資料を参考にして作成

2　現在価値と将来価値

　現在価値（Present Value）と将来価値（Future Value）の関係は、次の通りである。

図15　現在価値と将来価値

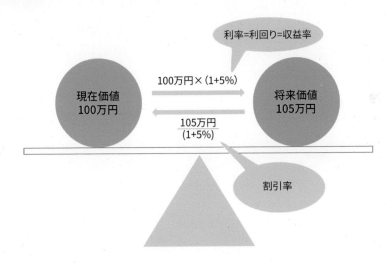

▌（出典）各種資料を参考にして作成

　現在の100万円（現在価値）を年率5％（利回り）で運用すれば、1年後には105万円（将来価値）となる。つまり、現在価値100万円は、年率5％（利回り）の場合を考えれば、1年後の将来価値105万円と等しいということである。

$$PV = \frac{FV}{(1+r)}$$

一方、毎年100円を永久に支払い続けるという債券の現在価値は割引率を5%とすれば、次のようになる。

$$PV = \frac{100円}{0.05} = 2,000円$$

キャッシュフローが毎年3%ずつ成長する債券の現在価値は、割引率を5%、初年度のキャッシュフローを100円とすれば、次のようになる。

$$PV = \frac{100円}{(0.05-0.03)} = 5,000円$$

3 単利と複利

単利（Simple Interest）は、当初預け入れた元本に対してのみ利息がつく計算方法である。例えば100万円を年利10%で単利運用した場合、毎年10万円の利息がついていくことになる。

図16 単利の計算

▌（出典）各種資料を参考にして作成

一方、複利（Compound Interest）は、運用期間中に発生する利息を元本に繰り入れ、それを新しい元本とし再投資、利息を計算する方法である。複利は、発生した利息が元本に加えられ再投資されていくので、利息が利息を生んでいく形となり、投資運用を行う場合には、大変有利である。

100万円を年利10％の複利運用を行った場合、1年目は利息が10万円つき、この10万円と当初元本の100万円を足した110万円が2年目の元本となり利回り計算が行われる。

この複利で4年運用をした場合、元利合計は146万円になるので、上記の単利で運用した場合の140万円よりも6万円多いことがわかる。これが「複利効果」である。

図17　複利の計算

（出典）各種資料を参考にして作成

単利10％の場合は、100万円→110万円→120万円と増加していく。しかし、複利10％の場合は、100万円→110万円→121万円と増加していくことになる。30年後には、単利は400万円となり、複利は17,449,402円となるので、約1,345万円の差がつく。

単利と複利の差は、次の通りである。

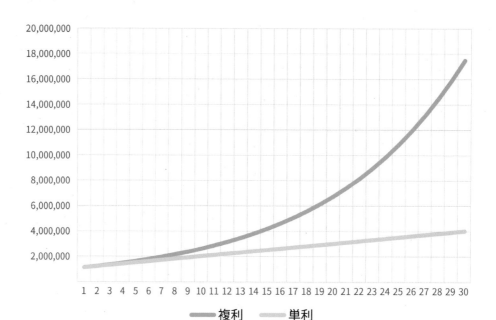

図18 単利と複利の差

（凡例）**複利** **単利**

▌（出典）各種資料を参考にして作成

4 ホフマン方式とライプニッツ方式

死亡の場合における逸失利益の中間利息の控除は、次の通りである。

死亡の場合の逸失利益

= （事故前年収入額 − 生活費） × 就労可能年数に対応する中間利息控除係数

　一方、後遺障害に対する逸失利益の中間利息の控除は、次の通りである。

後遺障害の場合の逸失利益

= 事故前年収入額 × 労働能力喪失率 × 労働能力喪失期間に対応する中間利息控除係数

　この中間利息控除係数には、ホフマン方式とライプニッツ方式がある。ホフマン方式は、ドイツの医学統計学者ホフマン（F.L.Hoffmann）が考案したもので、債権の総額からの中間利息の控除を単利法で行うものである。単式ホフマン方式は、将来稼ぎえる収入のすべての額を算出し、最終の時期に全収入を上げたものと推定して、一括して年5分（5％）の割合による中間利息を控除する方法で、利息の引きすぎであったため、被害者に不利であると主張された。

$$X = A / (1+nr)$$

X：現在の手取額、A：将来の総収益、n：稼働年数、r：利率

　複式ホフマン方式（新ホフマン方式）は、1年ごとに利息を控除してその累で計算する方法である。

$$X = a \{ 1 / (1+1r) + 1 / (1+2r) + \cdots 1 / (1+nr) \}$$

{} の中はホフマン係数として係数表を利用

　一方、ライプニッツ方式は、複利で利息を控除する方法である。この方法を考案したゴットフリート・ヴィルヘルム・ライプニッツ（Gottfried Wilhelm Leibniz, 1646 年7月1日（グレゴリオ暦）/ 6月21日 (ユリウス暦) - 1716 年11月14日）は、ドイツの哲学者であり、数学者あった。現実に複利で運用することが可能であり、貨幣の運用は一般的に複利で運用されるという根拠に基づいている。

$$X = A \{ 1 / (1+r)^n \}$$

{} の中はライプニッツ係数として係数表を利用

　n 年後の X 円の現在価値を計算したい場合は、「ライプニッツ係数表」の n 年後に対応する年別ライプニッツ係数をかければ算出できる。逸失利益の計算では、毎年同額の年収を得られたとして逸失利益を計算する。ただし、年収 400 万円について、1年後、2年後...n 年後と、毎年分を複利の現在価値に引き直したうえで、それらを足して逸失利益を算出するのは煩雑である。そこで、「年金現価表」では、

1年後からn年後までの年毎のライプニッツ係数を合計した数値を計算しており、n年間の逸失利益を計算する場合、基礎収入にn年の「年金現価表」記載の数値をかける。この係数をライプニッツ係数と呼ぶ。

　複利年3％の複利現価係数表から1円に対する各年度の現価を記入して、その合計を求めるとそれがライプニッツ係数となる。

表14　複利現価係数とライプニッツ係数（年3％）

年	n 年後の 100 万円の現価（年3％）	複利現価係数（年3％）
1	$1,000,000 \div 1.03$	0.971
2	$1,000,000 \div (1.03)^2$	0.943
3	$1,000,000 \div (1.03)^3$	0.915
4	$1,000,000 \div (1.03)^4$	0.888
5	$1,000,000 \div (1.03)^5$	0.863
合計	ライプニッツ係数	4.58

▌（出典）各種資料から抜粋して作成

年3％の場合のライプニッツ係数の仕組みを図示すれば、次のようになる。

図19　ライプニッツ係数の仕組み（年3％）

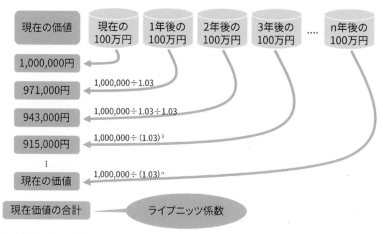

▌（出典）各種資料から抜粋して作成

5 ライフニッツ係数

複利現価係数は、将来の1のお金を現在の価値に変換するときに使われる係数である。この複利現価係数表（複利3%）は、次の通りである。

表15 複利現価係数表（複利3%）

期間	複利現価係数
1年	0.971
2年	0.943
3年	0.915
4年	0.888
5年	0.863
6年	0.837
7年	0.813
8年	0.789
9年	0.766
10年	0.744
11年	0.722
12年	0.701
13年	0.681
14年	0.661
15年	0.642
16年	0.623
17年	0.605
18年	0.587
19年	0.570
20年	0.554
21年	0.538
22年	0.522

期間	複利現価係数
23年	0.507
24年	0.492
25年	0.478
26年	0.464
27年	0.450
28年	0.437
29年	0.424
30年	0.412

▐ （出典）各種資料を参考にして作成

　一方、年金現価係数は、将来の等間隔のお金をまとめて現在価値に変換すると
きに使うものである。将来の等間隔の年金額１に対する年金現価を「年金現価係
数」といい、これは将来支給される年金の現価を一時金として算出するための係
数である。

　この年金現価係数は、将来の必要額（年金額）が決まっている場合に、現時点
で必要な年金原資を求める際に使う係数である。

　年金現価係数の計算例は、次の通りである。

　毎年120万円ずつの年金を20年間受け取るためには、年利率3.0％で複利運
用する場合、年金原資として、今いくら預ければよいか。表16の「18歳以上
の就労可能年数とライプニッツ係数（法定利率3％）」における「就労可能年数」
20年の係数は、14.877であるので、次のように計算される。ここでの「就労可
能年数 (年収) は年金 (年収) の受け取り年数として考えることもできる。

　　1,200,000 円× 14.877　＝　17,852,400 円

　一方、交通事故の死亡者の遺族または後遺障害者が、毎年 120 万円の年収の
20 年間 (就労可能年数) 分を一定の利率による利息を控除して一時金として受け
取れる金額を計算する係数がライプニッツ係数である。言い換えれば、ライプ
ニッツ係数は、一定の複利で運用すれば、毎年 120 万円を受け取ることができる
原資（一時金）を計算するものである。ここでの一時金は、一定の複利で運用さ
れると仮定されており、上記の年金原資と同額となる。

年金現価係数表は、「年金原資計算表」とも呼ばれるが、これが交通事故の損害賠償金の計算ではライプニッツ係数表と称される。

18歳未満の就労可能年数とライプニッツ係数（法定利率3%）は、次の通りである。

表16 18歳未満の就労可能年数とライプニッツ係数（法定利率3%）

年齢	幼児・児童・生徒・学生・右欄以外の働く意思と能力を有する者		有識者	
	就労可能年数	係数	就労可能年数	係数
0	49	14.980	67	28.733
1	49	15.429	66	28.595
2	49	15.892	65	28.543
3	49	16.369	64	28.306
4	49	16.860	63	28.156
5	49	17.365	62	28.000
6	49	17.886	61	27.840
7	49	18.423	60	27.676
8	49	18.976	59	27.506
9	49	19.545	58	27.331
10	49	20.131	57	27.151
11	49	20.735	56	26.965
12	49	21.357	55	26.774
13	49	21.998	54	26.578
14	49	22.658	53	26.375
15	49	23.338	52	26.166
16	49	24.038	51	25.951
17	49	24.759	50	25.730

（出典）国土交通省「就労可能年数とライプニッツ係数表」

原則として、高校を卒業する 18 歳から収入が得られると仮定されるが、18 歳未満の場合でも、収入があればそのときからの年収が適用される。

　18 歳未満の有職者及び 18 歳以上の者の場合の就労可能年数は、54 歳未満の者は 67 歳から被害者の年齢を控除した年数、54 歳以上の者は平均余命年数の 2 分の 1 とし、端数は切上げる。

　18 歳以上の就労可能年数とライプニッツ係数（法定利率 3%）は、次の通りである。

表17　18 歳以上の就労可能年数とライプニッツ係数（法定利率 3%）

年齢	年数	係数	年齢	年数	係数	年齢	年数	係数	年齢	年数	係数
18	49	25.502	39	28	18.764	60	12	9.954	81	4	3.717
19	48	25.267	40	27	18.327	61	11	9.253	82	4	3.717
20	47	25.025	41	26	17.877	62	11	9.253	83	4	3.717
21	46	24.775	42	25	17.413	63	10	8.530	84	4	3.717
22	45	24.519	43	24	16.936	64	10	8.530	85	3	2.829
23	44	24.254	44	23	16.444	65	10	8.530	86	3	2.829
24	43	23.982	45	22	15.937	66	9	7.786	87	3	2.829
25	42	23.701	46	21	15.415	67	9	7.786	88	3	2.829
26	41	23.412	47	20	14.877	68	8	7.020	89	3	2.829
27	40	23.115	48	19	14.324	69	8	7.020	90	3	2.829
28	39	22.808	49	18	13.754	70	8	7.020	91	2	1.913
29	38	22.492	50	17	13.166	71	7	6.230	92	2	1.913
30	37	22.167	51	16	12.561	72	7	6.230	93	2	1.913
31	36	21.832	52	15	11.938	73	7	6.230	94	2	1.913
32	35	21.487	53	14	11.296	74	6	5.417	95	2	1.913
33	34	21.132	54	14	11.296	75	6	5.417	96	2	1.913

34	33	20.766	55	14	11.296	76	6	5.417	97	2	1.913
35	32	20.389	56	13	10.635	77	5	4.580	98	2	1.913
36	31	20.000	57	13	10.635	78	5	4.580	99	2	1.913
37	30	19.600	58	12	9.954	79	5	4.580	100	2	1.913
38	29	19.188	59	12	9.954	80	5	4.329	101	2	1.913

▌（出典）国土交通省「就労可能年数とライプニッツ係数表」

05 中間利息控除の保険金への影響

1 民法の改正

　[1896（明治29）年] の民法制定以来、なんと約120年ぶりに民法の債権部分を抜本的に見直し、2017年5月26日に通常国会で民法改正案が成立した。法定利率は年5％で固定されていたが、低金利が続く現状にあっていないため、年3％に引き下げ、さらに3年ごとに利率を見直す変動制が導入された。また、株式会社間の取引によるものなどに適用されていた商事法定利率である6％（商法第514条）は削除され、民法に一本化された。

　法定利率は3年ごとに見直されるが、2020年4月1日に開始する3年間を第一期とする。以降、3年間ごとを第二期、第三期などとする。施行当初は年3％で始まり（改正民法404条2項）、その後は、3年を1期として、期ごとに利率が見直される（改正民法404条3項）。利率の見直しの具体的な方法は、以下の通りである。

　まず、過去5年間（各期の初日の属する年の6年前の年の1月から前々年の12月までの各月）における短期貸付けの平均利率の合計を60で除して計算した割合（0.1％未満は切捨て）を「基準割合」とする。この基準割合は、法務大臣により告示される（改正民法404条5項）。そして、法定利率に変動があった期のうち直近のもの（直近変動期）の基準割合と当期の基準割合との差（1％未満は切捨て）に相当する割合を、直近変動期における法定利率に加算または減算する（改正民法404条4項）。このように、1％未満が切捨てになるので、法定利率は、

整数の単位でしか変動しえず、変動するとしても期（３年）ごとなので、緩やか
に市場金利に連動する仕組みになっている。

2 中間利息控除と保険

　中間利息控除を行うことにより損害額を算定し、保険金を支払う保険商品とし
ては、賠償責任保険、傷害保険で死亡・後遺障害事故を実損てん補するものが対
象となる。このうち、賠償責任保険には、自動車損害賠償責任保険（強制保険）
及び対人賠償責任保険等があり、傷害保険には人身傷害補償保険がある。

表18 中間利息控除に関わる保険商品

区　分	保険の種類	内　　容
賠償責任	自動車損害賠償責任保険（自賠責保険）	・自動車による人身事故の被害者を救済するために、法律で契約が義務付けられている保険 　（他人を死傷させた場合の損害賠償（対人賠償）のみを補償）
	任意の対人賠償責任保険	・自動車事故により他人を死傷させ、法律上の損害賠償責任を負った場合に、自賠責保険の支払限度額を超える損害が補償される保険（任意の自動車保険）
	その他賠償責任保険	・自動車事故以外の原因による損害賠償を補償する保険
傷害	人身傷害補償保険	・自動車事故によって契約の車に乗車中の方が死傷した場合に、加害者からの賠償を受けられない分も含めた損害額を補償する保険（任意の自動車保険）

（出典）損害保険協会

3 中間利息控除割合と保険金

　民法の改正に伴い、2020年４月１日以降に発生した交通事故に関しては年利
３％のライプニッツ係数で損害賠償金額の算出を行うことになった。
　損害保険協会は、この中間利息控除の割合の保険金への影響を次のように試算
している。

| 表19 | 人身傷害補償保険におけるモデル例 |

○27歳の男性（全年齢平均賃金: 月額415,400円、就労可能年数40年）
○一家の支柱・被扶養者2人（生活費控除割合35%）

中間利息控除 割合	損害認定額 （上段：葬儀費・精神的損害 / 下段：逸失利益）	5% との比較
5%（現行）	20,600,000円	-
	55,597,219円	
3%	20,600,000円	+25.3% （+1,930万円）
	74,895,374円	
1%	20,600,000円	+66.7% （+5,079万円）
	106,389,340円	

▍（出典）損害保険協会

第3章
- - - -
損害賠償金（保険金）の計算

交通事故による人身損害は、財産損害と精神的損害を積算して計算される。本章では、その損害項目を積算して、そこから過失相殺などによる減額を行って損害賠償金（保険金）を計算する内容について概説する。

01　損害賠償金（保険金）の計算項目

　人身事故には、傷害、後遺障害、死亡の形態があり、傷害で終わる場合もあれば、傷害から後遺障害に発展する場合と、傷害から死亡に発展する場合が考えられる。傷害から後遺障害に発展する場合は、傷害の損害と後遺障害の損害を合計する必要があり、傷害から死亡に発展する場合は、傷害による損害と死亡による損害を合計する必要がある。

　人身事故における損害の計算項目は、次の通りである。

図20　人身事故における損害の計算項目

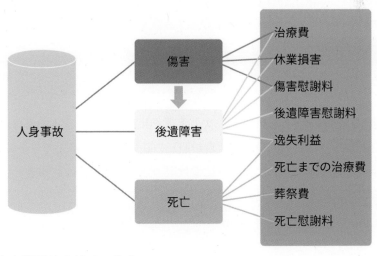

人身事故 ── 傷害 ── 後遺障害 ── 死亡

治療費
休業損害
傷害慰謝料
後遺障害慰謝料
逸失利益
死亡までの治療費
葬祭費
死亡慰謝料

（出典）各種資料を参考にして作成

傷害に対する損害は、治療費・休業損害・傷害慰謝料の合計である。後遺障害に対する損害は、傷害に対する損害に、後遺障害慰謝料と逸失利益を加えた金額となる。また、死亡に対する損害は、死亡までの治療費に、逸失利益・葬祭費・死亡慰謝料を加えた金額となる。

　上記の損害と保険金（損害賠償金）の計算項目を表で示すと、次の通りである。

表20　損害と保険金（損害賠償金）の計算項目

損　　害		金　　額
1. 治療費		円
2. 入通院交通費		円
3. 慰謝料	入通院	円
	後遺障害	円
	死亡	円
4. 休業損害		円
5. 逸失利益	死亡または後遺障害	円
6. 葬儀費		円
損害の合計		円
過失相殺(-)		円
損益相殺(-)		円
保険金（損害賠償金）		円

▌（出典）各種資料を参考にして作成

　保険金（損害賠償金）の計算は、次の手順で計算される。①各損害の項目を計算して合計する。②過失相殺（第4章参照）の基準に従い、過失の分を減額する。③損益相殺（第4章参照）により既に受け取った損害賠償金などを差し引く。④労災や自賠責保険が支払った金額の合計を差し引く。

02　財産的損害と精神的損害

　人身損害は、財産的損害と精神的損害に分類されることは、第2章で述べた通りである。

1　財産的損害

財産的損害は、積極損害と消極損害に分類される。

(a) 積極損害

　積極損害とは、事故によって被害者が支払うこととなった費用で、次の費用の合計額である。

① 治療費

診療報酬明細書または領収書で立証する。

② 通院交通費

③ 付添看護費

付添人の必要性は医師の指示で決まるので、その必要性を記した診療明細書が必要である。

④ 入院雑費

⑤ 器具等の購入費

車椅子、盲導犬、義足、義歯、義眼などの購入費。

⑥ 将来の手術費及び治療費

将来確実に行われる、手術及び治療の費用は、現時点で請求出来る。

⑦ 家屋等の改造費

障害や後遺障害の程度により、浴場、便所、出入口、自動車などの改造費。

⑧ 葬祭費

被害者が死亡した場合の葬祭費。

⑨ 弁護士費

交通事故のような不法行為による損害の訴訟に限って、弁護士費の敗訴者負担

の制度がある。被害者が勝訴すれば、弁護士費も加害者が支払わなければならない。一般の民事訴訟では、勝訴しても敗訴しても、自分で頼んだ弁護士費は自分で負担しなければならない。

(b) 消極損害

消極損害には、休業損害と逸失利益がある。この休業損害と逸失損害については、前章で詳細に説明しているので、ここではその説明を省略する。

2 精神的損害

精神的損害には、慰謝料がある。

(a) 慰謝料の本質と機能

慰謝料（元々の用字は慰藉料）とは、財産的損害に対して、非財産的な精神的損害、無形的損害などと説明されている。この慰謝料は、法人の名誉毀損についても慰謝料を認めるという考え方からすれば、精神的損害を含む無形的損害であるともいえる。

慰謝料の本質として、私的制裁とする制裁説もあるが、精神的苦痛による損害等、請求者の損害のてん補としての賠償として考える賠償説が通説である。慰謝料には、てん補機能や制裁的機能のほか補完的機能があるとされる。補完的機能とは、損害の発生は認めるが、性質上のその立証や算定が困難な場合などに、慰謝料によって損害を補完するないしは全体を調整する機能をいう。例えば、後遺障害として評価できない障害について、逸失利益は認められないが、その事情を考慮して慰謝料を増額する場合などがある。

このほかに、慰謝料には、満足的機能（請求者の精神的苦痛を緩和し満足させる機能）、感情価値表象機能（無形の損害に対して懐く感情に社会が置く価値を一定の金額として形象化する機能）、克服機能（請求者に損失を克服するための経済上の自由を与える機能）があるとされる[15]。

---

15 斎藤修『慰謝料算定の理論』ぎょうせい、平成 22 年、p.14。

(b) 慰謝料の根拠

民法第 709 条には、次のように規定されている。「故意又は過失によって他人の権利又は法律上保護される利益を侵害した者は、これによって生じた損害を賠償する責任を負う。」一方、民法第 710 条には、「他人の身体、自由若しくは名誉を侵害した場合又は他人の財産権を侵害した場合のいずれであるかを問わず、前条の規定により損害賠償の責任を負う者は、財産以外の損害に対しても、その賠償をしなければならない。」と規定されている。

つまり、民法第 710 条は、財産以外の損害についても賠償責任がある旨を定めているため、この民法第 710 条が、精神的損害の賠償請求（慰謝料請求）を認めうる根拠と解されている（厳密にいうと、慰謝料請求の根拠は民法第 709 条と第 710 条の両方が必要である）。

(c) 精神的損害（慰謝料）

慰謝料は、病院に通院または入院した場合（傷害慰謝料）、後遺障害が残った場合（後遺障害慰謝料）及び死亡した場合（死亡慰謝料）に限られる。 交通事故における慰謝料の種類は、次の通りである。

表21　交通事故における慰謝料の種類

種類	内　容
傷害慰謝料	通院または入院の慰謝料の目安は、通院 1 か月につき10〜30万円そして入院 1 か月につき20〜60万円。期間が短いほど 1 か月当たりの金額は大きくなる。
後遺障害慰謝料	後遺障害に対する慰謝料は後遺障害等級に応じて異なり、第 1 級では2,600〜3,000万円そして第14級では90〜120万円。
死亡慰謝料	死亡事故の慰謝料の目安は、一家の支柱に対して2,600〜3,000万円、これに準ずる者に対して2,300〜2,600万円、そしてそれ以外の者に対して2,000〜2,400万円。

（出典）各種資料から抜粋して作成

(d) 慰謝料の算定

慰謝料額は、諸般の事情を考慮して裁判官が裁量により算定し、裁判官は、算定の根拠を明らかにする必要はなく、原告が損害額を証明する必要もないとされる[16]。

慰謝料の額をケガの部位、程度や入院・通院期間の長短によって定型化し、それに応じて定額化しようとする傾向がある。

① 自賠責保険基準

自動車事故における自賠責保険は加入が強制され、また基本保障を目的としていることから、その基準は裁判基準と比較して、相当程度低い基準となっている。

自賠責保険の慰謝料の支払いは、「自動車損害賠償責任保険及び自動車損害賠償責任共済の共済金等の支払基準」において、傷害による損害、後遺障害による損害、死亡による損害の３つに区分して規定されている。

② 任意保険基準

1997 年３月までは、保険会社共通の基準があったが、私的独占の禁止及び公正取引の確保に関する法律等の問題もあり、現在の基準は、各保険会社が独自に決定している。

③ 裁判・弁護士基準

裁判例を「財団法人日弁連交通事故相談センター」が調査・分析し、公表したものが裁判・弁護士基準となっている。

---

03 傷害による損害

1 治療費

(a) 治療費の概要

自動車保険には自動車損害賠償責任保険（自賠責保険、強制加入）と自動車保

---

[16] 「元来、慰謝料とは、物質的損害ではなく精神的損害に対する賠償、いわば内心の痛みを与えられたことへの償いを意味し、その苦痛の提示とを彼此比較した上、客観的・数量的に把握することは困難な性質のものであるから・・・・・」（最判平成 6 年 2 月 22 日（民集 48.2.441、判タ 853.73））

険（契約内容は多様、任意加入）がある。まず自賠責保険が対人賠償責任の基礎部分に適用となり、さらにいろいろな場合を想定して広く補う自動車保険（任意加入）で補償される。

交通事故の医療費は、まず自賠責保険が適用され、傷害によるてん補限度額120万円（諸費用を含めて）である。このてん補限度額には、傷害の死亡にいたるまでの傷害による損害も、その諸費用を含めて、含まれる。自動車保険適用の場合は健康保険の適用がないので、傷害による損害の限度額120万円は医療機関が請求する治療費の全額に諸経費も加えたものである。さらに被害者と加害者の責任の案分によって分けられるので金額は少なくなる。

治療費の内容は、応急手当費、診察料、入院料、投薬料、手術料・処置料等、通院費、転院費、入院費などであり、接骨院での治療費もここに含まれる。

交通費は、バス、電車代（その他の公共交通機関）などであるが、治療実日数×往復運賃で計算される。自家用車、バイクの場合は治療実日数×距離で計算したガソリン代が支給される。症状によりタクシー利用の必要性がある場合は、保険会社の承諾を得て毎回領収書を頂き請求して支給される。

(b) 健康保険・労災保険との関係

自由診療で治療を受ける場合は、健康保険での治療費の2～4倍を請求されるともいわれる[17]。厚生労働省から次のように「自動車事故で保険給付が受けられることを被保険者に知らせるように」という通知が出されている。つまり、業務外の場合は（業務上の場合は労災保険）、健康保険、国民健康保険で治療を受けることができるという内容である。この場合、健康保険組合などは第三者である加害者に対する損害賠償請求権を代位取得する（健康保険法第67条）。

健康保険は、治療費、薬剤などに一定の制限あり、入院の際の部屋代、付添看護料、通院費などに一定の基準が設けられている。しかし、労災保険は、治療費などは無条件給付であり、入院の際の部屋代、付添看護料、通院費なども実際にかかった費用はすべて給付される。

国は労災保険で給付した限度内で第三者である加害者に対する損害賠償請求権を代位取得する。

17　国岡福一『自動車事故と保険賠償』山海堂、平成11年3月、p.223。

2 慰謝料

(a) 慰謝料（傷害）の概要

　自賠責保険の慰謝料は1日につき4,200円が認められる。慰謝料の対象日数は、被害者の傷害の態様、実治療日数その他を勘案して治療期間の範囲内とされる。通常は、実治療日数×2倍に相当する日数（治療期間の範囲）が認められる。妊婦が胎児を死産または流産した場合は、上記の他に慰謝料が認められる。

　また、慰謝料（任意保険）は、被害者の年齢・性別・職業等の他に裁判の動向を勘案して妥当な金額が決められる。軽症（打撲、捻挫等）、通常（骨折、脱臼等）は軽症の10%増額、重症（複雑骨折、脳挫傷等）は軽症の20%が増額される。

(b) 慰謝料（傷害）の金額

　慰謝料の額は、通院・入院期間、傷害の程度に応じて、ほぼ定額化されている。一般的基準としては、日本弁護士連合会交通事故相談センターで作成した「交通事故損害賠償額算定基準」が参考になる。傷害の程度に応じて上限と下限を幅で捉え、慰謝料額の算定ができる表が作成されている。

　傷害慰謝料については、原則として入通院期間を基礎とする。通院が長期にわたり、かつ不規則である場合は、実日数の3.5倍程度を慰謝料算定のための通院期間の目安とすることがある。入院待機中の期間及びギプス固定中等安静を要する自宅療養期間は、入院期間と見ることがある。傷害の部位、程度によっては、その金額を20%〜30%程度増額する。生死が危ぶまれる状態が継続したとき、麻酔無しでの手術等極度の苦痛を被ったとき、手術を繰り返したときなどは、入通院期間の長短に関わらず別途増額を考慮する。

　むち打ち症で他覚症状がない場合は別表2を使用する。この場合、慰謝料算定のための通院期間は、その期間を限度として実治療日数の3倍程度を目安とする。

　自賠責保険基準では、日額4,300円として、被害者の傷害態様、実治療日数を勘案して治療期間の範囲内で考えられている。

04 死亡による損害

死亡による損害の算定は、次の通りである。

1 逸失利益（死亡）

死亡の場合の逸失利益の算出については、第2章を参照して頂きたい。

2 慰謝料（死亡）

被害者が死亡した場合でも被害者本人の請求意思の有無にかかわらず、慰謝料請求権は当然に遺族（相続人）に承継されるので、遺族が加害者に対して慰謝料を請求することができる。治療のかいなく死亡した場合には、死亡に至るまでの治療期間に対応して、傷害慰謝料も併せて請求することができる。

慰謝料の額は被害者の年齢、性別、家族構成により被害者単位で考えられており、基準が定められている。判例上は、被害者が①一家の支柱であったか、②一家の支柱に準ずる者（家事の中心をなす主婦、養育を必要とする子を持つ母親、高齢な父母・幼い兄弟を扶養・仕送りしている独身者など）であったか、③その他か、によってほぼ定型化されており、順に① 2,800 万円程度、② 2,400 万円程度、③ 2,000 〜 2,400 万円程度となっている。

自賠責保険では、死亡本人の慰謝料は 350 万円、遺族（被害車の父母、配偶者、子に限る）の慰謝料は 1 名 550 万円、 2 名 650 万円、 3 名以上 750 万円で、死亡者に扶養家族があればこれに 200 万円加算となっている。

表22　裁判所の慰謝料の金額（死亡）

区 分	金 額
一家の支柱の場合	2,800万円
母親、配偶者の場合	2,400万円
その他の場合	2,000〜2,400万円

（出典）『損害賠償額算定基準 2009 年』日弁連交通事故相談センター東京支部

3 扶養利益の喪失（死亡）

交通事故により死亡した被害者によって扶養を受けていた者は、加害者に対し、その固有の利益である扶養請求権の侵害につき賠償を請求することができる。被害者の内縁の配偶者、相続を放棄した者等は、死亡した被害者の相続人として損害賠償請求権を行使することはできないが、扶養請求権の侵害については、固有の利益の侵害として賠償を請求することができる。

扶養利益は、一般に、被害者の生前の収入で賄われていたものであるが、扶養利益の喪失に係る金額は、被害者の生前の収入のうち被扶養者の生計の維持に充てられていた部分、被扶養者が数人あるときは各人についての比率、扶養を要する状態が継続する期間等の具体的事情に応じて算定されるものである。したがって、被扶養者が被害者の相続人である場合、扶養利益の喪失の金額は、相続により取得すべき被害者の逸失利益の金額と当然に一致するわけではない。被害者の内縁の配偶者と相続人との関係については、被害者の逸失利益のうち扶養利益分が内縁の配偶者に、残余が相続人に帰属するものと考えられる。

05　死亡の保険金（損害賠償金）算出の事例

死亡の保険金（損害賠償金）算出の事例は、次の通りである。

1 給与生活者の死亡

家族は妻と子供2人・祖母1人、年収600万円38歳の会社員が死亡した場合の保険金（損害賠償金）の算出は、次の通りである。

① 年収の逸失利益

生活費控除率30%、就労可能年数29年（原則として67歳まで）のライプニッツ係数（年利3%）（第2章の表17参照）は、19.188であるため、年収の逸失利益は、次のように計算される。

$$600万円 \times (1 - 0.30) \times 19.188 = 80,589,600円$$ となる。

② 退職金の逸失利益

事故時支給退職一時金が650万円であったが、定年（60歳）まで勤務した場合の退職金は2,300万円である。

中間利息控除 （60歳 － 38歳 ＝ 22年） の複利現価係数表（年利3％）（第2章の表15）、0.522であるため、退職金の逸失利益は、次の通りである。

中間利息控除後の現価 2,300万円 × 0.522 ＝ 12,006,000円

ここで、退職金は1回のみ支払われるため、複利現価係数表(年利3％)を使用する。

逸失退職金 12,006,000円 － 650万円 ＝ 5,506,000円

逸失利益の合計は、80,589,600円 ＋ 5,506,000円 ＝ 86,095,600円 となる。

この逸失利益に慰謝料と治療費、休業損害を加算して損害総額を算出し、第4章で説明する相殺や損益相殺による減額をした金額が損害賠償金（保険金）として支払われる。

ここでの死亡者は一家の支柱に該当するため、その慰謝料が2,800万円（表22参照）とし、その過失割が30％、治療費と休業損害がないと仮定した場合の保険金は、次の計算で、79,866,920円となる。

(86,095,600円 ＋ 2,800万円) × (1 － 0.30) ＝ 79,866,920円

2 18歳未満の未就労者の死亡

3歳の男子が死亡した場合の逸失利益は、次の通りである。

基礎収入は、2019年度賃金センサス男性学歴計全年齢平均賃金により、5,609,700円となる。また、生活費控除率（第2章の表6）は、男子（独身・幼児を含む）であるため、50％となる。

3歳の死亡の場合のライプニッツ係数（第2章の表16）は、16.369となる。逸失利益は、次の通りになる。

$$5,609,700円 \times (1 - 0.5) \times 16.369 = 45,912,589円$$

この逸失利益に慰謝料と治療費、休業損害を加算して損害総額を算出し、第4章で説明する相殺や損益相殺による減額をした金額が損害賠償金（保険金）として支払われる。

ここで、死亡者の慰謝料が2,000万円、死亡者の過失割が40%、治療費と休業損害なしと仮定すれば、保険金は、次の計算によって、39,547,553円となる。

$$(45,912,589円 + 2,000万円) \times (1 - 0.4) = 39,547,553円$$

3 主婦（76歳）の死亡

① 就労可能年数分の逸失利益

被害者は、交通事故当時76歳の主婦であり、通院加療中の夫の世話や同居の長男の食事洗濯等の世話など家事全般に携わっていたほか、畑仕事をしていたことが認められる。平成9年賃金センサス女子労働者学歴計65歳以上の平均賃金年収2,964,200円の7割に相当する2,074,940円を基礎年収とし、労働能力喪失の期間を平成8年簡易生命表による76歳の女性の平均余命12.67歳の2分の1である6年とすることが相当と認める[18]。

被害者が生存していたならば支出したであろう生活費を控除すべきところ、その率については被害者が専業主婦だったことに鑑みて30%として、6年のライプニッツ係数（年利3%）（第2章の表17参照）の5.417を乗じて中間利息を控除すると、主婦労働分の逸失利益は7,867,964円となる。

$$2,964,200円 \times 70\% \times 5.417 \times (1 - 0.3) = 7,867,964円$$

---

18 岡山地裁　平成12年2月3日判決

② 国民年金老齢年金分の逸失利益

　被害者は国民年金老齢年金として、年額457,000円の給付を受けていたことが認められる。生活費控除の率は老齢年金の性格に鑑みて50%とするのが相当であり、平均余命12年に該当するライプニッツ係数（年利3%）（第2章の表17参照）の9.954を乗じて中間利息を控除とすると、国民年金老齢年金分の逸失利益は、2,274,489円となる。

$$457,000円 \times 9.954 \times (1 - 0.5) = 2,274,489円$$

　この逸失利益の合計額に慰謝料と治療費、休業損害を加算して損害総額を算出し、第4章で説明する相殺や損益相殺による減額をした金額が損害賠償金（保険金）として支払われる。

　ここで、慰謝料が2,000万円、死亡者の過失割が40%、治療費と休業損害なしと仮定すれば、保険金は、次の計算によって、18,085,471円となる。

$$(7,867,964円 + 2,274,489円 + 2,000万円) \times (1 - 0.4) = 18,085,471円$$

06　後遺障害による損害

1　後遺障害の定義

　労災保険の認定基準では後遺障害の定義が設けられているが、以下の4つの要素から構成されており、下記のいずれか1つの要件が欠けても、後遺障害と認定されない。① 傷害がなおったとき（症状固定時）に残存する当該傷害と相当因果関係があり、② 将来においても回復困難と見込まれる精神的または身体的なき損状態で、③ その存在が医学的に認められ、④ 労働能力の喪失を伴うもの である。

　上記①でいう「傷害がなおったとき」とは、これ以上治療を継続してもその効果が期待できない状態で、残った症状が自然的経過によって到達すると認められ

る最終状態（症状固定）に達したとき、上記④でいう「労働能力」とは、一般的な平均的労働能力をいい、被害者の年齢、職種、利き腕、知識、経験等の職業能力的諸条件については、障害の程度を決定する要素にはなっていない。

　症状固定とは、傷病に対して行われる一般に承認される治療方法をもってしても、その効果が期待し得ない状態で、かつ、残存する症状が自然的経過によって到達すると認められる最終の状態。この症状固定の診断を経た後に後遺障害が認定される。症状固定と診断されるのは、通常、事故後６か月以上経過した後とされている。

　症状固定は、本来、客観的な法的判断である。通常は医師の診断によるが、ある程度幅のある概念であり、医師の裁量による面がある。そこで、医師の診断があっても、保険会社等で他の資料から症状固定を認定し、途中で治療費の支払を打ち切る場合もある。症状固定前までは治療費が支払われるが、症状固定後は、原則として仮に通院を続けてもその費用は事故による損害の範囲内とは認められず、加害者に請求できなくなる。

　加害者と示談成立後に後遺障害が現れた場合は、示談当時、後遺障害の発生が予想できなかった場合には、改めて後遺障害による損害賠償請求ができる。

2　逸失利益（後遺障害）

　後遺障害の逸失利益については、第２章を参照して頂きたい。

3　慰謝料（後遺障害）

　後遺障害の慰謝料は、入通院慰謝料とは別に、後遺障害等級に応じて支払われる。後遺障害等級に応じてほぼ定額化されている。実務では、労働能力喪失表による等級を基準として慰謝料額を定める扱いが一般的である。なお、損害保険料率算出機構の認定による等級が参考にされることが多いが、裁判所は、独自に等級認定ができる。

　逸失利益の算定が困難または不可能な場合に、慰謝料の調整機能により、慰謝料で斟酌することも行われている。重度の障害で介護の必要がある場合など（例えば、子供に、両下肢完全麻痺の重度後遺傷害が残った場合）には、本人分とは別に近親者（例えば両親）に慰謝料が認められることもある。

自賠責保険の支払い基準における自賠法施行令別表Ⅰ・介護を要する後遺障害の慰謝料は、次の通りである。

表23　自賠法施行令別表Ⅰ・介護を要する後遺障害の慰謝料

() 内は保険金総額

後遺障害等級	慰謝料額
第1級	1,650万円（4,000万円）
第2級	1,203万円（3,000万円）

（出典）「自動車損害賠償責任保険及び自動車損害賠償責任共済の共済金等の支払基準」

自賠責保険の支払い基準における自賠法施行令別表Ⅱ・別表Ⅰ以外の慰謝料は、次の通りである。

表24　自賠法施行令別表Ⅱ・別表Ⅰ以外の後遺障害の慰謝料

() 内は保険金総額

障害等級	金額	障害等級	金額
第1級	1,150万円（3,000万円）	第8級	331万円（819万円）
第2級	998万円（2,590万円）	第9級	249万円（616万円）
第3級	861万円（2,219万円）	第10級	190万円（461万円）
第4級	737万円（1,889万円）	第11級	136万円（331万円）
第5級	618万円（1,574万円）	第12級	94万円（224万円）
第6級	512万円（1,296万円）	第13級	57万円（139万円）
第7級	419万円（1,051万円）	第14級	32万円（75万円）

（出典）「自動車損害賠償責任保険及び自動車損害賠償責任共済の共済金等の支払基準」

一方、任意の自動車保険は，自賠責保険の限度額を超える損害賠償の部分を担保するものである。この任意の自動車保険に対する支払基準は、各社の独自の支払基準となっている。

<table>
表25　後遺障害に対する慰謝料の自賠責保険基準と裁判所基準
</table>

後遺障害等級	自賠責保険基準	裁判所基準
第1級	1,150万円	2,800万円
第2級	998万円	2,370万円
第3級	861万円	1,990万円
第4級	737万円	1,670万円
第5級	618万円	1,400万円
第6級	512万円	1,180万円
第7級	419万円	1,000万円
第8級	331万円	830万円
第9級	249万円	690万円
第10級	190万円	550万円
第11級	136万円	420万円
第12級	94万円	290万円
第13級	57万円	180万円
第14級	32万円	110万円

（出典）各種資料から抜粋して作成

07　後遺障害の保険金（損害賠償金）算出の事例

被害者は25歳の独身の会社員で、年収330万円、30日間の入院で症状固定した。後遺障害等級11級と認定され、給料の減額は無かった。入院治療費は、全額加害者負担とする。　付添い看護費6,000円　×　30日　＝　180,000円　、

入院雑費1,600円 × 30日 = 48,000円 、休業損害はなかった。

後遺障害による逸失利益、障害等級は11級（労働能力喪失率20%）、労働能力喪失期間は、42年（67歳 － 25歳）とする。中間利息控除のための42年のライプニッツ係数3%（表17参照）の場合は、23.701である。また、自賠責保険の後遺障害等級11級の労働能力喪失率は、20/100である。

逸失利益は、次のように計算される。

逸失利益 330万円 × 23.701 = 15,642,660円

慰謝料160万円であると、仮定する。

この場合の損害賠償金（保険金）は、次のように計算される。

180,000円 ＋ 48,000円 ＋ 15,642,660円 ＋ 1,600,000円

= 17,470,660円 ＋ 入院治療費

過失相殺による30%減額後の損害賠償請求額は、入院治療費を加害者負担とすることにしているため、次のように計算される。

17,470,660円 (1 － 0.3) ＋ 入院治療費 = 12,229,462円 ＋ 入院治療費

第4章

人身損害と減額

> 人身損害は、財産損害と精神損害の積算によって算出
> される。また、損害賠償金（保険金）は、その損害額か
> ら、様々な要因によって、減額された金額となる。本章
> では、その減額の要因などについて概説する。

01　混同

1　混同の概念

　混同は、「債権者と債務者が同一人の場合には、その債権は消滅する」という
規定である。

　自賠責保険では、被害者の死亡事案のみ混同を適用し、傷害または後遺障害に
は適用しない。1982年6月、Aは、妻B、AB間の子Cを同乗させて本件自動
車を運転中、運転を誤り、海中に落下し、A、B、Cが死亡した。XとDはAの
子であり、Cの異母姉妹である。

図21　最高裁平成元年四月二〇日第一小法廷判決
（昭和六〇年（オ）第二一七号、保険金請求事件）

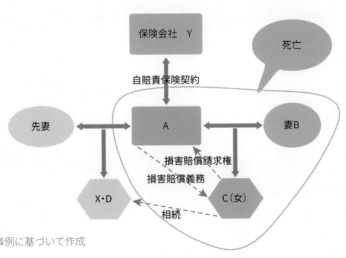

（出典）事例に基づいて作成

他にA、Cの相続人はなく、XとDはそれぞれAとCの権利義務を2分の1の割合で相続した。そこで、XとDは、Cの相続人として、保険会社Yに対し、自賠法第16条1項にもとづく被害者の直接請求を行った。

　しかし、保険会社YはXらに対する支払を拒絶した。その理由は、XらがAの相続人でもあるので、CのAに対する損害賠償請求権とAのCに対する損害賠償義務は混同によって消滅し、被害者に対する保険会社の支払義務も消滅したというものであった。

2　親族間事故と混同

　親族間事故とは、夫婦または同一生計にある親子、兄弟姉妹などの間に発生した事故は、親族間事故である。従来の自賠責保険では、親族間事故は、保険金が支払われなかった。その理由は、次の通りであった。第一に、親族間は民法上の互助義務の関係にあるので、不法行為による損害賠償は成立しない。第二に、親族間事故の被害者は、自賠法第3条における「他人」に該当しない。

　しかし、「妻は他人か」で知られる昭和47年5月30日の最高裁判決は、妻の「他人性」を肯定し、自賠責保険に被害者請求ができると判事した。これを受けて、自賠責保険が抜本的に改正され、親族間事故についても、被害者の「他人性」が認められる場合は保険金支払いの対象となった。しかし、この親族間事故における死亡事案に対しては、混同が適用される。

　一方、上記の最高裁の判例「妻は他人」はあくまで妻は免許も持たず、日常的に夫の運転だけに頼っていた場合であり、日常的に妻も運転する立場にあれば「運行供用者」となり、自賠法16条の被害者請求は不可となる。任意保険ではその約款で親族間賠償は免責となっており、最初から保険金支払い対象外であるので、混同の問題は生じない。

　混同は、交通事故の場合には、被害者の死亡で、遺族が自賠責保険に保険金支払いを請求する場合に適用される。加害者が被害者の相続人となる場合は、混同により、債務の範囲内で相続分が消滅する。この場合であっても、葬儀費用や死亡に至るまでの傷害部分の損害については認定され、混同による消滅はない。遺族の中には加害者も含まれるので、加害者の取り分が混同により消滅するだけであり、他の遺族（遺産相続人）の権利までが消滅することはない。したがって、

上記の事例においても、加害者であるAが生きていれば、異なる結果となる。しかし、父親が保有者で、母親が被害者で単独事故によって同時に死亡し、遺族として子供が残されたとき、自賠責保険では全混同となり、葬儀費しか支払われなくなる。

　自賠責保険では、親族事故の場合、傷害・後遺障害の事案では、一般の請求事案と同様に取扱い、混同の適用は行わない。しかし、死亡の事案では、親族間事故により被害者が死亡した場合、保有者が当該被害者の相続人となることがあるが、この場合には、被害者の逸失利益と本人慰謝料につき混同が適用される。したがって、被害者の死亡による損害積算額から保有者相続分を控除して、他の請求権者の取得分のみが認定される。葬儀費については保有者の請求であっても混同の取扱いはされない。

02　過失相殺（民法）

1　過失相殺の概念

　過失相殺とは、①損害賠償の公平な分担の観点に基づき、②加害者の損害賠償額から被害者の過失割合分を減額して損害賠償を行うことである。この過失相殺は、民法の第722条に規定されているが[19]、人身事故または物損事故のいずれの場合にも適用される。

　交通事故には、自分の一方的な過失で発生するものは、自分に100%の過失があるものであり、相手の一方的過失で発生するものは、相手に100%の過失があるものである。また、自分と相手、両方の過失で発生するものは、「過失割合」によって、損害賠償責任が分担される。

　また、「過失相殺」とは、任意保険に適用されるもので、自分の損害額から自分の過失割合分を「差し引く」ことであり、算式で示すと、次の通りになる。

---

[19]　（損害賠償の方法及び過失相殺）
第七百二十二条　第四百十七条の規定は、不法行為による損害賠償について準用する。
2　被害者に過失があったときは、裁判所は、これを考慮して、損害賠償の額を定めることができる。

$$\boxed{保険金(損害賠償額)} = \boxed{被害者の損害額の合計}$$
$$- \boxed{(被害者の損害額の合計 \times 被害者の過失割合)}$$

　任意の自動車保険の対物賠償責任保険のみを想定して考えてみると次のようになる。自分の過失が 70％の対物事故で、自分の車に 100 万円の修理代がかかってしまった場合、相手の対物賠償責任保険から自分の車の修理代として 30 万円が支払われる。逆に、相手の車の修理代も 100 万円かかる場合、自分が契約している保険会社は、相手に 70 万円の対物賠償責任保険の保険金を支払わなければならない。

図22　過失相殺

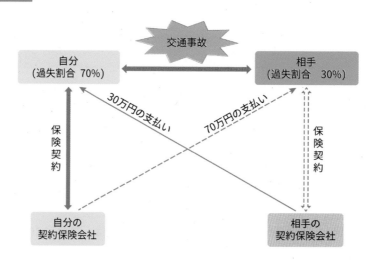

▌（出典）各種資料を参考にして作成

2　過失割合

　加害者のみの過失によって交通事故が発生する事例はごく稀であり、中央線（センターライン）越えや信号無視などの明確な過失がない限りは、通常、過失割合が 0 とはならない。過失ゼロの被害事故　（過失割合が自分：相手 ＝ 0：100）（もらい事故）は、次の通りである。① 赤信号で停車中に、相手に後ろから追突された場合。② 駐車場に駐車中に、相手にぶつけられた場合。③ 相手が赤信号・

自分が青信号の交差点を進行中、相手も直進して交差点に進入したために衝突した場合。④ 対向車線の相手が、中央線を大きく越えてきたために衝突した場合などである。

横断歩道の信号が赤にも関わらず歩行者（被害者）が横断を始めために発生した事故において、歩行者が（被害者）赤で横断した場合であっても、横断歩道上を横断する歩行者の通行を「自動車は妨げてはならない」法的な義務があるために、自動車（加害者）側に30％の過失割合が認められる。信号機のない交差点での直進車同士の事故の場合、基本的に左方から来る自動車が優先となるため、双方がほぼ同じ速度で走行していたと想定すると、左車両Aの過失割合が40％で被害者に、右車両Bが60％で加害者となる。

過失割合算定の事例は、次の通りである。

図23 過失割合算定の事例

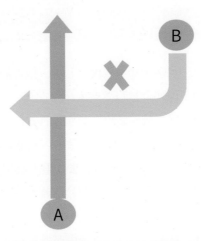

事故の状況	A	B
信号のない交差点、または、直進車Aの信号が青、右折車Bの信号が青の場合	30	70
直進車Aの信号が黄、右折車Bの信号が黄の場合	40	60
直進車Aの信号が赤、右折車Bの交差点進入時の信号が青で、右折開始時の信号が赤であった場合	90	10

過失割合の認定には、実務家によって作成された認定基準表が一般的に用いられている。

　有名なものとして、日本弁護士連合会編「交通事故損害賠償算定基準」（通称「青い本」）と東京三弁護士会編「民事交通事故訴訟損害賠償額認定基準」（通称「赤い本」）などがある。

　現在、裁判所や弁護士などの実務家の間で広く利用されているのは、判例タイムズ社が発行している「民事交通訴訟における過失相殺率の認定基準」である。この基準は、273の事故形態別に基本となる過失割合と修正要素が記載されている。例えば、交差点に直進四輪車と右折四輪車がともに青信号で進入して衝突した場合、基本となる過失割合は、「直進20：右折80」とされている。修正要素として右折車に「合図なし」、「徐行なし」等が定められており、これに該当する場合は直進車の過失が10%減らされるといった具合に適用される。

03　重過失減額

　自賠責保険においては、保険金額を限度として、損害額に対して重過失減額が行われた後に、その金額が保険金として支払われる。この自賠責保険における重過失減額は、被害者自身の過失分が厳格に減額される任意保険における過失相殺と異なり、その減額率が緩和されている。つまり、自賠責保険で保険金の減額が行われるのは、被害者に70%以上の過失つまり重大な過失がある場合に限定される。自賠責保険は被害者保護の見地から設けられた保険であること、損害調査が原則として書面審査（現場調査などをしない）だけで処理されることから、過失相殺の適用については、被害者に重大な過失がある場合に限られている。

　被害者が自賠責保険で重過失ありと認定される場合は、次の通りである。①信号無視の横断をしていた場合、②道路標識等で横断が禁止されている場所での横断をしていた場合、③泥酔等で道路上に寝ていた場合、④信号を無視し交差点に進入し衝突した場合、⑤中央線を越えて衝突した場合等である。

　死亡および後遺障害については、20%・30%・50%の減額率が適用され、その中間の減額率は認めていない。損害額が強制保険の限度額を超える場合、過失の

程度に応じて（過失相殺認定基準表）減額される過失相殺が行われる。不法行為に係る損害賠償の範囲は、被害者の過失割合に相当する金額が減額（過失相殺）されるが、自賠責保険においては、「重過失減額制度」が採用され、減額（相殺）される範囲を大幅に緩和し、被害者救済の充実を図っている。後遺障害をともなわない傷害事故については、20% の減額率が適用される。障害による損害額（後遺障害及び死亡に至る場合を除く。）が 20 万円未満の場合はその額とし、減額により 20 万円以下となる場合は 20 万円とする。

　この重過失減額制度は 1964 年から始まったが、1963 年の交通事故件数は 53 万件で、個別に過失相殺を行うことは物理的に無理であった。これに対応するため、1964 年 2 月からは被害者の過失が 7 割を超える場合に限って 2 割の減額が行われたが、1967 年 8 月からは 3 割減額が導入され、1969 年 11 月からは 5 割の減額が導入された。

表26　自賠責保険における重過失減額

過失割合	後遺障害、死亡	傷害
7割未満	減額なし	減額なし
7割以上8割未満	2割	
8割以上9割未満	3割	2割
9割以上10割未満	5割	
100%	10割、すなわち保険金が支払われない	

自賠法第16条の３、自動車損害賠償責任保険の保険金等及び自動車損害賠償責任共済の共済金等の支払基準（金融庁・国交省告示）

　過失相殺と「重過失減額」を比較すれば、次の通りである。

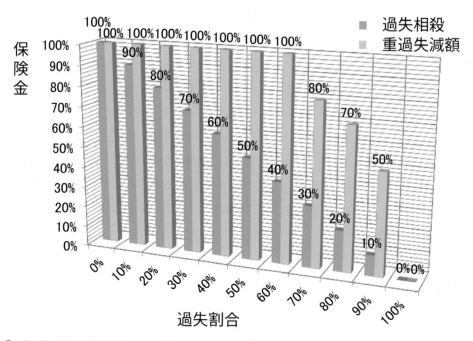

図24 過失相殺と「重過失減額」

（出典）各種資料を参考にして作成

　つまり、重過失減額の場合は、過失割合が70%未満の場合は減額なしで保険金が100%支払われ、過失割合が100%ではない限り50%の保険金が支払われる。また、過失割合が70%以上の場合においても過失相殺の場合より多くの保険金が支払われている。しかし、この自賠責保険の支払いを巡って裁判が行われる場合は、通常の過失相殺が適用される。

04 自賠責保険と任意の対人賠償責任保険

　自賠責保険では被害者救済の観点から、被害者に7割以上の過失が認められる場合に、「重大な過失による減額」（重過失減額）として保険金が減額されることになっている。自賠責保険における重過失減額は、損害額が保険金額（死亡は3,000万円、後遺障害は1級4,000万円〜14級75万円、傷害は120万円）に満たない

　　　　　　　　　　　　　　　　　第一部・人身事故と保険制度

場合は損害額から減額が行われ、損害額が保険金額以上となる場合は保険金額から減額が行われる。ただし、傷害による損害額が 20 万円未満の場合は減額されず、また、減額した結果 20 万円以下となる場合は 20 万円が支払われる。

しかし、任意の対人賠償保険（一括払）では認定された過失割合に基づいて厳格に過失相殺が行われる。任意保険による過失相殺の方法は、まず被害者の全部の損害（総損害）を算出し、この総損害に過失割合を掛けて減額する。そして、任意の対人賠償保険（一括払）では、その額から強制保険で支払われた保険金額を控除して、残額部分が任意保険から支払われるが、残額がなければ支払われない。

自賠責保険では普通の過失の場合は過失相殺行わないが、任意の対人賠償保険では自賠責保険で支払われる部分についても過失相殺されることになる問題点が残されている。過失相殺の結果、自賠責保険の認定額を下回る保険金を支払うことはできない。例えば、被害者の過失が 30%の場合、損害額が自賠責保険の支払基準で 80 万円、任意の対人賠償保険の支払基準で 100 万円の場合、自賠責保険では、被害者に重大な過失（7 割以上の過失）が認められなければ減額されないので、80 万円と認定されることになるが、任意保険では 100 万円× 70% =70 万円となり、自賠責保険の認定額を下回ってしまう。この場合は、80 万円が保険金（自賠責保険）となる。

05 好意同乗

無償同乗（好意同乗）とは、他人の車に無償で乗せてもらった場合、その運転者の過失によって事故が起き損害を被った場合、被害者は、その車の運行供用者や運転者に対して損害賠償を請求できるのは当然であるが、公平を図る立場から、一定の減額を行うものである。日本では、その減額に対する規定がなく、判例などにより過失相殺に準じて減額している。無償同乗（好意同乗）による減額は、自賠責保険においては適用されない（重過失減額）が、任意の対人賠償責任保険および裁判では適用されることがある。

無償同乗（好意同乗）それ自体を理由として減額されることはない。同乗者に帰責事由がある場合（好意同乗者が運行をある程度支配した場合や、危険な運転状態を容認または危険な運転を助長、誘発した等の場合）にはじめて減額の適用

が問題となる。ほとんどの場合、好意同乗者にも、事故発生に繋がった、ある程度の過失がある場合に減額される。任意の自動車保険支払基準では、被害者の目的のための場合は20〜30%、両者の目的のための場合は10〜20%、損害賠償義務者の目的のための場合は10%が減額される。

　例えば、同僚4人で飲酒後、被害者の独身寮まで好意同乗し、運転者の無謀な運転による交通事故で死亡した場合である。寮の門限が近づいていたためスピードを出していた。この場合の減額率は10%と認定された。また、友人3人と自宅で飲酒後、無免許で好意同乗をして、無理な追い越しを行い、ハンドル操作ミスで交通事故により死亡した。この場合、被害者両親の監督不足も考慮し、減額率は50%と認定された。

06　素因

　被害者の肉体的・精神的な要因（素因）が損害の発生または拡大に寄与した場合、損害賠償額の減額事由になるかが問題となる。素因は、「病的素因（疾患）」、「加齢的素因」、「心因的素因」に類型化できるとされているが、裁判では、加齢的素因を除いて減額事由になる。したがって、被害者の疾患や心因的素因が損害の発生・拡大に寄与したと認められる場合には損害賠償金（保険金）が一定割合減額されることになるが、被害者の肉体的な要因が問題となっている場合には、「疾患」に該当するのかどうか、仮に「疾患」に該当しても損害の発生・拡大に寄与したと認められるのかどうかなど慎重な検討が必要になる。

　素因減額は、自賠責保険には適用されない。自賠責保険の減額事由は、自賠責保険の支払基準上、「重大な過失による減額」と「受傷と死亡又は後遺障害との因果関係の有無の判断が困難な場合の減額」の2点に限定されているためである。

　被害者の既往症ないし体質的要因（先天的なもの、後天的なもの双方含む）が損害の発生・拡大に寄与している場合に、その素因の寄与による損害の発生・拡大部分まで加害者に損害を負担させることが著しく公平に反するような特段の事情がある場合には、当該素因が損害の発生に寄与した度合いに応じて損害賠償額は減額される。

　例えば、事故の1か月前に一酸化炭素中毒により入院治療を受けた被害者が事故により頭部打撲傷の傷害を負い、その後多様な精神障害を発症し、死亡した事案につき、一酸化炭素中毒の態様、程度、その他の諸般の事情を斟酌して損害額の50%を減額した事例がある（最判1992年6月25日）。

　損害の発生・拡大に寄与する態様には、①通常なら損害が発生すると思われない事故で被害者の身体的素因のために損害が発生、②加害行為と被害者の身体的素因とが相まって通常なら拡大しない範囲にまで損害が拡大、③被害者の既往症の事故による悪化、等がある。身体的器質は被害者自身の事故前の常態であるから、人が通常備えているような身体的素因（加齢、肥満等）は減額の事情とならない。例えば、高齢者が事故で骨折した場合の年齢的に骨がもろくなっていたというような年齢とともに必然的に生じる身体的特徴は、斟酌されない。

07　因果関係の認否が困難な場合の減額（自賠責保険）

　被害者が既往症等を有していたため、死因または後遺障害発生原因が明らかでない場合等、受傷と死亡との間及び受傷と後遺障害との間の因果関係の有無の判断が困難な場合は、死亡による損害及び後遺障害による損害について、精算した損害額が保険金額に満たない場合には精算した損害額から、保険金額以上となる場合には保険金額から、5割の減額が行われる。例えば、交通事故を苦にしての自殺や、被害者に既往症等があったため、死因または後遺障害の発生原因が明らかでない場合などがある。

08　損益相殺

　損益相殺とは、被害者またはその相続人が事故により何らかの利益を得た場合、それが損害の補填である場合には、これを損害賠償額から控除するものである。被害者の損害賠償金の二重の受け取りを防止し、必要以上の利益を得ることを防止するために実施される。

　損益相殺として損害賠償額から控除されるものは、次の通りである。①自動車

損害賠償保障法による自賠責保険の保険金、②厚生年金保険法による遺族厚生年金または障害厚生年金、国民年金法による遺族基礎年金など、③労働者災害補償保険法による休業補償給付金、療養補償給付金、④健康保険法による疾病手当金などである。

　損益相殺として損害賠償額から控除されないものは、次の通りである。①自損事故保険金・搭乗者傷害保険金、②生命保険金・傷害保険金、③労災保険上の特別支給金・未受領の各種社会保険給付、④生活保護法による扶助費、⑤雇用対策法に基づく職業転換給付金、⑥自動車事故対策センターからの介護料、⑦社会儀礼上相当額の香典・見舞金、加害者から見舞金や香典などが社会儀礼上相当額の範囲内であれば原則として控除されない。例えば、見舞金・香典の計7万円について損益相殺の対象とならないとした事例がある（大阪地判1993年3月17日）。

　損益相殺と過失相殺の先後関係については、先に損益相殺をするほうが被害者にとって有利である。例えば、損害額が1,000万円で被害者に3割の過失があり、既に300万円の給付を受けている場合には、損益相殺と過失相殺の先後によって、被害者の受取額は、次のようになる。先に過失相殺が行われる場合は、過失相殺後の損害賠償金が700万円となり、さらに300万円が損益相殺として控除されるので、被害者が受領できる額は400万円となる。先に損益相殺が行われる場合は、1,000万円から300万円が損益相殺として控除された金額700万円について3割の過失相殺をするので、被害者の受取金額490万円となる。

　このため、損益相殺と過失相殺の先後関係が問題になる。自賠責保険金・政府保障事業によるてん補金・任意の自動車保険の保険金では、加害者による支払と同視できるので、過失相殺をした後に損益相殺が行われる。労災保険金では、過失相殺後に損益相殺が行われる。健康保険法等による給付では、損益相殺の後に過失相殺が行われる。

09　民営保険と減額の関係

　生命保険は、交通事故加害者のためではなく、被害者と受取人の利益のために、定額の契約しているため、交通事故の損害賠償または自賠責保険に影響されない。

傷害保険は、一日につき保険金額の 1,000 分の 1 などの一定額、後遺障害の場合も程度に応じて一定額が支払われる場合は、生命保険と同様に扱われる。所得補償保険の保険金相当額を支払った保険会社は、その限度で加害者に対し損害賠償請求権を代位取得できるので、当然その相当額は控除されなければならない（平成元年 1 月 19 日の最高裁判例）。所得補償保険は、保険加入者が傷害あるいは疾病によって就業不能になり、失った所得を 1 ヶ月につき保険金限度額か、被保険者の平均月間所得額かのいずれか低い額を支払う保険である。

第5章

アメリカにおけるストラクチャード・
セットルメント

人身事故における損害賠償金（保険金）算定におい
て、失われた将来の収入に対する逸失利益などを一時金
として計算するために、現価で割引計算をしている。し
たがって、本来の逸失利益から大きい金額の中間利息が
控除される問題がある。この逸失利益を本来に発生した
であろう時期に分割して受け取ることができる定期金払
い制度が注目されている。

　本章では、その定期金払い賠償金のアメリカの制度
であるストラクチャード・セットルメント（Structured
Settlements）について考察する[20]

01　ストラクチャード・セットルメントの概念

　ストラクチャード・セットルメント（Structured Settlements）は、人身傷害（疾
病）または死亡の際の法定の損害賠償責任の履行、またはその和解として、内国
税法（Internal Revenue Code）に免税の対象と規定されている定期金払い（Peri-
odic Payments）の財務契約または保険契約（年金）[21]、もしくは労働災害の補償金
としての定期金払いの契約[22]、として定義される。換言すれば、これは交通事故な
どの人身事故の際の加害者（損害保険会社）の一時金の損害賠償金（保険金）を
原資にして、免税を条件に被害者に対する定期金払い（年金）に転換するもので
ある。これは、被害者が任意に選択でき、被害者またはその家族の事情に合わせ
て個別に設計される。アメリカでは、平均的に人身傷害（疾病）または死亡の際

---

[20]　本章は、拙稿「アメリカにおける人身事故の損害賠償としてのストラクチャード・セットルメ
　　　ント」『保険学保険法学の課題と展望　－大谷孝一博士古希記念』成文堂、2011 年 12 月 20 日、
　　　pp.801-819 を修正加筆して、再掲したものである。

[21]　Internal Revenue Code Section 104(a)(2) (26 U.S.C. § 104(a)(2))

[22]　Internal Revenue Code Section 104(a)(1) (26 U.S.C. § 104(a)(1))

の損害賠償責任の半額は一時金で支払われ、残りの半額は、ストラクチャード・セットルメント会社を経由して、主に被害者のための定期金払いとしての年金などの購入に使われるとされる。この年金が、その価格と設計の柔軟性のため、もっともよく利用されるストラクチャード・セットルメントの手段であり、他に国債のみに投資する信託がある。

このストラクチャード・セットルメントは、サリドマイドに影響を受けた子供に対する1968年の判決によってカナダで最初に利用された後、オーストラリア、イングランドおよびアメリカなどの判例法の国における法定不法行為法の一部となった。ストラクチャード・セットルメントは、障害を残す場合、無能力者または未成年者を含む場合、労働災害、配偶者または子を含む遺族がある場合の死亡、長期の治療を要するケガなどに適合しているとされる。

アメリカにおけるストラクチャード・セットルメントは、1970年代の後半と1980年代の初めに急激に増加した[23]。法律または国税庁の規則によって、一定の条件を満たせば、所得税が免除されるようになったためである。このアメリカでは、毎年の保険料60億ドルのストラクチャード・セットルメントすなわち人身損害の賠償手段としての年金が購入されており、200万人のアメリカ人が現在価値で1,000億ドル分のそれを持っているとされる。

一方、日本では、国営保険である労災保険では、障害等級第一級から第七級までは終身年金であり、遺族年金がある[24]。しかし、自動車事故などによる人身傷害（疾病）または死亡に対する損害賠償の場合、判決による定期金払いは増えているとはいえ未だ少なく[25]、逸失利益などの算定の際に中間利息（年3％）を控除しながらも、その一時金を元本とした年金などを利用した運用収益を含んだ定期金払いに対する免税措置はない。また、日本における人身傷害（疾病）・死亡に対する損害賠償金は、中間利息の控除、平均余命の算定などに問題が多いとされる。

23　Jeremy Babener, Structured Settlements and Single-claimant Qualified Settlement Funds: Regulating in Accordance with Structured Settlement History, New York University School of Law, 2010, p.7.

24　拙稿「人的損害に対する労災保険と自動車保険の交錯」『保険学雑誌』第586号、日本保険学会、2004年9月30日。

25　佐野誠「定期金賠償の動向と課題」『交通賠償論の新次元』財団法人日弁連交通事故相談センター、2007年。

したがって、特に重度の後遺障害[26]に対する介護費用においては、インフレの対応などの理由もあるが、障害者の平均余命が健常者に比べて短い[27]ことを背景に、定期金払いの方が一時金より少なくなると見られるため、損害保険会社が定期金払いを採用しようとする動きも見られる[28]。このような人身傷害（疾病）・死亡に対する一時金の損害賠償金（保険金）を定期金払いの形式に転換する形式であるアメリカのストラクチャード・セットルメントについて考察し、日本への示唆を探ることが、本稿の目的である。

02 ストラクチャード・セットルメントの免税

アメリカにおいて、ストラクチャード・セットルメントに対する免税は、1979年に最初に行われた。国税庁（Internal Revenue Service）は、ストラクチャード・セットルメントに関して、二つの内国税規則（Revenue Ruling）を制定したが、それぞれに人身傷害（疾病）の定期金払いに対する免税が規定されていた。その内国税規則の一つである「Rev. Rul.79-220」は、損害賠償金の将来の支払の現在価値に対してではなく、被害者が実際に受け取った金額を免税にしていた。また、それには、加害者（損害保険会社）が年金を購入してその年金で損害賠償金（保険金）を支払う場合、その年金のいかなる権利をも被害者に与えるものではない、と規定されていた。その年金契約は、加害者（損害保険会社）が所有するものであったため、損害賠償金（保険金）の延べ払いに類似していた。もう一つの内国税規則である「Rev. Rul.79-313」には、設定された利率による毎年の増加した金額に関係なく、合意された年間の支払額が免税と規定されていた。被害者は、この年金の将来の支払の現在価値に対して、後述の「推定受領（Constructive Receipt）」および「経済的利益（Economic Benefit）」をもっていないため、課

---

[26] 後遺障害等級第1級3号または4号に該当し、常に介護を要すると認められる場合など。

[27] 吉本智信・佐野誠『生存余命と定期金賠償』自動車保険ジャーナル、2005年。

[28] みずほ信託銀行と損害保険ジャパン（当時）が、交通事故による重度の後遺障害による介護費用に対して、定期金払いの信託スキームを共同で開発したことが知られている。同スキームは、2007年9月の改正信託法施行によって明確となった信託による債務引受を活用したスキームである。

税対象ではならなかったためである。つまり、その年金契約は、加害者（損害保険会社）のものであり、被害者には、その年金の将来の支払に対しての支配権がなく、保証も与えられていなかったため、運用収益が含まれた年金の受取が課税対象にはならなかったのである。

　これらの二つの内国税規則のため、1979 年以降にストラクチャード・セットルメントは増加した。しかし、当時のストラクチャード・セットルメントは、前述のように、加害者（損害保険会社）が年金を購入して所有し、その年金で被害者に定期金としての損害賠償金（保険金）を支払うものであった。この方法の問題点は、加害者が、年金の受取人であると同時に、被害者への将来の支払のための責任を有していることであった。つまり、加害者の被害者への支払責任は、終身年金の場合、被害者が死亡するまで続くものであった。

　加害者がその支払責任を債務引受人（assignee）に譲渡して、それを終了することは、その支払責任の引受人に対する税金に関する内国税規則が存在しなかったため、できなかった。この問題を解決するため、IBAR Inc.[29] は、1980 年に上記の債務引受人の税務的な扱いを決定するために、国税庁に裁定を申し込んだ。その結果、最終的な裁定は、第三の債務引受人に対する有利な税務措置となり、加害者が第三者にその支払責任を譲渡することが可能であることが、初めて明らかになった。

　さらに、内国税法（Internal Revenue Code）を修正する「1982 年の定期金払いに関する法律（The Periodic Payment Settlement Act of 1982）」が制定され、不法行為による人身傷害（疾病）または死亡の場合のストラクチャード・セットルメントが免税されることになった（1997 年には、労働災害に対してもストラクチャード・セットルメントが認められた）。内国税法第 104 条 (a) の (1) では、業務による傷害または疾病によって事業者が支払うべき定期金について規定されていた。

　この「1982 年の定期金払いに関する法律」によって、前述の二つの 1979 年の

29　IBAR は、1962 年に Raymond G. Schultz Ph.D. と Robert E. Schultz Ph.D. によって共同で設立された。この会社は、犯罪に関する経済的な証言と評価を訴訟に提供していた。1969 年に法人化された。1977 年からは、ストラクチャード・セットルメント業務を行っている。1982 年に Merrill Lynch に買収され、1984 年に新しい IBAR Settlement Company として設立された。

内国税規則が法制化され、内国税法第104条 (a) の (2) が修正された。その結果、一時金または定期金払いのいずれかに関係なく、不法行為による人身傷害または疾病による損害賠償金が課税対象から除外され、免税となった。このときに、内国税法第104条 (a) の (2) の文言が修正され、「訴訟または和解を問わず（whether by suit or agreement)」が、「訴訟または和解を問わず、そして一時金であるかまたは定期金払いであるかに関係なく（whether by suit or agreement and whether as lump sums or as periodic payments)」に変更され、ストラクチャード・セットルメントが免税となることが明確になった。

　また、その立法の説明はなかったが、内国税法第130条が制定され、債務引受人であるストラクチャード・セットルメント会社に対して、被害者に支払を行うための金額が免税となった。例えば、加害者（損害保険会社）が被害者に対する将来の支払いのために、ストラクチャード・セットルメント会社に 100,000 ドルを支払い、ストラクチャード・セットルメント会社はその中で 3,000 ドルを手数料として受け取り、97,000 ドルを被害者のための年金を購入したと仮定する。この場合、ストラクチャード・セットルメント会社は、3,000 ドルに対してのみ課税される。その結果、ストラクチャード・セットルメントでは、被害者も、加害者も、ストラクチャード・セットルメント会社も、所得税を支払うことはなくなった。

　アメリカには、伝統的な課税の原則として、「経済的利益主義（Economic Benefit Doctrine)」と「推定受領主義（Constructive Receipt Doctrine)」という、二つの原則がある。「経済的利益主義」とは、個人に与えられた経済的または金融的な価値を有する利益は、その利益が与えられた年度に所得税の課税対象に含まれるというものである。例えば、金額で評価できる何かが従業員に与えられたとき、その従業員は、それを現在すぐには受け取る権利がないとしても、その現在価値ですぐに課税される。この「経済的利益主義」の適用を回避するための条件は、与えられたものに相当な没収の危険が存在することである。相当な没収の危険とは、そのプランに資金が実際に投入されていない状態である。しかし、事業主が、その支払責任を担保するため、投資信託・生命保険などを購入した場合は、資金が投入されたことと同様の効果があり、この条件に該当しない。有名な判例 (Sproull v. Commissioner（1950)) は、次の通りである。従業員の過去の勤務に対する対価として、一定の金額が没収不可能の信託に積み立てられた。受託者

には、次の年度からその信託から元本と利息を支払うように指示されていた。その信託の受益者は、従業員のみであり、従業員がその信託の権利を獲得するために追加して行うべき行動はなかった。これに対して、税務裁判所（United States Tax Court）は、従業員がその金額をすぐに引き出すことはできないが、つまり「推定受領」はもっていないが、「経済的利益」が従業員に与えられているため、従業員に即時課税できると判決した。換言すれば、その信託が没収不可能であれば、すぐに従業員に課税できるということであった。

　また、「推定受領主義」は、納税者が総収入を受け取ったか否かを判断する基準として使用される。納税者は、毎年納税するため、いつの収入であるのかを確定しなければならない。「推定受領」は、現実の受領とは異なり、問題の収入の現実的な所有を必要としない。その結果、「推定受領主義」では、発生主義での納税者の税金と類似しており、受け取ったときとは異なり、対価または報酬を獲得したときに収入として課税される。つまり、資金が従業員の口座に振り込まれたとき、従業員のために資金が積み立てられたとき、または従業員がそれを利用できるようになったときに、収入として課税される。換言すれば、従業員が報酬を受ける権利を獲得すれば、彼らがそれを将来に受け取ることを選ぶ場合においても、それはその時点での課税対象となる。有名な判例（Davis v. Commissioner）は、次の通りである。1974年12月31日の小切手の配達の際に、納税者は不在で、配達員は、その郵便物を郵便局で保管しているという通知を残した。その納税者は、新しい税務年度が始まった1975年1月2日にその小切手を受け取った。その納税者は、その小切手が到着することについて知らされていなかったため、自宅でその到着を待つことはできなかった。しかし、その納税者は、その小切手の金額を1974年の所得として申告しなかったため、国税庁は、「推定受領」があったとして申告漏れを指摘して提訴した。この案件での争点は、配達員が小切手を自宅に届けようとしたが配達できず、納税者が翌年度に郵便局で受け取ることになったことに、相当な制約が存在するのか否かであった。税務裁判所は、小切手の到着に関する通知の欠如を認め、この場合は、小切手の受領に相当な制約があり、当該年度に「推定受領」はなかったと判決した。税務裁判所は、「推定受領」となるためには、納税者が相当な制約なしにその金額を利用できるものでなければならない、と述べている。

　非適格据置プラン（NQDP; Nonqualified Deferral Plan）において、「推定受

領主義」の適用を回避するための基準は、次の通りである。その受取を延期するための選択は、その受領の前に行わなければならない。また、その受領までには相当な制限（Limitation）または制約（Restriction）があり、そのプランには、資金が積み立てられていないことが必要である。資金が積み立てられていない場合は、従業員に利益の権利が100%与えられた場合（vest）においても、または没収不可能な場合においても、「推定受領主義」の適用は回避され、課税対象とはならない。ここでの一般的な相当な制限とは、時間の経過である。例えば、従業員が、退職、解雇、障害、死亡などまでにその資金を受け取ることができないことである。

　アメリカの議会は、当初、課税の原則として、この「経済的利益主義」および「推定受領主義」という、上記の二つの原則を強調した。前述の「1982年の定期金払いに関する法律」の制定の際にも、この二つの原則の適用を回避しながら、人身傷害（疾病）および死亡の損害賠償としてのストラクチャード・セットルメントに対する免税が行われた。その免税の影響で、ストラクチャード・セットルメントは、1976年の5百万ドルであったが、1983年には15億ドル、1万5千件に急速に増加した。1997年には人身傷害（疾病）の賠償責任保険の12%がストラクチャード・セットルメントであった。また、30万ドルを超える損害賠償の25%がストラクチャード・セットルメントに関係していた。

03　ストラクチャード・セットルメントの利害関係

　ストラクチャード・セットルメントに対して、被害者と加害者（保険会社）が持つ利害関係について検討することとする。

1　被害者

　人身傷害（疾病）・死亡による損害賠償金を一時金で受け取った被害者の大多数は、その一時金を早期に全部使ってしまうといわれた。その具体的な統計は存在していなかったが、その受取人の90%が5年以内にその一時金を全部使って

しまうと頻繁に引用されていた[30]。この人身傷害（疾病）・死亡の損害賠償金としての一時金を受け取った被害者が、早期にそれを全部使い果たして、経済的に国に依存する事態を防ぐために、人身傷害（疾病）・死亡の損害賠償金に対する所得税の免税を一時金から定期金払いに拡大し、ストラクチャード・セットルメントに対する免税を実施するというのが議会の説明であった。人身傷害（疾病）・死亡の損害賠償金としての一時金は、従来から免税とされていた。

　このストラクチャード・セットルメントは、連邦および州の所得税が完全に免税される。アメリカにおけるその免税の効果は、所得税を支払う場合に比べて、受取額を基準にしても三割以上も多いと試算されており[31]、運用収益を基準に比べると六割以上も多いとされる[32]。前述の「1982年の定期金払いに関する法律」によって、加害者（損害保険会社）が損害賠償金（保険金）を元本としてストラクチャード・セットルメント会社に支払い、被害者（受取人）が長期にわたって受け取るその元本とその元本から生じる運用収益の両方に対して、免税される。したがって、被害者は、生命保険会社から受け取るこの年金額に対して所

30　Jeremy Babener, "Justifying the Structured Settlement Tax Subsidy; The use of Lump Sum Settlement Monies", New York University Journal and Business, Vol.6, 2009.

31　ストラクチャード・セットルメントの全米業界団体であるNSSTA(The National Structured Settlements Trade Association)が発行したパンフレット(**An Introduction to Structured Settlements**)には、2011年5月1日現在、100,000ドルを、生活費として毎月500ドルずつ引き出しながら年率6%で20年間運用する場合、所得税がある場合とない場合を比較したデータが掲載されている。所得税は、連邦税27%、州税5%の合計32%が想定されている。20年後の一時金の受取額は、所得税がある場合は$158,991、所得税がない場合が$213,994で、所得税がない場合に35%多いことが示されている。

32　"Structured Settlements ―Security and Stability For your Retirement―", The National Structured Settlements Trade Association, 2011.
　　55歳の男性が自動車事故で負傷した場合、男性が65歳になったときの受取総額について、それぞれ250,000ドルに対しての社債とストラクチャード・セットルメントを比較している。被害者の奥さんは53歳。受取総額は、社債の場合が486,000ドル、ストラクチャード・セットルメントの場合が745,000ドルで、税引き後の収益は、ストラクチャード・セットルメントが65%も多い。夫婦連生の平均余命は、1983年IAM生命表によれば、37年である。男性が65歳の時から受け取る年金は、毎月2,700ドルである。社債は収益率5.6%が仮定されており、所得税は、男性が65歳の時から毎月2,700ドルに対する27.0%の連邦税、5.0%の州税が想定されている。支払は、退職の時からから凡そ15年間続く。

得税を支払う必要はない。つまり、ストラクチャード・セットルメントは、その元本と運用収益の両方に対して所得税が免税されるが、被害者（受取人）が一時金を投資した場合、そこから生じる利息または配当金は、課税される。この運用収益に対する免税は、補助金（subsidy）と呼ばれるが、この免税額は、年間3億6千万ドルから8億4千万ドルに達すると推定されている[33]。

　さらに、ストラクチャード・セットルメントは、被害者の配偶者に対しても生涯の間に支払いを続けることができ、これも免税である。また、支払保証期間の設定があるときにはその保証期間内に、受取人（被害者）が死亡した場合には、受取人が指定した受益者に残りの金額が支払われる。この受益者に対して支払われる金額も免税であり、受取人は、支払いの開始後にもその受益者を変更できる。子供には三つの選択肢がある。一つは、損害賠償金を子供が成人するまで（通常は18歳または19歳）に裁判所に低い金利で預けることである。次に、損害賠償金を銀行または投資顧問によって運営される信託にすることであるが、これには税金と管理費がかかる。最後にストラクチャード・セットルメントであるが、これは免税される。このストラクチャード・セットルメントを選択すると、裁判所が報告を求めることはない。支払いの流れが、その設定の際に、既に合意されているからである。しかし、信託や裁判所への預託の場合は、定期的に収入と支払について裁判所に報告し、その支払いが子供の利益になることを説明しなければならない。

　また、連邦規制では、ストラクチャード・セットルメントが生命保険年金または国債によって裏付けられることが要求されている。この生命保険年金と国債は、金利または株式市場の変動によっても、受取金額が変わらないものでなければならない。また、他の収入があっても全額が支払われることと、医療保険の資格が維持されることを要求している。また、62歳から70歳の間では、過去の給与生活に基づいた社会保障は、所得によって影響される。しかし、ストラクチャード・セットルメントは、この社会保障の受給資格または金額を決定する際に算入されない。

33　Jeremy Babener, "Justifying the Structured Settlement Tax Subsidy; The use of Lump Sum Settlement Monies", New York University Journal and Business, Vol.6, 2009, pp.131-132.

2 加害者（損害保険会社）

　加害者（損害保険会社）は、ストラクチャード・セットルメントにすることによって、その支払の10～30%が節約できるとされている。多くの生命保険会社から見積もりを出してもらって安く年金を購入することもあるが、年金そのものに運用収益が見込まれているためである。また、加害者（損害保険会社）は、人身傷害（疾病）・死亡に対する損害賠償金（保険金）を事業費用として控除することができ、ストラクチャード・セットルメント会社に支払った一時金は、即時控除できるものである。その一時金は、将来の支払期間に渡って収益を発生させる元本となる。その収益に対して、被害者も加害者もストラクチャード・セットルメント会社も課税されることはない。加害者（損害保険会社）は、元本となる一時金をストラクチャード・セットルメント会社に支払った後は、財政的に、被害者と関係なくなる。ストラクチャード・セットルメント会社は、多くの場合、生命保険会社の子会社である。

　また、多くの損害保険会社は、生命保険子会社を所有しており、この生命保険子会社から年金を購入することによって利益が得られる。ストラクチャード・セットルメントによって、年間60億ドルの年金保険料を発生させていると推定されている[34]。系列会社のみで構成された生命保険会社のリストの中から年金を購入しなければ、ストラクチャード・セットルメントを拒絶する加害者の保険会社がある、と主張する被害者の代理人の事例が知られている。この年金の購入の際に、ストラクチャード・セットルメント・ブローカーは、伝統的に2～4%の手数料を受け取っている[35]。

---

[34] "Structured Settlements　―Security and Stability For your Retirement―", The National Structured Settlements Trade Association, 2011.

[35] 2000年現在約430の専業ストラクチャード・セットルメント・ブローカーがおり、2001年現在20以上の保険会社がストラクチャード・セットルメントを販売している。

04 ストラクチャード・セットルメント・ファクタリング取引

　ストラクチャード・セットルメント・ファクタリング取引（Structured Settlement Factoring Transactions）は、ストラクチャード・セットルメントの将来の受取分の売買である。ストラクチャード・セットルメントの受取人の中には、本人または家族の医療費用、住宅の改修または購入、教育の費用などで、ある一定の時点で、定められた期間にわたって定期的に支払われる金額よりも多くの金額が必要になる場合がある。そのときの流動性の問題を解決するために、ストラクチャード・セットルメントの受取人は、将来の受取分を売却して即時金を受け取ることを希望することがあった。ほとんどのストラクチャード・セットルメントの受取人には、予期せぬ事態になったとき、将来の受取分の売却が必要な資金を得る唯一の方法である。

　ストラクチャード・セットルメントは、前述の「1982年の定期金払いに関する法律」によって急激に増加したが、その問題点は、それの硬直性にあった。つまり、その定期金払いは、確定的な金額であり、受取人によって、繰上げまたは繰下げすることができず、増額または減額することもできない。しかし、受取人の個人的な事情は、時間の経過とともに、それを決定したときに予測できなかった状況に変化し、当初の予測を超える現金が必要になることがあり得る。この需要を満たすために、1980年代の後半から、一部の小規模の金融会社は、ファクタリング取引によって、ストラクチャード・セットルメントの受取人に新しい流動性を提供し始めた。

　ストラクチャード・セットルメントを販売している保険会社は、その売却（買取）を規制することを主張し、ファクタリング業界は、その規制に反対していた。ストラクチャード・セットルメント契約には、受取人の売却を禁止する売却禁止条項（Non-Assignment Clauses）がしばしば挿入されていた。しかし、これは必ずしも守られておらず、裁判所または法律によってそれが強制されていなかった。ファクタリング会社は、受取人の将来の収入の現在価値よりもはるかに少ない金額で買い取ることによって、利益を生み出していた。このファクタリング業界は、後述するように30％以上の高い割引率でそれを買い取っていたこともあり、特に1990年代の後半にストラクチャード・セットルメントを販売する保険業界から強く非難された。ファクタリング業界による高い割引率を適用した買い

取りによって、受取人に大きな損失が発生し、後にその受取人が経済的に国に頼ることになり、免税による税金補助金の当初の目的を損なうことになるというものであった。このような状況は、議会が当初意図した被害者のための政策と異なるものであった。

　ストラクチャード・セットルメントの免税に関する法制定の歴史上、課税の原則である「経済的利益」および「推定受領」の適用を避けることに重点がおかれたが、1988年にはそれが相当後退した。本来、内国税法第130条では、債務引受人は、受取人に、一般債権者より大きい受給権のようなものを与えないと規定されていた。一般的に受取人のための信託への資金の預託は、「経済的利益」を与えることになるため、受取人にとっては、その預託金は、資金が預託されたその年に課税対象の収入となる。したがって、ストラクチャード・セットルメントの受取人は、資金の預託としてではなく、毎月の定期金払いを請求できるストラクチャード・セットルメント会社の単なる一般債権者であり、その将来の支払分については、それを支配できないため、「経済的利益」を持っていなかった。これは、受取人のストラクチャード・セットルメントの売却は、できないことを意味していた。しかし、1988年に前述の内国税法第130条(c)が、「適格な譲渡があったことに関して、いつ受取人が支払を受けたかの判断は、受取人に一般債権者より大きい権利を与える譲渡の規定があるか否かにかかわらずに行われるべきである」、と修正された。これは、受取人が将来の受取分についての「経済的利益」を有しているか否かに関係なく、明示的に、ストラクチャード・セットルメントの譲渡（売却）を認めたことであると理解された。議会は、税法によって受取人の権利が制限されるべきではない、と説明していた。これは、後に現れるファクトリング取引によって、ストラクチャード・セットルメントの売却を許したことにもなった。この1988年の内国税法第130条(c)の修正は、ストラクチャード・セットルメントに対する「経済的利益」の本来の適用からの逸脱を示しているものであった。

　ファクトリング取引によって、ストラクチャード・セットルメントの将来の受取を売却することは、実質的な「推定受領」と考えられた。しかし、国税庁と国会は、受取人にその譲渡能力があることを確認した。ファクトリング取引とは、前述の通り、被害者で現在のストラクチャード・セットルメントの受取人が、即時金と引き換えに、将来の定期金払いの受取の権利を販売することである。この受取人

が受け取った即時金は、本来の加害者から一時金を受け取ったことと同様に扱われることが、内国税法第104条(a)(2)によって支持されていた。被害者が将来のストラクチャード・セットルメントの支払をその現在価値でいつでも変換できると気づいたことは、これらの支払の「推定領収」の証拠であるという論者もいた。

1999年に、国税庁は、ストラクチャード・セットルメントに適用する課税の原則としての「推定受領」を後退させた。その年、国税庁は、ストラクチャード・セットルメントの将来の受取を売却して得た金額に、内国税法第104条(a)の(2)の免税を適用することを明らかにしたためである[36]。当初のストラクチャード・セットルメントは、被害者が毎月の支払を受け取る権利のみを有しているため、実際に「推定領収」および「経済的利益」は有していなかったことは、前述の通りである。しかし、1999年の内国税規則は、ファクトリング会社の受取人への即時金は、内国税法第104条(a)の(2)の下で、受取人が将来受け取るべき支払としての一時金と同一の特徴を有しているため、免税であるというものであった。国税庁は、受取人がファクトリング会社から得た売却代金を受取人の譲渡可能な確実な資産として認識していた。しかし、確実で譲渡可能な資産であれば、ストラクチャード・セットルメントは、将来の収入としての「推定領収」を構成するため、課税対象となり、前述の課税の原則と免税の間に矛盾が生じることにもなった。

このようなファクトリング取引の問題に対処するため、2001年に内国税法第5891条としてHR 2884が議会を通過し、2002年に1月23日に大統領によって署名され、その年の7月1日に発効した。それによって、内国税法第5891(a)では、裁判所の承認を得ていないファクトリング取引には、その直接的または間接的な購入者に対して、その割引額（Factoring Discount）の40%の取引税（Factoring Transaction Tax）が課税されるようになった。ファクトリン会社がこの懲罰的な取引税を回避するためには、当該ファクトリング取引に対して、州の適格な法律に基づいて、州裁判所の承認を得なければならなくなった[37]。この懲罰

---

[36] Rul.1999-36-030(Sept.10, 1999)

[37] 多くの労災関連法律では、その補償の譲渡を厳格に禁じている。ファクトリング取引に労災関連のストラクチャード・セットルメントが含まれる場合は、別途、労災関係の行政の承認が必要となる。

的な取引税は、ファクトリング業界に対する事実上の強力な規制となった。ここでの割引額とは、当該ストラクチャード・セットルメントの割引なしの将来の支払の総額と実際にその購入の際に支払われた金額の差額であるが、ファクトリン取引による期待利益でもある。この課税の効果は、その購入者を、裁判所の事前の承認を求めている州のストラクチャード・セットルメント保護法（Structured Settlement Protection Act）に従わせることである。

　この内国税法第5891条の要求に従い、ほとんどの州で「ストラクチャード・セットルメント保護法（Structured Settlement Protection Act）」が制定された。47の州が「ストラクチャード・セットルメント保護法」を制定しているが[38]、この中の37州の「ストラクチャード・セットルメント保護法」がその一部または全部を全米保険立法者会議（NCOIL; National Conference of Insurance Legislations）が制定したモデル法に基づいているか類似している。連邦法の下では、将来の受取を第三の会社に販売しようとする受取人は、裁判所の監督と承認が必要である。この内国税法5891条およびほとんどの州の「ストラクチャード・セットルメント保護法」では、そのファクトリン取引が売却者の最善の利益（Best Interest）であることと、すべての扶養家族に対する「最善の利益」が要求されているが、それらについての定義はなく、個別の事情に基づいて主観的に判断される。州によっては、資金の使途、受取人の精神的または肉体的能力、売却者の将来の医療の必要性のような要素で判断される。裁判所は、この「最善の利益」の基準は、財政的な苦境に限定されないと判決してきた。したがって、住宅の購入・新規事業の開始・大学への進学のような売却者に新しい機会の付与、家族の予期せぬ医療費・負債の清算のような災難の回避の場合は、そのファクトリン取引が最善の利益と見なされる可能性がある。また、多くの州の「ストラクチャード・セットルメント保護法」には、次のような条項がある。①取引に関する重要な事項は、譲渡契約前に、売却者に開示されなければならない。②特定の利害関係者への通知。③譲渡に関する専門的なアドバイスを求めることの警告。④譲渡が売却者の最善の利益であること、およびすべての扶養家族の福祉と扶養を考慮することの基準を含む裁判所による譲渡の承認、である。

---

[38]　2011年4月現在、ノースーダコタ、バーモント、ウィスコンシン、ワイオミングの四つの州がストラクチャード・セットルメント保護法を制定していない。

　ファクトリン取引について、現在ではほとんどの州がそれを規制しているが[39]、内国税法第 5891 条の制定の前までは、いくつかの州ではストラクチャード・セットルメントの受取権の譲渡を規制していたが、そうしていない州もあった。また、ストラクチャード・セットルメントの年金を支払う生命保険会社には、ファクトリング会社に対する敵対感があるため、ファクトリン取引の実質的な通知が行われなかった。一方、保険業界は、内国税法第 130 条の制定の際に考慮しなかったファクトリング取引によって、適格な免税措置が取り消されることを心配していたこともあった。

　今日、ファクトリン取引は、一般的に行われている。最近、ファクトリング会社への売却は、一般的に最初の接触から三か月ほどで完了するが、業者によっては、数週間（3〜6週間）で完了し、数日内に前払い金を支払うと広告している。現在、年間、約 8,000 件、平均 45,000 ドル、金額 3 億 6 千万ドルのストラクチャード・セットルメントが買い取られていると推定されている[40]。これは、すべてのストラクチャード・セットルメントの 5〜8％に相当する。この売却の88％は、将来の受取の一部売却である。

　一方、ファクトリング会社によるストラクチャード・セットルメント業務についての議論がある。ストラクチャード・セットルメントの受取人が将来のストラクチャード・セットルメントの権利の一部のみを売却したときに、その売却と同時に、ファクトリング会社は、売却されていないストラクチャード・セットルメントの業務を行う契約を締結する。年金契約の引受生命保険会社は、実務上、年金の一部はファクトリグ会社に支払い、残りの一部は受取人に支払うことはせず、ファクトリグ会社に一括して支払う。年金契約の引受生命保険会社は、受取人に支払われるべき金額の権利がファクトリング会社に帰属するのかに対する受取人の質問に答えていないと主張される。ファクトリグ会社は、年金契約の支払期日になると、ストラクチャード・セットルメントの支払の全額を引受生命保険会社から受け取り、受取人に対しては買い取った部分を除いた残りの金額を支払う。

　このような現象が発生する理由は、外見上では、ストラクチャード・セットル

---

[39]　1988 年から 2002 年までに譲渡されたものについては、裁判所が命令することはなかった。

[40]　Jeremy Babener, "Justifying the Structured Settlement Tax Subsidy; The use of Lump Sum Settlement Monies", New York University Journal and Business, Vol.6, 2009, p.33.

メントの年金契約の引受生命保険会社が、管理費を節約するため、年金の支払を分割して、二つ以上の相手に対して支払を行うことを避けているともいわれる。また、このような実務は、ファクトリング会社が、単に受取人に支払われる残りの金額に対して、新たなビジネスを獲得するために行われているともいわれる。いずれにしても、そのような現象が受取人の最善の利益であるかについて疑問があるという意見がある。つまり、ファクトリング会社が破たんした場合、受取人にどのような影響を及ぼすかである。

このファクトリングで使われる割引率は、受取人の売却のための費用であるが、利率が支払に適用される住宅ローン、カードローンに関連した利率に類似している。ファクトリング取引において、ファクトリング会社は、買収する将来の支払を分析して、支払そのものに利率を適用し、それがローンであるかのように金額を計算する。ファクトリング取引の割引率は、不動産担保がある住宅ローンと比べると、投資家にとってはより専門的な商品であるため、やや高めである。

最初は、ファクトリング業界は、費用のかかる訴訟の問題や伝統的な投資資金の調達の難しさに起因する多く費用のため、比較的に高い割引率を適用していた。1990年代のファクトリング取引の割引率は、30%以上になることが通例であった。しかし、州および連邦の「ストラクチャード・セットルメント保護法」が制定されると、ファクトリング業界の割引率は劇的に低くなり、平均して16〜18%になった。この割引率の低下傾向は2008年の金融危機まで続き、一部の会社は15〜20%を適用しているが、8〜9%になり、その後にも変動している。

05　ストラクチャード・セットルメントの効用

アメリカでは、人身傷害（疾病）または死亡による損害賠償金（保険金）を一時金で受け取った被害者の90%が、5年以内にその一時金を全部使ってしまうと多く引用されていた。したがって、その一時金の受取人が早期に損害賠償金（保険金）を使い果たして経済的に国に依存する事態を防ぐために、損害賠償金（保険金）を終身年金化する必要があった。そのため、人身傷害（疾病）または死亡による損害賠償金に対する所得税の免税を一時金から定期金払いに拡大した「1982年の定期金払いに関する法律」が制定された。その結果、ストラクチャー

ド・セットルメントでは、被害者も、加害者も、ストラクチャード・セットルメント会社も、所得税を支払うことはなくなった。これによって、ストラクチャード・セットルメントは、急速に増加した。

　一方、ストラクチャード・セットルメントは、確定的な金額であり、受取人によって、繰上げまたは繰下げすることができず、増額または減額することもできないという問題があった。したがって、時間の経過とともに、受取人の個人的な事情はそれを決定したときに予測できない状況に変化し、予測を超える現金が必要なときがあり得る。このときの流動性の問題を解決するために、ストラクチャード・セットルメントの受取人は、将来の受取分を売却して即時金を受け取ることを希望することがあった。このような状況下で、ファクトリング取引が現れた。ファクトリング業界による高い割引率を適用した買い取りによって、受取人に大きな損失が発生し、後にその受取人が経済的に国に頼ることになり、税金補助金の当初の目的を損なうことが懸念された。このような状況は、議会が当初意図した被害者のための政策と異なるものであった。

　これに対処するために、2002年に発効した内国税法第5891条によって、裁判所の承認を得ていないファクトリング取引には、その直接的または間接的な購入者に対して、その割引額の40%の取引税が課税されるようになった。ファクトリン会社がこの懲罰的な取引税を回避するためには、当該ファクトリング取引に対して、州の適格な法律に基づいて、州裁判所の承認を得なければならなくなった。この内国税法第5891条の要求に従い、ほとんどの州で「ストラクチャード・セットルメント保護法」が制定された。最初は、ファクトリング業界は、ファクトリング取引の際に30%以上の割引率を適用することが通例であった。しかし、州および連邦の「ストラクチャード・セットルメント保護法」が制定されると、ファクトリング業界の割引率は劇的に低くなった。このようなストラクチャード・セットルメントは、被害者保護という趣旨から、主に年金を利用してその支払を終身年金化し、その元本のみならずその利息までを免税としたものである。このストラクチャード・セットルメントは、免税を通じて多くの金額を受け取ることになる被害者と、その分少ない金額を支払うことになる加害者（損害保険会社）の両方に有利なものであるだけではなく、大きな年金の需要を生み出しているため、生命保険業界にも有利なものである。さらに、ファクトリング取引という新たな産業を発生させている。

第6章

労働災害と保険

労災保険は、政府によって運営される社会保険であるが、使用者の労働者に対する損害賠償金の支払のための性格を有し、人身損害を補償する保険である。したがって、この労災保険は、自動車保険と多くの場面で重複し、障害等級などは、ほぼ同一のものが使われている。本章では、この労災保険について概説する。

01 労働保険と労災保険

1 労働保険

　労働保険とは、一般に「労災保険」と称される労働者災害補償保険と雇用保険とを総称した用語である。労災保険は、労働者が業務中や通勤途中に事故にあった場合、被災された本人や遺族の生活を保護し、社会復帰を促進するための保険制度である。雇用保険は、事業主には、従業員の採用や失業の予防等の措置に対し、一定の要件を満たすと各種助成金等が支給され、従業員には、失業した場合、失業給付金等が支払われる。

図25　労働保険

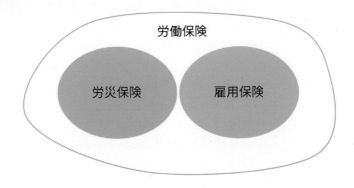

▌ （出典）各種資料を参考にして作成

2 労災保険の性格

　使用者の災害補償責任は、1947年に制定された労働基準法の「第8章災害補償[41]」に無過失責任として規定されている。この災害補償責任は、業務災害に限定され、重過失の場合は休業補償または障害補償が免責される（労働基準法第78条）。また、休業補償は、被災労働者の平均賃金の100分の60（労働基準法第76条）であり、遺族補償は、被災労働者の平均賃金の1,000日分（労働基準法第79条）と規定されている。労働者には、団結権（憲法28条）が認められるため、この労働基準法における災害補償責任は最低基準とされる。労働災害補償保険法による給付が行われる場合は、使用者はこの災害補償責任を免れる（労働基準法第84条）。

　一方、労災保険は、1947年に制定された労働災害補償保険法[42]（以下、労災保険法と称する）によって、政府管掌の強制保険として実施されている。労災保険は、被災労働者の社会復帰、被災労働者等の援護、労働安全衛生及び適正な労働条件の確保を目的としているため（労災保険法第1条）、最低水準の生活保障を目的とするその他の社会保険とは根本的に異なる。このような労災保険では、労働基準法上の災害補償を超える給付がなされている。例えば、1973年に導入された通勤災害に対する保険給付、1974年に導入された特別支給金、1976年に導

---

[41]　1905年の鉱業法、1911年の工場法、1931年の労働者災害扶助法による使用者の賠償責任を吸収したものであった。

[42]　労働災害補償保険法は、健康保険法と厚生年金保険法に規定されていた業務上の災害に対する給付と労働者災害扶助責任保険法を吸収（船員と公務員は除く）したものであった。1941年に制定された労働者年金保険法は、1944年に厚生年金保険法という名称に変更され、民間の労働者に対する厚生年金が実施されていた（公務員に対しては、恩給制度があり、後に公務員共済となったが、現在は厚生年金に統合されている）。この厚生年金は、老齢・障害・死亡・脱退について、養老年金・廃疾年金・廃疾手当金・遺族年金・脱退手当金を給付するものであった（被用者以外の者を含む全国民を対象にした国民年金保険法が1961年に制定された）。また、1931年に制定された労働者災害扶助法は、工場法によって保護されない土木建築や交通運輸等の屋外労働者を対象としたものであるが、土木建築業界の伝統的な美風の喪失を理由とする反対があったため、労働者災害扶助責任保険法と一括して提出された。この労働者災害扶助責任保険は、鉱業法・工場法・労働者災害扶助法にと基づく労災扶助責任を政府管掌保険で担保するものであったが、保険の対象は土木建築事業に限定されていた。

入されたボーナス特別支給金、2001年に導入された第2次健康診断などの給付[43]は、労働基準法上の災害補償を超える給付である。この労災保険は、使用者が保険料の全額を支払い、労働者が直接保険給付を受けるものである。

　保険会社が引き受けている自動車保険の対人賠償責任保険または自動車損害賠償責任保険（以下、自賠責保険と称する）では、主として自動車の所有・管理または運行による民法または自動車損害賠償保障法（以下、自賠法と称する）における人身損害に対する賠償責任が担保されており、公的保険である労働災害補償保険（以下、労災保険と称する）では、労働基準法における災害補償責任を超えて通勤災害までが担保される。その結果、業務遂行中または通勤中の自動車事故による人身損害は、自動車保険と労災保険の両方で担保され、担保の範囲が交錯（重複）することになった。

3 労災保険の担保リスク

　労災保険における担保リスクは、業務災害と通勤災害である。この業務災害には、業務遂行性と業務起因性が求められる。業務遂行性とは、労働契約に基づいて、事業主の支配下にある状態で災害が発生したことを意味し、業務起因性とは、労働契約に基づいて、事業主の支配下にあることに伴う危険が現実化したものと経験則から認められるものをいう。通勤災害とは、住居と就業の場所との間を、合理的な経路及び方法により往復する通勤中に発生した災害である。つまり、通勤災害とは、通勤遂行性が認められる場合を前提として、通勤起因性、すなわち、「災害が労災保険法に規定される通勤に通常伴う危険が具体化したもの」と認められる場合でなければならない。したがって、住居と就業の場所との間の合理的な経路を逸脱し、またはその往復を中断した場合においては、その逸脱または中断の間及びその後の往復は通勤としない（労災保険法第7条）。しかし、その逸脱または中断が、日常生活上必要なものであって、厚生労働省令で定めるものをやむを得ない事由により行うための最小限度のものである場合[44]は、当該逸脱または

---

[43]　労働安全衛生法による健康診断の結果、異常意見のときは第2次健康診断などを行う給付である。

[44]　日用品の購入その他これに準ずる行為、職業訓練または学校において行われる教育など職業能力の開発向上に資するものを受ける行為、選挙権の行使またはこれに準ずる行為、病院または診療所において診察または治療を受けることその他これに準ずる行為である。

中断を除き、この限りでない。また、特別加入者の中で、通勤の形態が明確でない旅客または貨物の運送事業、水産動物の採集事業、特定農作業従事者、指定農業機械作業従事者には、通勤災害は適用されない。

　労災保険における通勤災害による給付は、件数と金額の両面で、給付全体の約半分に達している。通勤災害の多くが自動車事故による災害であることを考えれば、労災保険に自動車事故が持つ意味は大きい。さらに、通勤バスなどを利用する間の自動車事故または出張の間の自動車事故は業務災害として担保されるので、実際の労災保険における自動車事故による災害は、上記の通勤災害の件数と金額を超えるものであると推測される。

　このような事実は、労災保険の給付を受ける被災労働者の約半数が、労災保険の給付と自動車保険（自賠責保険）の保険金を選択的に請求できることを意味している。これによって、労災保険と自動車保険は、多くの部分で交錯していることが確認できる。

02 労災保険の適用

1 労災保険の適用の種類

　労災保険の適用には、強制適用、暫定任意適用、特別加入制度の３つの種類がある。第一に、強制適用事業（当然適用事業）は、非適用事業である国の直営事業、非現業の官公署、船員法の適用を受ける船員を除いて、労働基準法上の労働者を１人でも使用する事業（暫定任意適用事業を除く）のすべての事業である。労働者であれば、常時労働者に限らず、臨時雇い、日雇い、パート、アルバイトなどの雇用事業も適用対象となる。強制適用事業の場合は、加入手続きの有無に関係なく当然に保険関係が成立し、労働災害の際には被災労働者に対して給付が行われる。第二に、暫定任意適用事業は、次の通りである。①労働者５人未満の個人経営事業の農業であって、特定の危険または有害な作業を主に行う事業[45]以外のもの、②労働者を常時使用することなく、かつ、年間使用延労働者数が300人未

---

[45] 労働省告知第35号別表第一。

満の個人経営の林業、③労働者の数が5人未満の個人経営の畜産、養蚕または水産（総トン数5トン未満の漁船による事業または災害発生の恐れが少ない特定の水面[46]で操業を行うものに限る）の事業、である。この暫定任意適用事業は、事業主本人に保険加入意思がなくても、当該事業で働く労働者の過半数が保険加入を希望するときは、保険加入申請を行わなければならない。第三に、特別加入制度である。建設業の一人親方・中小事業主・自営業者など[47]は、労働基準法上の労働者ではないが、労働の実態は一般労働者と変わらない。そこで、1965年に労災保険法を改正し、これらの人にも労災保険法を擬制的に適用し、労災保険に加入することができるようにした。この特別加入は、労働保険事務組合または同業者で構成する団体を通じて加入申請を行う。

　その結果、労災保険法によって、1人でも労働者を使用する事業は、非適用事業を除けば、強制適用事業か暫定任意適用事業に該当し、また労働基準法で定める労働者ではない人でも、一定の条件の下で、特別加入制度が利用できるようになった。したがって、労災保険はほとんどの国民を対象にした保険制度であるといえる。

2 アルバイト・パートタイム

　労災保険の適用を受ける労働者は、職業の種類を問わず、適用事業に雇われる労働者であって、賃金を支払われる者である。労働者であれば、正社員に限らず、臨時雇、日雇、アルバイト、パートタイマー、嘱託など、雇用形態に関係なく、労災保険の適用対象となる。

　したがって、労働者であれば、パートタイマーやアルバイト等の雇用形態は関係なく、一定期間以上継続して使用されていたかにも関係なく、業務災害または通勤災害が発生した場合に労災保険から必要な保険給付が受けられる。

　労災保険の保険料は、事業主が全額負担し、労働者の負担はない。また、たと

---

[46] 労働省告知第35号別表第二。

[47] 中小事業主、個人タクシー・貨物運送業者、建設業者の一人親方、漁船による自営漁業者、林業の一人親方、医薬品の配置販売事業、再生資源取扱業者、特定作業従事者、指定農業機械従事者、職場適用訓練従事者、事業主団体等委託訓練従事者、危険有害作業家内労働者、労働組合等の常勤役員、海外派遣者である（労災保険法第27条1号〜7号）。

え事業主が保険料を支払っていない場合に労働災害が発生しても、その労働者は保険給付の対象となる。この場合、事業主からは遡って保険料が徴収されるほか、保険給付額の全部または一部の費用の徴収が行われる。

　事業主は、労災保険法施行規則によって、労災保険給付等の請求の際に、負傷または発生の年月日及び時刻、災害の原因及び発生状況等の証明を行わなければならない。しかし、事業主が協力しない場合は、労災保険の各請求用紙にある事業主の証明欄が空白になる。この場合は、被災者またはその遺族は、事業主に証明をして貰えなかった事情を記載した書面を添付して請求することができる。

3　費用の徴収と支給の制限

　強制適用事業の労働者に対しては、未手続事業（未加入）の場合でも被災労働者には労災保険の給付が行われる。この給付に対して、次の場合には、事業主に対する費用の徴収が行われる[48]。第一に、未手続事業の場合は、事業主につき費用の徴収が行われる[49]。この場合の費用の徴収は、事故発生日から保険関係成立届の提出があった日の前日までに支給事由の発生した保険給付（療養（補償）給付を除く）について、支給のつど、保険給付の40％（故意に手続きをしなかった場合は100％）を限度とする。但し、療養を開始した日（即死の場合は事故発生の日）の翌日から起算して3年以内の期間に支給事由の生じたものに限られ、年金給付については、この期間に支給事由が生じ、かつ、この期間に支給すべき保険給付に限られる。第二に、事業主が届け出た概算保険料のうち、一般保険料を納付しない期間中に生じた業務災害及び通勤災害の場合には、その保険給付（療養（補償）給付を除く）の支給のつど、給付額に滞納率（最高限度40％）を乗じて得た金額を徴収する。第三に、事業主の故意または重大な過失[50]の場合、療養（補償）給付を除く保険給付に要した費用の30％相当額を徴収する。但し、療養を開始した日（即死の場合は事故発生の日）の翌日から起算して3年以内の期間において支給事由の生じたものに限られ、年金給付については、この期間に支給事

---

[48]　労災保険法第25条1項。

[49]　昭和62年3月30日付け労働省発労徴第23号・基発第174号。

[50]　「労働者災害補償保険法及び労働保険の保険料の徴収等に関する法律の一部を改正する法律の実行（第二次分）等について」（平成5年6月22日付け労働省発労徴第42号・基発第404号）。

由が生じ、かつ、この期間に支給すべき保険給付に限られる。

　また、労災保険では、労働者が故意によって災害を被った場合は、給付が行われない。さらに、労働者の重大な過失などの場合は、給付の際に、次のような支給の制限が行われる。

表27　支給制限

区分	重大な過失	指示に従わないこと
要件	法令の危害防止に関する規定があるものに対し違反した場合	医療機関または所轄署長の指示に従わない場合 正当な理由がない場合 当該傷病の程度を増進させまたは回復を妨げたことが、医学上明らかに認められる場合
対象	当該傷病に係る休業（補償）給付、障害（補償）給付	当該傷病に係る休業（補償）給付、傷病（補償）年金
期間	支給事由の存する期間（障害（補償）。年金については、当該障害の原因となった傷病について療養を開始した日の翌日から３年以内の期間において支給事由の存する期間）	当該傷病の程度を増進させ、または回復を妨げた事案1件につき休業補償給付または休業給付の10日分または傷病補償年金の10/365相当額
制限の率	所定給付額の30%	

▌（出典）労災保険法第12条の２の２、基発第192号

03　業務災害

1　業務災害の概要

　業務災害は、労働者の業務上の事由による負傷、疾病、障害または死亡である。ここでの「業務上の事由」または「業務上」とは、業務が原因となったということであり、業務と傷病等の間に一定の因果関係がある「業務起因性」を指す。ま

た、業務災害に対する保険給付は、労働者が労働関係のもとにあった場合に起きた災害である「業務遂行性」が求められる。つまり、「業務上」＝ 業務遂行性＋業務起因性の関係となる。

2　業務上の負傷

　負傷が業務上と認められるためには、業務起因性が求められ、その前提条件として業務遂行性の認定が必要である。この業務遂行性は、次のような3つの類型に分けることができる。

(a) 事業主の支配・管理下で業務に従事している場合

　事業主の支配・管理下で業務に従事している場合とは、所定労働時間内や残業時間内に事業場内において業務に従事している間の負傷などである。この場合、災害は、被災労働者の業務としての行為や事業場の施設・設備の管理状況などが原因となって発生するものと考えられるので、他に業務上と認め難い事情がない限り、業務上と認められる。

　しかし、次の場合には業務災害とは認められない。①労働者が業務に従事している間に私的な行為を行い、または業務を逸脱する恣意的行為を行い、それらが原因となって災害を被った場合、②労働者が故意に災害を発生させた場合、③労働者が個人的な恨みなどにより、第三者から暴行を受けて被災した場合、④地震、台風など天災地変によって被災した場合、である。この天災地変による被災の場合、事業場の立地条件や作業条件・作業環境などによって、天災地変に際して災害を被りやすい業務の事情がある場合は、業務災害として認められる。

(b) 事業主の支配・管理下にあるが、業務に従事していない場合

　事業主の支配・管理下にあるが、業務に従事していない場合とは、休憩時間に事業場構内で休んでいる場合、事業附属寄宿舎を利用している場合や事業主が通勤専用に提供した交通機関を利用した場合などである。出社して事業場施設内にいる限り、労働契約に基づき事業主の施設管理下にあると認められるが、休憩時間や就業前後は実際に仕事をしているわけではないので、行為そのものは私的行為である。この場合、私的な行為によって発生した災害は、業務災害とは認めら

ない。休憩時間に同僚と相撲をとっていて腰を痛めた場合やキャッチボールの球を受け損なって負傷した場合などの私的な行為によって発生した災害は、業務災害とは認められない。しかし、事業場の施設・設備や管理状況などがもとで発生した災害は、業務災害となる。寄宿舎が雪崩で倒壊して被災した場合や休憩時間に構内で休憩中にトラックと接触して被災した場合など、事業場の施設・設備や管理状況などがもとで発生した災害は、業務災害となる。休日に構内で遊んでいるよう場合は、事業主の支配・管理下にあるとはいえない。用便等の生理的行為などについては、事業主の支配下にあることに伴う行為としての業務に付随する行為として取扱われるので、この場合には就業中の災害に準じて、施設の管理状況等に起因して災害が発生したかというものと関係なく業務災害となる。

(c) 事業主の支配下にはあるが、管理下を離れて業務に従事している場合

　事業主の支配にあるが、管理下を離れて業務に従事している場合とは、出張や社用での外出、運送、配達、営業などのために事業場の外で仕事をする場合、事業場外の就業場所への往復、食事、用便など事業場外での業務に付随する行為を行う場合などである。事業主の管理下を離れてはいるものの、労働契約に基づき事業主の命令を受けて仕事をしているので、事業主の支配下にあり、仕事の場所はどこであっても、積極的な私的行為を行うなど特段の事業がない限り、一般的に業務に従事していることから、業務災害について特に否定すべき事情がない限り、一般的には業務災害と認められる。

　出張の場合は、私用で寄り道したような場合を除き、用務先へ向かって住居または事業場を出たときから帰り着くまでの全行程に亘って業務遂行性が認められる。

　出張などの事業場施設外で業務に従事している場合は事業主の管理下を離れているが、労働契約に基づき事業主の命令を受けて仕事をしているので、途中で積極的な私的行為を行うなど特段の事情がない限り、一般的に業務遂行性が認められる。さらに業務起因性についても特にこれを否定すべき事情がない限り、業務災害と認められる。

次の傷害事例は、業務災害に該当するかを検討してみる。

(a) 業務上負傷とされた例

職務上なすべき当然の注意をしたところ、反抗的態度から口論となり、手にした角材で殴られ負傷した事例では、業務上と認定された。警備員が暴漢におそわれて死亡したが、個人的怨恨関係はなかった事例でも、業務上と認定された。無札入場を制止した改札係が乗客に刃物で顔面を斬りつけたれた事例では、駅の改札は場所的条件として口論の起こりやすい、紛争による災害の発生する蓋然性が高い職場環境にあるとして、業務上と認定された。

(b) 業務外負傷とされた例

付属寄宿舎の寮長が寮生から暴行を受けた例では、生活の場において生じた災害であり、寄宿舎の設備、施設の欠陥等によるものではないから業務上とは認められないとした。無賃乗車を注意した車掌が2日後、ダンスパーティ会場で「恥をかかされたと」という理由で暴行を受けた例では、相当の時間が経過し、被災場所も被災者の業務との関連がないところで発生しており、相当因果関係を認めるに足りないとして、業務外とされた。工事の打ち合わせに赴く途中、人違いにより過激派に襲われて負傷した事件では、勤務する会社は過激派から襲撃されるような性格はなく、会社または業務に内在する危険が現実化して発生したものではなく、人違いという個人的理由による第三者の暴力行為であるという理由で、業務外とされた。

また、勤務中の農協女子職員がかねてより恋慕の情をもっていた客に刺殺された事件では、災害が業務上のものといいうるためには、職務行為が災害を誘発したということが必要であるがその関係が認められないため、本件は加害者が金品奪取を目的としたものでもないという理由で、業務外とされた。

さらに、業務終了後、寮へ向かう途中、公衆電話ボックス内にあった瓶入りコーラを同僚から貰いうけ、寮で飲んで死亡した事件では、不特定多数を対象とし無差別に他人を殺害しようとした目的であると認められ、不慮の厄災というべきもので、被災者はもとより同社の従業員のみを対象としてこれを殺害する目的

でもなかったという理由で、業務外とされた。

4 業務上の疾病

(a) 業務上疾病の概要

業務上疾病とは、事業主の支配下にある状態において有害因子にばく露したことによって発症した疾病のことであり、労働者が事業主の支配下にある状態において発症した疾病のことではない。例えば、労働者が就業時間中に脳出血を発症した場合でも、その発症原因が業務上とは認められない限り、業務と疾病との間には相当因果関係は成立しない。一方、就業時間外における発症であっても、業務上の有害因子にばく露したことによって発症したものと認められる場合は、業務と疾病との間に相当因果関係は成立し、業務上疾病と認められる。

労災保険法による業務災害に関する保険給付は、労働基準法の規定に定める災害補償事由が生じた場合に行われ、この保険給付の原資は、事業主の負担する保険料である。また、労働基準法における災害補償責任は、事業主の過失の有無に関係なく、事業主に課せられる無過失賠償責任である。また、その災害補償責任は、罰則をもってその履行が担保されている（労基法第 119 条第 1 号）。

したがって、労働者がり患した疾病の業務起因性は、明確で、かつ、妥当なものでなければならない。また、業務により有害因子のばく露を受けることによって生体に何らかの反応が生じたとしても、これが直ちに労災保険給付の対象となるものではなく、医学上療養を要することが認められる疾病が生じた場合にはじめて労災保険給付の対象となる。

(b) 業務遂行性（業務上疾病）

業務上疾病は、業務上の負傷の場合と同様に業務起因性を要件としており、この業務起因性の第一次的な判断基準として、業務遂行性が要求される。業務遂行性は、「労働者が労働契約に基づいて事業主の支配管理下にある状態」と定義され、業務上疾病は、労働者が労働の場において業務に内在する種々の有害因子にばく露して引き起こされるものであるため、これら有害因子を受ける危険にさらされている状態を業務遂行性ということになる。ただし、この業務遂行性は、労働者が事業主の支配管理下にある状態において疾病が発生することを意味しているの

ではなく、事業主の支配管理下にある状態において有害因子にばく露されること
を意味する。[51]

(c) 業務起因性（業務上疾病）

　業務上疾病の発症の形態は、業務に内在する危険としての有害因子が労働者に
接触し、または侵入することによって疾病発生の原因が形成され、発症はその危
険が具現化されたものである。したがって、業務起因性とは、業務と発症原因と
の間及び発症原因と疾病との間に二重に有する因果関係を意味する。そして、そ
れぞれの因果関係は、単なる条件関係ないしは関与ではなく、業務が発症原因の
形成に、また、発症原因が疾病形成にそれぞれ有力な役割を果たしたと医学的に
認められることが必要となる。

　例えば、労働者が就業時間中に脳出血を発症した場合、その発症原因となる業
務上の理由が認められない限り、業務と疾病との間には相当因果関係は成立しな
い。また、業務上疾病とは認められないが、就業時間外において発症した場合でも、
業務上の有害因子にばく露したことによって発症したものと認められれば、業務
と疾病との間に相当因果関係は成立し、業務上疾病と認められる。

　一般的には、労働者に発症した疾病について次の3要件が満たされる場合には、
原則として業務上疾病と認められる。

① 労働の場における有害因子の存在

　この場合の有害因子とは、業務に内在する有害な物理的因子、化学物質、身体
に過度の負担のかかる作業態様、病原体等の諸因子を意味する。しかし、一般的
環境の場と労働の場において、同一の条件で発症の原因となるもの及び人の健康
障害を引き起こすことの知見が得られていないものは、労働関係の場における有
害因子とはされない。

② 有害因子へのばく露条件

　健康障害は、有害因子へのばく露によって発生するが、その健康障害を引き起
こすばく露があったか否かが重要であり、基本的にはばく露の程度とばく露期間

---

[51]　労働調査会出版局編『労災保険の業務上疾病認定基準の医学的解説（脳・心臓疾患編）』労働調
　　査会、2006 年。

によって決まるが、どのような形態でばく露を受けたかによっても左右されるので、これを含めたばく露条件の把握が必要となる。

　③ 発症の経過及び病態

　業務上疾病は、労働者が業務に内在する有害因子に接触しまたはこれが侵入することによって発生するものであるため、少なくともその有害因子へのばく露開始後に発症したものでなければならない。この業務上疾病の中には、ばく露した有害因子の性質、ばく露条件等によって有害因子へのばく露後、短日時のうちに発症するものもあれば、相当長期間の潜伏期間を経て発症するものもある。

　したがって、発症の時期は、有害因子へのばく露中またはその前後のみに限定されるものではないが、有害因子の性質、ばく露条件等からみて医学的に妥当なものでなければならない。また、業務上疾病の症状・障害は、一般的に有害因子の性質、ばく露条件等に対応する特徴を有するので、臨床医学、病理学、免疫学等の分野における医学的研究によって確立された知見に基づいて業務起因性の判断がなされることになる。

5　職業病リスト

　労災保険制度は、労働者の業務上の理由によるケガ・病気、通勤に伴うケガ・病気に対して、必要な保険給付を行う。負傷の場合は、業務によるものと通勤途上のものであることが比較的に立証しやすい。しかし、疾病の場合は、業務や通勤によって発生したといえるかが判断しにくい。そこで労災保険制度による補償の対象となる病気は、「職業病リスト」にまとめられている。この「職業病リスト」[52]には、病気の範囲を明確にすることにより、被災者の労災補償請求を容易にし、事業主が災害補償義務を果たすようにする役割がある。

　この職業病リストには、業務と病気との間に客観的な因果関係が確立しているものが列挙されている。これは、新しい医学的知見や病気の発生状況を踏まえ、定期的に見直しが行われている。2019年4月10日施行の改正で、新たに、発がん物質であるオルトートルイジン（o-Toluidine）にさらされる業務による膀胱（ぼうこう）がんが追加された。

52　労働基準法施行規則（昭和22年厚生省令第23号）別表第1の2

「職業病リスト」にある病気については、業務に起因することが明らかな病気とされる。これによって、被災者は業務と病気との因果関係の証明の負担を軽減されている。「職業病リスト」にない病気については、被災者が困難な証明責任を負うことになる。しかし、業務と病気との因果関係が証明できれば、労災補償の対象となる。

04 通勤災害

1 通勤災害の概要

通勤災害は、労働者が通勤により被った負傷、疾病、障害または死亡である。ここでの「通勤」とは、就業に関し、①住居と就業の場所との間の往復、②就業の場所から他の就業の場所への移動、③住居と就業の場所との間の往復に先行し、または後続する住居間の移動（単身赴任などの場合）を、合理的な経路及び方法で行うことをいい、業務の性質を有するものを除くものとされている。業務の性質を有する者は、業務災害となるためである。通勤は、労働者が「就業に関し」住居と就業の場所との往復行為であるが、「就業に関し」とは、往復行為が業務に就くためまたは業務を終えたことにより行われるものであることを必要とするという意味である。

通勤の形態は、次の通りである。

図26 通勤の形態

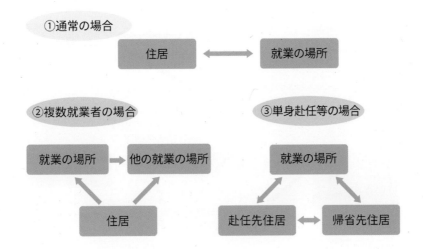

①通常の場合

住居 ⟷ 就業の場所

②複数就業者の場合

就業の場所 → 他の就業の場所

住居

③単身赴任等の場合

就業の場所

赴任先住居 ⟷ 帰省先住居

▌（出典）各種資料を参考にして作成

2 逸脱、中断

　通勤の途中において、労働者が逸脱、中断をする場合には、その後は一切通勤とは認められない。その後は就業に関してではなく、逸脱または中断の目的に関して行う行為であると考えられるためである。「逸脱」とは、通勤の途中において就業または通勤とは関係のない目的で合理的な経路をそれることを指し、「中断」とは、通勤の経路上において通勤とは関係のない行為を行うことを指す。逸脱、中断の具体的な事例は、通勤の途中で麻雀を行う場合、映画館に入る場合、バー、キャバレー等で飲酒する場合、デートのため長時間にわたってベンチで話しこんだり、経路からはずれる場合などである。

図27　通勤の範囲

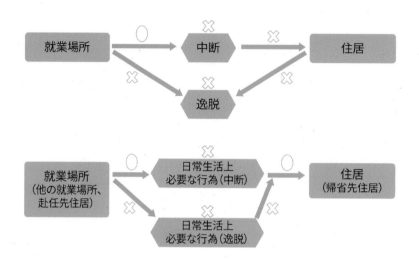

▌（出典）各種資料を参考にして作成

　しかし、この逸脱、中断については、法律で例外が設けられ、通勤途上で日常生活上必要な行為であって、労働省令で定めるものをやむを得ない事由により最小限度の範囲で行う場合には、当該逸脱または中断の間を除き、合理的な経路に復した後は、通勤として認められる。

　この具体例としては、帰途で惣菜等を購入する場合、独身労働者が食事をとるため食堂に立ち寄る場合、クリーニング店に立ち寄る場合、通勤の途中に病院、診療所で治療を受ける場合、選挙の投票に寄る場合等がこれに該当する。なお、「やむを得ない事由により行うため」とは、日常生活の必要から通勤の途中で行う必要のあることをいい、「最小限度のもの」とは、当該逸脱または中断の原因となった行為の目的達成のために必要とする最小限度の時間、距離等をいう。

　また、「日常生活上必要な行為であって、労働省令で定めるものをやむを得ない事由により最小限度の範囲で行う場合には、逸脱または中断の間を除き、合理的な経路に復した後は再び通勤となる。

　労働者災害補償保険法第7条第3項の厚生労働省令で定める行為は、次の通りとする。

　① 日用品の購入その他これに準ずる行為、②職業訓練、学校教育法第一条 に規定する学校において行われる教育その他これらに準ずる教育訓練であって職業

能力の開発向上に資するものを受ける行為、③選挙権の行使その他これに準ずる行為、④病院または診療所において診察または治療を受けることその他これに準ずる行為、⑤要介護状態にある配偶者、子、父母、配偶者の父母並びに孫、祖父母及び兄弟姉妹の介護（継続的にまたは反復して行われるものに限る。）

3 通勤の要件

「通勤」とは、前述した通り、就業に関し、住居と就業の場所との間の往復、就業の場所から他の就業の場所への移動、住居と就業の場所との間の往復に先行し、または後続する住居間の移動（単身赴任などの場合）を、合理的な経路及び方法で行うことをいい、業務の性質を有するものを除くものとされている。

①「就業に関し」とは

労働者の住居と就業の場所との間の往復行為が業務と密接な関連をもって行われることが必要である。したがって、被災当日に就業することとなっていたこと、または現実に就業していたことが必要である。

この場合、遅刻やラッシュを避けるための早出など、通常の出勤時刻と時間的にある程度の前後があっても就業との関連は認められる。

②「業務の性質を有するもの」とは

事業主の提供する専用交通機関を利用する出退勤や緊急用務のため休日に呼出しを受けて緊急出勤する場合など

③「住居」とは

労働者が居住して日常生活の用に供している家屋等の場所で、本人の就業のための拠点となるところをいう。したがって、就業の必要上、労働者が家族の住む場所とは別に就業の場所の近くにアパートを借り、そこから通勤している場合には、そこが住居となる。

また、通常は家族のいる所から通勤しており、天災や交通ストライキ等の事情のため、やむを得ず会社近くのホテル等に泊まる場合などは、当該ホテルが住居となる。

④「就業の場所」とは

一般的には、会社や工場等の本来の業務を行う場所をいうが、外勤業務に従事

する労働者で、特定区域を担当し、区域内にある数か所の用務先を受け持って自宅との間を往復している場合には、自宅を出てから最初の用務先が業務開始の場所となり、最後の用務先が業務終了の場所となる。

⑤「合理的な経路及び方法」とは

合理的な経路については、通勤のために通常利用する経路であれば、複数あったとしてもそれらの経路はいずれも合理的な経路となる。また、当日の交通事情により迂回してとる経路、マイカー通勤者が貸切りの車庫を経由して通る経路など、通勤のためにやむを得ずとる経路も合理的な経路となる。

しかし、特段の合理的な理由もなく、著しく遠回りとなる経路をとる場合などは、合理的な経路とはならない。合理的な方法については、鉄道、バス等の公共交通機関を利用する場合、自動車、自転車等を本来の用法に従って使用する場合、徒歩の場合等、通常用いられる交通方法を平常用いているかどうかにかかわらず、一般に合理的な方法となる。

4 事例と通勤災害

次の事例と通勤災害について検討する。

(a) 事例1

出社するため、木造モルタル2階建てのアパートの2階の自室（住居）を出て階段をおりるとき、転倒して負傷した。被災者が居住するアパートの戸外が住居と通勤経路との境界と認められるので、階段は既に通勤経路であるから、通勤災害である。なお、本件は往来に面したアパートである。管理人等が常駐し居住者への通行は管理人からの通報を要するなどの住居形態の場合は、アパートの玄関ないしは道路からが通経路として取扱われる。

(b) 事例2

当日出勤のため、自宅敷地内にある車庫から車を出そうとしたが、車庫内地盤の凍結で車がスリップ、妻と二人で車を押出し中、たまたま車庫に立てかけてあった木そりが倒れてきて左足を負傷した。本件の住居と通勤経路の境界は、公道に面した自宅の門である。車庫は住居内であり、そこで発生した災害は通勤災

害として認められない。なお、通勤経路は一般の人が自由に通行できるかどうかにより区分されることになっており、一般的には門または戸外が境界となる。

(c) 事例3

会社までの通勤所要時間35分のマイカー通勤者が、前日から雪模様の天候のため、翌朝は積雪や路面の凍結があると考え、会社の始業時刻より8時間早い午前0時頃車で自宅を出発、途上で対向車と衝突事故を起こした。

「宿直室で始業時刻まで就寝しようと考えたもので、業務に就くための通勤ではなく、一時的に変更した就寝場所に向かったものであり、所定の始業時刻と著しくかけ離れた時刻に出勤することは、就業との関連が失われる」として、通勤災害ではないとされた。

05 労災保険の給付

1 労災保険給付の概要

労災保険の給付には、療養補償給付、休業補償給付、傷病補償年金、障害補償給付、介護補償給付、遺族補償給付、葬祭料、第2次健康診断などの8種類の給付がある（通勤災害の場合は、療養給付、休業給付、傷病年金、障害給付、介護給付、遺族給付、葬祭料、第2次健康診断などの給付）。通勤災害に対する給付は、基本的に、業務災害の場合と同様であるが、労働基準法上の災害補償責任ではないため、給付の名称に、「補償」という用語が使われない（以下、括弧の中に補償と書くが、これは業務災害と通勤災害の両方の給付を意味する）。

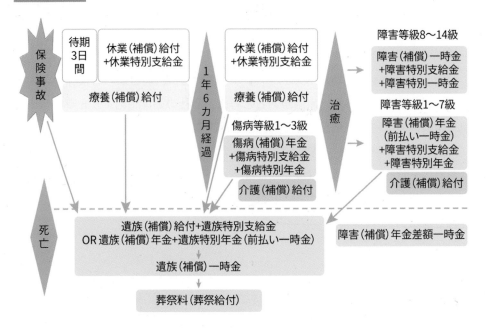

図 28 労災保険の給付

　労災保険では、前記の給付に加えて、被災労働者に対する労働福祉事業が行われている。

| 表28 | 労災保険の給付 (表) |

保 険 給 付	特別支給金 （▲印以外は一時金）	ボーナス特別支給金
療養（補償）給付	無し	無し
休業（補償）給付	休業特別支給金▲	無し
傷病（補償）年金 （傷病等級１〜３級に該当）	傷病特別支給金	傷病特別年金 （一定の場合に傷病差額特別支給金を加算）
障害（補償）年金 （障害等級１〜７級に該当）	障害特別支給金	障害特別年金
障害（補償）一時金 （障害等級８〜１４級に該当）		障害特別一時金
介護（補償）給付	無し	無し
遺族（補償）年金	遺族特別支給金	遺族特別年金
遺族（補償）一時金		遺族特別一時金
葬祭料（葬祭給付）	無し	無し
二次健康診断等給付	無し	無し

（出典）各種資料を参考にして作成

　労働福祉事業は、大きく分けて、社会福祉事業、援護事業、安全衛生確保事業、労働条件確保事業がある。この中で、一番重要なものが、援護事業として行われている９種類の特別支給金であり、被災労働者に対して、給付と共に現金で支払われる。この特別支給金には、一時金として一定額が支払われるもの（傷病特別支給金、障害特別支給金、遺族特別支給金）、ボーナス特別支給金として支払われるもの（障害特別年金、障害特別一時金、遺族特別年金、遺族特別一時金、傷病特別年金）、給付基礎日額の 20％が支払われる休業特別支給金がある。

　しかし、特別加入者には、ボーナスなどがないため、ボーナス特別支給金はない。また、労災保険の給付は、ボーナスなどを除いた一日平均賃金ともいうべき「給

付基礎日額[53]」を計算基礎とするが、ボーナス特別支給金はボーナスなどの一日平均額ともいうべき「算定基礎日額[54]」を計算基礎とする。この給付基礎日額と算定基礎日額は、賃金スライドされるものである[55]。労災保険の給付の際には、給付金と労働福祉事業からの特別支給金が同時に支払われており、このことが後述する自動車保険との調整に影響を及ぼしている。

2 給付基礎日額、平均賃金

(a) 給付基礎日額

給付基礎日額とは、文字どおり保険給付額の算定の基礎となる額で、労災保険の保険給付額は、療養に関する給付及び葬祭料の定額部分を除き、すべて給付基礎日額の何日分とか何パーセントという形で算定される。給付基礎日額は、原則として、労働基準法第12条の平均賃金に相当する額である。

平均賃金は、原則として、これを算定すべき事由が生じた日（死傷の原因であ

---

[53] 給付基礎日額とは、事故が発生した日または医師の診断によって病気にかかったことが確定した日（賃金締切日が定められているときは、その日の直前の賃金締切日）の直前3ヵ月間にその労働者に支払われた賃金の総額を、その期間の暦日数で割った一生活日当たりの賃金額である。賃金総額には、3ヵ月を超える期間ごとに支払われる賃金（例えば賞与）や、臨時に支払われる賃金は含まれない。特別加入者の給付基礎日額は、加入申請の際に希望に基づいて都道府県労働局長が決定する。

[54] 算定基礎日額は、ボーナス特別支給金である障害特別年金、障害特別一時金、遺族特別年金、遺族特別一時金、傷病特別年金の計算基礎となる。その算式は、次の通りである。
算定基礎日額＝被災日以前1年間（雇入後1年に満たない者については雇入後の期間）の特別賞与総額（算定基礎年額）／365
特別賞与とは、3ヵ月を超える期間ごとに支払われる賃金（臨時に支払われた賃金は除く）である。算定基礎年額は、給付基礎年額（給付基礎日額の365倍に相当）の20%または150万円のいずれかの低い額とする。

[55] 休業給付基礎日額は、「毎月労働統計」における労働者一人当たりの1ヵ月平均給与額が10%を超えて上下した場合、厚生労働大臣が定める率を休業給付基礎日額に乗じた額を翌々4半期からの休業給付基礎日額とする。年金給付基礎日額は、「毎月労働統計」における労働者一人当たりの平均給与額と、算定事由発生日の属する年度（毎年4月から翌年3月まで）における平均給与額との比率を基準にして、厚生労働大臣が定める率を前年金給付基礎日額に乗じた額に翌々年の年金給付基礎日額（最低保障額は含み、最低限度額と最高限度額は除く）とする。

　　　　　　　　　　　　　　　第一部・人身事故と保険制度

る事故が発生した日または医師の診断により疾病にかかったことが確定した日が
これにあたるが、賃金締切日が定められているときは、算定事由が生じた日の直
前の賃金締切日がこれにあたる）前３カ月間にその労働者に対して支払われた賃
金の総額を、その期間の総日数（休日などを含めた暦日数）で除して得た額とな
る。つまり、算定事由が生じた日前３カ月間の一日当たりの賃金額である。

(b) 平均賃金

　平均賃金の算定基礎となる賃金とは、その名称のいかんを問わず、労働の対
償として使用者から支払われたものをいうが、結婚手当など臨時に支払われた賃
金、年２回支払われるボーナスなど３カ月を超える期間ごとに支払われた賃金な
どは、これに算入されないことになる。また、３カ月の期間の中に、業務上の傷
病による療養のために休業した期間、産前産後の休暇期間、育児休業等育児また
は家族介護を行う労働者の福祉に関する法律に基づいて育児休業した期間などが
ある場合には、その日数とその期間中に支払われた賃金は、差し引いて計算する。
なお、雇入れ後３カ月に満たない者については、雇入れ後の賃金総額を雇い入れ
後の総日数で除して算定することになる。

(c) 平均賃金 （最低保障）

　賃金が日給、時間給などの場合に、平均賃金の算定期間中にその労働者が就労
できなかった期間があるときは、算定の基礎となる賃金総額が少額となり、それ
に応じて平均賃金も低くなることがある。賃金の支払形態に応じ、例えば、賃金
が日給、時間給または出来高給などの請負給の場合には、賃金総額をその期間中
の実際の労働日数で除して得た金額の60％を最低保障額とする。日雇労働者の
平均賃金については、平均賃金の算定事由が生じた日前１カ月間に、その災害の
発生した事業場に使用された期間がある場合には、その期間中に支払われた賃金
の総額をその期間中にその事業場で労働した日数で除した金額の73％とするな
ど、特別な計算方法が定められている。

(d) 給付基礎日額 （スライド制）

　休業補償給付及び休業給付の額の算定の基礎として用いる給付基礎日額（以

下「休業給付基礎日額」）のスライドについては、平均給与額（厚生労働省で作成している「毎月勤労統計」における「毎月きまって支給する給与」の労働者一人当たり1カ月平均額）が算定事由発生日の属する四半期における平均給与額の10%を超え、または10%を下るに至った場合に、その比率を基準として厚生労働大臣が定める率を給付基礎日額に乗じた額が休業給付基礎日額となる。

このスライド率は、改定される四半期ごとに厚生労働大臣が官報で告示する。スライドにより実際に給付基礎日額が改定されるのは、平均給付額が10%を超えて上下した四半期の翌々四半期からである。

年金たる保険給付（傷病補償年金、障害補償年金、遺族補償年金、傷病年金、障害年金及び遺族年金）の額の算定の基礎として用いる給付基礎日額（以下「年金給付基礎日額」）のスライドについては、「毎月勤労統計」による労働者一人当たりの平均給与額と、算定事由発生日の属する年度（4月から翌年3月まで）における平均給与額との比率を基準として厚生労働大臣が定める率を給付基礎日額に乗じた額が年金給付基礎日額となる。このスライド率は、毎年7月31日までに厚生労働大臣が官報に告示する。

なお、障害補償一時金、障害補償年金差額一時金、障害補償年金前払一時金、遺族補償一時金、遺族補償年金前払一時金、葬祭料、障害一時金、障害年金差額一時金、障害年金前払一時金、遺族一時金、遺族年金前払一時金及び葬祭給付の額の算定の基礎として用いる給付基礎日額のスライドについては、年金給付基礎日額がスライドされる方法と同様の方法により行われる。

(e) 給付基礎日額（年齢階層別の最低・最高限度額）

療養を始めてから1年6か月を経過した被災労働者に支給する休業補償給付及び休業給付に係る休業給付基礎日額並びに年金給付基礎日額については、一般労働者の年齢階層別の賃金構造の実態等に基づき年齢階層別の最低限度額及び最高限度額が定められている。この最低限度額及び最高限度額は、毎年、前年の「賃金構造基本統計調査」の結果に基づき、その年の8月1日から翌年の7月31日までの分の休業給付基礎日額に適用されるもので、当該8月の属する年の7月31日までに官報に告示される。

3 労災保険給付の支払

　療養（補償）給付は、原則として病院等の医療機関に対して支払われる治療費などのことであり、被災労働者には現物給付される。また、休業（補償）給付は、被災労働者が傷病の療養のため働くことができないため賃金を受けられない場合に、その第4日目[56]から給付基礎日額の60%が支払われる給付である。さらに、この休業（補償）給付の際には、休業特別支給金として給付基礎日額の20%が支払われる。

　傷病（補償）年金は、療養（補償）給付を受けている労働者の傷病が、療養を始めてから1年6ヵ月が経っても治らない場合、つまり症状が固定しない場合であって、傷病の等級が第1級から第3級に該当する場合に、休業（補償）給付に代えて、年金として支払われる給付である。傷病（補償）年金の場合の年金額と特別支給金は、次の通りである。

表29	傷病（補償）年金と特別支給金

傷病等級	年金額 （給付基礎日額）	傷病特別年金 （算定基礎日額）	傷病特別支給金 （一時金）
第1級	313日分	313日分	114万円
第2級	277日分	277日分	107万円
第3級	245日分	245日分	100万円

（出典）労働者災害補償保険法施行規則

　この傷病（補償）年金は、傷病が治ったが身体に障害が残ったとき、その障害の程度に応じた障害（補償）給付に変わることになるが、傷病（補償）年金と障害（補償）給付の両方に、それぞれの特別支給金がある。この場合、傷病特別支給金は、障害特別支給金の前払い的性格にあるので、障害（補償）給付の際の特別支給金と調整される。

　障害（補償）給付は、傷病が治ったが身体に障害が残った場合、その障害の程

56　3日は、待機期間として事業主が補償する。

度に応じて支払われる給付である。この障害（補償）給付は、障害等級が第1級から第7級までは原則的に年金であり、第8級から第14級までは一時金である。障害（補償）年金と特別支給金は、次の通りである。

表30 障害（補償）年金と特別支給金

障害等級	年金額（給付基礎日額）	障害特別年金額（算定基礎日額）	障害特別支給金(万円)（一時金）	年金差額一時金（給付基礎日額）	特別年金差額一時金（算定基礎日額）
第1級	313日分	313日分	342	1,340日分	1,340日分
第2級	277日分	277日分	320	1,190日分	1,190日分
第3級	245日分	245日分	300	1,050日分	1,050日分
第4級	213日分	213日分	264	920日分	920日分
第5級	184日分	184日分	225	790日分	790日分
第6級	156日分	156日分	192	670日分	670日分
第7級	131日分	131日分	159	560日分	560日分

（出典）労働者災害補償保険法施行規則

　障害（補償）年金には、年金前払一時金制度があるが、障害特別年金には前払金制度がない。また、障害（補償）年金の受給者が死亡した場合、年金差額一時金とこれまで支払われた年金合計額の差額が遺族に一時金として支払われる。

　障害（補償）一時金と特別支給金は、次の通りである。

障害等級	障害（補償）一時金 （給付基礎日額）	障害特別一時金 （算定基礎日額）	特別支給金（万円） （一時金）
第8級	503日分	503日分	65
第9級	391日分	391日分	50
第10級	302日分	302日分	39
第11級	223日分	223日分	29
第12級	156日分	156日分	20
第13級	101日分	101日分	14
第14級	56日分	56日分	8

表31 障害（補償）一時金と特別支給金

（出典）労働者災害補償保険法施行規則

　介護（補償）給付は、障害（補償）年金または傷病（補償）年金を受給している者が介護を必要とする場合に支払われる労災保険の給付である。しかし、この介護（補償）給付は、被災労働者が身体障害者養護施設（身体障害者福祉法第30条）などに入所、または入院している間は支払われない。

　遺族（補償）給付は、被災労働者が死亡した場合、その遺族に対して支払われる給付である。遺族（補償）給付は、原則として年金であるが、遺族が死亡労働者によって扶養されていなかった場合や年金を受ける資格のある遺族がいない場合には、一時金が支払われる。受給資格者は、死亡労働者の収入によって生計を維持していた死亡労働者の配偶者（事実上婚姻関係と同様の事情のあった者も含む）・子・父母・孫・祖父母・兄弟姉妹である。この中で、夫・父母・祖父母は55歳以上（60歳から支給）、子・孫は18歳に達する日以後の最初の3月31日までの間という制限があるが、障害等級5級以上の場合は年齢制限がない。受給資格者のうち最優先の受給資格者に支給され、受給資格者が2人以上の場合は代表者を選任しなければならない。年金額は、受給権者及び受給権者と生計を同じくする受給資格者の人数による。遺族（補償）年金と特別支給金は、次の通りである。

表32　遺族（補償）年金と特別支給金

遺族の数	年　金　額（給付基礎日額）	遺族特別年金（算定基礎日額）
1人	153日分。ただし、その遺族が55歳以上の妻または一定の障害の状態にある妻の場合は175日分	153日分。ただし、その遺族が55歳以上の妻または一定の障害の状態にある妻の場合は175日分
2人	201日分	201日分
3人	223日分	223日分
4人	245日分	245日分

（出典）労働者災害補償保険法施行規則

　年金を受ける資格のある遺族がいない場合には、給付基礎日額の 1,000 日分が、遺族一時金として遺族一時金の受給権者に支払われる。この場合、遺族特別一時金として算定基礎日額の 1,000 日分が、遺族一時金の受給権者に支払われ、遺族特別支給金として 300 万円が支払われる。受給権者がすべて失権した場合で、その給付額の合計が給付基礎日額の 1,000 日分に満たないときは、給付基礎日額の 1,000 日分と支払年金額の差額が一時金として支払われる。

　労働者が業務災害または通勤災害によって死亡した場合は、葬祭料が支払われる。その金額は、315,000 円に給付基礎日額の 30 日分を加えた金額であるが、給付基礎日額の 60 日分に満たない場合は 60 日分が支払われる。

06 自動車保険と労災保険の支給調整

1 自動車保険と労災保険の関係

　業務災害または通勤災害としての自動車事故による人身損害に対しては、労災保険[57]と自動車保険（自賠責保険）が適用されるが、その選択についての明確な規定がないため、被災労働者の自由意思によって選択的に適用される。被災労働者が労災保険の適用を選択した場合には、労災保険の保険者である政府による自動車保険の引受保険会社への求償が行われ、自動車保険の適用を選択した場合においても労災保険の給付での調整が行われる。つまり、労災保険法では、第三者行為による保険給付[58]の場合の損害賠償と労災保険の支給調整[59]（労災保険法第12条の4）として、求償（第1項）と控除（第2項）の二つが規定されており、労災保険が求償されることは想定されていない。このような労災保険における求償は、労災保険の給付によって、賠償責任を負うべき第三者がその賠償責任を免れることがないようにするための制度であり、控除は損害賠償と労災保険の給付を重複して受け取ることをなくすためである、とされる。つまり、労災保険においても、原則的に、被災労働者が災害補償責任を超える給付を受けることが否定されているのである。

　しかし、次のような場合、政府は保険会社に対する求償を行わない。第一に、被災労働者の事業主が損害賠償責任を追及される場合は求償しない（労災保険法第64条）。これは、労災保険の保険料を負担している使用者に対して求償しないということである。政府が使用者に対して求償を行えば、災害賠償責任の労災保険料を負担している使用者に対し、同一事故について損害賠償責任を負わせる結

---

[57] 労災保険を適用する場合は、労働基準監督署に「第三者行為災害届出」と「自動車事故証明書」などを提出しなければならない（労災保険法施行規則第22条）。

[58] 当該災害に係る保険関係の当事者（政府、事業主及び被災労働者）以外の第三者の不法行為により労働者が業務災害または通勤災害を被った場合の労災保険からの保険給付である。

[59] この種の規定は、健康保険法（第67条）、厚生年金保険法（第40条）、国民健康保険法（第64条）にも存在する。

果となるためである[60]。第二に、労働者相互の加害行為による業務災害について保険給付を行った場合、使用者が使用者責任（民法第 715 条）または運行供用者責任（自賠法第 3 条）を負うときは、政府は加害労働者及びその使用人に対して求償しない。これも上記の場合と同様の理由によるものであるが、同僚を含む共同不法行為の場合、政府は、衡平の観点から、同僚以外の共同不法行為者に対しても求償を行わない。

　これに対して、自動車保険と自賠責保険にも代位[61]の規定がある。労災保険と自動車保険（自賠責保険）は、両方とも賠償責任に関する保険であるが、労災保険と自動車保険の両方が適用される場合について両保険制度間の責任分担に関する規程は存在しない。しかし、この場合、労災保険が自動車保険会社に対し支払った金額の全額を求償できるかについては疑問がある。この点について、労災保険における第三者行為による保険給付の場合として、政府が自動車保険（自賠責保険）の引き受け保険会社に全額求償すべきであると法制局による回答がなされた[62]。労働基準監督署は、この法制局の回答を、第三者行為による保険給付の場合、自動車保険（自賠責保険）に対して、全額求償できる根拠としている。

2　自動車保険と労災保険の支給調整

　労災保険における控除または求償は、被災労働者等が第三者に対して請求できる人身損害に関する損害賠償請求可能額のうち、保険給付と同一事由による積極損害（治療費及び葬儀費）と消極損害（休業及び障害または死亡による逸失利益）の合計額と労災保険給付額を比較して、いずれか低い額を基準にして行われる。労災保険における控除または求償の範囲は、次の通りである。

---

[60]　自賠責保険では、悪意と重複契約のみが免責されており、業務災害・通勤災害が担保される。しかし、自家用自動車総合保険（ＳＡＰ）の賠償責任条項では、被保険者の業務に従事中の使用人に対する賠償責任の免責（従業員災害免責；第 10 条 4）と被保険者の業務に従事中の他の使用人に対する賠償責任の免責（同僚災害免責；第 10 条 5 号）が規定されている。これは、使用者に災害補償責任のある自動車事故または従業員間の自動車事故による人身損害は、労災保険で担保されているとの理由である。

[61]　代位は、自賠責保険約款第 18 条、SAP の一般条項第 23 条に規定されている（代位の意義などは、鈴木辰紀『損害保険研究』成文堂、1977 年、pp.39-62 を参照）。

[62]　法制局 1 発第 37 号（昭和 31 年 9 月 25 日）。

| 表33 | 控除または求償の範囲 | |

災害種類	労災保険の給付	控除または求償の範囲
負傷	療養（補償）給付	治療費
	休業（補償）給付 傷病（補償）年金	療養中の休業損害
後遺障害	療養（補償）給付	治療費
	休業（補償）給付 傷病（補償）年金	療養中の休業損害
	障害（補償）給付	逸失利益
死亡	療養（補償）給付	治療費
	休業（補償）給付 傷病（補償）年金	療養中の休業損害
	遺族（補償）給付	逸失利益
	葬祭料（葬祭給付）	葬祭料
介護	介護（補償）給付	介護損害

（出典）「民事損害賠償が行われた際の労災保険給付の支給調整に関する基準について（発基第60号）」など

　上記のように、労災保険における控除または求償は、労災保険の給付と同一事由による損害額に対して行われるが、労災保険で給付が行われない慰謝料、遺体捜索費、義肢、義眼、補聴器などは、その対象外である。さらに、労災保険の給付の際に支払われる特別支給金は、給付ではなく労働福祉事業として支払われており、損害賠償金的性質のものではないため、控除または求償の対象にはならない。また、企業内補償[63]、示談金及び和解金、見舞金も労災保険の支払を前提として行われるものとされ、調整が行われない。したがって、このような労災保険における特別支給金と企業内補償金は、労災保険の給付に関係なく、被災労働者ま

---

[63] 法定外労災補償を実施している企業の割合は、調査対象企業の46.7％であったが、300人以上の企業の場合は76.5％であった（『企業の福利厚生制度に関する調査』生命保険文化センター、2003年、p.224）。

たはその遺族が受け取ることができる。

　一方、自賠責保険における限度額とその中の慰謝料は、常時介護が必要な場合（自動車損害賠償保障法施行令別表第1）が、第1級1,600万円・第2級1,163万円、それ以外の場合（自動車損害賠償保障法施行令別表第2）が、第1級1,100万円から第14級32万円まで、障害の等級別に規定されている。この慰謝料の保険金額に占める割合は、別表第1の保険金額が第1級4,000万円・第2級3,000万円、同別表第2の第1級3,000万円であるので、同別表第1の第1級40％・第2級38.7％、同別表第2の第1級36.6％にもなる。この自賠責保険における慰謝料は、保険金額内の慰謝料としての限度額であり、この自賠責保険で定められた限度額を超えた慰謝料が認められる場合は少なくない。例えば、自動車事故における死亡の場合の一般的な慰謝料[64]は、一家の支柱の場合が2,800万円、母親・配偶者が2,400万円、その他の場合が2,000万円から2,200万円とされる。また、後遺障害の被害者本人に対する一般的な慰謝料は、第1級2,800万円、第2級2,370万円、第3級1,990万円とされる。このような慰謝料は、労災保険における調整の対象ではないため、労災保険の給付と関係なく、被災労働者またはその遺族が受け取ることができる。

　また、労災保険における控除または求償は、災害発生後3年以内に示談の締結または判決などによって慰謝料などを含む人身損害総額が確定したときは、当該受給権者の損害総額に基づく損害賠償請求額を求償の限度額として調整が行われる。つまり、災害発生後3年以内に支給事由が生じた保険給付に対してのみ、控除または求償が行われる。民法724条による損害賠償請求権の時効は3年であるということが、その理由である。さらに、労災保険の給付が年金払いの場合の控除は、労災保険で支給されるべき年金額が損害賠償金の額に達するまでの間の支給を停止する方法で行われる。しかし、この労災保険の給付額が損害賠償額に達するまでの期間が3年を超える場合は、災害発生後3年間に限定して支給が停止される。また、求償も、災害発生後3年間に限定して、支払われた給付額を限度に、前述した方法で行われる。

　したがって、労災保険における年金給付は、自動車保険金を満額で受領した場

---

[64] 東京弁護士会自動車事故処理委員会・日弁連自動車事故相談センター『損害賠償額算定基準』1990年、pp.66-85。

合でも、3年を超えた時点からは全額受け取ることができ、労災保険の給付を先に受けた場合でも、災害発生後3年間の給付額に限定して求償が行われる。さらに、労災保険における特別支給金は控除または求償の対象ではないため、自動車保険の保険金の支払いとは関係なく、最初から全額支払われる。このような労災保険と自動車保険の調整によって、労災保険が適用される自動車事故による被災労働者、特に年金受給者は、自動車保険の保険金と労災保険の給付の多くの部分を重複して受け取ることができるようになった。

医療・介護と保険制度

損害賠償責任が介在する人身事故は、第一部で解説した賠償責任保険によって対応されるが、損害賠償責任が介在しない自己責任による傷害や疾病などには医療保険が適用される。また、高齢や病気などによる介護状態は介護保険によって対処できる。この医療保険と介護保険には、公的保険と民営保険がそれぞれの役割を分担している。

第二部では、医療・介護と保険制度について解説する。

07　公的医療保険と民営医療保険
08　公的介護保険と民営介護保険

第7章

公的医療保険と民営医療保険

公的医療保険は国民皆保険であるため、全国民は生まれながらに加入者となり、死亡時までそれは続く。しかし、その徹底した公的医療保険によっても、医療保障が完ぺきな形で提供されるわけではないので、民営医療保険がその補完的な役割を果たしている。本章では、公的医療保険と民営医療保険について概説する。

01 公的医療保険の皆保険

　日本では、明治後半から昭和初期にかけて医療保険が成立したが、その時期には産業経済の近代化が行われていた。この医療保険制度の導入の目的は、国力増強であった。当初の医療保険は、事業主と被用者の負担する保険料が賃金の3%で、保険給付は、被用者の傷病に対する療養（現物給付）と、労働不能に対する手当金が中心であった。工場法、鉱業法において使用者責任であった労働災害も、医療保険の給付の対象であった。

　この医療保険の被保険者は、工場法と鉱業法が適用される企業で働く常用被用者で、臨時雇用被用者は対象外であった。給付は被保険者本人に対してのみ行われ、家族に対する給付はなかった。また、この給付の支給期間は180日以内であったため、当時、多く発生していた結核などによる長期療養者には、あまり効果がなかったといわれる。この医療保険の加入者は、職域保険の対象を「5人以上の従業員のいる会社」へと拡大した1934年の制度改正まで、総就業人口3,000万人のうち200万人で、一部の大企業の被用者に限られていた。

　また、1938年から実施された国民健康保険制度は、労働者以外の住民を対象として、当時の農村漁村の不況対策の一環として発足した。当時の日本の農村漁村の衛生状態は悪く、疾病も多発していた。1932年の農林省の調査では、収入の50%以上が疾病の治療費にあてられていたとの記録がある。田舎の村では、医者を呼ぶのは死ぬ時であるが、それは死亡診断書を書いてもらう必要があるためであったとされる。

厚生省が 1938 年 1 月に設立され、その年の秋に国民健康保険制度が成立した。この国民健康保険は、強制加入の構想となっていたが、医師、薬剤関係者などの強い反対によって実現できず、任意加入となった。しかも、医療費の 30%〜45% を自己負担とした制度であったため、医療保険が最も必要であった貧困層には、十分に機能していなかった。

国民健康保険は、戦後、1948 年に占領軍である連合国軍総司令部（GHQ）の指導によって、市町村公営の原則が確立されたが、多くの市町村で、財政事情の悪化によって、休廃止となった。その結果、1955 年頃は、農業・自営業・零細企業の従業員などを中心に、国民の約 3 分の 1 に当たる約 3,000 万人が医療保険の無保険者であった。これに対応するため、1959 年に全面的な法改正が行われ、市町村及び特別区に国民健康保険の設立が義務化されたことによって、1961 年 4 月に「国民皆保険」が達成され、保険料納入が一種の税として義務化された。

国民皆保険制度の下では、国民は、生まれるときから公的医療保険の加入者となる。会社員などの親の元に生まれた人は、その企業などの健康保険の被扶養者となり、自営業者の親であれば、国民健康保険の被保険者となる。

図 29　医療保険の皆保険における加入

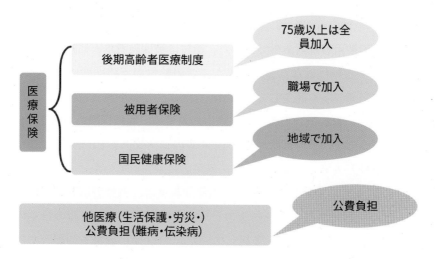

（出典）各種資料を参考にして作成

いずれの場合でも、75歳以上になると、所属していた医療保険から脱退して、後期高齢者医療制度の加入者となる。医療保険は、給与生活者が加入する被用者保険（職域保険）と自営業者・退職者などが加入する国民健康保険（地域保険）、75歳以上の人が加入する後期高齢者医療制度に大別され、日本の居住者は必ずいずれかの医療保険に加入している（国民皆保険）。

一方、被扶養者とは、職域保険のみにある制度で、後期高齢者に該当せず、主に被保険者本人の収入により生計を維持されている人である。被保険者と別居でもよい被扶養者は、配偶者（事実婚を含む）、子・孫、弟妹、父母、祖父母など直系尊属である。また、被扶養者となるためには、被保険者と同一の世帯であることが条件の人は、上記の別居でも被扶養者となれる人を除く被保険者の三親等内の親族、内縁関係の配偶者の父母および子（その配偶者の死後、引き続き同居する場合も含む）である。ここで、「同一の世帯」とは、同居して家計を共にしている状態をいう。

表34　医療保険の時期別の区分

時期	加入する制度（1人当たりの医療費）	保険料負担	自己負担割合
子供時期	親の健康保険または国民健康保険	健康保険では保険料負担がないが、国民健康保険では負担がある。	小学校就学前2割 その他　3割
勤労期	会社などの健康保険または国民健康保険	給与の一定割合を労使折半または国民健康保険料	3割
退職後	国民健康保険(市町村国保)	市町村ごとに決定	69歳まで3割 70-74歳まで2割 (現役なみ所得の人は3割)
75歳以降	後期高齢者医療制度	都道府県ごとに決定	1割 (現役なみ所得の人は3割)

（出典）各種資料を参考にして作成

02 公的医療保険の運営の仕組み

　公的医療保険の加入者である被保険者は、病気やケガの場合、病院などの医療機関で受診する。その際に、被保険者は、保険証を提示することによって、公的医療保険からは療養給付を受けるが、実際にかかった医療費の一部（原則的に7割）は保険者が負担するが、残りの一部（原則的に3割）の診療費は自己負担する。

　医療機関は、医療費の一定の割合（原則的に3割）は、患者である被保険者から病院の窓口で徴収するが、残りの費用（原則的に7割）は、医療費の審査機能を有している都道府県国保連合会を通じて、各保険者に請求することになる。

　このような医療保険の運営の仕組みを図示すれば、次の通りである。

図30　医療保険の運営の仕組み

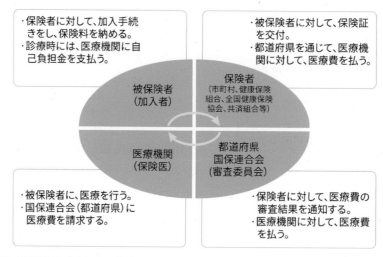

（出典）各種資料を参考にして作成

　公的医療保険には、職域保険、地域保険、後期高齢者医療制度の3種類であり、日本の居住者は、いずれかの制度に加入する国民皆保険制度である。

　職域保険は、被用者保険と自営業者保険に分けられる。被用者保険は、職種により、一般被用者保険と特定被用者保険とに分けられる。一般被用者保険は、給与生活者や日雇労働者を対象とする健康保険である。特定被用者保険には、国家

公務員を対象とする国家公務員共済組合や地方公務員共済組合、私立学校教職員共済、船員を対象とする船員保険がある。職域保険における自営業者保険は、国民健康保険組合を作ることが認められている建設業、医業、薬業など一部の業種の自営業者を対象とする国民健康保険である。

また、地域保険では、地域保険に加入していない人を加入者とすることによって、国民皆保険を実現しており、市町村が運営する。前期高齢者医療制度は、地域保険の加入者の中で、65歳以上75歳未満の加入者である。後期高齢者医療制度は、基本的には75歳以上の人のための保険であるが、前期高齢者のうちで所定の障がいを持つ人も対象になる。

後期高齢者医療制度の保険者は、各都道府県に設けられた後期高齢者医療広域連合である。健康保険（職域保険）の運営主体は、組合管掌健康保険と全国健康保険協会管掌健康保険の2つがある。地域保険とは、被用者の医療保険制度に該当しない人が加入する公的医療保険である。

図31　公的医療保険の種類

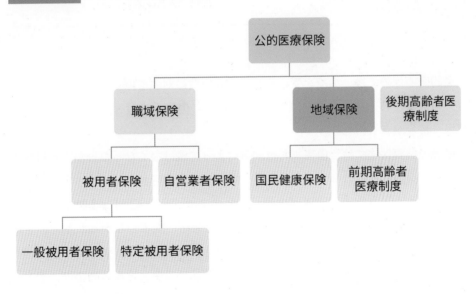

（出典）各種資料を参考にして作成

職域保険である健康保険と、地域保険である国民健康保険の相違点は、次の通りである。

健康保険（職域保険）と国民健康保険（地域保険）の相違点

区　分	職域保険 (健康保険)	地域保険 (国民健康保険)
加入対象	被用者(任意適用事業は除く)	居住者(後期高齢者は除く)
公的年金	厚生年金保険	国民年金
保険料負担	半分は勤務先が負担	全額加入者負担
保険料の金額	月給与上限955,000円まで比例して増額	世帯ごと（平等割）・加入人数（均等割）・世帯の総収入（所得割）で計算される(自治体別に異なる)。
扶養家族	扶養家族の人数に関係なく保険料は本人の収入に比例する。扶養家族がある一定の年収を超えると、その人は扶養家族にならない	扶養家族という概念がない。所得にかかわらず世帯加入ができる（いくら年収があってもひとつの保険証が可能）
傷病手当金 出産手当金 出産育児一時金	ある	傷病手当金と出産手当金はない。出産育児一時金はある。

（出典）各種資料を参考にして作成

　公的医療保険では、治療を受けるときの診療費に対する療養の給付（家族療養費）の他に、移送費や葬祭料（家族葬祭料日）、傷病手当金・出産手当金・出産育児一時金が支払われる。

　職域の健康保険には、傷害または病気によって働けなくなった日から４日目以降、標準報酬額日額の３分の２が最長１年６ケ月支給される「傷病手当金」制度がある。また、女性被保険者が出産したときには、産前42日（多胎98日）、産後56日のうち、妊娠または出産を理由として労務に従事しなかった期間の生活費の一部として休業１日につき直近12ヵ月間の標準報酬月額平均額÷30 × 2/3相当額が「出産手当金」として支払われる。傷病手当金と出産手当金は、本人が職域の健康保険に加入している場合に限り支払われる。

　さらに、定額の出産育児一時金がある。異常分娩の場合は公的医療保険が適用されるが、自然分娩は一般的な疾病とは異なるため、公的医療保険が適用されない。しかし、地域または職域の公的医療保険では出産費用の補助があり、その

助成金は「出産育児一時金」と称される。その対象は、妊娠4か月（85日）以上で出産する人であり、流産・死産などの場合でも、妊娠4か月（85日）が経過していれば、給付の対象となる。その基本的な支給額は、「子供1人につき42万円」(双子が誕生した場合は42万円×2で84万円)である。

03 公的医療保険の保険者

保険者は、保険制度を運営管理する主体であるあるが、国民健康保険（地域保険）と健康保険（職域保険）では保険者が異なる。

1 国民健康保険（地域保険）

国民健康保険の保険者は、市町村である。被用者（健康保険、共済組合、船員保険など）や公務員、75歳以上の後期高齢者医療制度以外の地域住民で、生活保護を受けている人以外は、すべて国民健康保険に加入しなければならない。

国民健康保険には、次のような人が加入している。①自営業の人、農業や漁業に従事している人、②パート・アルバイトをしていて、職場の健康保険に加入していない人、③退職などで職場の健康保険を脱退した人、④外国人登録をしていて、日本に1年以上滞在する人、である。

国民健康保険では、一人ひとりが被保険者であり、扶養家族の区別はない。ただし、義務教育就学前（小学校入学前）の児童や70歳以上の人は、病院で診療を受ける際の自己負担額が異なる。外国人も、外国人登録をしていて、1年以上日本に滞在すると認められた場合は国民健康保険に加入するが、職場の健康保険に入っている人や生活保護を受けている人、旅行などの一時的な滞在者は除かれる。

2 健康保険（職域保険）

健康保険の保険者には、健康保険組合、全国健康保険協会、共済組合がある。

(a) 健康保険組合

健康保険組合は、国が行う健康保険事業を代行する公法人で、上部組織として

健康保険組合連合会があり、厚生労働省の地方支部局である地方厚生（支）局の監督を受ける。この健康保険組合には、単一型と総合型がある。単一型健康保険組合は、企業が単独で設立するもので、700人以上の被保険者が必要であり、総合型健康保険組合は、同業種の複数の企業が共同で設立するもので、3,000人以上の被保険者が必要となるもので、主に大手企業やそのグループ企業の社員が加入している。

この健康保険組合は、従業員やその家族である被保険者や被扶養者の利益・福利厚生の充実を図ることを目的とし、生活習慣病など疾病予防の活動を積極的に行い、従業員等の健康増進とともに医療費や保険料を抑える活動を行っている。

一方、近年における急速な高齢化の影響による高齢者医療制度への拠出金の負担増や、企業の経営合理化等による人員削減や給与水準の引き下げに伴う保険料収入の減少等により、経常収支が赤字に陥る健康保険組合が少なくない。

(b) 全国健康保険協会

全国健康保険協会は、健康保険法に基づいて設立された厚生労働省所管の公法人である。健康保険組合のない企業の被用者健康保険である政府管掌健康保険（政管健保）事業を自主的に運営にするため、社会保険庁が実施していた健康保険部門を非公務員型の法人に運営させるために設立された。この政府管掌健康保険は、2008年10月1日より政府管掌健康保険は国を離れ、全国健康保険協会による全国健康保険協会管掌健康保険（愛称「協会けんぽ」）に移管された。

民営企業の従業員のうち勤務先が健康保険組合を有しない場合、その被用者は協会けんぽに加入するようになっており、その被用者のほとんどは、健保組合を持たない中小企業の従業員や家族である。

一方、健康保険組合は、後期高齢者医療制度支援金の負担等により、協会けんぽの料率を超えるなどの財政窮迫に陥る場合も増加しており、組合を解散して協会けんぽに移行する事例が発生している。大規模な組合では、セイノーホールディングス傘下の西濃運輸などで構成される西濃運輸健康保険組合（被保険者57,000人）が2008年8月1日付けで解散し、協会けんぽに移行した。また、2008年9月1日、吉野家ホールディングス傘下の京樽も健康保険組合を解散し協会けんぽに移行した。

(c) 共済組合

共済組合は、共済を運営する団体であるが、国家公務員共済組合・地方職員共済組合などの保険者が共済組合の形を取る。公務員・教職員の共済組合（共済制度）は、年金・健康保険の機能を持っており、健康保険法に基づく保険料の徴収・各種給付を行っている。組合員である職員が負担する掛金と、国・地方公共団体等の負担金・掛金を財源とする。

04 公的医療保険の保険料

1 国民健康保険 （地域保険）

(a) 保険料と医療費

保険料について、国民健康保険料と国民健康保険税のいずれの名称にするかは、保険者の裁量である。国民健康保険料は、徴収権の消滅時効が2年であるが、国民健康保険税は、徴収権の消滅時効が5年となる。

国民健康保険の保険料（国民健康保険税）は、医療分保険料・後期高齢者支援金分保険料・介護分保険料（40歳以上65歳未満）の合計額となる。国民健康保険の保険料は、所得割・資産割・均等割・平等割の4つの中から、各市区町村が法令で規定されている組合わせを決定し、一世帯当たりの年間保険料を算出する。その組み合わせ及び各項目の金額・割合は、各市町村が定めるため、住んでいる市区町村によって異なる。

均等割（被保険者均等割）は、加入者一人当たりの金額で算定され、平等割（世帯別平等割）は、一世帯当たりの金額として算定される。

国民健康保険の医療費は、窓口で被保険者が支払う自己負担分を除いた金額から前期高齢者交付金などを控除した金額に対して、保険料と国の支出金などで2分の1ずつ負担する仕組みである。

国民健康保険における医療費と保険料の関係は、次の通りである。

図 32　国民健康保険における医療費と保険料の関係

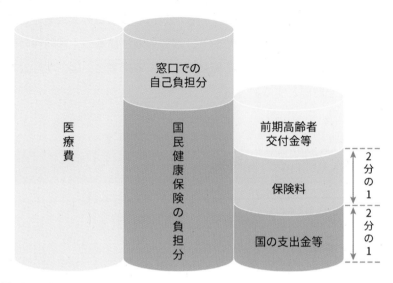

（医療費） （窓口での自己負担分／国民健康保険の負担分） （前期高齢者交付金等／保険料／国の支出金等／2分の1・2分の1）

(出典）各種資料を参考にして作成

(b) 負担の公平

　市町村の国民健康保険の保険料は、保険者である各市町村が独自の方法で算出している。これは、地域の産業構造や人口構成を反映するためであるが、同じ年収の場合でも自治体ごとに保険料が異なる場合があり、それによる不公平感が生まれている。市町村の運営する国民健康保険の保険料の収納率は、ほぼ9割を下回っており、その滞納分は保険料を滞りなく支払っている被保険者に転嫁されており、国民健康保険の保険料は、滞納分を含めて算出されているといわれる。国民健康保険の保険料の滞納者に対しては、短期保険証や資格証明書の発行によって保険証の使用を制限させられる。

　また、市町村の国民健康保険には、国の一般会計から多額の繰り入れが行われており、国民健康保険組合への国費投入などが行われている。その結果、職域の健康保険加入者には、自分が加入していないはずの保険者に対する公費投入が行われているため、不公平感が指摘されている。

(c) 国民健康保険と介護保険制度

　国民健康保険の保険料（税）は、各世帯の世帯主が支払っている。世帯主が給与生活者などで、国民健康保険に加入していなくても、家族の中に加入者がいた場合は、その加入者の保険料（税）は、原則として世帯主が納める。納付の方法は、年金受給者は年金からの天引きである特別徴収が行われ、年金受給者でない場合は、口座振替・金融機関の窓口納付などとなる。

　40歳から64歳までの人（第2号被保険者）の国民健康保険料には、医療分保険料（従来の国民健康保険料）の他に介護分保険料が含まれている。65歳以上の人（第1号被保険者）は、介護保険料を国民健康保険料とは別に納め、39歳までの人は介護分の保険料負担はない。加入者の前年（1月〜12月）の所得と加入人数などを基礎にして世帯単位で計算し、医療分・後期高齢者支援分・介護分（介護分の対象者がいない世帯は医療分・後期高齢者支援分のみ）を合算したものが世帯の保険料となる。

図 33　国民健康保険における年齢別の保険料

39歳まで
- 国民健康保険料
  ★国民健康保険料だけを納め、介護分の負担はない

40〜64歳
- 国民健康保険料、介護保険料
  ★介護保険の加入・介護保険料の納付開始
  ★健康保険料と一緒に介護保険料を納付

65〜74歳
- 国民健康保険料、介護保険料
  ★健康保険料と一緒に介護保険料を納付
  ★年額18万円（月1万5千円）以上の年金を受給している人からは、保険料を年金から天引きし（特別徴収）、それ以外の人からは個別に徴収（普通徴収）。

75歳〜
- 後期高齢者医療保険料、介護保険料
  ★後期高齢者医療保険料と一緒に介護保険料を納付
  ★年額18万円（月1万5千円）以上の年金を受給している人からは、保険料を天引きし（特別徴収）、それ以外の人からは個別に徴収（普通徴収）。

（出典）各種資料を参考にして作成

2 健康保険（職域保険）

健康保険（職域保険）の保険料は、標準報酬月額に対する一定の割合（保険料率）で賦課されるが、健康保険組合は、その健康保険料に対して、自主的に被保険者と事業主の負担割合を決める。この被保険者の負担分は、健康保険などの保険料に介護保険料を上乗せして一つの保険料の形で、原則として翌月の給料から控除される。被扶養者の分の保険料は、被保険者本人が加入する健康保険などの保険料に織り込まれるので、別途保険料を納める必要はない。

健康保険料と介護保険料の構成は、次の通りである。

図34 健康保険料と介護保険料の構成

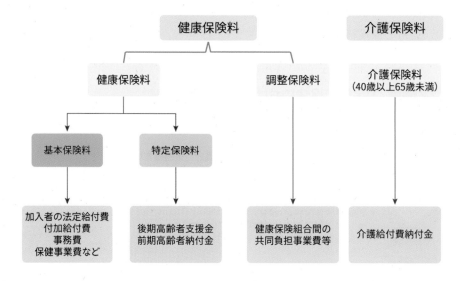

（出典）各種資料を参考にして作成

公的医療保険の保険料は、会社（事業主）が約５割を負担する。2008年度からは、「一般保険料率」を基本保険料率と特定保険料率に区分して表示する。

一般保険料率 ＝ 基本保険料率 ＋ 特定保険料率

「基本保険料率」は健康保険の保険料の中で保険の加入者への医療給付などに

使用される費用のための保険料であり、「特定保険料率」は健康保険の保険料の中で高齢者などの医療費を支えるためにあてられる費用のための保険料である。

3 制度間の財政の調整

　医療保険制度には、前期高齢者医療制度や後期高齢者医療制度が創設され、これらの高齢者の医療費を現役世代が支える仕組みとなっている。

　医療保険の制度の体系は、次の通りである。

図35 医療保険制度の体系

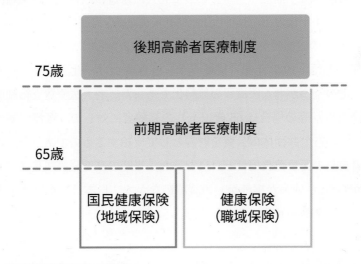

（出典）各種資料を参考にして作成

　前期高齢者医療制度は、65歳以上75歳未満の前期高齢者が、退職して地域保険に多く加入していることから、保険者間の医療費の負担の不均衡が生じているが、その医療費の負担を各保険者の加入者数に応じて調整する制度である。この前期高齢者医療制度は、65〜74歳の国民健康保険の加入者の医療費の一部を、全医療保険加入者が公平に負担する仕組みとして、2008年度から、退職者医療制度に代わって導入された。

　前期高齢者医療制度は、財政調整の仕組みであるため、その被保険者が加入する保険者が変わるわけではなく、各保険者の前期高齢者の加入率が、全国平均に

比べて上回る場合は調整金を受給し、下回る場合は調整金を拠出することになる。

05 高齢者医療制度

1 老人医療費の無料化

　1960年に一地方自治体から始まった「老人医療費の無料化」は、9年後（1969年）に東京都でも実施された。最初に老人医療費の無料化がなされたのは1960年（昭和35年の岩手県沢内村（現西和賀町）である。これに続いて1965年（昭和40年）以降、地方自治体で「福祉の一環」として老人医療費の無料化や負担軽減措置が広がった。その4年後の1973年1月に「老人福祉法」の改正により、国として、70歳以上の国民の医療費を無料化する老人医療費支給制度が実施された。

　田中角栄内閣は、1973年を「福祉元年」と位置づけ、社会保障の大幅な拡充を図った。その一つが老人医療費の無料化であった。老人医療費支給制度は、70歳以上（寝たきり等の場合は65歳以上）の高齢者に対して、医療保険の自己負担分を、国と地方公共団体の公費を財源として支給するものであった。これにより、高齢者自身の医療費負担はゼロになった。当時の高度経済成長にバックアップされながらも、「成長か福祉か」の議論のなかで、日本は福祉国家を選択したかのような期待を抱かせる決定であった。

2 老人保健法

　老人医療費無料化によって、1970年から1975年までの5年間で、70歳以上の受療率が約18倍になった。高齢者に対する介護サービスを提供できる施設が不足している中で、高齢者が病院に集まることから「病院の待合室がサロン化した」ともいわれた。このような状況下で、老人医療費の無料化が行われたために、医療機関に入院した方の費用負担が施設に入所するよりも安いこともあって、「社会的入院」を助長しているとも指摘された。この老人医療費の無料化が総医療費の急激な上昇をもたらし、特に国民健康保険における重い国庫負担が深刻な問題となった。さらに、1973年に発生したオイル・ショックによる景気の低迷と、急激な高齢化によって1981年に高齢化率が9.1％に達していたことも、老人医

療費の無料化の継続を難しくする要因となっていた。

その結果、1982年に「老人保健法」が成立し、1983年から70歳以上の国民の医療費を各保険制度間で公平に分担する仕組みを取り入れた「老人保健制度」が創設され、老人一部負担金（通院400円/月、入院300円/日）が導入された。それでも、加速する高齢化の進展による高齢者医療費の増加を抑止することはできず、1999年には健康保険組合による老人保健制度への拠出金不払い運動にも発展した。2002年には、高齢者の医療費の自己負担が、1割負担と完全定率化された。

3　長寿医療制度（後期高齢者医療制度）

2008年には、前期高齢者（65歳以上74歳未満）と長寿医療制度（後期高齢者医療制度）（75歳以上）の区分が設けられた。前期高齢者に対しては、従来の老人保健制度と同様の保険制度間の財政調整を行うが、長寿医療制度（後期高齢者医療制度）に対しては、既存の保険制度から独立した医療制度が創設された。

長寿医療制度（後期高齢者医療制度）の仕組みは、次の通りである。

図36　長寿医療制度（後期高齢者医療制度）の仕組み

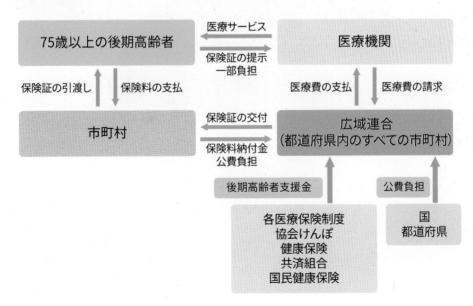

（出典）各種資料を参考にして作成

長寿医療制度（後期高齢者医療制度）における保険者は、都道府県を単位とする広域連合（後期高齢者医療広域連合）である。この保険者は、いわゆる「委譲事務」ではないため、政令指定都市も独立した運営ではなく、その市がある都道府県の広域連合に参加する。また、被保険者は、広域連合の区域内に住所を有する75歳以上の高齢者、または65〜74歳で広域連合から障害認定を受けた者である。

　長寿医療制度（後期高齢者医療制度）の財源は次の通りである。その給付は医療費総額に対する9割であるため、残りの1割（現役並み所得者は3割）は原則的に窓口での自己負担となる。

　その9割の医療給付費は5割が公費負担となり、4割が64歳以下の現役世代の加入する医療保険の後期高齢者負担金で賄われ、残りの1割を高齢者の保険料で負担する仕組みである。現役世代の保険料を「基本保険料」と高齢者を支えるための「特定保険料」に分けて徴収し、負担の内訳を明確にしていることは、前述の通りである。

図37　長寿医療制度の給付費の財源

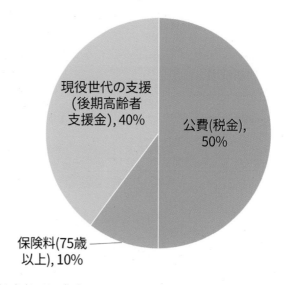

▌（出典）各種資料を参考にして作成

　　　　　　　　　　　　　　　第二部・医療・介護と保険制度

75歳以上の後期高齢者全員は、既存の扶養家族などから脱退して、後期高齢者医療制度に加入し、原則的に1割の自己負担に加えて、保険料の負担が求められる。保険料の徴収方法は、年金からの天引きが基本である。保険料徴収は市町村が行い、財政運営は都道府県単位で全市町村が加入する広域連合が行う。運広域連合の財政リスクは、国・都道府県が共同して責任を果たす仕組みとなっている。

後期高齢者医療制度（長寿医療制度）の保険料は、広域連合毎に額が設定され、賦課される。公的医療保険では、加入する制度や市区町村によって保険料の金額に違いがあるが、後期高齢者医療制度（長寿医療制度）では、同じ都道府県で同じ所得であれば原則として同じ保険料になる。この保険料には、加入者全員が等しく負担する応益負担である「均等割」と、所得に応じて負担する応能負担である「所得割」の2種類がある。

後期高齢者医療制度の保険料は、年金からの天引きする特別徴収が原則であるが、年金額が年額18万円（月1万5千円）未満の人と介護保険料と合わせた金額が年金額の2分の1を超える人は、金融機関の窓口などで支払う。これらは、介護保険における保険料の仕組みを踏襲している。

06 公的医療保険の診療報酬

1 診療報酬の概要

診療報酬は、診療報酬点数表に基づいて計算され、保険診療における医療行為の対価として計算される医療行為を行った医療機関・薬局の医業収入の総和である。この医業収入には、医師または歯科医師や看護師、その他の医療従事者の医療行為に対する対価である技術料、薬剤師の調剤行為に対する調剤技術料、処方された薬剤の薬剤費、使用された医療材料費、医療行為に伴って行われた検査費用などが含まれる。公的医療保険が適用されない自由診療の場合の医療費は、診療報酬点数に規定されず、患者が全額を負担する。

保険診療では、患者がこの診療報酬の一部を、自己負担として、窓口で支払い、残りは医療機関が公的医療保険に請求する。

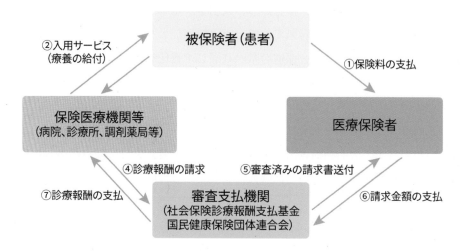

図38　診療報酬

②入用サービス
（療養の給付）

被保険者（患者）

①保険料の支払

保険医療機関等
（病院、診療所、調剤薬局等）

医療保険者

④診療報酬の請求　　　⑤審査済みの請求書送付

⑦診療報酬の支払

審査支払機関
（社会保険診療報酬支払基金
国民健康保険団体連合会）

⑥請求金額の支払

（出典）各種資料を参考にして作成

　この診療報酬は、医科、歯科、調剤報酬に分類され、実施された医療行為ごとに、それぞれの項目に応じた点数が加わられ、1点単価を10円として計算される。この診療報酬は、いわゆる「出来高払い制」と称される。例えば、盲腸で入院した場合、初診料、入院日数に応じた入院料、盲腸の手術代、検査料、薬剤料と加算され、保険医療機関は、その合計額から患者の一部負担分を差し引いた金額を審査支払機関に請求することになる。

2　診断群分類

　診断群分類は、1986年のアメリカエール大学において、一般産業でいうQC活動を医療に応用するために行った研究が始まりとされる。その後、アメリカで開発された診断群分類は、DRG（Diagnosis Related Group）と呼ばれている。

　1996年、日本でも診断群分類を基礎にした定額制の方向が示され、1998年に急性期入院医療費の定額支払い方式の試行事業（日本版DRG/PPS）が開始された。その後2003年にこの診断群の考え方で実施されたものがDPC包括支払いである。DPC（診断群分類）とは、患者ごとに傷病名や年齢、意識障害レベル（JCS）、手術、処置の有無などの治療行為を組み合わせたものである。

従来の診療報酬は、診療で行った検査や注射、投薬などの内容に応じて医療費を計算する『出来高払い』方式であったが、DPC（Diagnosis Procedure Combination；診断群分類）包括評価は、患者の病気、病状をもとに、処置などの内容に応じた診断群分類の内、約1,400分類に対して、それぞれ1日当たりの費用を定めた新しい医療費の計算（支払い）方式である。この『DPC』包括評価では、病名や手術、処置等の内容に応じた1日当たりの定額の医療費を基本として、全体の医療費の計算を行う『包括払い』方式または『定額払い制度』となる。なお、手術やリハビリテーション、内視鏡検査など医師の専門的な技術料については、出来高払い方式で医療費が計算されるので、入院にかかる医療費は、定額分と出来高分とを合わせたものになる。

入院医療費

＝ 『1日当たり包括診療費』 × 『入院日数』 × 『☆医療機関別係数』

＋ 『出来高診療費』 ＋ 『食事療養費』

図39　診断群分類（DPC）包括評価方式

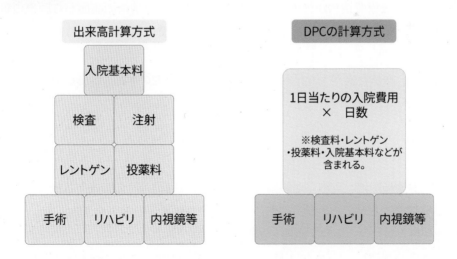

（出典）各種資料を参考にして作成

医療費の定額支払制度は、診療報酬が患者の診断群分類別に決まる制度であり、無駄な医療の削減が期待されている。従来の出来高払いの診療報酬においては、医療行為の量が増えればそれに伴って医療報酬も増える仕組みであるため、最短期間で回復する治療を行っている医療機関への支払は減少し、回復を長引かせた医療機関に対する支払いが増加していた。この医療報酬制度では、医療報酬のみを考えると、最短期間で回復したいと望んでいる患者と、診療行為を多くすることによって診療報酬を多くしたいと意図する医療機関の利害が対立することになる。

　しかし、医療費の定額支払制度では、最初から診断群分類別に診療報酬が決まっており、医療機関が実際に必要にしていた医療費が経費となるため、最短期間での回復のための治療を行った医療機関に多くの利益が発生することになる。逆に回復を長引かせる治療を行った医療機関は、治療に必要な費用が多くなるため、定額の診療報酬では、利益が少なくなるか損失が発生することになる。したがって、医療費の定額支払制度では、最短期間で回復したいと望んでいる患者と、最短期間で回復させる診療を行うことによって費用を減らしたいと意図する医療機関の利害が一致することになる。

　また、従来の診療報酬では採算割れの傾向が強かった急性期病院は、医療費の定額支払制度による経営的安定が確保できるほか、患者の属性・病態や診療行為ごとの医療費情報が標準化されるため、経営的・技術的側面から医療の質を評価・比較可能であるとされている。この医療費の標準化による医療費抑制も期待されている。

　しかし、医療行為が少なければ少ないほど医療機関の利益になるので、これによって十分な治療が行われない可能性が指定されている。

3 診療報酬の請求・審査

　保険診療機関は、実施した診療に対して、公的医療保険の審査支払機関に診療報酬を請求するが、その診療報酬点数は厚生労働省が告示する点数で表される。診療報酬点数には、医科・歯科・調剤の3種類がある。

　保険医療機関は、2006年4月から「医療費の内容の分かる領収証」を無償で交付することになっており、患者は、この領収証で診療報酬区分毎の点数等を知

ることができる。支払基金や国保連合会は、保険医療機関が医療費の請求のために作成した診療報酬明細（レセプト）について、医療内容や点数算定について審査する。このレセプト審査で、請求診療報酬の増減などが行われ、不備等があるときには医療機関に診療報酬明細が差し戻されることとなる。

医療機関は、総診療費から患者が負担する自己負担金（３割負担など）を除いた金額を保険者に請求する。このとき、多数存在する保険者と各医療機関との間を媒介する統括的な支払事務機関として、社会保険には社会保険診療報酬支払基金、国民健康保険には国民健康保険団体連合会が存在している。

支払事務機関は、医療機関から提出された診療報酬請求書の適否を審査する。審査で確定した診療報酬額を、医療機関に代わって保険者へ支払請求し、保険者から診療報酬の払込みを受け、保険者から受け取った診療報酬を、各医療機関へ支払う。

07　公的医療保険の自己負担

1　自己負担割合

公的医療保険の一部負担（以下、自己負担と称する。）割合は、基本的には年齢によって区分されることが公的医療保険の大きな特徴の一つである。75歳以上の自己負担割合は、１割であるが、現役並みの所得者は３割である。70歳以上74歳までの自己負担割合は、２割であるが、現役並みの所得者は３割である。70歳未満の自己負担割合は、３割であり、６歳（義務教育就学前）未満の自己負担割合は、２割である。

この公的医療保険の自己負担割合の図示は、次の通りである。

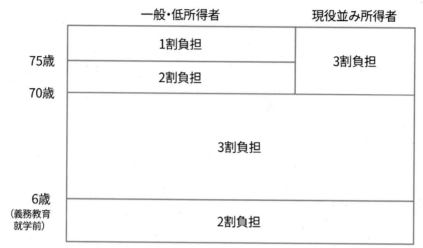

図40 医療費の一部負担（自己負担）割合

一般・低所得者 / 現役並み所得者

75歳 — 1割負担 / 2割負担 / 3割負担

70歳

3割負担

6歳
（義務教育
就学前）

2割負担

▌（出典）厚生労働省

　1961年に国民皆保険が実現されたときの健康保険（職域）は、本人の自己負担がほぼなく、家族は5割自己負担であり、国民健康保険（地域）は、本人・家族に5割の自己負担がある5割給付であった。健康保険（政府管掌及び組合管掌）の被保険者本人については、1984年にそれまでの定額負担に代わって1割の定率負担が採り入れられ、1997年に2割に、2003年4月に3割に引き上げられてきた。健康保険の被扶養者および国民健康保険の世帯主については1963年に、世帯員については1968年に3割の定率負担が設定され、現在に至っている。

　老人医療制度については、1973年の老人福祉法制定により一旦は無料化されたが、1982年に定額制の一部負担が設定され、以降、小刻みな引き上げが行われてきた。2002年には、高齢者の医療費の自己負担が、1割負担と完全定率化された。さらに、2008年には、後期高齢者医療制度が導入（75歳以上全員から保険料徴収）され、70歳〜74歳は原則2割の自己負担にとなった（2014年4月実施）。65歳以上74歳未満の前期高齢者と75歳以上の後期高齢者という区分が設けられた。

2 高額療養費

(a) 高額療養費制度

高額療養費制度は、「福祉元年」と呼ばれた1973年に創設された制度である。高額療養費制度では、医療費の自己負担額が、所得に応じて1カ月（歴月）当たりの上限額を超えた場合、その超えた金額が申請によって払い戻される。高額療養費制度の対象は、一般に保険適用される診療に対し、患者（加入者）が支払った自己負担額であり、保険適用外である入院時の食費負担や差額ベッド代・先進医療にかかる費用などは、その対象ではない。高額療養費制度は、実際にかかった医療費を歴月単位で軽減する制度のため、月をまたいで治療した場合は、その自己負担額の合算できない。

高額療養費制度における自己負担限度額は、年齢別・所得別に定められている。高額療養費制度における70歳未満の自己負担限度額と所得区分は、次の通りである。

表36 高額療養費制度における70歳未満の自己負担限度額と所得区分（2015年1月から適用）

所得区分	適用区分	所得要件	自己負担限度額
上位所得者	ア	基礎控除後の総所得金額901万円超	252,600円 ＋ （総医療費－842,000円）×1%（多数回該当：140,100円）
	イ	基礎控除後の総所得金額600万円超～901万円以下	167,400円 ＋ （総医療費－558,000円）×1%（多数回該当：93,000円）

一般	ウ	基礎控除後の 総所得金額 210万円超〜 600万円以下	80,100円 ＋（総医療費−267,000円）×1% （多数回該当：44,400円）
	エ	基礎控除後の 総所得金額 210万円以下	57,600円 （多数回該当：44,400円）
低所得者	オ	住民税非課税	35,400円 （多数回該当：24,600円）

▌（出典）各種資料を参考にして作成

　自己負担限度額は、同一世帯に 70 歳未満の人と 70 歳から 74 歳の人がいる場合の世帯全体の限度額にも適用される。多数回該当とは、過去 12 ヶ月に同一世帯で高額療養費の支給が 4 回以上あった場合の、4 回目から適用される限度額である。高額療養費の自己負担限度額と支給額は、同一世帯の薬剤師国保加入者全ての基礎控除後の総所得金額の合計に基づき算定する。

　　　　　所得金額 － 基礎控除33万円
　　　= 基礎控除後の総所得金額 → 世帯全員分を合算

　高額療養費の算定は、月ごと（1 日から末日まで）・医療機関ごと（入院・外来・歯科別）で行われ、差額ベッド代・食事代・保険外の負担分は対象にならない。
　例えば、上記の表で、所得区分「一般」の「ウ」に該当し、100 万円の医療費で、窓口の負担（3 割）が 30 万円かかるときの高額療養費の自己負担限度額は、次の通りである。

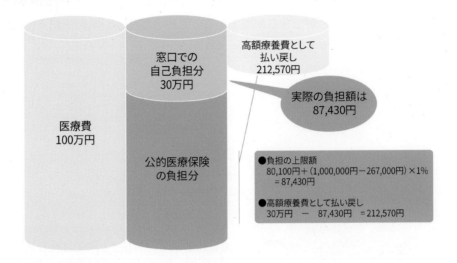

図41 高額療養費（70歳未満）の自己負担限度額

医療費
100万円

窓口での
自己負担分
30万円

公的医療保険
の負担分

高額療養費として
払い戻し
212,570円

実際の負担額は
87,430円

●負担の上限額
　80,100円＋（1,000,000円－267,000円）×1%
　＝87,430円

●高額療養費として払い戻し
　30万円　－　87,430円　＝212,570円

(出典) 各種資料を参考にして作成

上の事例で、負担の上限額は、次の通りである。

$$\boxed{80,100円} + \boxed{（1,000,000円 － 267,000円）} \times \boxed{1\%} = \boxed{87,430円}$$

病院の窓口で支払った自己負担額30万円と負担の上限額の差額は、申請によって払い戻される。

高額療養費として払い戻される金額は、次の通りである。

$$\boxed{30万円} - \boxed{87,430円} = \boxed{212,570円}$$

したがって、この高額療養費制度によって、実際の負担額は、3割の自己負担額ではなく、高額療養費制度において設定されている所得区分による負担の上限額となる。

(b) 世帯合算

世帯合算とは、一人の一回分の窓口負担では、高額療養費の支給対象とはなら

ない場合でも、複数の受診や同じ世帯にいる他の人（同じ医療保険に加入している人に限る。）の受診について、窓口でそれぞれが支払った自己負担額を1か月（暦月）単位で合算することができる制度である。その合算額が一定額を超えたときは、超えた金額が高額療養費として支給される。

図 42　世帯合算

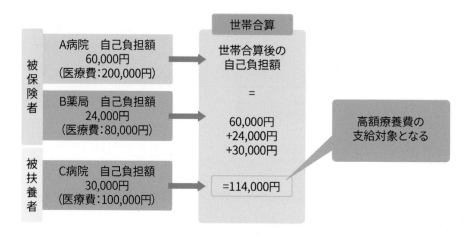

（出典）各種資料を参考にして作成

(c) 長期高額疾病

　長期高額疾病に対する自己負担額に限度額が設定されている。例えば、人工透析を実施している慢性腎不全の患者に対する自己負担の限度額は 10,000 円となっており、それを超える額は現物給付されるので、医療機関の窓口での負担は最大でも 10,000 円となる。ただし、診療のある月の標準報酬月額が 53 万円以上である 70 歳未満の被保険者またはその被扶養者については、自己負担限度額は 20,000 円となる。また、血友病、抗ウイルス剤を投与している後天性免疫不全症候群の人に対しても、自己負担の限度額は 10,000 円となっている。これらの人工透析患者などは、医師の意見書等を添えて全国健康保険協会の都道府県支部に申請し、「健康保険特定疾病療養受療証」の交付を受け、医療機関の窓口にその受療証と被保険者証を提出する。

3 自由診療と混合診療

(a) 自由診療

保険で認められていない治療法（未認可の治療薬など）や、要医療状態以外に対する医療行為（通常の歯列矯正や美容整形など）は、公的医療保険が適用されない。これらは、自由診療（保険外診療）と称され、診療報酬は医療機関の裁量で設定することができ、全額患者の自己負担となる。

公的医療保険における自己負担は、次の通りである。

図43　公的医療保険における自己負担

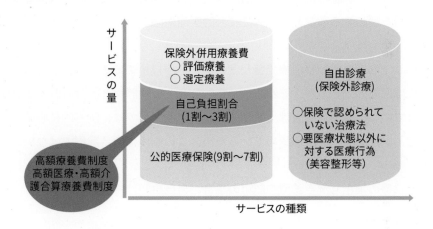

（出典）各種資料を参考にして作成

「保険外併用療養費」と「自由診療」には公的医療保険が適用されないため、全額が患者の自己負担となる。また、公的医療保険が適用される部分は、その診療報酬に対する自己負担割合が定まっている。

一方、自然分娩などの通常の出産は、病気やケガではないため、公的医療保険が適用されないが、何らかの事情で帝王切開などの異常出産になった場合では公的医療保険が適用される。健康保険においては、出産の場合、病気やケガではないが、出産育児一時金として1児当たり39万円または42万円が病院等に支給される。また、労災保険の担保の対象となる業務上または通勤上の病気やケガには、労災保険が適用されるため、公的健康保険が適用されない。

また、一連の医療行為の中で、保険診療と自由診療が混在するものは混合診療と称され、歯科と一部の例外を除いては認められず、診療の一部でも保険で未認可の医療行為が含まれていれば、それは自由診療として扱われ、全額自己負担となる。

　その結果、上記の図の中で公的医療保険負担分を除いては、すべてが自己負担となる。その医療費を民営医療保険か貯蓄で用意する必要がある。

(b) 混合診療

　混合診療とは、保険診療と保険外診療の併用を指し、医療保険制度では原則禁止され、実施された場合は一連の診療行為全体に公的医療保険が適用されなくなる。例えば、未認証の抗がん剤が治療に使われた場合、治療に必要な検査やその他副作用を緩和する薬などのすべてに公的医療保険が適用されず、全額自己負担となる。

　しかし、高度な診断や治療で普及度が低い医療技術である先進医療やベッドの差額代は保険外であるが、それらは、特例として保険診療と混合されることが認められている。厚生労働省は、高度な診断や治療などでは、例外的に心臓移植手術などと保険診療の併用を認めているため、この制度は混合診療ではないとしている

　混合診療の禁止と混合診療の認可の場合の自己負担は、次の通りである。

図44 混合診療と自己負担

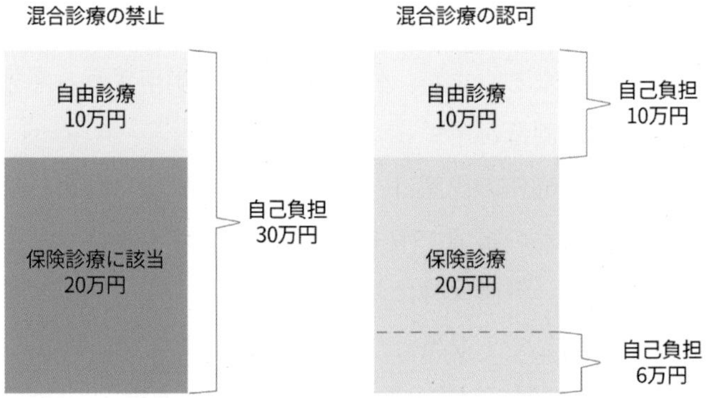

混合診療の禁止

自由診療
10万円

保険診療に該当
20万円

自己負担
30万円

混合診療の認可

自由診療
10万円

自己負担
10万円

保険診療
20万円

自己負担
6万円

▌ （出典）各種資料を参考にして作成

　上の図で見るように、混合診療を禁止した場合は、保険診療に該当する部分と自由診療の全体に対して公的医療保険が適用されず、診療費の全額である30万円が自己負担となる。しかし、混合診療を認めた場合は、自由診療を除いた保険診療に該当する部分に対しては公的医療保険が適用され、その20万円の3割（現役世代の場合）が患者の自己負担となる。したがって、この場合の自己負担は、自由診療分の10万円と保険診療適用分の自己負担分6万円の合計16万円となる。

　混合診療の原則禁止の理由は、患者の財力によって受けられる医療に差が出たり、必要のない過剰な治療が行われたりすることを防ぐためであるとされてきた。また、混合診療の全面解禁は、自由診療部分の全額が患者の自己負担であるため、財政的に苦しい公的医療保険に自由診療部分の拡大を容認し、公的医療保険の担保範囲の縮小を招く可能性が高いとされる。したがって、混合診療の全面解禁は、公的医療保険の加入者が負担する医療費部分が増加することになるが、その増える医療費に備えるため、民営医療保険の需要が拡大するとみられている。

　一方、この混合診療禁止は、保険外の医療を受けたい患者にとっては、診療費が高くなる問題も指摘される。また、混合診療の原則禁止によって、国内未承認の新薬や新しい診療技術が利用できない患者が多いという事実もある。

4 保険外併用療養費制度

(a) 保険外併用療養費制度の導入

　保険外併用療養費制度は、厚生労働大臣の定める「評価療養」と「選定療養」について、保険診療と保険外診療の混合診療が例外的に認められる制度である。この「保険外併用療養費制度」は、2006年10月1日に導入された。

　この保険外併用療養費制度によって、保険診療と共通する診察・検査・投薬・入院料等の費用は、一般の保険診療と同様に扱われ、その部分については、患者が自己負担金を支払うこととなり、自己負担金以外の額は保険外併用療養費として公的医療保険から給付される。しかし、保険診療と共通しない「評価療養」と「選定療養」の部分は、全額が患者の自己負担となる。この「保険外併用療養費制度」は、実際的には限定的に混合診療を認めているものであり、将来的に保険導入されることを前提とする「評価療養」と、保険導入されることを前提としない「選定療養」に区分された。

(b) 評価療養

　評価療養とは、医療サービスの中で、保険給付の対象とすべきものであるか否かについて評価を行うことが必要なものとして厚生労働大臣が定めたものである。この評価療養には、先進医療と高度医療があり、保険併用が認められるが、この先進医療部分には公的医療保険が適用されない。先進医療は、未だ保険診療として認められていない先進的な医療技術について、安全性、有効性等を個別に確認したものは、保険診療と保険外診療との併用を認め将来的な保険導入に向けた評価を行う。先進医療部分を除く一般の診療と共通する部分については保険が適用される（先進医療部分は全額自己負担）。個別の医療技術が先進医療として認められるためには、先進医療会議で安全性、有効性等の審査を受ける必要があり、実施する医療機関は厚生労働大臣への届出または承認が必要である。

　先進医療の自己負担の事例は、次の通りである。総医療費が 100 万円、うち先進医療に係る費用が 20 万円の場合を仮定すれば、先進医療に係る費用 20 万円は、全額が患者の自己負担となり、通常の治療と共通する部分（診察、検査、投薬、入院料）の診療費 80 万円には、公的医療保険が適用される。

　公的医療保険適用分が 80 万円（10 割）の場合、その 7 割（現役世代）にあたる 56 万円が各健康保険制度から給付され、残りの 3 割にあたる 24 万円が窓口での患者の自己負担となる。この自己負担額には高額医療費制度が適用されるため、最終的に 80,100 円の自己負担となる。したがって、患者が最終的に負担する金額は、特別料金 20 万円と自己負担限度額 80,100 円の合計額である 280,100 円となる。

図45　先進医療の自己負担

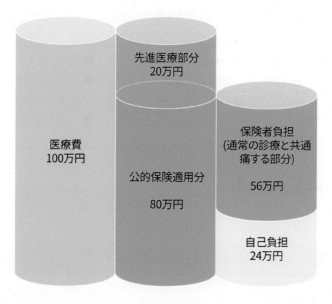

先進医療部分
20万円

保険者負担
(通常の診療と共通
痛する部分)

56万円

医療費
100万円

公的保険適用分

80万円

自己負担
24万円

（出典）各種資料を参考にして作成

(c) 高度医療

「高度医療」とは、薬事法上の未承認または適応外使用である医薬品または医療機器の使用を伴う先進的な医療技術であり、治験や薬事承認につながる科学的評価可能なデータ収集が目的であり、この高度医療は、保険診療と併用することが認められている。高度医療（第3項先進医療）は、高度医療評価会議で個別に認められる。

表37	選定療養	
快適性・利便性に かかるもの	医療機関の選択に かかるもの	医療行為等の選択に かかるもの
● 特別の療養環境の提供 　（差額ベッドへの入院） ● 予約診療 ● 時間外の診療 ● 前歯部材料差額 ● 金属床総義歯	● 200床以上の病院の未紹 　介患者の初診 ● 200床以上の病院の再診	● 制限回数を超える医療行為 ● 180日を超える入院（入院 　医療の必要性が低い場合） ● 小児う蝕治療後の継続管理

▌（出典）各種資料を参考にして作成

08 民営医療保険の構造と特徴

公的医療保険を補完する民営医療保険の構造と特徴は、次の通りである。

1 給付金

　民営傷害保険が「ケガ（傷害）」を担保するものであるのに対し、民営医療保険は、傷害と「病気（疾病）」の両方を担保している[65]。民営医療保険で支払われる主な給付金は、次の通りである。

---

[65] 損害保険業界が医療費用保険を発売した1986年4月当時では、「医療保険は、「傷害保険」と「疾病保険」とを組み合わせた保険である」と説明されていた（竹内昭夫序・神谷高保著『医療費用保険の解説』保険毎日新聞社、1987年6月、pp.9-11）。

表38　民営医療保険の給付金

給付金の種類		要　件	支払われる額
入院・通院	入院給付金	急激・偶然・外来の事故による傷害または疾病で入院したとき	入院給付金日額×入院日数
入院・通院	通院給付金	傷害入院給付金または疾病入院給付金が支払われる場合などで、その傷害または疾病の治療のため、通院したとき	通院給付金日額×通院日数
手術	手術給付金	傷害入院給付金または疾病入院給付金が支払われる場合で、その傷害または疾病の治療のため、所定の手術をしたとき	入院給付金日額×所定倍率
先進医療	先進医療給付金	傷害や疾病で入院し、その治療のため先進医療を受けて特別料金を負担したとき	先進医療技術料相当額、または一定額（通算限度額の設定がある場合もある）

■　（資料）各種資料から筆者作成

　民営医療保険は、傷害と疾病に対する入院給付金・手術給付金[66]などを支払うことを基本にして、通院時の給付、健康保険の対象外となるような先進医療を受けたときに要する特別料金（技術料）の給付などを組み込むことにより、商品によっては給付内容が多岐にわたっている。民営医療保険における「入院」とは、医師による治療が必要な場合において、自宅などでの治療が困難なため、病院または診療所に入り、常に医師の管理下において治療に専念することをいう。この入院は、国内外を問わない。しかし、美容上の処置、正常分娩、疾病を直接の原因としない不妊手術、治療処置を伴わない人間ドック検査などの検査入院については、民営医療保険では保障されない。

　基本的に入院給付金は、日額という定額で設定され、入院日数分が支払われる。

---

[66]　生命保険では、医療保険金で死亡以外のときの保険金を「給付金」と称しているが、損害保険では、「保険金」と称している。

入院給付金の日額は、5,000円・10,000円・15,000円などで、1,000円刻みで自由に設計できる保険会社も多い。この入院給付金は、「日帰り入院」、「1泊2日型」（2日以上入院した時、1日目から給付）、「5日型」（5日以上入院した時、5日目から給付）など、保険会社や商品によって異なる。「日帰り入院」とは、入院基本料などの支払いが必要となる入院日と退院日が同一の入院であり、「医療費請求書」の「入院料」の欄に点数（金額）が記載される。病院の1泊2日は、2日の入院となる。また、「通院」とは、医師による治療が必要なため、外来や往診によって治療を受けることをいう。通院給付金は、生命保険会社の医療保険の場合、入院があって初めて支払いの対象とするものが多く、入院に至らない通院のみでは対象とはならない。しかし、損害保険会社の傷害保険の場合、ケガでの通院のみで、給付金が支払われる。通院給付金も、上記の入院給付金と同様に、日額という定額で設定される。

　この入院給付金には、1入院支払限度日数と通算入院支払限度日数の2つの限度日数が設定されている場合が多い。また、通院給付金には、1回の通院支払限度日数と通算入院支払限度日数の2つの限度日数が設定される[67]。1入院支払限度日数とは、1回の入院（1入院）で受け取れる入院給付金の限度日数で60・120・180日などがある。従来は1入院120日型が基本であったが、入院日数の短期化と保険料競争から1入院60日型が登場し、入院給付金が少なくなるため保険料が割安となることから、急速に広まった。民営医療保険は、1入院の定義について、転入院または再入院については継続した1回の入院とみなされ、退院後180日以内に同一もしくは医学上重要な因果関係にある疾病で再入院した場合は、継続入院とみなされる。したがって、1入院支払限度日数が60日の場合、30日間入院した後、同じ病気で3ヶ月後に40日間入院した場合、合計で70日間入院であるが、入院給付金は1入院支払限度日数である60日分しか支払われない。また、通算入院支払限度日数は保険期間中に受け取れる入院給付金の限度日数で730・1,000・1,095日などがあり、日数が多いほど保険料が高くなる。終

---

67 例えば、アメリカンファミリー生命保険会社の「通院特約」では、2012年1月現在、日帰り入院を含む入院の後の通院1日につき3,000円の疾病・災害通院給付金が支払われる。退院翌日から120日以内の通院が対象であるが、1回の通院支払限度日数30日、通算通院支払限度日数1,095が設定されている（同社のホームページ）。

身医療保険などで、保険期間中であっても、入院期間が通算入院支払限度日数に達すれば、それ以降は入院給付金が支払われなくなる。通院の場合は、保険期間中であっても、通院期間が通算通院支払限度日数に達すれば、それ以降は通院給付金が支払われなくなる。多くの保険会社では、入院特約の通算支払限度日数を1,095日などに拡大した。

　一方では、医療技術の進歩や診療報酬の改定に伴い、入院期間が短縮される傾向が見られる。厚生労働省の「平成20年患者調査」によると、退院患者の在院日数の平均である平均在院日数[68]は、病院の場合は37.4日で、1991年の47.4日を境に、短縮され続けている。この入院期間の短期化に対応して、いわゆる「日帰り入院」などの一日以上の入院の場合でも、給付金が支払われるようになっている。

　このような日帰り入院対応の医療保険が開発された背景には、医療技術の進歩がある。以前は数週間の入院が必要だった手術なども、医療技術の進歩によって短期間の手術と短期間の入院で回復できるようになってきている。例えば、白内障手術、良性乳房疾患などのように、1日の入院で治療が可能になったものがある。腹腔鏡などの医療機器の進歩も、これを後押ししている。また、国は、救急車が入るような「急性期病院」が長期入院患者を受け入れると、報酬が減額される「診断群分類別包括評価（ＤＰＣ）」を導入した。この「診断群分類別包括評価（ＤＰＣ）」[69]は、急性期病院において入院期間が短く済んだ場合に病院側の報酬を手厚くし、逆に、長期入院化すると報酬が段階的に下げられる仕組みのもので、「急性期医療に質の高い医療を実施してもらい、早期退院を促す」ことを目的にして

---

[68] 「平成20年患者調査」における平均在院日数は、施設別に、年齢階級別に、傷病別に、異なる。施設の中では病院が長く、年齢別では、高齢者が長い。また、傷病別では、新生物22.4日、循環器系の疾患52.7日、精神および行動障害290.6日などである。

[69] 「診断群分類別包括評価（ＤＰＣ；Diagnosis Procedure Combination）」とは、日本で開発された診療報酬の包括評価方式で、入院患者を傷病名、診療行為、重症度によって分類し、約1,400分類に対して、診断群分類ごとに1日当たり点数を定め、その点数に病院ごとの係数と入院日数を乗じて入院費を算出する方式である。従来の計算方法は、診療で行った検査や注射、投薬などの内容に応じて医療費を計算する「出来高払い」方式であった。「診断群分類別包括評価（ＤＰＣ）」では、病名や手術、処置等の内容に応じた1日当たりの定額の医療費を基本として、全体の医療費の計算を行う「包括払い」方式となる。

いる。ＤＰＣでは、入院１日当たりの診療点数は、一入院につき３段階に区分されており、入院が長くなるほど１日当たりの診療点数が低くなる。さらに、入院が定められた日数を超えると従来の出来高払いの計算になる。

　手術給付金は、病気やケガで所定の手術を受けた時に受け取る給付金である。この手術給付金には、手術の種類に応じて入院給付金日額の10・20・40倍のタイプと、10万円・20万円などのように、金額が固定されたタイプがある。手術の種類に応じて、入院給付日額の10倍・20倍・40倍の給付金額を設定していることが多いが、20倍１種類のところもある。また、手術給付金は、原則的に手術を受けるたびに何度も受け取ることができるが、１回の手術で２種類の手術を受けた場合は、手術給付金は１回分の支払いとなる。なお、医療保険によっては手術給付金を特約としているものもある。

　先進医療給付金は、厚生労働省が定めた「先進医療」を受けた場合に、受け取れる。実際の技術料が支給される（上限がある場合もある）もの[70]と、治療内容によって一定の金額が決まっている[71]ものがあるが、その技術料相当額を給付金として支払うというのが一般的である。つまり、技術料相当額を保障することが多くなっている。先進医療の給付金の限度額は保険会社によって異なり[72]、１回当たりの限度額と通算限度額が設定されており、50万円、100万円、700万円、1,000万円、2,000万円などとなっている。先進医療は受けられる医療機関が限られていることから、治療を受ける際にかかる宿泊費を支払うタイプや、宿泊費・交通費などに充てられるよう５万円あるいは10万円の一時金を支払うタイプもある。

---

[70]　例えば、2012年1月現在、ソニー損保の「SURE」では、先進医療の技術料と同額を保障する。オリックス生命保険の「CURE」では、先進医療の技術料を保障するが、通算限度額が1,000万円となっている。明治安田生命保険の「元気のミカタ」での「先進医療保障特約」では、通算限度額が600万円となっている。

[71]　2002年に発売されたアフラックの「新EVER」では、2012年1月現在、入院給付金10,000円（1日）の場合、先進医療一時金は、1年に5回まで1回につき10万円となっている。また、同保険などに添付する「総合先進医療特約」での先進医療給付金は、先進医療の技術料に対して50万円を限度として、1年間1年に5回まで、保険期間通算で700万円まで保障する。

[72]　先進医療特約付の医療保険の保険料は、終身払いの場合でも、月々60〜100円程度の保険料負担で付けられるのが一般的であるが、これは先進医療を受ける事例が少ないからであるといわれる。

2 担保範囲の限定

(a) 三大疾病保障保険

　医療保険には、その保障対象または範囲を限定して特定の疾患に対して保障を手厚くするものがあり、基本的な医療保険の特約または単品として販売されている。その代表的なものが、三大疾病保障保険、がん保険、女性保険（女性向け医療保険）、傷害保険である。

　三大疾病保障保険は、「特定疾病保障保険」や「重大疾病保障保険」などと呼ばれることもあり、被保険者が三大成人病（ガン、急性心筋梗塞、脳卒中）（特定疾病）と診断され、一定の状態になった場合に限り、生存中に保険会社から死亡保険金と同額の特定疾病保険金が支払われる保険である。三大疾病保障保険の保険金には、特定疾病保険金、死亡保険金、高度障害保険金がある。三大疾病に罹患した場合は、生前に保険金を受け取ることができるため、高額の医療費や家族の生活費に対応できる。具体的には、がんは、はじめて診断されたときに保険金が支払われる。がんについては、加入時（責任開始日以降）90日間は免責となる。急性心筋梗塞の場合は、保障の開始以後に、急性心筋梗塞を発病し、初めて医師の診療を受けた日からその日を含めて60日以上、労働の制限を必要とする状態（軽い家事等の軽労働や事務等の座業はできるが、それ以上の活動では制限を必要とする状態）が継続したと、医師によって診断されたときである。また、脳卒中は、保障の開始以後に、脳卒中を発病し、初めて医師の診療を受けた日からその日を含めて60日以上、言語障害、運動失調、麻痺等の他覚的な神経学的後遺症が継続したと、医師によって診断されたときである。

　この保険の保険金の支払は、通常は1回限りで、保険金を受け取れば保険契約は終了する。しかし、三大疾病に罹患した場合、保険金の支払を終身または有期の年金払いとする商品もある（ソニー生命の三大疾病収入保障保険）。三大疾病保障保険（特定疾病保障保険）は、銀行によっては、住宅ローンに付帯することもあり、この場合は「三大疾病保障特約付住宅ローン」や「三大疾病保障付住宅ローン」などと呼ばれている。ガン保険は、ガンによる入院日数に応じて支給される「入院給付金」と、「診断給付金」や「在宅療養給付金」などがセットになっているものがほとんどである。これに対して、三大疾病保障保険は、ガンになった場合に保険金支払いの要件を満たせば、保険金が一括で支払われ、以降は契約

が消滅する。

　一方、生活習慣病（成人病）特約において対象となる成人病（生活習慣病）は、従来は、悪性新生物（上皮内がん含む）・糖尿病・高血圧性疾患・心疾患・脳血管疾患の５つであった。最近は、この５つに、肝硬変と慢性腎不全の２つを加えた７つを範囲とする保険会社もある[73]。また、この中での悪性新生物（上皮内がん含む）を除いて、６つの疾患を範囲とする保険会社もある[74]。通常は、主契約の医療保険の日額と同額かそれ以下で付加可能であり、多くの場合、終身医療保険の特約で病気の種類を限定しているので保険料は低く設定されるが、その病気で入院する確率は非常に高い[75]。

(b) がん保険

　がん保険は、被保険者ががんと診断された場合のみ、診断給付金や入院給付金、手術給付金等を受け取ることができる。これは、一般の医療保険では、あらゆる病気やケガで入院・手術を対象に、入院給付金や手術給付金が支払われることと異なる。がん保険の最大の特徴は、入院給付金の支払日数が無制限であることである。一般の医療保険の場合、前述のように、一入院支払限度日数および一通院支払限度日数と、それぞれの通算支払限度日数がある。一方、最近のがん治療では、がんの発見から手術、放射線治療・抗がん剤治療を経て、完治に至るまでに、

---

[73] ガン保険をもとに、「成人病」（当時の名称であり、付保した疾患が悪性新生物、糖尿病、心疾患、高血圧性疾患、脳血管疾患を対象）特約として、1976年6月に商品化された。現在の「生活習慣病」は、「がん（上皮内新生物、悪性新生物）、心疾患、高血圧性疾患、糖尿病、脳血管疾患、肝硬変、慢性腎不全」の7つの疾患をいい、1996年12月18日、当時の厚生省「公衆衛生審議会」が、これらの病気が発病するまでには、食生活や喫煙、飲酒など、個人の生活習慣に因子が深く関わっているとして、「成人病」に代わって「生活習慣病（Ｌｉｆｅ-Style Related Diseases）」という新たな疾病概念を導入し、疾病の予防対策を推進することが始まりである。

[74] 明治安田生命は、2011年9月26日、六大疾病（急性心筋梗塞、脳卒中、重度の糖尿病、重度の高血圧性疾患（高血圧性網膜症）、慢性腎不全、肝硬変）による所定の状態に対する保障を内容とする「六大疾病保障特約」を発売した。

[75] 死因別死亡率の推移を見ると、1958（昭和33）年以降は、上位3位が、悪性新生物（がん）、心疾患、脳血管疾患となっている。疾病全体に占める生活習慣病の割合は、死亡原因では6割、医療費では3割を占めており、国民の健康に対する大きな脅威となっている（厚生労働省『平成19年度版厚生労働白書』）。

1回の入院で済むことは少なく、検査、手術、抗がん剤治療のたびに入退院を繰り返したり、通院治療を行うことも多い。このように、がんが他の病気よりも入院期間も長く、入退院を繰り返すことも多いので、がん保険の場合は、入院給付金の支給に制限が無い。

また、がん保険には一般医療保険にはない「がん診断給付金」がある。がん診断給付金とは医師により「がん[76]」であると確定診断されたときに支払われる一時金のことである。がん診断給付金は、保険会社によって支払方法の違いが大きく、上皮外への侵入がある悪性新生物のみ支給するもの、上皮内新生物（上皮内がん）にも支給するもの（給付金額は悪性新生物より少なくなる場合もある）、給付回数が1回限りのもの、何回でも受け取れるもの（前のがんにかかってから2年以上経過していることなどの条件がある）がある。がん診断給付金は1回50万円や100万円などである。がん手術給付金に関しては、手術の種類により入院給付金の10・20・40倍の額を支払うタイプと、定額タイプがある。他には、通院治療を保障する「通院給付金」があるがん保険もある。通院給付金には、入院給付金が支払われる入院後の通院を保障するタイプと、通院のみでも保障するタイプがある。

最近は、放射線治療や抗がん剤治療を通院で行う病院が増えている。また、「先進医療」の約7割はがんの診断・治療を対象にしている。最近のがん保険には、先進医療保障を特約で付けられるものが多い。また、がんになった場合に、セカンド・オピニオン[77]や精神面のケアのサービスを提供するがん保険もある。

---

[76] がんの定義は保険会社によって異なり、担保するがんの種類も保険会社または保険商品によって異なる。厚生労働省の「疾病、傷害および死因統計分類表、ICD-10」に準拠した分類を採用する保険会社が増えている。

[77] セカンドオピニオン (Second Opinion) とは、医療分野の場合、患者が検査や治療を受けるに当たって主治医以外の医師に求めた「意見」、または「意見を求める行為」である。自費診療で受診する場合は、セカンド・オピニオンは「診療」ではなく「相談」になるため、健康保険給付の対象とはならず、全額自己負担となる。しかし、保険医療機関で受診し、保険証を提示して、患者が一般外来での保険診療を希望する場合は、保険診療の取扱いとなる。医療保険の付帯サービスとして、セカンドオピニオンを提供する保険会社がある (アクサ生命、アメリカンホーム、AIU保険など)。

(c) 女性向け医療保険

女性向け医療保険では、女性特有の病気や妊娠・出産異常などについて、その他の病気やケガよりも保障を手厚くしている。例えば、女性特定疾病で入院した場合は、入院給付金に一定の上乗せをするタイプなどが多い。女性向けの医療保険で保障される病気は保険会社によって様々である。女性向け医療保険は、基本的には入院や手術をしたときの医療保障のための保険であるが、保険会社によっては、死亡保障を付けたり、一定期間内に入院や手術をしないか、生存していると無事故給付金・生存給付金を受け取れる女性保険などもある。さらには、女性特有疾患だけでなく、全てのがんや生活習慣病にも保障を厚くしている女性保険や、乳がんにかかって乳房再建手術をした場合は高額の給付金が受け取れる女性向け医療保険などもある。一方、医療保険に女性特定疾病特約を加えただけの形のものもある。

女性特定疾病特約とは、女性特有の病気など所定の症状になったときに、通常の入院給付金や手術給付金に、一定の上乗せを付加する特約のことである。女性特定疾病特約を付けていれば、女性特有の病気で入院や手術をした場合、その他の病気やケガよりも保障が厚くなる。「女性特有の病気」の範囲については保険会社により違いがあり、全てが女性にしかない病気というわけではなく、男性もかかる病気（女性の患者が比較的多い）が含まれることもある。

(d) 傷害保険

傷害保険は、伝統的に、損害保険会社が販売してきた保険である。傷害保険における保険事故は、急激[78]かつ偶然な外来の身体傷害（Bodily injury caused by violent, accidental and external visible means）と限定され、疾病は担保され

---

[78] 「急激」とは、原因となった「事故」から結果である「傷害」までの時間的間隔がないことである。例えば、ゴルフのクラブを振った瞬間の捻挫、ひげそりによる顔の切り傷から入った破傷風に感染したことは緊迫性があるが、靴擦れ、凍傷、日射病などは急激性を欠くとされる。また、太陽光線に身体を長時間さらすことにより日射病という結果を引き起こすことは、被保険者にとっても予知できるところであるため、急激性および偶然性を欠くとされる。さらに、外来とは、保険事故の原因が身体内部にないことである。したがって、交通事故・墜落・火災・爆発・転倒、工場などでの作業中の事故などによる傷害は保険事故であるが、職業病、日焼け、靴擦れ、凍傷などは、傷害保険でいう保険事故ではない。

ない。しかし、犬に咬まれて恐水病にかかり死亡した場合のように、先行した傷害事故と後に発生した疾病との間に因果関係が認められるときは、当該疾病も傷害事故の結果として担保される。また、保険事故の発生事故は保険期間中でなければならないが、保険事故の発生場所は、普通保険約款に日本国内または国外と規定され、特に制限をしていない。

傷害保険の特徴のひとつに、保険料の判断基準が、業種・職種に限定されることが挙げられる。したがって、傷害保険では、生命保険のようにリスクが加齢とともに増加することはなく、あくまでもケガに対する補償を目的に掛けられる保険であるので、健康状態を問われることもない。

傷害保険の保険料は、通常の場合、被保険者(保険をかけられる本人)の仕事の危険度合いによって異なる。傷害保険の場合、危険度に応じた3つの等級分類があり、ケガをする可能性が少ない級から順に、傷害保険等級1級(危険度:低)・2級(危険度:中)・3級(危険度:高)に分類されている。

3 医療保険の長期化

医療保険は、特約型と主契約型に分けられる。国内の生命保険会社は、主に保険期間が長期に及ぶ死亡保障保険などの商品を販売していることもあり、生命保険(死亡保険)に特約として付けられた医療保障の特約商品が多い。損害保険会社でも傷害保険などの特約として販売している例がある。大手生保は、最近は、死亡保障ニーズが減っていることから、主契約型もみられるが、後述の2001年の第三分野の完全自由化までは第三分野保険の単品での販売が規制されていたこともあり、また担保の総合化を目指していることもあるため、死亡保障を主力商品にしている。生命保険会社の特約型は、この死亡保障の主契約に付けられている商品である。保障期間は、主契約によるのが原則である。例えば、15年間の定期保険に添付した医療特約は15年で終了し、20年の定期保険に添付した医療特約は20年で終了する。

主契約型とは、医療保険としての商品名を付けられ、単体で売られている医療保険のことである。この主契約型(単品商品)は、主として損害保険会社と外資系の生命保険会社によって販売されていたが、最近では国内の生命保険会社も販売している。「医療保険」単品は、主契約型の医療保険で、死亡給付がないか低額の小額保障が多い。さらに、医療保険にも特約を添付することができるが、医

療保険に付加できる主な特約には、通院給付金特約、女性疾病特約、三大疾病保障特約、先進医療特約、リビングニーズ特約などがあり、他にも死亡保険金や無事故給付金・生存給付金（いわゆるボーナス）などが付いた医療保険もある。

この医療保険には、定期型と終身型がある。定期医療保険の保障は、10年間が一般的であるが、保険料が高くなりがちな高齢者が加入しやすいよう、5年間のものもある。医療保険の保険料は、伝統的に生命保険で採用されてきた平準保険料方式が採用され、保険期間を通して、加入したときから固定される。しかし、加入時の年齢が高齢の場合は、入院する確率が高くなるため、収支相等の原則から、保険料が高くなる。更新型は、更新ごとに保険料が高くなり、若いうちは負担が軽いが、高齢になると負担が重くなる。この更新の際には、健康上の告知も必要なく、証券番号も変わらず、新規加入の際にはあった契約日以降の一定期間の免責期間（多くは3カ月）もない。

一方、生損保ともに、終身型医療保険を発売している。終身医療保険は、保障が一生涯続く医療保険のことであるが、終身型でも入院給付金の支払いが、通算支払限度日数に達すれば、それ以降の入院は保障されない。終身型の医療保険の保険料払込方法には、終身という保険期間全期に渡って払込する終身払いと、有期払い（60歳、65歳、70歳等払込の設定がある）を選択することができる。この終身医療保険は、高齢化を背景に、高齢者になったときの医療保障のために、有効なものである。

医療保険の保険料は、多くの場合、保険期間を通して平準化した平準保険料方式が採用されているため、保険料は払込満了まで一定である。加入時の年齢によって保険料が異なり、加入年齢が若いほど、保険料は安くなる。同年齢でも、男女で保険料を異にしているのがほとんどである。入院する確率や平均余命が違うためである。また、終身医療保険には、予定利率が使われている。加入後も3年ごとに標準予定利率をもとに、保険料を見直し、標準予定利率が上がった場合には保険料を引き下げ、仮に標準予定利率が下がった場合でも保険料は変更されない終身医療保険も現れた[79]。

---

[79] 2004年7月に発売され損保ジャパンの「新・長期医療保険（Ｄｒ.ジャパン）」であるが、2011年3月31日をもって販売を終了している。同社は、2006年01月31日現在、同保険の契約件数は21万件を超えたことを発表していた(同社のホームページ)。

09 民営医療保険の役割

1 第三分野保険の生損保相互参入

　損害保険会社によって、1947 年 8 月に、傷害保険統一約款が制定されたが、その中で傷害事故の発生日から 180 日までの入院や通院に対する医療保険金が規定されていた（保険金額は通算 500 日分）。生命保険会社の入院保障は、損害保険会社によって 1963 年 7 月に発売された「交通事故傷害保険」の発売を契機にして、1964 年 4 月に発売された「災害保障特約」が嚆矢とされる[80]。1974 年 11 月には、アメリカ合衆国のアメリカンファミリー生命保険（アフラック）が「がん保険」を単品医療保険として発売した[81]。しかし、国内大手の生命保険会社に対してはがんのみを対象とする単品医療保険は認められず、1976 年にがんを含む成人病特約として、主契約に付加する形で、各社より発売された[82]。また、医療保険単品は、1976 年にアメリカファミリー生命よって最初に販売された[83]。一方、損害保険業界は、1985 年 12 月に、医療費用保険の認可を得た[84]。また、生命保険業界は医療保障保険の認可を得て、1986 年 4 月から、生命保険会社は医療保障保険、損害保険会社は医療費用保険を同時に発売した。

　1990 年代に入ると、大手生保は定期付終身保険の特約として、特定の疾病により所定の状態になった場合に、死亡保険金と同額の給付金を支払う保険を相次

---

[80]　損害保険会社の「交通事故傷害保険」は、傷害保険の特約として発売され、補償の範囲を交通事故に限定し、死亡・後遺障害・入院を担保するもので、医療保険金を 1 日につき千分の一に設定していた。生命保険会社の「災害保障特約」は、交通事故を含む災害全般による死亡・障害・入院を保障するものであった（小林雅史「医療保険の約款について ──生損医療保険約款の支払事由、免責事由を中心に ──」『保険学雑誌』第 612 号、日本保険学会、2011 年 3 月、pp.200-206）。

[81]　同社のがん保険における販売シェアは、85% 以上（1999 年）にも達していた。

[82]　生命保険会社による医療保険商品については、宮地朋果「医療保険をめぐる商品開発の動向」『民間医療保険の戦略と課題』勁草書房、2006 年 6 月、pp.97-120 を参照されたい。

[83]　堀田一吉編著『民間医療保険の戦略と課題』勁草書房、2006 年 6 月、pp.74-77。

[84]　竹内昭夫序・神谷高保著、前掲書、pp.23-54。

いで販売した[85]。1996年4月、保険業に対する規制緩和を意図した新保険業法が施行された。しかし、1994年から毎年開催された日米保険協議の結果、激変緩和措置によって、第三分野保険における外資の独占状態は2001年まで継続することが決定された。2001年1月に大手生命保険会社と損害保険会社の子会社生保の第三分野への参入が解禁され、同年7月からは、米国との合意に基づいて日本国内の生命保険会社・損害保険会社の本格参入が初めて可能となった。これによって、第三分野保険は、第一分野と第二分野の兼業が禁止されることとなり、生命保険会社・損害保険会社・共済が競争する領域となった。この2001年からの医療保険に対する完全自由化以降、国内大手生命保険会社、損害保険会社などは[86]、がん保険と医療保険（単品）市場への参入が可能になり、多くの生損保が医療保険を販売している。

2 公的医療保険の流動的な補完

民営医療保険は、公的医療保険を補完しているが、その需要が増大している。その理由は、次のことが考えられる。第一に、公的医療保険における療養の給付には、自己負担割合が年齢別（所得別）に10%から30%まで決められている。この自己負担割合は、少子高齢化などによる医療費負担の増大にともない、1980年代から増加し続けており、この自己負担割合の増加が民営医療保険の需要を刺激していると指摘されてきた。確かに、公的医療保険の自己負担額は、一定の比率であるため、医療費が多くなるとそれに比例して嵩むものである。さらに、医療リスクは加齢とともに増加するものであり、高齢化によって平均寿命が延びていることを考慮すれば、納得できる指摘である。

しかし、この自己負担金が高額になると、「高額療養費制度」によって、自己

---

85 1992年、日本生命とアリコジャパンがほぼ同時期に、主契約型の特定疾病給付保険（三大成人病保険）、「ニッセイあすりーと」、「生きるための保険 エトワ」をそれぞれ発売したのが最初である。遺族保障が主流であった当時、生前給付による本人（被保険者）保障という新しいコンセプトが広く支持され、ヒット商品となった。1996年に日本生命は、従来型よりも割安で加入することができるように、定期付終身保険または終身保険に付加できる特約を発売した。

86 損害保険会社が販売する第三分野保険は、定額保険、損害保険、混合型保険があるとされる（東京海上日動火災保険株式会社編著『損害保険の法務と実務』社団法人金融財政事情研究会、2010年7月、pp.91-92）。

負担金限度額を超えた自己負担金が還付される。この「高額療養費」制度における限度額は月単位であるなどの問題もあり、長期に渡る治療や介護を含む場合は、自己負担額が比較的に多くなる可能性があった。この問題に対応するために、公的医療保険と公的介護保険の両方の合算で、しかも年単位の限度額を基準に支給を受ける「高額医療・高額介護合算療養費制度」が、2008年4月から実施されていることは、前述の通りである。さらに、傷害または病気によって給料がもらえなくなった場合、働けなくなった日から4日目以降、給与（標準報酬額日額）の3分の2が最長1年6ヶ月支給される「傷病手当金」制度がある。この傷病手当金が支給されるのは、支給開始の日から同一傷病につき1年6ヵ月を限度に、医師が労務不能と認めた期間であり、途中で病気が軽快し出勤した期間、つまり傷病手当金を受けない期間があっても、支給が開始された日から1年6ヵ月経過すると支給は打ち切られる。

したがって、公的医療保険が適用される限りにおいては、そのリスクは相当限定的なものなっている。この公的医療保険が比較的に高いレベルで医療費用の保障に対応していることが民間医療費用保険の低迷につながったと指摘する意見も見られる[87]。この公的医療保険の自己負担金を担保する保険は、損害保険会社の医療費用保険[88]であり、自己負担金に対しては、治療費用保険金が実費で支払われる。しかし、この医療費用保険は、損害保険会社が、1985年12月に、医療費用保険の認可を得てからこれまでに特に注目するほどの売れ行きはなかった。一方では、近年、民営医療保険の需要が増加しており、それには公的医療保険における増加する自己負担割合以外の別の理由が考えられる。

第二に、医療現場では、公的医療保険より高級な医療サービスが提供されており、その高級な医療サービスを受けることが多くなっている。例えば、入院した病室が6人部屋であれば公的医療保険が適用されるが、緊急の治療を要する際に

---

[87] 安井敏晃「自由化と私的医療保険」『保険学雑誌』第611号、日本保険学会、2010年12月、p.136。

[88] 医療費用保険金の保険金には、次のようなものがある。①治療費用保険金：入院中にかかった治療費の自己負担金額（健康保険や国民健康保険からてん補される高額療養費や付加給付、損害賠償金額などを除く実費負担金額）。②入院諸費用保険金：差額ベッド代、ホームヘルパーの雇入費、親族付添費、入院諸雑費、入院・転院・退院のための交通費、入院中の食事にかかる費用（入院時食事療養費を除く）などの実費。③高度先進医療費用保険金：高度先進医療にかかる費用、高度先進医療を受けるに当って必要な入院・転院・退院のための交通費。

は、差額ベッド代がかかる病室の使用を余儀なくされることもある。差額ベッド代は、日額2、3千円から1万円程度が相場といわれるが、日額10万円を超えるところもある。このアメニティ（Amenity）[89]に相当する部分は、前述の選定医療となっているが、この部分は全額が自己負担である。しかも、この選定医療に係る自己負担額は、前述の「高額療養費制度」と「高額医療・高額介護合算療養費制度」の適用外となっており、最終的に全額が患者負担となる。また、平均寿命の延びと加齢による医療リスクの増大を考えると、この選定療養に関する医療費の負担は、大きなリスクとして認識される。このようなリスクを背景にして、終身医療保険などの医療保険の保険期間が長期化し、民営医療保険の需要が増大していると見られる。このリスクが、民営医療保険では、主に定額給付の入院給付金[90]として保障され、民営医療保険の需要に応えていると見られる。

　第三に、公的医療保険で最先端の医療が制限的にしか提供されていないことに起因する民営医療保険の需要がある。近年では高度な医療技術を駆使する「先進医療」が、保険外併用療養費制度によって、国の承認の下に行われており、自己負担は数百万円に及ぶ場合もある。このリスクは、確率は低いともいわれるが、その金額の大きさから大きなリスクとして認識されるのに十分である。この先進医療は、公的医療保険に取り入れることを前提にして厚生労働省が認定するもので、公的医療保険の対象になっていく可能性があり、一方では新しい医療技術が先進医療として認定されている。民営医療保険では、この厚生労働省の認定した先進医療を担保しているため、そのリスクは相当流動的なものである。このような流動的な先進医療を背景にして、先進医療を担保する民営医療保険の需要を刺激していると考えられる。

89　アメニティ（Amenity）とは、第一義的には「心地よさ、快適さ、快適性、楽に暮らすために必要なものが整い、整備されていること」を意味する。また、市場価格では評価できないものを含む生活環境であり、自然、歴史的文化財、街並み、風景、地域文化、コミュニティの連帯、人情、地域的公共サービス（教育、医療、福祉、犯罪防止など）、交通の便利さなどを指す。

90　入院給付金は、現金で給付されることから、その使途が入院に制限されているものではないことから、モラルハザードの可能性が併存している。

第8章
————
公的介護保険と民営介護保険

公的介護保険は、40歳からの強制加入であるが、その
サービスを利用するためには要介護認定を受けなければ
ならない。また、公的介護保険は、公的医療保険のよう
に無制限にそのサービスを利用できるのではなく、一定
の限度額がある。一方、民営介護保険は、公的医療保険
とは異なる仕組みの公的介護保険の補完的な役割を果た
している。本章では、このような公的介護保険と民営介
護保険について概説する。

01 公的介護保険制度の導入

　日本における介護保険制度は、ドイツの介護保険制度をモデルにして、2000
年4月1日に導入された。介護保険制度が導入された理由は、次の通りである。

　第一に、急速な平均寿命の延びによって、寝たきり老人や認知症を煩った高齢
者が増加し、介護の長期化などによる介護の必要性・重要性が高まっていた。こ
のような状況下で、高齢者の介護を担ってきた女性の社会進出が増加し、核家族
化が進行したため、老人が老人を介護する「老老介護」が問題になっていた。

　第二に、「社会的入院」の解消のする必要があった。老人保健法に基づく低廉
な老人医療費の状況下で、介護施設よりも医療機関の方が、その費用負担が少な
かったことと、福祉サービスの体制が不十分であったため、一般病院への長期入
院（社会的入院）が多くなっていた。社会的入院とは医療の必要性がないのにも
かかわらず、家族事情等のやむを得ない理由 により医療機関に入院を継続して
いる状態を指す。言い換えれば、特別養護老人ホームなどの老人のための福祉施
設が不足している中で、費用負担の少ない医療機関が本来の目的ではない福祉機
能を補完している状態とされる（山本浩史（2010））。

　第三に、そのために、高齢者の医療費が急増していた。医療と介護を分離して、
医療費の増加を抑制する必要があった。

　これらの問題を解決して、要介護者を家族だけではなく社会全体で支える新た

な仕組みとして、2000年4月より介護保険制度が導入された。介護保険制度は、社会的入院の解消と居宅介護の促進などを通じて、医療費の増加の抑制を目的とするものでもあった。

02　公的介護保険の仕組み

1　公的介護保険の概要

　公的介護保険の運営主体である保険者は、市町村及び特別区である（介護保険法第1条）。東京都では、特別区の23区が保険者である。厚生労働省が介護保険運営の広域化を勧めてきたため、広域連合や一部事務組合で運営されている事例も多い。

　保険者は、介護保険事業計画を策定し、実施する。要介護者を社会全体として介護するという見地から、国、都道府県、医療保険者等が重層的に支え合うことが予定されている。市区町村の責任で設置される地域包括支援センター（在宅介護支援センター）という組織もある。

　介護保険の被保険者は、満40歳以上の者であり、65歳以上は第1号被保険者、40歳から65歳未満の健康保険加入者は第2号被保険者と称される。生活保護法による医療扶助を受けている場合などは、医療保険の加入者ではないので、第2号被保険者ではない。原則として、保険者（市区町村または広域連合）の区域内に住所を有する者を当該保険者の被保険者とする。

図 46　公的介護保険制度の仕組み

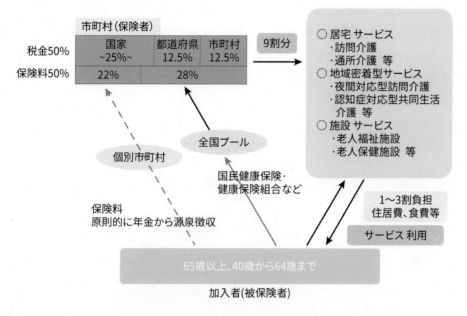

（出典）各種資料を参考にして作成

　第 1 号被保険者（65 歳以上）は、理由を問わず、「要介護認定」によって介護や支援が必要と認められれば、介護サービスを利用できる。第 2 号被保険者（40歳以上 65 歳未満）は、加齢に伴って生ずる心身の変化に起因する病気（国の定めた 16 の特定疾病）によって介護が必要となり、かつ要介護（要支援）の認定を受けた場合に限り、介護保険のサービスを利用できる。第 2 号被保険者は、16の疾病ないしは疾病群が特定疾病[91]以外（例えば、交通事故）の原因によって介護を要する状態になった場合は、介護保険制度ではなく、障害者総合支援法などに基づく障害者福祉の対象となる。

　介護保険制度は、高齢者の介護を国民全体で支え合う制度で、公費（国、都道

---

[91]　がん（がん末期）、関節リウマチ、筋萎縮性側索硬化症、後縦靱帯骨化症、骨折を伴う骨粗鬆症、初老期における認知症、進行性核上性麻痺、大脳皮質基底核変性症、パーキンソン病（パーキンソン病関連疾患）、脊髄小脳変性症、脊柱管狭窄症、早老症（ウェルナー症候群）、多系統萎縮症、糖尿病性神経障害、糖尿病性腎症、糖尿病性網膜症、脳血管疾患、閉塞性動脈硬化症、慢性閉塞性肺疾患、両側の膝関節または股関節に著しい変形を伴う変形性関節症

府県、市町村）と被保険者が納付する保険料でまかなわれる。介護保険に必要な費用から基本的な利用者負担分1割（所得によって2～3割の負担もある）を除く9割は、公費と保険料である。公費50%、保険料50%である。公費は、国25%（介護保険施設にかかる費用の場合は、20%）、都道府県12.5%（介護保険施設にかかる費用の場合は、17.5%）、市町村12.5%である。

介護保険の財源比率（%）は、次の通りである。

図47 公的介護保険の財源

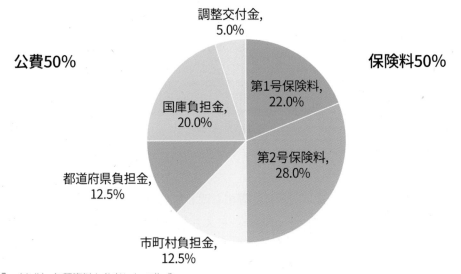

公費50%　　　　　　　　　　　　　　保険料50%

調整交付金, 5.0%
第1号保険料, 22.0%
国庫負担金, 20.0%
第2号保険料, 28.0%
都道府県負担金, 12.5%
市町村負担金, 12.5%

（出典）各種資料を参考にして作成

介護サービス事業者は、介護サービスを提供し、基本的にその費用の1割を利用者から徴収し（所得によって2～3割の負担もある）、残りの9割の給付費を各都道府県に設置されている国民健康保険団体連合会へ請求する。国民健康保険団体連合会は、9割の給付費を保険者から拠出してもらい運営する仕組みとなっている。

介護給付費の審査支払の流れは、次の通りである。

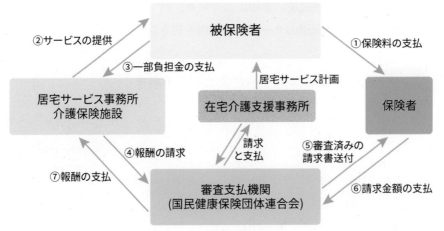

| 図48 | 公的介護保険の介護給付費の審査支払 |

(出典) 各種資料を参考にして作成

　国民健康保険団体連合会は、保険者から審査支払業務の委託を受け、介護給付費に対する審査支払業務を行う。事業者等から介護給付費請求書が提出されれば、介護給付費審査委員会（法第179条）において審査され、保険者への請求額及び事業者への支払額を決定し、保険者への請求及び事業者への支払いを行う。

　公的医療保険制度の3原則は、「国民皆保険」、「フリーアクセス」、「現物給付」である。それに対して、介護保険制度の3原則は、「要介護認定」、「ケアプラン」、「費用給付」である。医療保険体制を担う医療機関は、営利目的での開設を制限した1948年施行の医療法第7条の規定に従い、ほとんどが営利性のない医療法人等または個人により運営されている[92]。しかし、介護保険のサービス基盤を担うサービス事業所では、一部の医療系サービスを除いて営利目的での開設を制限した法人規制が撤廃されている。

2　公的介護保険の利用手続き

　公的介護保険の介護サービスを利用するためには、医療機関に受診する前に要

---

[92]　一部例外として、同法施行前に開設されたもの、また、旧三公社等の民営化に伴い営利法人運営となったJR東京総合病院、NTT東日本関東病院などがある。

医療状態の認定を受ける必要のない医療保険とは異なり、被保険者が介護を要する状態であることを事前に公的に認定を受ける要介護認定が必要である。これによって、介護保険料の無駄使いを防止している。

公的介護保険の介護保険のサービスの利用手続きは、次の通りである。

図 49 公的介護保険のサービスの利用手続き

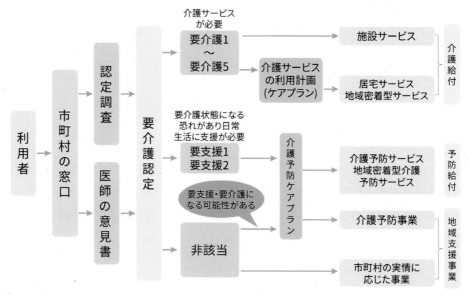

（出典）各種資料を参考にして作成

3 公的介護保険の要介護の認定

公的介護保険の要介護認定を受けるためには、自治体に対し、介護保険制度の要介護者としての認定を申請する書類を提出しなければならない。主治医または指定医師が心身の状態についての意見書を作成し、介護認定審査会に提出する。主治医意見書は、市区町村の指示により主治医が作成する。調査員である役所の担当者や介護支援専門員（ケアマネジャー）が家庭を訪問し、自宅での日常生活での行動を見たり、本人への声かけ、家族へ心身の状況について聞き取り調査を行い、実際に介護を要することを確認し、調査報告書を介護認定審査会に提出する。調査員は、公平な判定を行うため、全国共通の調査票を一次判定で使用し、

調査票に記入できない箇所は特記事項として二次判定に使用する。

　一次判定におけるコンピュータシステムは、樹形モデルと呼ばれ、認定調査の項目別に選択肢を設け、調査結果に従い、当該の選択肢に対して、「1分間タイム・スタディ・データ」の中からその心身の状況が最も近い高齢者のデータを探探し出して、そのデータから要介護認定等基準時間を推計するものである。

　要介護の認定の仕組みは、次の通りである。

図 50　公的介護保険の要介護の認定の仕組み

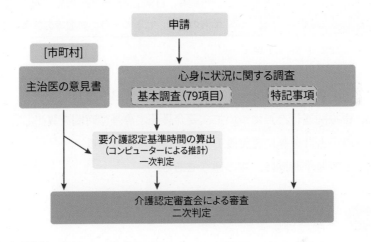

〔出典〕各種資料を参考にして作成

　認定委員会によって、要介護の度数（例えば要介護3）や区分支給限度額の認定が行われ、「要介護3」などと記入された介護保険被保険者証が発行される。それを持って、デイケアや訪問看護を行っている施設へいけば、ケアマネージャ（介護支援専門員）がケアプランを作成してくれる。このケアプランによって、やっと介護保険を利用した介護が受けられる。直接介護を行うのは、介護サービス事業者に所属する介護士である。

　要介護認定は、病気などを基準とするのではなく、「介護の手間」を測る「ものさし」としての時間である「要介護認定等基準時間」を基準にあてはめ、さらに痴呆性高齢者の指標を加味して実施するもので、「要介護認定等に係る介護認定審査会による審査及び判定の基準等に関する省令（1999年4月30日厚生省令

第 58 号）」として定められている。

要介護認定等基準時間の分類は、次の通りである。

表 39 要介護認定等基準時間の分類

区分	内容
直接生活介助	入浴、排せつ、食事等の介護
間接生活介助	洗濯、掃除等の家事援助等
問題行動(BPSD)関連行為	徘徊に対する探索、不潔な行為に対する後始末等
機能訓練関連行為	歩行訓練、日常生活訓練等の機能訓練
医療関連行為	輸液の管理、じょくそうの処置等の診療の補助

（出典）各種資料を参考にして作成

推計は、5分野（直接生活介助、間接生活介助、ＢＰＳＤ関連行為、機能訓練関連行為、医療関連行為）について、要介護認定等基準時間を算出し、その時間と認知症加算の合計を基に要支援1〜要介護5に判定する。

要介護認定等基準時間は、次の通りである。

表 40 要介護認定等基準時間

区分	内容
要支援1	要介護認定等基準時間が25分以上32分未満またはこれに相当すると認められる状態
要支援2 要介護1	要介護認定等基準時間が32分以上50分未満またはこれに相当すると認められる状態
要介護2	要介護認定等基準時間が50分以上70分未満またはこれに相当すると認められる状態
要介護3	要介護認定等基準時間が70分以上90分未満またはこれに相当すると認められる状態
要介護4	要介護認定等基準時間が90分以上110分未満またはこれに相当すると認められる状態
要介護5	要介護認定等基準時間が110分以上またはこれに相当すると認められる状態

（出典）各種資料を参考にして作成

4　認知症の種類

　認知症は、かつては痴呆（ちほう）と称されていたが、行政分野および高齢者介護分野において、「痴呆」の語が廃止され、「認知症」に置き換えられた。認知症は、医学的には「知能が後天的に低下した状態」とされ、もともと健常であった脳が、脳血管疾患やアルツハイマー病といった病気によって、その働きが悪くなり、物忘れや妄想、幻覚、人格崩壊といった症状を引き起こす状態を指しており、単に老化によって物覚えが悪くなるといった現象は、認知症には含まれない。

　認知症の種類は、次の通りである。

(a) 脳血管性認知症

　脳血管性認知症は、脳梗塞や脳出血などが原因で脳内の神経組織が破壊されることによって発生する認知症である。その主な症状は、記憶障害とその他の言葉・動作・認知などの認知機能障害である。その特徴は、症状が突如として現れたり、その後になって階段状に悪化したり、または変動したりする場合があることである。

(b) アルツハイマー型認知症

　アルツハイマー病の原因は、未だに解明されていないが、脳内の神経細胞が何らかの異常により激減し、脳が萎縮することが原因であるとされている。その症状は、脳血管性認知症と似ているが、初期症状が分かりにくく、ゆっくりと進行していく特徴がある。認知症の対症療法や、脳内に不足している物質を投与する薬物療法が有効とされる。

5　認知症の症状

　認知症の症状には、認知症の人に共通してみられる中核症状と、その周辺症状（BPSD; 認知症の行動・心理状態）がある。中核症状は、記憶障害や見当識障害のように、認知症の人全員に見られるが、周辺症状は人によって現れ方に違いがあり、対応が難しい。

図51　認知症の症状

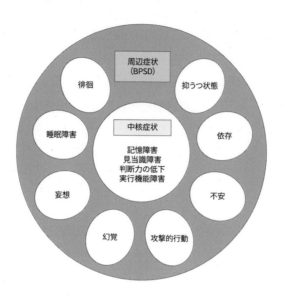

周辺症状
（BPSD）

徘徊

抑うつ状態

睡眠障害

中核症状

記憶障害
見当識障害
判断力の低下
実行機能障害

依存

妄想

不安

幻覚

攻撃的行動

（出典）各種資料を参考にして作成

　「中核症状」は、脳の神経細胞の破壊によって、直接発生する症状である。直前に起きたことも忘れることは、記憶障害と称され、いつ・どこがわからなくなることは、見当識障害と称される。見当識とは、現在の年月や時刻、自分がどこにいるかなど基本的な状況を把握することをいう。

　判断力障害は、筋道を立てた思考ができなくなることであり、実行機能障害は、計画的にものごとを実行できなくなることである。問題解決能力の障害は、予想外のことに対処できなくなることである。運動器に異常がないのに、身につけた一連の動作を行う機能が低下することは、失行（しっこう）と称され、ボタンをはめられないなどのことである。構音器に異常がないのに、言語機能が低下することを、失語（しつご）と称し、意味の分からない言葉を話したり、ものの名前がわからなくなることなどである。失認（しつにん）は、感覚器に異常がないのに、目や耳などの五感を通じて、まわりの状況を把握する機能が低下することを指し、道具の使い道がわからなくなることなどである。

表41	中核症状の種類

中核症状	症　状
記憶障害	・直前の事を忘れる ・同じことを何回もいう ・忘れ物を何回もする
見当識障害	・今がいつなのか（時間・季節の感覚がなくなる） ・今どこにいるのか（道順の感覚がなくなる）
判断力の低下	・真夏にセーターを着る ・考えるスピードが遅い
実行機能障害	・計画を立てて実行できない ・目的達成の判断ができない

（出典）各種資料を参考にして作成

　周辺症状（ＢＰＳＤ；Behavioral and Psychological Symptoms of Dementia）は、中核症状の"周辺"として起こる症状で、妄想を抱いたり、幻覚を見たり、暴力をふるったり、徘徊したりするといった精神症状である。また同時に、うつや不安感、無気力といった感情障害が起こる事例もある。自分の身体に傷をつける、畳をむしったり、布を裂きつづける、火をもてあそぶ、大声で叫ぶ、ふいに興奮して騒ぎ出す、「誰かが襲ってくる」と騒ぐ、人に対して攻撃的になる、介護者を泥棒呼ばわりする、暴力をふるう、幻覚を起こす、鏡に向かって話しかけたり手招きする、テレビのプロレスを止めさせようと興奮する、誰もいないのにそこに人がいると言う。周辺症状はその人の性格や環境、人間関係などが絡み合って起きるものである。そのため、症状は人それぞれ異なり、また接する人や日時によっても大きく変わってくる。かつては力で押さえつけるといった対応が主流であったが、現在は回想療法や音楽療法といった非薬物的な治療でアプローチし、BPSDを生じさせないようにしようという流れに変わってきている。

6　公的介護保険の保険給付と要介護区分

　予防給付の対象は、「要支援1」の者すべてに加え、「要支援2」のうち、心身の状態が安定していない者や認知症等により予防給付の利用に係る適切な理解が

困難な者を除いた者になる。要介護には1〜5の5段階がある。要介護1はもっとも要支援に近く、要介護5は最も介護が必要な状態である

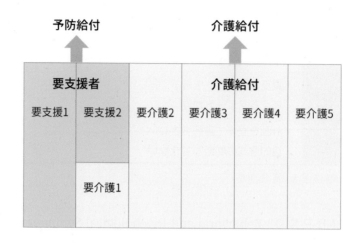

図52 公的介護保険の保険給付と要介護区分

（出典）各種資料を参考にして作成

　要支援1、2では、介護保険が適用される介護予防サービスなどを利用することができるが、特別養護老人ホームや老人保健施設、介護療養型医療施設などの介護保険施設は、原則として入居の対象とはならない。要介護1〜5では、介護保険が適用される介護サービスを利用することができ、老人保健施設や介護療養型医療施設などの介護保険施設に入居可能であるが、特別養護老人ホームへの入居は、原則として要介護3以上である必要がある。

　要支援・要介護認定の目安は、次の通りである。

区分	内　容
要支援1	掃除など身の回りの世話の一部に手助けが必要。立ち上がり時などに、なんらかの支えを必要とする時がある。排泄や食事は、ほとんど自分でできる。
要支援2	要介護1相当のうち、以下が該当しない人。 1）病気やケガにより、心身の状態が安定していない。 2）認知機能や思考・感情等の障害により、予防給付の利用に関わる適切な理解ができない。 3）心身の状態は安定しているが、予防給付の利用が困難な身体の状態。
要介護1	みだしなみや掃除などの身の回りの世話に手助けが必要。立ち上がり、歩行、移動の動作に支えが必要とするときがある。排泄や食事はほとんど自分でできる。問題行動や理解の低下がみられることがある。
要介護2	みだしなみや掃除など身の回りの世話の全般に助けが必要。立ち上がりや歩行、移動になんらかの支えが必要。排泄や食事に見守りや手助けが必要なときがある。問題行動や理解の低下がみられることがある。
要介護3	みだしなみや掃除など身の回りの世話、立ち上がりなどの動作がひとりでできない。歩行や移動など、ひとりできないことがある。排泄が自分でできない。いくつかの問題行動や理解の低下がみられることがある。
要介護4	みだしなみや掃除など、立ち上がり、歩行などがほとんどできない。排泄がほとんどできない。多くの問題行動や全般的な理解の低下がみられることがある。
要介護5	みだしなみや掃除など、立ち上がり、歩行や排せつ、食事がほとんどできない。多くの問題行動や全般的な理解の低下がみられることがある。ほぼ寝たきりの状態に近い。

表42　要支援・要介護認定の目安

（出典）各種資料を参考にして作成

7　公的介護保険と公的医療保険の相違点

　公的介護保険は、公的医療保険とは異なり、要介護・要介護認定を受けなければ保険が使えない。

　公的介護保険と公的医療保険の相違点は、次の通りである。

表43 公的介護保険と公的医療保険の違い

区　　分	保険給付	サービス内容	給付上限
公的介護保険	要介護・要介護認定を受けなければ保険が使えない	運営する市町村によって異なる	状態（要介護度）によって上限額が限定される
公的医療保険	保険証を提示すれば誰でも保険が使える	基本的には全国共通	上限はない（必要な診療すべてが保険の対象）

（出典）各種資料を参考にして作成

03 介護保険指定事業者

　介護保険指定事業者とは、在宅サービスや施設サービスを提供する事業者のうち、介護保険の適用を受けるサービスを提供する事業者を指す。介護保険サービスを提供する指定事業者には、指定居宅介護支援事業者、指定居宅サービス事業者、介護保険施設、その他の事業者がある。

1 指定居宅介護支援事業者

　指定居宅介護支援事業者は、居宅サービスを受ける要介護者のために、ケアプランを作成する事業者である。ケアプランとは、どのようなサービスをどれくらい受けるのかを決める計画のことである。このケアプランをもとに介護保険サービス事業者と契約を結ぶことになる。ケアマネジャーは、この指定居宅介護支援事業者のもとで働くことになる。

2 指定居宅サービス事業者

　指定居宅サービス事業者は、在宅の要介護者に対して居宅サービスを提供する事業者で、利用者に対して直接、介護サービスを提供する。指定居宅サービス事業者は、在宅の利用者に対してケアプランに沿った居宅サービスを提供する。また、要介護者が特別養護老人ホームなどの施設を訪問して介護サービスを受ける

第一部

デイサービス（通所介護）のほか、施設に短期間入所して介護サービスを受ける
ショートステイ（短期入所生活介護）も、居宅サービスに含まれる（介護保険法
第8条1項）。さらに、有料老人ホームなどのケアつきの住宅のうち、特定施設
と認められている施設（ケアハウス、軽費老人ホームなど）で受ける介護サービ
スも、居宅サービスに含まれる。

3　指定施設サービス

　指定施設サービスとは、特別養護老人ホームのような施設に入所して長期間
介護サービスを受ける類型である。このサービスは、寝たきりであったり、認知
症が進んでいたり、在宅で生活することが難しい状態である人が利用できる介護
サービスであり、要支援者の人は利用できない。

　介護保険施設は、指定事業者が運営する施設で、指定介護老人福祉施設、介護
老人保健施設、介護医療院に分けられる。かつての指定介護療養型医療施設は、
2023年度末に完全に廃止される予定である。なお、介護保険施設のうち、介護
老人福祉施設と介護医療院などは介護保険上の指定を受けることが必要である
が、介護老人保健施設は介護保険上、許可を受けることが必要とされている。

4　その他の事業者

　要支援の人を対象とする事業を行う類型や、当該市区町村に住む要介護者に向
けてサービスを提供する地域密着型サービス事業、福祉用具貸付事業などがある。

04　公的介護保険サービス

　公的介護保険サービスは、次の3つで構成されている。第一に、要介護認定
を受けた人が受けられる「介護サービス」、第二に、要支援認定を受けた人が受
けられる「介護予防サービス」、第三に、非該当（自立）と認定された人を含め、
地域のすべての高齢者を対象とする要介護・要支援の予防をするための事業であ
る「地域支援事業」である。2006年4月から、介護予防サービスと地域支援事
業が導入され、介護保険制度は、予防を重視した内容となってきている。

公的介護保険サービス別の対象者は、次の通りである。

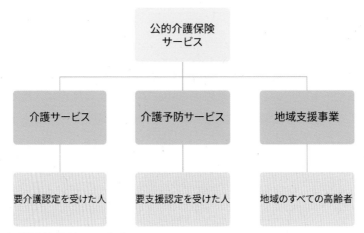

図53 公的介護保険サービス別の対象者

（出典）各種資料を参考にして作成

　公的介護保険の介護サービスは、要介護認定を受けた人が受けられ、介護予防サービスは、要支援認定を受けた人が受けられる。この介護サービスと介護予防ザービスは、サービスの目的や内容、区分支給限度額が異なり、介護予防サービスには施設サービスがない。 介護サービスと介護予防サービスは介護保険指定事業者が実施し、地域支援事業は市、地域のすべての高齢者に対するサービスとして、区町村や地域包括支援センターが実施する。居宅サービス及び介護予防サービスの管轄は、都道府県（地域密着型サービスは市区町村）である。

　また、介護サービスは、介護を必要とする人が利用できるサービスであるが、その判断は、介護認定の申請と介護認定審査会により、要介護（1～5）または要支援（1～2）に該当すると認定されることによる。要介護・要支援の認定後、ケアマネージャー（介護支援専門員）に介護サービス計画書（ケアプラン）を作成してもらい、ケアプランに沿った必要な介護サービスを受けられるようになる。

　介護保険制度では、在宅サービスの場合、要介護度によって受けられる介護給付費の限度額が異なり、区分支給限度額を超えて介護サービスを受ける場合、超えた分の金額については原則、全額利用者負担となる。介護支援専門員は、担当

する利用者の区分支給限度額を把握し、毎月の介護サービス利用料の利用者負担額の計算を行う。また、月に一度、利用者それぞれの「サービス利用票」および「サービス提供票」を作成・交付し、それぞれの実績を確認のうえ給付管理票を作成し、国民健康保険団体連合会に提出する必要がある。

この要介護・要支援の認定を受けた人が介護サービスを利用すると、介護保険が適用される。介護サービス利用料のうち利用者の負担は1割から3割で、負担額は収入によって変わる。この介護保険の利用者負担割合は、2015年までには一律1割であったが、現役並みの所得がある高齢者については2割に引き上げられ、さらに2018年8月からは、所得によっては3割になった。

図54　公的介護保険の利用者負担割合

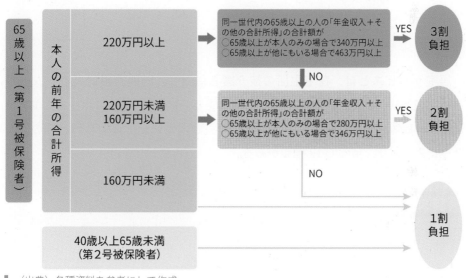

（出典）各種資料を参考にして作成

05　介護サービス

介護サービスには、「居宅サービス」、「施設サービス」、「地域密着型サービス」の3つの種類がある。

図 55 介護サービスの種類

▌（出典）各種資料を参考にして作成

　「要支援」の場合は、施設を利用できるサービスは限定的となるが、居宅サービスについては共通している。

1 居宅サービス

　居宅サービスとは、在宅生活の被介護者に対し、訪問介護員（ホームヘルパー）などが居宅を訪問して行うサービスである。訪問サービス（ホームヘルプ）、通所サービス（デイサービス）、短期入所サービス（ショートステイ）、その他のサービスがあり、全部で 12 種類がある。

図 56 居宅サービスの種類

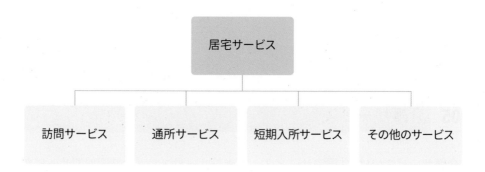

▌（出典）各種資料を参考にして作成

(a) 訪問サービス

訪問サービスは、自宅で暮らす要介護者・要支援者を訪問して、買い物や掃除などの生活支援、食事や排せつなどの介護、健康管理や衛生管理指導などの看護、リハビリ・入浴などを提供するサービスである。

① 訪問介護

訪問介護は、利用者ができるだけ自立した生活が送れるように支援することを目的にし、介護福祉士やホームヘルパーと呼ばれる訪問介護員が居宅を訪問して提供するサービスである。その内容は、排泄、おむつ交換、体の清拭（せいしき）、自宅の風呂での入浴などの身体介護、買い物や料理、洗濯などの生活援助である。

② 訪問入浴介護

訪問入浴介護は、入浴専用車両が居宅を訪問し、介護職員と看護師が対応して入浴を介助する。入浴専用車両は湯沸かし装置を持ち浴槽を積んだ車両で、浴槽を部屋に運び込んで介助する。入浴は、利用者の体を清潔に保ち、床ずれや便秘の解消に役立つほか、精神をリラックスさせる効果がある。入浴前後の体調に変化がないか、バイタルチェックも行う。

③ 訪問看護

訪問看護は、利用者が自宅など住み慣れた場所で療養生活を送れるようにすることを目的として、医師の指示に基づいて、看護師などが居宅を訪問して行われる。その内容は、傷の手当てのほか、人工肛門や人工膀胱の管理、点滴の管理、人工呼吸器の管理など医療に属する行為である。

④ 訪問リハビリテーション

訪問リハビリテーションは、主治医の指示のもと、理学療法士、または作業療法士が居宅を訪問し、起き上がりや歩行などの基本動作、体操などの応用動作を通じてリハビリが行われる。食事、着替え、トイレが自分でできるように支援する。

⑤ 居宅療養管理指導

居宅療養管理指導は、医師や看護師が定期的に居宅を訪問し、療養上の管理・指導をするサービスである。風邪にかかりやすい人、むし歯のある人などの相談に乗り、指導を行う。

(b) 通所サービス

通所サービスには、「デイサービス」と呼ばれる通所介護と、「デイケア」と呼ばれる通所リハビリテーションがある。

① 通所介護

通所介護では、日中に居宅からデイサービスセンターに利用者を送迎し、介護職員の支援によって食事、入浴、リハビリテーション、レクリエーションなどが行われる。生活支援にとどまらず、引きこもりがちな利用者の孤独感を解消し、介護に関わる家族の負担を軽減することが目的である。夕方には再び居宅へ送られる。

② 通所リハビリテーション

通所リハビリテーションは、日中の送迎によって介護老人保健施設、老人病院などに通い、リハビリテーションを受けるサービスである。利用者が自立した日常生活ができるよう支援する。

(c) 短期入所サービス

短期入所サービスは、短期入所生活介護と短期入所療養介護があり、いずれも「ショートステイ」と称される。これらの介護では、利用者を数日から2週間程度施設で預かり、介護サービスが提供される。この短期入所サービスは、普段は同居している家族が家を空けなければならなくなったとき、または家族が病気になって介護ができないときなどに、短期間の利用に適している。

短期入所生活介護は、特別養護老人ホームなど福祉施設に入所して生活介護や機能訓練を受けることであるが、短期入所療養介護は、介護老人保健施設、老人病院など医療施設に入所して、医療管理の下で治療や機能訓練などを受けることである。

(d) その他の居宅サービス

そのほかの居宅サービスには、杖、車いす、歩行器などの福祉用具をレンタルできる「福祉用具貸与」、便器、入浴用のいす、特殊尿器などを購入できる「特定福祉用具販売」、介護サービス付きの有料老人ホームなどが生活支援や機能訓練サービスを提供する「特定施設入居者生活介護」がある。

2 施設サービス

(a) 施設の種類と施設介護

　施設サービスは、要支援２と「要介護（１〜５）」の認定者が対象であり、要支援１の人は利用できない。介護保険の施設サービスには、介護福祉施設サービス（福祉系）、介護保健施設サービス（中間型）、介護療養施設サービス（医療系）の３種類がある。これらは、介護保険施設（または介護保険三施設）と呼ばれている。

| 表44 | 介護保険施設の種類 |

種　類	区　分
介護老人福祉施設	生活介護が中心の施設。常に介護が必要で、自宅では介護ができない人が対象の施設。食事、入浴、排せつなど日常生活の介護や健康管理が受けられる。
介護老人保健施設	介護やリハビリが中心の施設。病状が安定し、リハビリに重点をおいた介護が必要な人が対象の施設。医学的な管理のもとでの看護や介護、リハビリを受けられる。
介護療養型医療施設（2023年度末までに全廃）	医療が中心の施設。急性期の治療が終わり、病状は安定しているものの、長期間にわたり、療養が必要な人が対象の施設。介護体制の整った医療施設（病院）で、医療や介護などを受けられる。

┃ （出典）各種資料を参考にして作成

　従来の施設では「集団ケア」が主流であったが、近年、ユニットケアも加わり、施設介護が変化している。

　従来型ケアとは、従来通りの運営方法をする特別養護老人ホームなどの１部屋に４人程度が一緒に暮らす、多床室の施設におけるケアである。施設では、多くの入居者の介護をする必要があるため、効率的に介護ができる「集団ケア」が主流であった。集団ケアでは、それまでの生活リズムではなく、施設の時間割りに合わせて生活する必要があった。

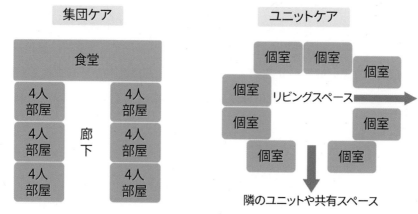

図57　集団ケアとユニットケア

集団ケア

ユニットケア

（出典）各種資料を参考にして作成

　一方、ユニットケアとは、入居者を10人程度の小グループであるユニットごとに分けて固定のスタッフを配置し、自宅で暮らしていたころと変わらないユニット型個室の居住環境を整え、入居者一人ひとりの状態に応じた個別ケアを提供しようとするケアである。

　ユニット型個室とは、介護保険施設や特別養護老人ホームなどの老人福祉施設において、10人程度をひとつの生活単位である「ユニット」として、台所・食堂・浴室などの共用スペースが併設されている個室をいう。ユニット型個室は、個人の生活を尊重しながらも、家族的な交流や見守りをできることを目的としており、例えば、他の入居者とのおしゃべりや趣味の活動などの交流、美容院や家族と食事に行くことなどを大切にしている。

　ユニットケアの特徴は、入居者個人のプライバシーが守られる「個室」があり、他の入居者やスタッフと交流するための「居間」（共同生活室）もある。各ユニットに配置された顔なじみのスタッフが、入居者の個性や生活リズムを尊重した生活をサポートする「個別ケア」を目的としている。

　厚生労働省は、特別養護老人ホームの居室の種類を多床室（1部屋当たり4人以下の相部屋）からユニット型個室へ移行する方針を示している。

(b) 介護老人福祉施設サービス

「介護老人福祉施設」は、社会福祉法人や地方自治体が運営する要介護高齢者のための公的な施設で「特別養護老人ホーム」とも呼ばれており、定員が29名以下の施設は「地域密着型介護老人福祉施設」と呼ばれる。

介護老人福祉施設は、入所は原則として要介護度3以上の利用者に限られており、日常生活の介助やリハビリを通して、個性を尊重しながら自立した生活ができるよう介護職員や看護師が対応する。

特別養護老人ホームは、社会福祉法人や自治体などによって運営される公的な介護施設で、収入や課税金額などに応じて補助金や助成制度が受けられるため、入所者は有料老人ホームよりも安価にサービスを受けられる。その入居の際の一時金が不要で、長期の入所が可能である。その施設サービスは、施設サービス計画に基づいて行われる、入浴、排せつ、食事等の介護その他の日常生活上の世話の生活援助が中心で、医学管理下におけるケアへの対応は限定的である。特別養護老人ホームは、寝たきりや重度の認知症など、要介護度が高い人や常に介護が必要で、自宅で生活することが困難な人が利用する。介護老人福祉施設(特養)は、終身利用が可能なため、しばしば寝たきり状態など要介護度が高い人にとっての終の棲家（ついのすみか）」といわれており、老人福祉・介護の「最後のとりで」としての役割を果たしている。

(c) 介護老人保健施設サービス

「介護老人保健施設」（老健）は、病院での入院治療を終えた高齢者が、リハビリによって家庭復帰することを目的とした施設であり、老健施設あるいは老健とも呼ばれている。利用対象者は、原則65歳以上の要介護1～5の認定を受けた人で、約3カ月～6カ月の一定期間での退去が前提となっている。

介護老人保健施設（老健）は、特別養護老人ホームと同様に入所の一時金は不要である。介護老人保健施設サービスの内容は、施設サービス計画に基づいて行われるもので、看護、医学的管理の下における介護、機能訓練、その他必要な医療と、日常生活上の世話がある。

介護保険3施設のうち、介護老人福祉施設（特養）は福祉系で、介護療養型医療施設（療養病床）は医療系であるが、介護老人保健施設はいわばその中間型で

ある。介護老人保健施設は病院と自宅とを結ぶ「中間施設」という位置づけがされている。病状は安定しているけれど、一定の介護と医療が必要で自宅で生活することが困難な人が入所し、リハビリテーションを中心にして介護在宅復帰を目指す。例えば、脳梗塞などの後遺症で麻痺が残った高齢者などが自宅に戻れるようにリハビリをしながら生活をケアしてもらう。在宅での生活をするための機能訓練（リハビリ）が中心となるが、実際には、さまざまな事情で入所が長期化している事例が多いようである。

(d) 護療養型医療施設サービス（介護医療院）

　護療養型医療施設サービスは、介護療養型医療施設（介護保険適用老人病院）における介護サービスであるが、「介護医療院」が新設され、療養病床は 2023 年度末に廃止となる。療養病床は、医療と介護の境目が曖昧で、医療施設であるのに介護保険が適用されるという「ねじれ」の問題も指摘されていた。

　介護医療院の特徴は、長期療養のための医療ケアが常に必要な要介護者を受け入れること、看取りやターミナルケア（終末期医療）も提供すること、生活の場としての機能を持っていることである。

　介護医療院は、Ⅰ型とⅡ型に分けられる。

① 介護医療院Ⅰ型

　「Ⅰ型」は、施設基準が療養病床に相当し、身体の状態が急変する可能性が高い人を受け入れるための施設である。介護療養病床は「要介護 1〜5」の人を対象としていたが、Ⅰ型は介護の必要性や医療重要度が高い要介護者を中心に受け入れ、24 時間体制での看取りやターミナルケアに対応できる。「Ⅰ型」では、介護職員による経管栄養やたん吸引などの医療行為も行うので、通常の介護施設における人員体制では対応しきれないケアを行える。その分、現場の職員には介護と医療に関する高い知識やスキルが求められる。

② 介護医療院Ⅱ型

　「Ⅱ型」は、施設基準が老健に相当し、Ⅰ型よりも介護や医療ケアの必要度が低く、容体が安定している人が入居対象である。看取りおよびターミナルケアについては、職員がオンコール用の携帯電話を常に持ち、緊急時に速やかに対処できるよう待機する「オンコール体制」のもとで実施されている。基本的に 24 時

間体制ではあるが、オンコールによる対応時のみ、ターミナルケア加算が発生するという仕組みである。

(e) 特定施設入居者生活介護

　特定施設とは、ケアマネジャーが作成したケアプランに基づき、食事介助や入浴介助、排泄介助などのほか、生活全般にかかわる身体的介護サービスと、機能回復のためのリハビリテーションを受けられる厚生労働省令が定めた施設である。具体的には有料老人ホームやケアハウス（軽費老人ホーム）、養護老人ホーム、そして一部のサービス付き高齢者住宅がある。

　「特定施設入居者生活介護」の指定を受けている施設は「介護付き」と呼ばれ、施設内で提供される介護サービスのほとんどを「定額制（包括報酬）」で提供している。また、全国で総量規制が敷かれ、特定施設の数が自治体の判断で制限されている。そのため、特定施設の基準で施設を開設しても、総量規制によって指定が受けられないという有料老人ホームも多く存在する。

　「特定施設入居者生活介護」とは、高齢者が可能な限り自立した毎日を過ごすことができるよう、特定施設に入居している入居者に対して提供される食事・入浴などの日常生活における支援や機能訓練などのサービスを指し、認定を受けている特定施設と一部の外部サービス事業所のみ提供できる居宅サービスとなっている。

　特定施設入居者生活介護を利用できる人は、特定施設に入居している要介護者である。特定施設入居者生活介護は、要介護の人はもちろん要支援の人も利用できる。要支援の人が利用するサービスは、介護予防特定施設入居者生活介護という。

　特定施設入居者生活介護は、介護サービスのうち、自宅で利用する居宅サービスに位置づけられる。自宅等で生活している人だけでなく、所定の基準を満たした施設である特定施設に入所している人についても、必要な介護保険サービスを介護保険から受けられるようにしたものである。

　特定施設入居者生活介護には、内部提供型（一般型）と外部サービス利用型がある。内部提供型（一般型）は、施設がケアプランを作成し、施設の職員が介護サービスを提供する。施設によって提供できるサービスが異なり、福祉用具貸与は利用できない。外部サービス利用型は、施設はケアプランの作成や安否確認な

どの基本サービスだけを行い、施設が契約した外部のサービス事業所が介護サービスを提供し、訪問系サービス、通所系サービス、福祉用具貸与が利用できる。

3 地域密着型サービス

　介護保険3施設以外にも、介護保険が利用できる介護施設がある。その一つが地域密着型介護老人福祉施設である。地域密着型介護老人福祉施設とは、定員が29人以下の特別養護老人ホームで、地域密着型介護老人福祉施設入所者生活介護サービスを提供する施設をいう。

　地域密着型介護老人福祉施設で利用できる介護サービスの種類は、「施設サービス」ではなく、「地域密着型サービス」である。地域密着型サービスとは、要介護者が住み慣れた自宅や地域での生活が継続できるための介護サービスである。地域ごとの実情に応じた柔軟な体制で介護サービスが提供され、その地域の住民だけが受けられる。したがって、市区町村によっては実施しているサービスの種類に違いがあり、地域密着型サービスを実施していない市区町村もある。地域密着型サービスでは、利用者が家庭的な雰囲気の中で過ごせるよう、小規模な施設となっている。地域密着型サービスは、介護保険法の改正により、2006年度に創設された、新しい介護サービス体系である。要支援者は、地域密着型サービスとして、認知症対応型共同生活介護（グループホーム）が利用できる。グループホームは従来からあるものであるが、2006年4月の制度改正で新設された地域密着型サービスの一つに位置づけられた。

　地域密着型サービスには、次の6種類のサービスがある。つまり、夜間対応型訪問介護、認知症対応型通所介護、小規模多機能型居宅介護、認知症対応型共同生活介護（グループホーム）、地域密着型特定施設入居者生活介護、地域密着型介護老人福祉施設入所者生活介護である。

　居宅サービスと施設サービスの中間的な考え方で、居宅・通所・入所のサービスを兼ね備えている。ただし「地域密着型」だけに、自分が住んでいる地域で提供されるサービスは受けられるが、隣の市町村にある介護施設のサービスは原則として受けられない。地域密着型サービスの種類は、主に次の9種類である。

① 小規模多機能型居宅介護

施設への通い、短期間の宿泊、居宅への訪問を組み合わせて行う介護である。利用者ができるだけ自立した生活が送れるよう支援する。

② 夜間対応型訪問介護

「定期巡回」と「随時対応」の2つがある。定期巡回では、夜間帯に訪問介護員が利用者の居宅を訪問して、おむつ交換などの介助を行う。随時対応とは、夜中に急に体調が悪くなったときなどに訪問介護員を呼んで介助を受けるサービスである。

③ 定期巡回・随時対応型訪問介護看護

24時間・365日、訪問介護員と看護師が利用者の居宅を定期的に巡回するほか、随時通報にも対応するサービスである。介護と看護が一体となった支援を受けることができる。

④ 認知症対応型通所介護

認知症の高齢者が通所施設に通って、日常生活での支援や機能訓練を受けるサービスである。引きこもりがちな利用者の精神的・肉体的なケアを行う。

⑤ 認知症対応型共同生活介護

5～9人の認知症の利用者がグループホームで一緒に生活し、日常生活での支援や機能訓練を受けるサービスである。

⑥ 地域密着型特定施設入居者生活介護

指定を受けた入居定員30人未満の有料老人ホームや軽費老人ホームで、日常生活での支援や機能訓練を受けるサービスである。

⑦ 地域密着型介護老人福祉施設入居者生活介護

常に介護を必要とする人を入所定員30人未満の特別養護老人ホームに受け入れ、食事や入浴など日常生活での支援や機能訓練、療養上の世話などを行うサービスである。

⑧ 看護小規模多機能型居宅介護

訪問看護と小規模多機能型居宅介護を組み合わせたサービスである。日常生活での支援や機能訓練のほか、療養生活を送るための看護も行われる。

⑨ 地域密着型通所介護

定員 18 人以下のデイサービスセンターなどの施設に通い、日常生活での支援や機能訓練といったサービスを日帰りで受けるものである。基本的に施設は利用者を居宅から施設まで送迎する。また、地域密着型サービスとは、夜間対応型訪問介護、認知症対応型通所介護をはじめ、認知症高齢者を対象とするグループホームなど、日常生活圏を離れずに自立した生活ができるよう支援するサービスである。

4 介護予防

介護予防は、65 歳以上の高齢者が「要介護状態になることを極力遅らせること」または「要介護状態になるのを未然に防ぐこと」、そして「すでに介護が必要な場合は、状態が悪化しないよう努め、改善を図ること」を目的としている。具体的には、食生活の見直しによる栄養面での改善、体操やレクリエーション、リハビリテーションなどを通じての運動能力低下の防止、「物を食べる（噛む・飲み込む）」、「十分な唾液の分泌を促す」、「会話をする（言葉を発する）」、「豊かな表情をつくる」といった口腔機能の向上を図り、日常生活の質（QOL）を高めるためにケアをする。

介護予防は、あくまでも予防を目的としたサービスであることから、対象となるのは基本的に自立している健康な高齢者（地域支援型の予防サービスのみ）と、要支援 1 〜 2 の高齢者である。既に要介護状態である高齢者については、介護度が低い状態（要介護認定 1）のうちからケアをすることで状態の悪化を防いだり、遅らせたりできる可能性が高いと判定された場合に、介護予防サービスを受けられることもある。

介護予防の種類は、次の通りである。

(a) 介護予防サービス

高齢者が、もともと住み慣れた地域環境で自立した生活を継続していけるように支援するサービスである。できる限りのことを自力でこなせることが前提のため、居宅（在宅）での生活支援が中心である。

要支援認定 1 〜 2 の高齢者がサービスの対象である。事前に地域包括支援セン

ターなどに紹介された介護支援専門員（ケアマネジャー）に相談しながらケアプラン（介護予防サービス計画）を作成し、そのケアプランに沿ったプログラムを推進していくという流れでサービスを利用する。

介護予防サービスの種類は、次の通りである。

① 介護予防通所介護

高齢者向けデイサービスセンターなどに日帰りで通い、食事や入浴、排泄など日常生活に必要な支援を受け、体操やレクリエーションを行う。そのように心身機能の維持や向上を図ることで、個々の利用者の能力に応じたライフスタイルの実現をサポートする。

② 介護予防通所リハビリテーション

病院や介護老人保健施設といった施設で、理学療法や作業療法などのリハビリテーションを行い、利用者が自立した日常生活を送れるよう、心身機能の維持と回復を促す。具体的なサービス内容には、筋力や体力の維持・関節拘縮（こうしゅく）予防・自主トレーニング指導・歩行練習・基本動作や日常生活動作訓練などがある。

③ 介護予防訪問介護

利用者の居宅を訪問介護員（ホームヘルパー）が訪問し、家事などを行うサービスである。個々の利用者の能力に応じた形で必要なサービスを提供し、なるべく利用者が自立した生活を送れるよう支援する。主なサービス内容は、食事や入浴の介助、排泄介助、掃除、洗濯、調理などである。生活の質の向上に関わるアドバイスなども行う。

(b) 地域密着型介護予防サービス

介護予防サービスと同じく、住み慣れた地域環境の中で、自立した生活を継続していけるよう支援する。サービスの種類や内容は市区町村によって異なっていて、このサービスを実施していない自治体もある。「地域密着型介護予防サービスを利用できるのはその地域の住民だけ」というのが特徴である。

地域密着型介護予防サービスには、大きく「介護予防小規模多機能型居宅介護」と「介護予防認知症対応型サービス」の2つがある。要支援認定1〜2の高齢者が対象のサービスである。介護予防サービスと同様、ケアマネジャーに相談しな

がらケアプランを作成し、その内容に沿って必要なサービスを受ける。

① 介護予防小規模多機能型居宅介護

介護予防小規模多機能型居宅介護では、日帰りの通所サービスが軸となっているが、利用者の心身の状況や希望に応じて、訪問や短期入所を適切な形で組み合わせ、日常生活をする上での世話や機能訓練などが行われる。主なサービスは、食事や入浴の介助、排泄介助、掃除、洗濯、調理、健康管理、リハビリテーションなどである。生活における相談を受け、適切なアドバイスを行うこともある。

② 介護予防認知症対応型サービス

認知症を発症している高齢者向けのサービスには、以下の2種類がある。

a. 介護予防認知症対応型通所介護

介護予防認知症対応型通所介護では、高齢者向けデイサービスセンターなどにおいて、軽度の認知症を持つ利用者に対し、食事や入浴、排泄などの介護、健康管理、リハビリテーション、また生活に関わる助言などが行われる。

b. 介護予防認知症対応型共同生活介護

介護予防認知症対応型共同生活介護では、5〜9人と少人数が共同生活をする住居で、食事や入浴の介助・排泄介助・リハビリテーションなどが行われる。アットホームで落ち着いた雰囲気をつくり出すことで、その効果を高めようという狙いもある。要支援2の人のみが利用可能であり、要支援1の人は、原則対象外である。

(c) 地域支援型の予防サービス

地域支援事業は、要支援認定や要介護認定を受けていない、地域のすべての高齢者（＝第1号被保険者）を対象に、介護（介護サービスや介護予防サービス）が必要とならないためのサービスを提供する事業であり、市区町村が地域支援事業の実施主体である。予防を重視するため、2006年4月から、介護予防サービスと合わせて地域支援事業が導入された。この地域支援事業の具体的内容としては、介護予防事業、包括的支援事業、任意事業の3つがある。

それぞれの地域において、要介護認定されていない健康な高齢者、または要支援認定1〜2の高齢者を対象としている。介護度が上がるのを予防しながら、住

み慣れた地域環境の中で自立した日常生活を続けられるように支援する。「将来的にも、なるべく支援や介護を必要とせずに生きていけるように支援する」サービスである。

地域支援型の予防サービスは、要支援・要介護認定を受けていない全ての65歳以上の高齢者が対象のサービスである。地域支援型の予防サービスには、対象者別に大きく「介護予防特定高齢者施策」と、「介護予防一般高齢者施策」がある。両者を合わせて「介護予防ケアマネジメント」とも称される。

① 介護予防特定高齢者施策

要介護や要支援になり得る可能性があると判断され、市区町村に「特定高齢者」と認められた65歳以上の高齢者を対象とした介護予防事業である。地域包括支援センターなどで「介護予防ケアプラン」の作成を依頼すれば、介護予防特定高齢者施策のサービスを受けることができる。訪問型と通所型があり、訪問型サービスの場合は、ホームヘルパーによる生活援助のほか、看護師・保健師による生活指導や栄養改善、また高齢者向けの食事の宅配や見守りなどを行う。通所型の場合、市区町村から委託された病院などの医療法人や保健所、社会福祉法人、高齢者在宅サービスセンターといった公共団体が、介護予防に関する講義を開催することもある。

② 介護予防一般高齢者施策

介護保険を利用していない健康な高齢者を含め、65歳以上の全高齢者を対象とした介護予防事業である。主に、それぞれの地域における介護予防活動の支援や、介護予防の普及・啓発を行っている。介護予防活動の支援では、健康セミナーや研修会、認知症予防講演会、栄養講座、会食親睦会などを開催したり、ウォーキングや絵画・料理教室の実施、ボランティアへの支援を行ったりする。また、介護予防の普及や啓発については、介護予防の認知度の向上や基本的な知識の普及を促し、それぞれの地域における自主的な介護予防活動の支援を行う。具体的には、事業展開している団体メンバーによる予防パンフレットの配布や地域のイベントへの参加、講演会の実施、介護予防手帳の交付などが挙げられる。

1 区分支給限度基準額

　介護サービスは、生活に密接に関連し利用に歯止めが利きにくく、同じ要介護度であっても利用者のニーズが多様であること等の特性がある。そこで、居宅介護サービス及び地域密着型サービスについて、要介護度別に区分支給限度基準額を設定し、その範囲内でサービスの選択を可能とする仕組みとなっている。

　区分支給限度額の水準は、要介護度ごとに認知症型・医療型などいくつかの典型的事例を想定した上で、それぞれの種類ごとに設定された標準的に必要と考えられるサービスの組合せ利用例を勘案し設定されている。また、居宅介護サービス及び地域密着型サービスであっても、医師等の判断により行われる「居宅療養管理指導」や、利用期間中に他のサービスを組み合わせることがない「居住系サービス」（短期利用を除く）や「施設サービス（地域密着型介護老人福祉施設入所者生活介護）」については、限度額は適用されない。

　区分支給限度額は、要支援1、要支援2、要介護1、要介護2、要介護3、要介護4、要介護5と認定された人が、その要介護状態別に介護保険の給付として月々に利用できる介護サービスの限度額である。その支給限度額は、要介護度が高いほど、多くなっている。サービスの単価は「単位（概ね1単位は10円であるが、地域によって多少異なる。）」で示されているので、区分支給限度額も「単位」で規定されている。

　区分支給限度額の範囲内で介護サービスを利用した場合の利用者負担額はサービス単価の1割または2割であるが、区分支給限度額を超えてサービスを利用した場合は越えた分が全額利用者負担となる。また、要介護者が介護サービスを利用した場合、利用者負担は、所得に応じて1割～3割で、残りの9割～7割は介護保険から事業所に支払われる（公費負担）。

　施設サービスでは、居宅サービスのような区分支給限度額はない。施設サービスを受ける場合は、利用する施設や要介護認定の結果に応じてサービスの量の上限がきまる。施設サービスの費用は、要介護度、施設の種類、居室の種類（ユニット型個室・従来型個室・相部屋（多床室））によって決まる。区分支給限度額、1ヶ月に介護保険のサービスに1～3割負担で使える限度額のことを指す。施設

サービスを利用する場合は、施設の種類や要介護度によって定められている介護報酬の1割または2割と居住費・会費などが利用者負担となる。

　在宅介護で介護サービスを利用する場合は、要介護認定の段階ごとに「区分支給限度額」が定められている。区分支給限度額以上の介護サービスを利用した場合は、介護保険が適用されず、全額利用者負担となる。

表45　1か月当たりの区分支給限度額と利用者負担

(2019年12月時点)

介護度	利用限度額/月	1割負担/月	2割負担/月	3割負担/月
要支援1	50,030円	5,003円	1,0006円	15,009円
要支援2	104,730円	10,473円	20,946円	31,419円
要介護1	166,920円	16,692円	33,384円	50,076円
要介護2	196,160円	19,616円	39,232円	58,848円
要介護3	269,310円	26,931円	53,862円	80,793円
要介護4	308,060円	30,806円	61,612円	92,418円
要介護5	360,650円	36,065円	72,130円	108,195円

（出典）厚生労働省

2　利用者負担

　介護サービスを利用するときは、介護保険負担割合証に記載されている利用者負担割合に応じてサービス費用のうち1割から3割までのいずれかが利用者の負担となる。ただし、給付額減額措置を受けている場合は、そちらが優先される。

　利用者負担割合は、65歳以上の場合は1割または一定以上の所得のある場合は2割、特に所得の高い場合は3割となる。40歳から64歳までの場合は1割となる。

　3割負担になる場合は、次の通りである。①合計所得金額が220万円以上、②世帯内に65歳以上の人が1人の場合、対象者の収入が340万円以上、③同一世帯内で65歳以上が2人以上世帯の場合は収入463万円以上の場合である。

　公的介護保険の利用者負担は、次の通りである。

| 図58 | 公的介護保険の利用者負担 |

支給限度基準額を超えたサービス	（公的介護保険の負担）　予防給付・介護給付	居住費・滞在費	食費	日常生活費
	1〜3割の利用者負担	高額介護サービス費用	居住費・滞在費の軽減	

▌（出典）厚生労働省

3 高額介護サービス費制度

　公的介護保険を利用し、利用者負担1割の合計の額が、同じ月に一定の上限を超えたとき、申請をすると「高額介護サービス費」として払い戻される制度がある。一定以上の所得がある第1号被保険者（65歳以上）は2割または3割負担となる。これは、国の制度に基づき各市町村が実施するもので、個人の所得や世帯の所得に対して上限が異なる。

　高額介護サービス費制度で定められている負担上限額は、次の通りである。

表46　高額介護サービス費制度における負担上限額

-	段階	内容	負担上限額
市区民税非課税世帯	第1段階	生活保護を受給している	15,000円(個人)
	第2段階	世帯の全員が市区町村民税非課税で、前年の合計所得金額と公的年金収入額の合計が年間80万円以下	24,600円(世帯)※1 15,000円(個人)
	第3段階	世帯の全員が市区町村民税非課税で、上記以外のかた	24,600円(世帯)
市区町民税課税世帯	第4段階（一般）	世帯のだれかが市区町村民税を課税されている	44,400円(世帯) ※ ただし、平成29年8月から3年間は、介護サービスを利用していない人も含め、65歳以上の全員が利用者負担1割の世帯は、年間上限が446,400円となる（3年間の時限措置）。※2
	第5段階（現役並み）	世帯のだれかが現役並みの所得者（課税所得が145万円以上）に相当する。※3	44,400円(世帯)

※1　世帯とは、住民基本台帳上の世帯員を指す。負担上限額の横に（世帯）と書かれているのは、世帯のなかで介護サービスを利用した全員の負担の合計という意味である。
※2　世帯に１割負担の人がいる場合（介護サービスを利用していない人を含む）は、「第4段階（一般）」の年額上限446,400円の対象となる。
※3　現役並み所得者世帯（課税所得145万円以上）であっても、世帯の65歳以上の対象者の年収合計が520万円未満、単身の場合は年収383万円未満の場合、第5段階（現役並み）ではなく、第4段階（一般）として扱われる。

　介護サービスの１カ月の利用料が高額になった際に、申請により負担上限額を超えた分の金額が後から支給される制度である。この高額介護サービス費制度における負担上限額は、所得によって５段階に分けられている。

高額介護サービス費を使用するためには、自宅に送られてくる申請書に記入して提出するという手続きが必要である。この申請を要するのは初回のみで、一度申請すると次からは申請は必要ない。

　この「高額介護サービス費制度」があるおかげで、一定以上の費用を使ったときに払い戻しを受けられる。しかし、次の費用は高額介護サービス費の支給対象外となる。つまり、老人ホームなどの介護保険施設への入所、またはショートステイでの食費や居住費、日常生活費、ベッド代の差額など区分支給限度額を超えた分は全額利用者負担となる。また、福祉用具購入費や住宅改修費も全額が利用者負担となる。

　同一世帯にサービス利用者が1人だけの場合は、利用者負担額から利用者負担上限額をマイナスした額が、高額介護サービス費として支給される。

　例えば、利用者負担の上限が 15,000 円の場合、1ヶ月に 20,000 円の利用者負担をしたときは、

$$20{,}000（利用者負担額） - 15{,}000（利用者負担の上限額） = 5{,}000円$$

　この 5,000 円が高額介護サービス費として払い戻される。

　また、同一世帯に複数の介護サービス利用者がいる（世帯で合算）場合は、まず全員の利用料を合算して、世帯の負担上限を超える額（支給額）が計算される。その後、支給額が1人1人の利用料にあわせて按分され、それぞれの口座に振り込まれる。この結果として個人が受け取る額は、以下の計算式で算出できる。

$$（世帯の利用者負担合算額 - 世帯上限額）$$
$$×$$
$$個人の利用者負担額／世帯の利用者負担合算額$$

　例えば、利用者負担の上限が 24,600 円の世帯で、夫が 30,000 円、妻が 10,000 円の利用者負担の場合は、

　世帯の利用者負担合算額　＝ 30,000 ＋ 10,000 ＝ 40,000

　これを上の計算式に当てはめると、夫と妻のそれぞれが高額介護サービス費として受け取る金額は、次の通りである。

夫の高額介護サービス費	(40,000 − 24,600) × 30,000／40,000 ＝ 11,500円
妻の高額介護サービス費	(40,000 − 24,600) × 10,000／40,000 ＝ 3,850円

　その結果、夫へは 11,500 円、妻へは 3,850 円が払い戻される。

4　施設の食費・居住費（滞在費）が軽減される制度

　介護保険施設サービスおよび短期入所サービス（ショートステイ）の居住費（滞在費）・食費については、本人の所得や世帯の課税状況等によって利用者負担段階が設けられ、その段階と居住環境により、居住費（滞在費）・食費の負担の限度が決められる。該当する場合は、介護保険負担限度額認定証が発行される。

表47　利用者負担段階と負担限度額（1日当たり）

利用者負担段階		負担限度額		
		居住費・滞在費		食費
第1段階	生活保護を受けている方 老齢福祉年金受給者で、世帯全員が市町村民税非課税の方	ユニット型個室	820円	300円
		ユニット型個室的多床室	490円	300円
		従来型個室	490円（特養等320円）	300円
		多床室	0円	300円
第2段階	世帯全員が市町村民税非課税の方で、本人の合計所得金額（年金収入にかかる所得分を除く）と課税年金収入と非課税年金収入の合計が８０万円以下の方	ユニット型個室	820円	390円
		ユニット型個室的多床室	490円	390円
		従来型個室	490円（特養等420円）	390円
		多床室	370円	390円

利用者負担段階		負担限度額		
		居住費・滞在費		食費
第3段階	世帯全員が市町村民税非課税の方で、第2段階に該当しない方	ユニット型個室	1,310円	650円
		ユニット型個室的多床室	1,310円	650円
		従来型個室	1,310円 (特養等 820円)	650円
		多床室	370円	650円
第4段階	上記以外の方	負担限度額なし		

（※１）別世帯に配偶者がいる場合は、その配偶者が市町村民税非課税であることも必要である。

（※２）上記の負担限度額の適用を受けるためには、預貯金額等が単身で1,000万円以下、夫婦（別世帯に配偶者がいる場合を含む）で2,000万円以下であることも併せて必要である。

（※３）「合計所得金額」とは、前年の１月から12月までの１年間の給与所得、事業所得、土地・建物等や株式等の譲渡による所得などを合計した金額である。（年金所得は含まない。）なお、土地・建物等の譲渡所得にかかる特別控除が適用される場合は、この控除額を差し引いた金額となる。

07 有料老人ホーム

　有料老人ホームは、有料で、高齢者が食事サービス、介護サービス（入浴・排泄・食事など）、洗濯・掃除などの家事援助、健康管理のいずれかが受けられる施設である。介護サービス利用の方法によって、「介護付」、「住宅型」、「健康型」の３つに分かれる。

　「介護付有料老人ホーム」は、介護が必要になれば、施設の介護スタッフによって介護サービスが提供され、介護保険の給付金は、有料老人ホームが代理受領する。そのサービスは、見守りや食事・掃除・洗濯の世話・各種レクリエーション、入浴・食事・排泄などの介護、リハビリテーション・カウンセリング、医学管理下でのケアまで様々で、様々な有料オプション・サービスを提供する施設もある。施設には、常駐スタッフが介護する「介護専用型」、要介護者と健常者を

受け入れて主に施設内のスタッフが介護する「混合型」、外部事業者による介護サービスを利用する「外部サービス利用型」の３種類があり、介護サービス費は微妙に異なる。

「住宅型有料老人ホーム」は、介護が必要となった場合、訪問介護等外部の在宅介護サービスを利用する。

「健康型有料老人ホーム」は、介護が必要になると退去しなければならないため、その数も全国でごくわずかである。

入居条件としては、介護を必要とせず、自立しているうちから入れる施設と、介護が必要になってから入れる施設があり、自分のライフスタイルや、受けたい介護サービスに合わせて、多種多様な価格帯やサービス提供方法の中から選ぶことができる。多くの施設が、住まいやサービスを利用する権利が保障される「利用権方式」を取っている。そのため、前払い金として入居一時金を支払うのが一般的であったが、最近では入居一時金０円の施設も増えている。

08　公的介護保険と民営の介護保険

公的介護保険における利用者負担額のイメージは、次の通りである。

図59　公的介護保険と利用者負担額

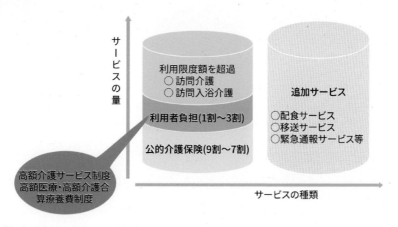

（出典）各種資料を参考にして作成

つまり、公的介護では区分利用限度額があり、利用者の所得などによって、その限度額の１割から３割の利用者負担があり、その利用者負担額に対して、所得などによって決まる一定の負担限度額を超える金額が払い戻される「高額介護サービス費」制度がある。しかし、この公的介護保険の区分利用限度額を超えた部分や追加サービスなどは、全額利用者負担となる。

　一方、保険会社の介護保険は、公的介護保険で見られるような年齢による給付の制限はない。公的介護保険の対象者は基本的に65歳以上で、それ以下の年齢の被保険者に対しては特定の疾病の条件が付いている。給付要件としては、介護保険制度で「要介護２以上と認定されたとき」など公的介護保険の要介護認定に連動して支払われる種類が、近年増えてきている。

　民営の介護保険は、公的介護保険の要介護度または約款で定めた要介護状態となったときに、一定の金額の介護一時金や介護年金が支払われるものが多い。この他、商品によっては、死亡保障がついているものや、一定年齢まで介護にならずに迎えたときに健康祝金が出る特約がつけられるもの、一度、要介護状態になって回復したという時に祝金が出るものなど、いろいろなオプションもある。所定の高度障害状態になった場合、高度障害保険金が支払われる保険商品もある。民営の介護保険の給付は、現物給付の公的介護保険とは異なり、現金給付が行われている。つまり、私的介護保険では、公的介護保険などの介護のレベルを支払の要件とはしているが、支払金額の計算の根拠とはしていないのである。

所得保障と保険制度

　老後の所得保障は、世界的に急速に進行する高齢化の環境の下で、解決しなければならい重要な問題である。所得保障は、年金制度である公的年金・企業年金・個人年金が利用されており、不動産を利用したリバースモーゲージも有効な手段として知られている。

　第三部では、金融消費者の観点から、公的年金、企業年金、個人年金とリバースモーゲージを統合的に説明し、各個人の総合的な所得保障の設計の手段を提示している。さらに、第一部と第二部で説明した人身事故と医療・介護による所得喪失分に対処する就業不能リスクと保険に関して概説している。

09　公的年金制度
10　企業年金
11　個人年金
12　就業不能リスクと保険
13　リバース・モーゲージ

第9章

公的年金制度

日本における年金制度は、国が実施する公的年金とその上に退職給付としての企業年金があり、さらに民営の保険会社などによって販売される個人年金がある。

しかし、多くの人は、老後の所得保障を公的年金にのみ頼って生活している実態がある。本章では、その公的年金制度について概説する。

01　日本の年金制度の概要

日本の年金制度の概要は、次の通りである。

図60　日本の年金制度の概要

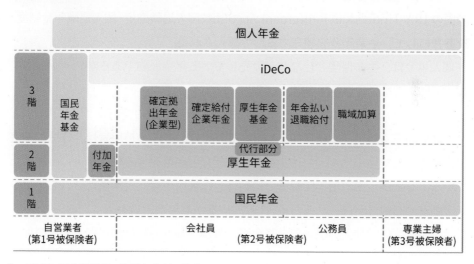

▌（出典）厚生労働省の資料を参考に作成

　日本の年金制度には、公的年金と私的年金がある。公的年金には、国民年金、厚生年金、国民年金基金がある。国民年金は、20歳以上の全国民が強制加入す

るものである。賃金を貰っている被用者は、国民年金に加えて、掛金を労使折半で負担する被用者年金に強制加入する。一方、自営業者は、任意で国民年金基金に加入することができる。これらの公的年金は、掛金全額が所得控除され、運用利益は非課税となる。また、受給時も公的年金等控除の対象となる。

　私的年金には、企業年金と個人年金がある。従業員は、任意の制度である退職金を年金化した企業年金に加入することができる。この企業年金には、確定給付年金、確定拠出年金（企業型）などがある。この企業年金は、退職金の課税との関係で、拠出時には非課税、運用時と給付時には課税となっている。しかし、運用時の積立金に対して課税される特別法人税（1.173%）は凍結されており、受給時も退職所得控除や公的年金等控除の対象となる。したがって、企業年金も大部分が非課税となっている。

　さらに、確定拠出年金（個人型（iDeCo））は、20歳以上の全国民が任意で加入して拠出金額を選択できる個人年金であるが、原則として60歳までは引き出すことができない。この確定拠出年金（個人型（iDeCo））は、加給者の種別による限度額が設けられているが、掛金全額が所得控除され、運用利益は非課税となる。また、受給時も退職所得控除や公的年金等控除の対象となる。このiDeCoは、米国のIRA（Individual Retirement Account：個人退職勘定・個人退職年金制度）を参考にして、企業年金を補完する形で導入された。

　個人年金は、生命保険会社などが販売している年金保険であるが、一定の限度額内で拠出時に税金が控除されている。

　以上のように、被用者は、公的年金の中で国民年金と厚生年金に二重に加入し、さらにその多くが企業年金に加入している。また、多くの被用者は、任意の確定拠出年金（個人型（iDeCo））や生命保険会社などが販売する個人年金にも加入している。したがって、定年年齢までに勤務した被用者は、定年後にこれらの複数年金制度から給付が得られるため、比較的に豊かな年金給付を得ている。しかし、自営業者は、任意加入の国民年金基金があるが、基本的には国民年金のみの加入となっており、老後の生活資金が足りなくなる人が少なくない。さらに、被用者の専業主婦の配偶者は、被用者年金でカバーされているが、離婚した場合などは、老後の生活資金が足りなくなることが指摘されている。この自営業者などの老後の資金の準備を促すことが課題となっている。

02　公的年金制度の概要

公的年金制度の概要は、次の通りである。

1　国民皆年金

公的年金は、「国民皆年金」であり、すべての国民が国民年金（基礎年金）に加入し、国民年金（基礎年金）の給付を受ける制度である。1961年に自営業者等を対象とする旧国民年金制度が発足し、国民皆年金が実現された。しかし、当時は、現在の国民年金（基礎年金）のように、すべての国民を対象にした制度はなく、自営業者などが加入する国民年金、民間の被用者が加入する厚生年金保険、公務員等が加入する共済年金の三つの制度が並立していた。

1986年4月1日以前の公的年金制度は、次の通りであった。

図61　公的年金（1986年4月1日以前）

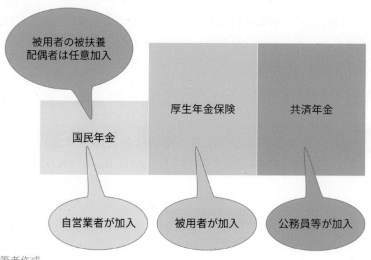

（出典）筆者作成

その後、1985年改正において、全国民に共通して給付される「基礎年金」とも称される「国民年金」が創設され、厚生年金等の被用者年金は、基礎年金の上乗せの2階部分として再編成された。この全国民が基礎年金（国民年金）に加入

する国民皆年金制度が構築されたことにより、安定的な保険集団が構成され、社会全体で老後の所得保障を目指すことができるようになった。

　基礎年金（国民年金）は、老後生活の基礎的部分を保障するため、全国民共通の給付を行うものである。さらに、2015年10月に施行された「被用者年金一元化法」によって、従来は3つに分かれていた2階部分の被用者年金制度が厚生年金に一元化された。つまり、会社員の「厚生年金」と、公務員の「共済年金」、そして私立教職員の「私立学校教職員共済年金」が厚生年金に統合された。従来、自営業者は国民年金だけの受給で、会社勤めの人は国民年金と厚生年金の受給をしていた。一方、公務員や私立学校教職員は共済年金を受給でき、なおかつ支払う保険料が会社勤めの人よりも安いという「官民格差」問題が生じていた。この格差をなくすために被用者年金一元化法が施行され、公務員や私立学校の教職員も、会社員同様に厚生年金に統一された。

　公務員などが加入していた「共済年金」には、国家公務員が加入していた国家公務員共済、地方公務員が加入していた地方公務員共済、私立学校の教職員が加入していた私立学校教職員共済年金の3種類があった。これらの共済年金では「職域加算」が行われ、受給額が増えていた。この職域加算は廃止されたが、「年金払い退職給付」という制度は残っている。しかし、その受給のためには、年金保険料を払う必要があるので、企業年金制度のある会社員と同様の扱いであり、実質的に「官民格差」が解消された。

　現在の公的年金制度の仕組みは、次の通りである。

図62　公的年金制度の仕組み（基礎年金と厚生年金）

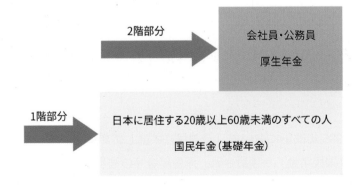

2階部分　会社員・公務員　厚生年金

1階部分　日本に居住する20歳以上60歳未満のすべての人　国民年金（基礎年金）

▌（出典）筆者作成

　公的年金は、すべての人が加入者となる「国民年金（基礎年金）」と、給与所得者が基礎年金に上乗せして加入する「厚生年金」の2階建ての仕組みになっている。

　日本の年金制度の概要は、次の通りである。

2　国民年金の被保険者

　国民年金の被保険者は、職業・就労形態や保険料の納め方によって、3種類（第1号・第2号・第3号被保険者、国民保険法7条1項各号）に分かれている。

表48　国民年金の被保険者

区分	第1号被保険者	第2号被保険者	第3号被保険者
被保険者	20歳以上60歳未満の自営業者、農業者、無業者等 20歳以上の学生	会社員、公務員	会社員や公務員に扶養される配偶者
加入年金制度	国民年金 国民年金基金	国民年金 厚生年金	国民年金

┃（出典）各種資料を参考にして作成

　第3号被保険者とは、国民年金の加入者のうち、厚生年金に加入している第2号被保険者に扶養されている20歳以上60歳未満の配偶者（年収が130万円未満の人）を指す（国民年金法第7条）。この第3号被保険者の国民年金の保険料は、配偶者が加入している厚生年金が一括して負担するので、第3号被保険者が個別に納める必要はない。この第3号被保険者に該当する場合は、事業主に届け出る必要がある。

　一般的に「130万円の壁」と言われている年間所得130万円を超えると、第2号被保険者に「扶養」されている配偶者ではなくなるため、第3号被保険者からはずれ、同時に健康保険の扶養家族からもはずれることになる。つまり、第3号被保険者は、年収130万円未満（一定の障がいの状態にある人は180万円未満）の第2号被保険者の20歳以上60歳未満の配偶者であることが条件である。130万円は、給与収入すべてであり、所得税法では非課税となる通勤手当も含まれる。

また、不動産収入や年金収入など、給与以外に定期的な収入がある人は、それらをも合算される。

　常時従業員を使用する事業所に勤務している70歳未満の人は、厚生年金保険の被保険者と称され、厚生年金保険に加入しなければならない。「常時使用される人」とは、事業主のみの場合を含み、雇用契約書の有無等とは関係なく、適用事業所で働き、労務の対価として給料や賃金を受けるという使用関係が常用的であることを意味する。

　健康保険・厚生年金保険においては、事業所単位で適用事業所となり、その事業所に常時使用される人は、事業主のみの場合を含み、国籍や性別、賃金の額等に関係なく、すべて被保険者となる。原則として、70歳以上の人は健康保険のみの加入となる。厚生年金保険への加入は会社単位ではなく、本社、支社、支店または工場などの事業所単位で行い、被保険者となるための手続きは事業主が行う。

　パートタイマーであっても事業所と常用的使用関係にある場合は、被保険者になる。その基準は、1週間の所定労働時間および1ヵ月間の所定労働日数が常時雇用者の4分の3以上（健康保険法第3条第1項、厚生年金保険法第12条）であるときは、原則として被保険者となる。

図63 短時間労働者の社会保険への原則的な加入要件（4分の3基準）

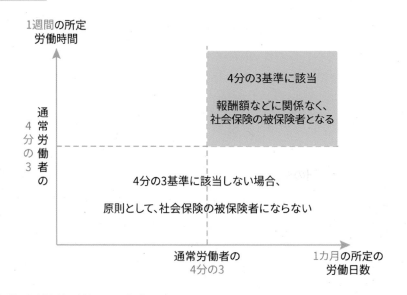

（出典）各種資料を参考にして作成

　短時間労働者（パート）が、社会保険（厚生年金・健康保険）に加入しなければならない（被保険者になる）要件として、いわゆる「4分の3基準」がある。この4分の3基準では、1週間の所定労働時間と、1ヵ月間の所定労働日数については、両方とも4分の3要件を満たす必要がある。

　したがって、正社員の所定労働時間が1日8時間の会社において、ある短時間労働者が、1日1時間、1ヵ月に30日間の勤務をしていたとしても、原則として被保険者にはならない。1週間の所定労働時間と、1ヵ月間の所定労働日数は、原則として、「就業規則」または「雇用契約書」の記載をもとに、その者が通常の週および月に勤務すべきとされている時間および日数をもとに判断される。

　しかし、2016年10月1日施行の法改正により、短時間労働者に対する社会保険（健康保険・厚生年金保険）の適用拡大が実施された。この法改正により、4分の3基準を満たさない者であっても、以下の5つの要件を満たす場合には、健康保険・厚生年金保険の被保険者として取り扱うこととされた（2016年5月13日　保保発0513第2号）、①1週間の所定労働時間が20時間以上であること、②同一の事業所に継続して1年以上使用されることが見込まれること、③報酬の月額が8万8千円以上であること、④学生でないこと、⑤特定適用事業所に使用されていること、である。

　ここで、「特定適用事業所」とは、通常の労働者（厚生年金保険の被保険者）の総数が、常時500人を超える（501人以上）事業所を指し、1年間のうち6ヵ月間以上、500人を超えることが見込まれる場合を「常時500人を超える」ものとして取り扱われる。

　この特定適用事業所の要件は、2022年10月には、厚生年金保険の被保険者の総数が、常時100人を超える（101人以上）事業所を対象とし、2024年10月には、厚生年金保険の被保険者の総数が、常時50人を超える（51人以上）事業所を対象とすることが予定されている。

3 厚生年金と国民年金

国民年金と厚生年金の相違点は、次の通りである。

表 49 国民年金と厚生年金の相違点

区　分	厚生年金（社会保険）	国民年金
加入対象	被用者（任意適用事業は除く）	20歳以上60歳未満の人すべて
公的医療保険	健康保険(社会保険)	国民健康保険 健康保険(社会保険)
保険料負担	半分は勤務先が負担	全額加入者負担
保険料の金額	月給与に比例して増額	定額
保険料徴収方法	天引き	口座振替や現金払い、カード払いなど多岐
保険料免除	ない	ある
配偶者の国民年金	本人の厚生年金(国民年金)から国民年金の保険料負担	各自が加入する
給付	国民年金＋厚生年金	国民年金

（出典）各種資料を参考にして作成

　自営業者は、国民年金（基礎年金）に、国民年金基金を加えることができる2階階建てである。
　一方、給与所得者の中の一部の企業は、この2階建ての公的年金に、後述の厚生年金基金が加わることによって、厚生年金または厚生年金基金のいずれかの2階建てとなる。この厚生年金基金は、公的年金制度の健全性及び信頼性の確保のための厚生年金保険法等の一部を改正する法律（平成25年法律第63号）により、2014年4月1日以降、新規設立は認められない。

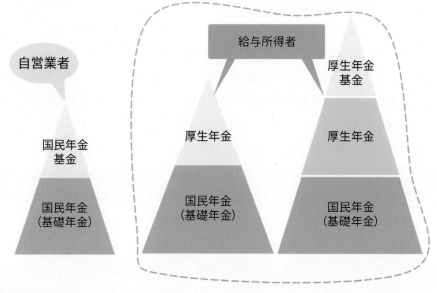

図 64 公的年金制度の仕組み (基礎年金と厚生年金・基金)

（出典）筆者作成

03 公的扶助

　公的年金制度は、保険技術を用い、被保険者があらかじめ保険料を拠出し、保険者 (政府または保険会社) が給付を行う保険制度である。これらは、保険技術を利用しているため、保険料を納付が給付の前提条件となる。

　一方、公的な所得保障制度には、公的年金制度の他に、公的扶助 (Public assistance, Social assistance) がある。公的扶助は、公的機関が運営する制度として、保険料の支払実績は問題とせず、貧困がその給付の前提条件となる。ミーンズテストとは、市民が政府に対し、社会保障制度による給付を申請した際に、申請者が要件を満たすかどうか判断するため行政側が行う資力調査のことである。ミーンズテストは申請者の収入、資産、またはその両方を対象にして行われ、通常は収入・資産が一定水準を下回ることが受給の要件となる。ミーンズテストを要件とする公的扶助には、生存権を実現する生活保護制度がある。

公的扶助 (生活保護費) の金額は、居住地域や家族構成によって異なり、月額として 2 人世帯で 15 万円から 18 万円、子どものいる 4 人家族では 30 万円近くになる。この公的扶助 (生活保護費) の金額は、後述する基礎老齢年金の給付額よりも大きい（2020 年度の老齢基礎年金給付の満額は , 年額 781,700 円で月額としては 65,142 円である）。生活扶助と住宅扶助の合計が最低生活費となり、給与や年金などの収入がある人は、最低生活費から収入を差し引いた額が生活保護費となる。従って、年金受給者が生活困窮者となった場合、強制加入である公的年金の保険料を払わなかった人は、老齢年金が受け取れず公的扶助 (生活保護費) を全額受け取れるのに対して、公的年金保険を払ってきた人は、老齢年金の金額が公的扶助 (生活保護費) から控除されることの問題が指摘されている。また、収入があれば、その収入額も公的扶助 (生活保護費) から控除されるため、労働意欲を抑制しているともいわれる。

　ミーンズテストを緩和した形での所得調査（制限）を要件とする低所得者対策には、社会手当制度、生活福祉資金貸付制度、公営住宅制度等がある。社会手当は、社会保険と公的扶助（生活保護制度）の中間的性格を持つ、無拠出の現金給付である。日本の社会手当としては、児童手当、児童扶養手当、特別児童扶養手当、特別障害者手当、障害児福祉手当などがある。また、公営住宅制度は、低所得者を対象に住宅を提供することを目的としており、母子世帯、高齢者、心身障害者などを対象とした住宅や低家賃住宅などがある。また、生活福祉資金貸付制度は、生活福祉資金貸付制度は、低所得世帯や障害者、高齢者、失業者世帯などを対象として、低利子もしくは無利子で、生活に必要な資金を貸し付ける制度である。

　公的年金、公的医療保険や介護保険、雇用保険、労災保険などの社会保険制度も、貧困対策の機能を有する。これらの社会保険制度と比較して捉えると、公的扶助とは「国家が、最低生活保障（ナショナル・ミニマム）を目的として、貧困状態にある者を対象に、貧困の事実認定を行うためのミーンズテストを課し、公費を財源として行う制度」といえる。公的年金や医療保険などの社会保険は保険料を財源としているのに対し、公的扶助は、保険の仕組みを使わず、税金を財源としている。

04 公的年金の給付

1 公的年金給付の概要

　公的年金制度は、老齢・障害・死亡の三つの保険事故に対して給付が行われることによって、防貧機能を果たしている社会保険である。20歳以上の学生、自営業や会社員とその配偶者などすべての人が国民年金の加入対象（被保険者）となり、老齢・障害・死亡の保険事故の際には、共通の基礎年金（国民年金）が支払われる。

図65　公的年金の給付

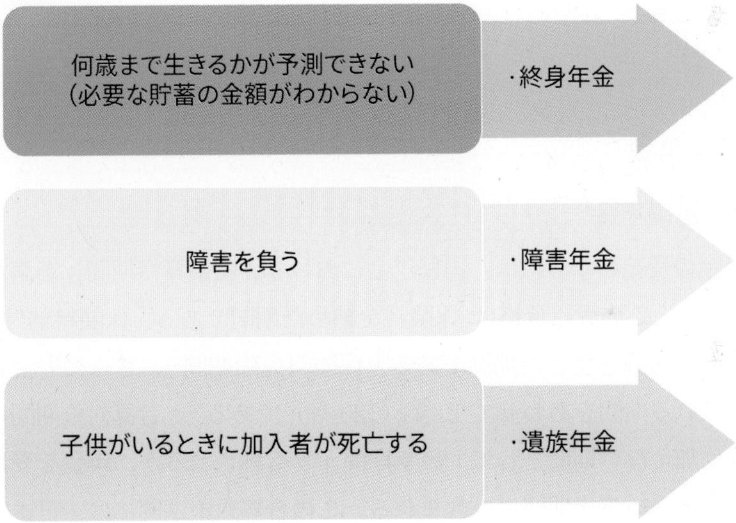

- 何歳まで生きるかが予測できない（必要な貯蓄の金額がわからない）　→　・終身年金
- 障害を負う　→　・障害年金
- 子供がいるときに加入者が死亡する　→　・遺族年金

（出典）各種資料を参考にして作成

　国民年金には、第1号被保険者への独自給付として付加年金、寡婦年金、死亡一時金および短期在留外国人への脱退一時金がある。厚生年金保険の独自給付として障害手当金（一時金）や短期在留外国人への脱退一時金がある。

　また、この公的年金では、サラリーマン等の場合は、国民年金の上乗せ部分の厚生年金の給付があるため、『二重給付』となる。

表50	公的年金給付の種類一覧	
保険事故	国民年金	厚生年金
老齢	老齢基礎年金	特別支給の老齢厚生年金
	付加年金	老齢厚生年金
障害	障害基礎年金	障害厚生年金
	-	障害手当金
死亡	遺族基礎年金	遺族厚生年金
	寡婦年金	-
	死亡一時金	-
脱退	脱退一時金	脱退一時金
	-	脱退手当金

（出典）各種資料を参考にして作成

2 老齢年金

(a) 老齢基礎年金

公的年金の受給のためには、国民年金における「受給資格期間」を満たすことが条件である。この受給資格は、保険料を納めた期間である「保険料納付済期間」と、保険料の免除を受けた期間である「保険料免除期間」、さらに「合算対象期間」と呼ばれる期間をあわせて 10 年（120 月）である[93]。合算対象期間は、年金額の計算に加えない期間として「カラ期間」とも称されるが、年金を受け取る権利を判断する受給資格期間には含まれる。この合算対象期間には、日本人であって海外に居住していた期間のうち、国民年金に任意加入しなかった期間などがある。

老齢基礎年金は、保険料納付済期間（保険料免除期間などを含む）が原則として 10 年以上ある人が、65 歳から受給できる。この老齢基礎年金は、60 歳から支給繰り上げまたは 66 歳以後へ支給繰り下げが可能であり、遺族厚生年金との併給が可能である。

---

[93] 受給資格期間は、2017 年 8 月 1 日からそれまでの 25 年（300 月）が 10 年（120 月）に短縮された。

この老齢基礎年金は、20歳から60歳まで40年間、全ての期間、保険料を納めた人については、年間で年金額　780,100円（満額）（2019年基準）の年金が支給される。老齢基礎年金の受給額は、この満額に40年に対する保険料の納付期間の比率を乗じた金額となる。この老齢基礎年金は、満額に対する保険料納付期間の比率で決まるため、後述の厚生年金のような所得再分配機能はない。

老齢基礎年金の受給額は、次の通りである。

老齢基礎年金の受給額

$$= 満額(780,100円) \times \frac{保険料納付済月数 + (保険料免除月数 \times 反映割合)}{40年 \times 12ヵ月}$$

第2号被保険者や、第2号被保険者の被扶養配偶者は、国民年金の保険料を直接納めてはいないが、第2号・第3号としての被保険者期間も、国民年金の保険料を納めた期間（保険料納付済期間）となる。

保険料免除期間は、第1号被保険者にのみ認められている制度であり、この免除を受けていた期間も年金を受ける資格を判断する期間として含まれる。保険料免除には、全額免除と半額免除があり、全額免除の場合、年金額には3分の1だけ反映され、半額免除の場合、年金額には3分の2だけ反映される。ただし、保険料を追納すれば完全に反映されるが、この追納は10年以内に限る。免除や特例による未納以外の未納の場合の追納は、2年以内に限る。

学生の場合、親の所得に関わらず、学生本人の所得が一定（年間の収入が約133万円）以下の場合には、保険料の納付を要さない。この制度を利用するには毎年申請が必要である。学生納付特例制度の承認を受けた期間は、10年以上という老齢基礎年金の受給資格期間に含まれるが、老齢基礎年金の額の計算の対象となる期間には含まれない。年金額に結びつけるためには、その後10年以内に保険料を追納する必要がある。

(b) 付加年金と国民年金基金

　厚生年金に加入していない「第1号被保険者」は、厚生年金に替わる「2階部分」として、「付加年金」や「国民年金基金」などを活用できる。

| 図66 | 加入者別の老齢年金 |

（出典）各種資料を参考にして作成

　第1号被保険者などは、国民年金保険料とともに毎月一定額の付加保険料（400円／月）を追加して納付することで、老齢基礎年金受給時に、付加年金を上乗せして受給できる。付加年金に加入できるのは、国民年金の第1号被保険者と60歳以上65歳未満の任意加入被保険者に限定される。国民年金の保険料の納付は、原則的に20歳から始まり60歳で終わり、年金の受給は65歳から始まる。この60歳から65歳までは、待期期間と呼ばれる。60歳前の加入すべき期間に保険料の免除や未納がある場合、満額の老齢基礎年金が受け取れない。年金額を満額に近づけたい人は、60歳から65歳までの間、任意加入することができる。

　第2号被保険者には、厚生年金という2階部分の年金がある。第3号被保険者は保険料を払わずに国民年金に加入できるという理由で、付加年金に加入できないが、60歳までに年金額の満額のための加入期間に満たない場合は、第1号被保険者と同様に任意加入することができる。また、年金の受給資格期間を満たしていない65歳以上70歳未満の人も国民年金に任意加入できるが、この65歳以上の国民年金の任意加入は、年金増額が目的ではなく、受給権の確保が目的とし

て認められたものであり、年金を増やしたいという付加年金の趣旨とは反するため、付加年金の加入が認められていない。さらに、付加年金は、後述の国民年金基金と同時に入ることはできない。

　付加年金の額は、付加保険料納付済期間（月数）× 200 円である。この付加年金には、老齢基礎年金のような物価スライドはない。付加保険料月額 400 円に対して、受給時には 1 ヶ月の付加保険料納付期間当たり 200 円の年金になる。例えば 20 歳から 60 歳までもれなく 40 年（480 月）間国民年金と付加年金に加入していた場合、付加保険料合計は 192,000 円（400 円× 480 月（40 年））である。これに対して受給する付加年金の年額は、200 円× 480 月（40 年）＝ 96,000 円である。65 歳から国民年金を受給して 2 年で元が取れる計算である。付加年金は、生涯にわたって受給できる終身年金であるため、2 年以上受給すれば、受給額が支払った付加年金保険料を上回ることになる。

　国民年金基金は、第 1 号被保険者を対象にしたもので、付加年金と同様に、老齢基礎年金に上乗せして受給できる 2 階建て公的年金の 2 階部分になる。国民年金基金は、加入の際に口数を選択する。納付する掛け金は、年齢と加入するプランによって異なり、受給額はプランごとに一律となっている。国民年金基金には、一生涯年金を受給できる終身年金と、10 年・15 年と受給期間が決まっている確定年金があり、それらを組み合わせてプランを組む。また、その掛金は、所得税の算定の際に、所得から全額を控除することができ、税金の負担を減らすこともできるが、掛金の上限は個人型確定拠出年金（iDeCo）とあわせて月額 68,000 円の限度がある。

(c) 老齢厚生年金

　老齢厚生年金の受給資格は、次の通りである。第一に、老齢基礎年金の支給要件を満たしていることである。第二に、厚生年金保険の被保険者期間が 1 ヶ月以上あることである。ただし、65 歳未満の人に支給する老齢厚生年金については、1 年以上の被保険者期間が必要である。

　国民年金の保険料は、収入の金額に関係なく、全員が同じ定額であるが、厚生年金保険は、収入が高い人ほど高い保険料を納めており、現役時代の収入によって年金額が異なる「報酬比例」の年金である。

　国民年金の支給開始年齢は、制度発足当初より、65 歳であるが、厚生年金の

支給開始年齢は、制度発足当初（1942年労働者年金保険法）では55歳であったが、度重なる改正により65歳に向けて、徐々に引き上げられてきた。特別支給の老齢厚生年金とは、1985年の法改正で公的年金の受給開始年齢が原則60歳から65歳へと引き上げられた際、段階的に受給開始年齢を引き上げる意味で、一時的な対応として設けられたもので、本来65歳以降受け取ることができる老齢厚生年金とは別に、60歳から65歳になるまでの間に、「特別」に受け取ることができる年金である。

　老齢厚生年金において、60歳台前半から64歳までに支給されている特別支給については、「定額部分」と「報酬比例部分」がある。定額部分[94]は、65歳になると老齢基礎年金として支払われ、報酬比例部分[95]も、65歳からは老齢厚生年金として支払われ、特別支給とは呼ばなくなる。厚生年金の支給開始年齢が本来の65歳に完全移行するのは男性が2025年度、女性は2030年であり、それ以降は、厚生年金の特別支給はなくなる。

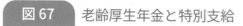
図67　老齢厚生年金と特別支給

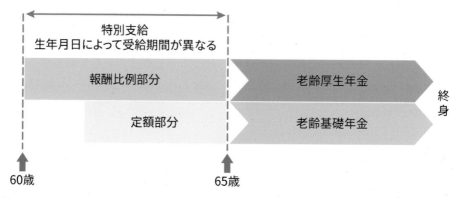

特別支給
生年月日によって受給期間が異なる

報酬比例部分　　老齢厚生年金　　終身

定額部分　　老齢基礎年金

60歳　　65歳

▌（出典）各種資料を参考にして作成

(d) 老齢厚生年金の加給年金と振替加算

　加給年金は、被保険者期間が20年以上ある老齢厚生年金の受給者が65歳に

94　男子は2013年度に、女子は2018年度に65歳となった。

95　2013年度から段階的に、男子は2025年まで、女子は2030年までに、65歳に引き上げられる。

到達したとき（定額部分の支給がある人は、定額部分の支給開始年齢に到達したとき）において、生計を共にし、かつ、一定条件を満たしている配偶者又は子（加給年金額対象者）がある場合に、夫の老齢厚生年金に加算される国民年金にはない制度である。配偶者又は子の条件は、65歳未満の配偶者、18歳到達年度の末日までの間にある子または1級・2級の障害の状態にある20歳未満の子である。加給年金の受給のためには、届出が必要である。

　この加給年金は、配偶者が65歳になると終了するが、配偶者（妻）が65歳になってからは、振替加算として、配偶者の年金に加算される。配偶者が65歳になって老齢基礎年金を受けられるようになるまで、夫の年金に加算される家族手当としての意味があるといえる。加給年金の対象となる配偶者または子どもの年収が850万円未満（所得650万円未満）であることが条件である。配偶者が65歳になって老齢基礎年金を受給するようになると加給年金は停止され、配偶者の基礎年金にその一部が振替加算される。

図68　加給年金と振替加算

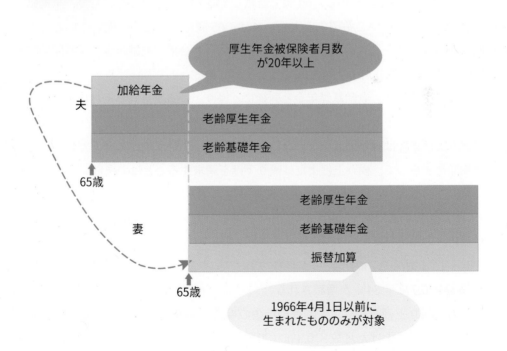

　「加給年金」は、夫が65歳のときから始まって、妻が65歳になるときに終わる。加給年金の受給対象者が亡くなったとき、または配偶者と離婚したときは、その事由に該当した翌月から加給年金額は加算されない。また、「振替加算」は、妻が65歳になったときに始まり、妻が死亡するまで続き、離婚した場合でも継続して受給できる。

　この加算年金は、夫の年金に加算されるが、老齢厚生年金とセットになっているため、老齢厚生年金を繰り下げた期間の間は受給できないが、老齢厚生年金を受給していれば、老齢基礎年金を繰り下げた場合でも受給できる。また、振替年金は、妻の年金に加算され、老齢基礎年金とセットになっているため、老齢基礎年金を繰り下げた期間の間は受給できないが、老齢基礎年金を受給していれば、老齢厚生年金を繰り下げた場合でも受給できる。

(e) 繰り下げと繰り上げ

　老齢年金の受給開始は、「老齢基礎年金」、「老齢厚生年金」ともに、原則として65歳からである。しかし、60歳で退職して収入がなくなるなどして、早期に年金を受け取りたいと希望する人もいれば、65歳になったが、働いているので収入があるという人もいる。このような状況に合わせて、老齢年金の受給開始時期を繰り上げたり、繰り下げたりすることができる。

　老齢厚生年金も、老齢基礎年金と同様に、繰り上げまたは繰り下げは可能であるが、老齢厚生年金の繰り上げまたは繰り下げの場合には、老齢基礎年金も同時に繰り上げまたは繰り下げを行わなければならない。いずれかの一方だけ、または期間をずらして、繰り上げまたは繰り下げを請求することはできない。

　繰り下げ受給は、老齢基礎年金と老齢厚生年金のいずれも、66歳から最長で75歳（2019年までは70歳）まで10年間遅らせることが可能である。「繰り下げ受給」の場合、繰り下げた月数×0.7％が増額され、70歳まで繰り下げた場合、5年×12ヵ月×0.7％＝42％が増額され、75歳まで繰り下げた場合、10年×12ヵ月×0.7％＝84％が増額される。

　一方、繰り上げ受給は、老齢基礎年金の場合、60歳から受給することが可能であるが、繰り上げた月数×0.4％（2019年までは0.5％）の金額が年金額から減額され、その減額は、生涯、続くことになる。60歳まで繰り上げた場合、24％（=5

年 × 12 ヵ月 × 0.4%）の減額となる。また、老齢厚生年金の場合、老齢基礎年金
と同様、繰り上げ期間 1 か月ごとの減額率は 0.4% と同じである。

図 69 老齢年金の繰り上げと繰り下げ

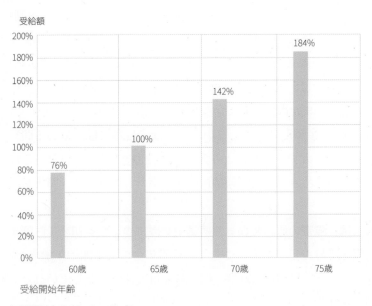

（出典）各種資料を参考にして作成

　年金額の増額は、支払額の後回し分に受け取りを待つ間の運用利回りが加算さ
れたものである。厚生労働省は、「（数値は）年金財政に中立に設計されている」
としており、繰り下げまたは繰り上げによって、年金財政にはプラスの効果もマ
イナスの効果もないとしている。

(f) 在職年金

　在職老齢年金とは、60 歳以降に収入があり、被用者として厚生年金に加入し
ながら受け取る老齢厚生年金のことである。この在職老齢年金制度は、基準額で
あるその収入の月額の合計が「47 万円」を超えた場合、超えた分の半額が年金
から減額される。

　この減額分の老齢厚生年金額は、前述の繰下げとはならないため、減額されて
いない部分のみが繰下げの対象となる。

3 障害年金

(a) 障害年金の概要

障害年金には「障害基礎年金」と「障害厚生年金」があり、病気やケガで初めて医師の診療を受けたときに、国民年金に加入していた場合は「障害基礎年金」を、厚生年金に加入していた場合は、「障害基礎年金」と「障害厚生年金」を請求できる。

障害基礎年金の受給の申請ができるのは、公的年金の保険料を納付する義務が発生する20〜60歳までの人であり、20歳の前に初診日のある病気やケガによる障害がある場合は、20歳になってから障害年金の申請ができる。国民年金に加入している間、または加入していない期間である20歳の前、もしくは60歳以上65歳未満（年金制度に加入していない期間で日本に住んでいる間）に、初診日のある病気やケガで、法令により定められた障害等級表（1級・2級）による障害の状態にあるときは、保険料納付要件を満たしていれば、障害基礎年金が受給できる。

初診日とは、障害の原因となった病気やケガについて、初めて医師または歯科医師の診療を受けた日である。つまり、基礎年金の受給開始年齢である65歳の前に初診日があり、障害があれば、保険料納付要件を満たしていれば、障害基礎年金が支給される。

(b) 20歳前に障害

障害基礎年金を受けるためには、初診日の前日において、20歳以上65歳未満の人は、保険料納付要件を満たす必要があるが、20歳前に障害の状態になった場合は、年金保険料の納付義務が発生する前であるので、保険料納付要件は不要で、受給は20歳になって障害認定を受けてからとなる。障害厚生年金では、基礎年金とは異なり、その初診日が厚生年金に加入している間にある病気やケガに限定される。

また、20歳前に障害状態になった人の障害基礎年金については、本人が保険料を納付していないことから、収入によっては所得制限を受ける場合があり、支給額が減額されたり停止となったりすることもある。この20歳前に障害状態になった人に対する障害基礎年金の給付は、保険料を納付している加入者に対して給付を行うものが保険制度であるとする保険理論に反するものであるが、1985

年の国民年金法等の改正法によって、1986 年 4 月から、社会保障の政策的な見地から実施されたものである。

(c) 保険料納付要件

障害基礎年金の保険料納付要件は、初診日の前日において、次のいずれかの要件を満たしていることが必要である。ただし、20 歳前の年金制度に加入していない期間に初診日がある場合は、納付要件はない。① 初診日のある月の前々月までの公的年金の加入期間の 3 分の 2 以上の期間について、保険料が納付または免除されていること、② 初診日において 65 歳未満であり、初診日のある月の前々月までの 1 年間に保険料の未納がないこと、である。学生納付特例制度の承認を受けている期間は、保険料納付済期間と同様に当該要件の対象期間になる。

| 図 70 | 障害基礎年金の保険料納付要件 |

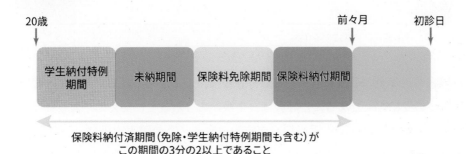

（出典）各種資料を参考にして作成

(d) 障害等級と給付

障害年金は、老齢年金と同様に国民年金から給付される「障害基礎年金」と厚生年金から給付される「障害厚生年金」がある。それぞれの障害年金の給付額は、障害の等級によって決まるが、障害等級には 1 級から 3 級までがあり、数字が低いほど症状が重くなる。この障害認定日は、原則として初診日から 1 年 6 カ月経過後となるが（職域の健康保険には 1 年 6 か月を限度として傷病手当金がある。）、その前に治ったか症状が固定した場合は、その日が障害認定日となる。

表51 障害年金の等級と障害の程度

等 級	定 義	障害の程度の例		
		眼	腕	脚
1級	他人の介助を受けないと、ほとんど自分のことができない	両眼の矯正視力の合計が0.04以下	両手の全ての指がない	両脚の足関節以上がない
2級	必ずしも他人の助けを必要としないが、日常生活は極めて困難で、労働により収入を得ることができない	両眼の矯正視力の合計が0.05以上0.08以下	両手の親指と、人さし指または中指がない	両脚の全ての指がない片脚の足関節以上がない
3級	労働が著しい制限を受けるか、労働に著しい制限を加える必要がある	両眼の矯正視力が0.1以下	片手の親指と人さし指がない	片脚の3つの関節のうち2関節が使えない

（出典）各種資料を参考にして作成

障害厚生年金の受給対象となる障害等級は、1級から2級までである。障害厚生年金の受給対象となる障害等級は、1級から3級までに加えて、より軽度な障害が残る場合には「障害手当金」が支給される。この障害等級は、「国民年金・厚生年金保険障害認定基準」に規定されており、この基準は適宜、見直しが行われている。

障害基礎年金には所得制限があり、その受給資格は、年収4,621,000円（月収38万円）までとなっており、それ以上の所得がある人は障害年金の受給ができない。

障害厚生年金は、基礎年金とは異なり、その初診日が厚生年金に加入している間にある病気やケガに限定され、いずれも併せて障害等級が1級、2級、3級の認定を受けている人に支給される。障害基礎年金の1級または2級に該当する障害の状態になったときは、障害基礎年金に上乗せして、障害厚生年金が支給され、障害の状態が2級に該当しない軽い程度の障害のときは、3級の障害厚生年金が支給される。なお、初診日から5年以内に病気やケガが治り、障害厚生年金を受

けるよりも軽い障害が残ったときには障害手当金（一時金）が支給される。

　障害厚生年金・障害手当金を受けるためには、障害基礎年金の保険料納付要件を満たしていることが必要である。障害厚生年金では、65歳以下の配偶者がいる場合に加給年金額が加算される。さらに、障害厚生年金には、最低保障金額があり、年金加入期間が短い人でも最低保障金額の受給が可能である。この最低保障金額は、被保険者期間が、300月（25年）未満の場合は、300月とみなして計算するものである。

　障害年金の給付額は、次の通りである。

図71　障害年金の給付額

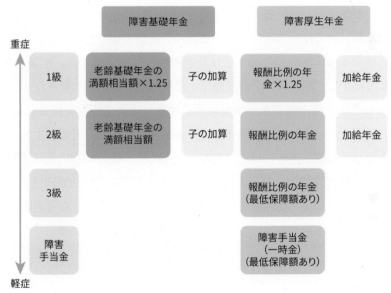

（出典）各種資料を参考にして作成

　障害等級1級と2級によって障害厚生年金を受給する人は、障害基礎年金もあわせて受給することになり、等級の数字が小さいほど増額されるしくみとなっている。障害基礎年金は、定額制であるが、障害厚生年金は報酬比例制となっている。その障害厚生年金は、標準報酬月額や加入期間によって異なる。障害基礎年

金の２級に対する給付額は、老齢基礎年金の満額と同額であり、障害厚生年金[96]も、老齢厚生年金とほぼ同額になる。

(e) 障害年金の加給年金

老齢厚生年金の加算年金は、一定条件の配偶者または子がいるときに、老齢厚生年金に加算される年金であり、老齢基礎年金には存在しないものである。この配偶者又は子の一定の条件は、65 歳未満の配偶者、18 歳到達年度の末日までの間にある子または１級・２級の障害の状態にある 20 歳未満の子である。それに対して障害厚生年金における加給年金では、加算の対象となる配偶者がいるときは障害厚生年金に加給年金が加算され、子がいるときは障害基礎年金に加算される。対象となる配偶者と子がいるときには、障害厚生年金と障害基礎年金の両方の加算年金が支払われる。また、障害厚生年金に加算される加給年金は、老齢厚生年金に加算される加給年金と区別するため、配偶者加給年金と称する場合がある。障害厚生年金の配偶者加給年金は、老齢厚生年金と同じく、配偶者が 65 歳に達すると終了し、配偶者の老齢基礎年金に加算される振替加算される。

１級もしくは２級の障害厚生年金の受給権者によって生計維持されている 65 歳未満の配偶者がいるとき、配偶者加給年金が加算される。老齢厚生年金の加給年金と異なり受給権取得時には配偶者がいなくても、後の婚姻によって対象となる配偶者がいれば支給される。その配偶者加給年金額は 224,900 円（2020 年度）である。老齢厚生年金と併給している場合は、子が支給要件となる老齢厚生年金の加給年金は支給停止になり、この障害厚生年金の加給年金が優先して支給される。

子どもがいる場合は、障害基礎年金の受給者に子の加算が行われる[97]。これには、受給資格を得た後に生まれた子どもも対象となる。なお、「子ども」とは「18 歳到達年度の末日（３月 31 日）を経過していない子」もしくは「20 歳未満で障

96　障害厚生年金は、2020 年４月現在、１級は、（報酬比例の年金額）× 1.25 ＋〔配偶者の加給年金額（224,900 円）〕、２級は、（報酬比例の年金額）＋〔配偶者の加給年金額（224,900 円）〕、３級は、（報酬比例の年金額）最低保障額 586,300 円である。

97　2020 年４月現在の障害基礎年金は、１級は 781,700 円× 1.25+ 子の加算、２級は 781,700 円＋ 子の加算である。子の加算は、第１子・第２子には各 224,900 円、第３子以降に対しては各 75,000 円である。

害等級1級または2級の障害者」のことをいう。

また、2010年に公布された障害年金加算改善法によって、これまで障害年金の受給権発生時に生計維持している配偶者や子がいる場合にのみ加算を行うこととしていたが、受給権発生後に生計維持している配偶者や子がいる場合にも加算を行うことになった。

ただし、加給年金には、障害厚生年金受給者と生計同一関係にあること、配偶者の年収が850万円以下（または所得が655.5万円以下）であること、配偶者が65歳未満であること、配偶者が老齢厚生年金や退職共済年金、障害年金を受給していないことなどの条件がある。

(f)65歳以降の年金

65歳からは老齢年金の受給が開始される。障害年金受給者の65歳以降の年金の受給選択に関しては、支給事由が異なる2つ以上の年金の権利を有する場合、65歳以後は老齢厚生年金と障害基礎年金の組み合わせが可能である。

① 老齢厚生年金＋配偶者加算（要件あり）＋老齢基礎年金

② 老齢厚生年金＋配偶者加算（要件あり）＋障害基礎年金

③ 障害厚生年金＋障害基礎年金

65歳までに障害基礎年金1級もしくは2級に該当される場合は、上記の組み合わせで受給の選択が可能である。また、また、受給の選択はいつでも将来に向かって変更できる。

4 遺族年金

(a) 遺族年金の給付

遺族年金は、国民年金または厚生年金の被保険者または被保険者であった人が、亡くなった場合、その人によって生計を維持されていた遺族が受給できる給付である。遺族年金には、「遺族基礎年金」と「遺族厚生年金」があり、亡くなった人の保険料の納付状況・遺族年金を受け取る人の年齢・優先順位などの条件が決められている。

現役の夫が死亡した時の妻や子に対する給付については、夫の被保険者期間が25年未満である場合、遺族厚生年金の金額は25年で計算される。また、「子」とは、

18 歳未満または障害状態で 20 歳未満の子をいう。

夫の死亡の時に妻が 35 歳未満であっても、子どもが 18 歳に達した時点で妻が 35 歳以上である場合は、50 歳以降 65 歳未満の間中高齢寡婦加算が加算される。

(b) 遺族基礎年金

国民年金の被保険者または老齢基礎年金の資格期間を満たした人が死亡したときに支給されるのが遺族基礎年金である。次の①～④のいずれかに該当する人が死亡したときに、生計を維持されていた「子のある配偶者」または「子」に支給される。①国民年金の被保険者（加入者）であること、②国民年金の被保険者（加入者）であった 60 歳以上 65 歳未満の人で、日本国内に住所を有していること、③老齢基礎年金を受給している受給権者であること、④老齢基礎年金の受給資格期間（10 年）を満たした人であること。ただし、①、②の場合、死亡日の属する月の前々月までの被保険者期間のうち、保険料の納付済期間（免除期間等を含む）が 3 分の 2 以上あることが必要である。

図72 遺族年金の保険料納付済期間

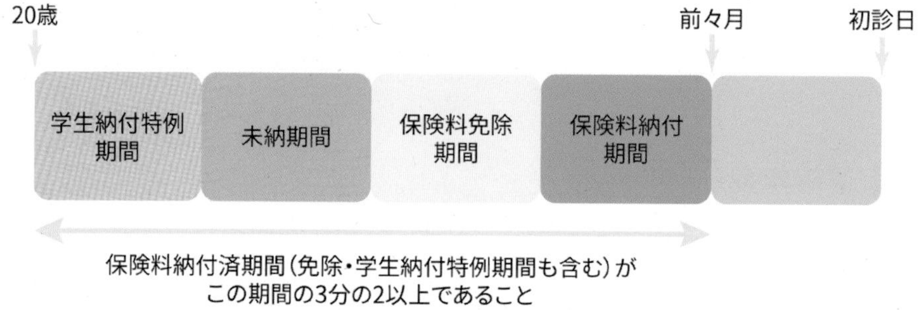

保険料納付済期間（免除・学生納付特例期間も含む）が
この期間の3分の2以上であること

（出典）各種資料を参考にして作成

遺族基礎年金の支給額は定額で、「780,100 円＋子の加算額」(2019 年度)である。子の加算額は、1 人目・2 人目は各 224,500 円、3 人目以降は各 74,800 円となる。

遺族基礎年金の支給対象は、加入者に生活を維持されていた「18 歳未満の年度末までの子（障害のある子は 20 歳未満）がいる配偶者またはその子」である。

「子」とは、第一に、18歳到達年度の3月31日を経過していない子どもを指し、受給要件を満たした国民年金または厚生年金保険の被保険者（被保険者であった人）が死亡した当時、胎児であった子も出生以降に対象となる。第二に、20歳未満で、障害等級1級または2級の障害状態にある子である。

また、遺族基礎年金は、あくまで「所定の年齢の子のある配偶者」と「子ども自身」を対象とした遺族年金のため、子育て世代の子がいなければ支給されないことになる。以前は、遺族基礎年金を受給できるのは「子どものいる妻」か「子ども」に限られ、夫は受給できなかったが、この男女差を解消するため、「子どものいる妻」が「子どものいる配偶者」に変更され、父子家庭も遺族基礎年金を受給できるようになった。ただし、妻の死亡が2014年4月以降の場合に限られ、それより前に既に父子家庭であった場合には、遺族基礎年金は受給できない。遺族基礎年金の受給者が、加入者に生計を維持されていたと証明するためには、原則として、遺族の前年の収入が850万円未満であること、または所得が655万5千円未満であることが収入の要件となる。

(c) 遺族厚生年金

遺族厚生年金は、被保険者または被保険者であった人が、次の要件のいずれかに該当したときに、その人の遺族に支給される。①被保険者（加入者）が死亡したとき、②被保険者（加入者）期間中の傷病がもとで初診の日から5年以内に死亡したとき、③老齢厚生年金を受給していた受給権者または受給資格期間を満たしている者が死亡したとき、④1級・2級の障害厚生年金を受けられる者が死亡したとき。なお、遺族厚生年金は、子どものいない夫も受給できるが、妻の死亡時に夫の年齢が55歳以上であることが必要である。

遺族厚生年金の金額は、夫の報酬比例の年金額（老齢厚生年金相当額）の4分の3である。この給付額は、被保険者の給与や賞与の金額をもとに算出される平均標準報酬額（賞与を含めた平均月収）などにより決まる。したがって、亡くなる前の被保険者の給与金額が高い人が、遺族厚生年金の給付金も多くなる。

被保険者期間に夫が死亡した時の妻や子に対する給付の金額については、夫の被保険者期間が25年未満である場合、遺族厚生年金の金額は25年で計算される。65歳以上の遺族配偶者の場合、自分の老齢厚生年金の受給権があるときには、実際に受給する年金については次の3つから選択する。①遺族厚生年金のみを受

給する、②遺族配偶者自分の老齢厚生年金のみを受給する、③死亡した配偶者の報酬比例の年金額の2分の1と遺族配偶者自分の老齢厚生年金の2分の1の合計額を受給する。

　遺族厚生年金の保険料納付要件は、次の通りである。上記、①と②の場合には、死亡した人について、死亡日の属する月の前々月までに被保険者期間がある場合は、遺族基礎年金と同様に国民年金の保険料納付済期間と保険料免除期間等を合算した期間が当該被保険者期間の3分の2以上であること、という保険料納付要件を満たしていることが必要である。遺族厚生年金を受けることができる遺族は、被保険者または被保険者であったものが死亡当時、その人によって生計を維持されていたその人の配偶者（届出をしていないが、事実上婚姻関係と同様の事情にある人を含む。）、子、父母、孫及び祖父母であるが、妻以外の人については、次の要件に該当することが必要である。

　被保険者または被保険者であった人によって生計を維持されていた遺族とは、遺族厚生年金の受給権を取得した当時、死亡した人と生計を同じくしていた遺族のうち、恒常的な収入が将来にわたって年額850万円以上にならないと認められる場合である。

　ただし、夫は遺族基礎年金を受給中の場合に限り、遺族厚生年金も合わせて受給できる。子のない30歳未満の妻は、5年間の有期給付となる。子のある配偶者、子（子とは18歳到達年度の年度末を経過していない者または20歳未満で障害年金の障害等級1級と2級の障害者に限る）は、遺族基礎年金も併せて受けられる。先の順位の人が支給を受けたときは、後の順位の人は支給を受ける資格はない。

(d) 中高齢寡婦加算

　中高齢寡婦加算は、遺族厚生年金の加算給付の1つである。この中高齢寡婦加算は、遺族厚生年金を受け取れる妻に遺族基礎年金の対象となる子供がいない場合に、遺族厚生年金に加えて年間約60万円（2020年586,300円）の年金（中高齢寡婦加算）が40歳から65歳までに加算されるものである。この中高齢寡婦加算は、死亡した夫の厚生年金被保険者期間が20年以上の場合に支払われる。

　遺族基礎年金は子どものいない妻には支給されず、子がいてもその子が18歳（18歳の誕生日の属する年度末まで）または20歳（1級・2級の障害の子）に達すれば支給されなくなるが、夫が死亡したときに40歳以上で子のない妻（夫

の死亡後40歳に達した当時、子がいた妻も含む）が受ける遺族厚生年金には、40歳から65歳になるまでの間、中高齢の寡婦加算（定額）が加算される。妻が65歳になると自分の老齢基礎年金が受けられるため、中高齢の寡婦加算はなくなる。

　子供が2人いる場合の妻の遺族厚生年金の給付は、次の通りである。

図73　夫死亡時の遺族年金受給（厚生年金）

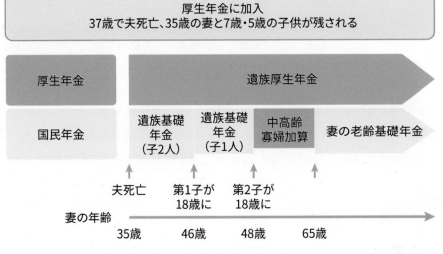

（出典）各種資料を参考にして作成

一方、子供が2人いる場合の妻の遺族基礎年金のみの場合は、次の通りである。

図 74　　夫死亡時の遺族年金受給（国民年金）

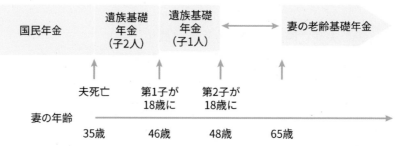

厚生年金に加入せず
37歳で夫死亡、35歳の妻と7歳・5歳の子供が残される

（出典）各種資料を参考にして作成

子がいない場合には遺族基礎年金を受給できないが、遺族厚生年金においては、子の有無にかかわらず、夫が死亡したときに妻が40歳以上65歳未満のときには、夫が死亡したときから妻が65歳になるまで中高齢寡婦加算が加算される。

図 75　　中高齢の寡婦加算１

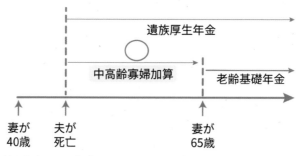

夫の死亡時に妻が40歳以上65歳未満で
遺族基礎年金を受給しない場合

（出典）各種資料を参考にして作成

また、夫が死亡したとき妻が40歳未満で遺族基礎年金を受給しない場合には、中高齢寡婦加算の加算はない。

図76　中高齢の寡婦加算2

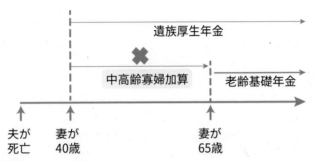

夫の死亡時に妻が40歳以上65歳未満で
遺族基礎年金を受給しない場合

（出典）各種資料を参考にして作成

　妻に40歳の時点で遺族基礎年金の受給の要件となる子がいる場合は、夫の死亡が、「妻が40歳になる前」でも、遺族厚生年金に中高齢寡婦加算が加算される。但し、遺族基礎年金を受給している間は、40歳以降でも中高齢寡婦加算は支給停止となる。

図77　中高齢の寡婦加算3

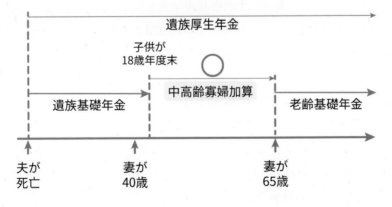

妻が40歳の時点で
遺族基礎年金を受給している場合

（出典）各種資料を参考にして作成

なお、「遺族基礎年金の受給要件となる子」とは、①18歳の年度末までの子、もしくは、②障害等級1級もしくは2級に該当する20歳未満の子、のいずれかである。

また、妻が40歳になる前に子が18歳年度末に達する等の理由で遺族基礎年金の受給権を失権したときは、中高齢寡婦加算は支給されない。

図78 中高齢の寡婦加算4

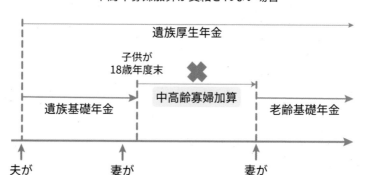

（出典）各種資料を参考にして作成

(e) 経過的寡婦加算

妻が65歳に達すると妻自身が老齢基礎年金を受けられるため、老齢基礎年金満額の4分の3相当である中高齢寡婦加算は加算されなくなる。一方、老齢基礎年金は1986年4月1日から実施され、20歳以上60歳未満の40年間が保険料納付済み期間である場合にその満額が受給できる制度である。しかし、1986年4月1日に30歳以上の者は、60歳になるまでの期間が30年未満であり、老齢基礎年金額は満額の4分の3未満となる。老齢基礎年金の受給開始によって、かえって年金受給額が低額になるという制度上の問題に対応するために、1956年4月1日以前生まれの者（1986年4月1日に30歳以上であった者）については、65歳以上も経過的に寡婦加算が行われることになった。

遺族厚生年金を受けている妻が65歳になり、自分の老齢基礎年金を受給する

ことができるようになったときに、1956年（昭和31年）4月1日以前に生まれた者に対しては、中高齢寡婦加算と老齢基礎年金の差額に相当するものとして、経過的寡婦加算が加算される。なお、経過的寡婦加算は、妻が65歳以降はじめて遺族厚生年金を受給できる場合にも加算される。

(f) 寡婦年金

寡婦年金は、第1号被保険者として保険料を納めた期間（免除期間を含む）が10年以上ある夫が亡くなった時に、10年以上継続して婚姻関係にあり、生計を維持されていた妻に対して60歳から65歳になるまでの間に支給される。

寡婦年金とは、第1号被保険者の夫が老齢年金を受け取る前に死亡した場合、それまで支払ってきた保険料が無駄にならないように、妻に対して支払われる年金である。自営業の妻の場合、老齢基礎年金を受け取れる年齢までの間、収入が途絶えてしまう可能性があり、それの救済措置として、寡婦年金が設けられた。

寡婦年金の年金額は、夫の第1号被保険者期間だけで計算した老齢基礎年金額の4分の3である。亡くなった夫が、障害基礎年金の受給権者であった場合、老齢基礎年金を受けたことがある場合は支給されない。妻が繰り上げ支給の老齢基礎年金を受けている場合は支給されない。

(g) 65歳以降の年金

遺族の妻が65歳を迎えると中高齢寡婦加算がなくなるが、その代わりに、妻自身の老齢基礎年金、老齢厚生年金を遺族厚生年金と併せて受け取れることになる。ただし、65歳以降の遺族厚生年金は原則、老齢厚生年金相当額を差し引いた差額分で受けることになり、例えば遺族厚生年金が100万円で自身の老齢厚生年金が20万円であれば、残りの80万円が遺族厚生年金となる。

また、自身で納めた保険料が反映しないという不公平感を排除するため、以下のいずれか大きい金額が遺族厚生年金の額になる。①亡くなった人の老齢厚生年金額の4分の3、②亡くなった人の老齢厚生年金額の2分の1＋自身の老齢厚生年金額の2分の1。

05 年金分割

　離婚時の年金分割は、3号分割とも称され、被扶養配偶者（国民年金の第3号被保険者）を有する厚生年金の被保険者が負担した保険料は、夫婦が共同して負担したものであるとの基本的認識に基づくものである。年金分割は、夫婦が婚姻期間中に積み立てた厚生年金の記録を分割できる制度であるため、この年金分割に国民年金は含まれない。

　離婚の際の年金分割は、夫婦間の合意を以って分割する合意分割と、夫婦の合意がなくても一方的に分割できる3号分割のいずれかで行われる。離婚の際に、夫が年金分割に同意しない場合には、調停や審判に移行することになる。それでも分割されなければ、3号分割制度を利用することになる。

　離婚当事者の婚姻期間中の厚生年金の被保険者期間に係る標準報酬を、離婚時に限り、当事者間で分割することが認められる。この離婚時の厚生年金分割は、この制度が導入された2008年4月以降の厚生年金記録を対象とするが、2007年以前の婚姻期間が含まれる場合でも年金分割の対象には含まれる。

図79　離婚時の厚生年金分割

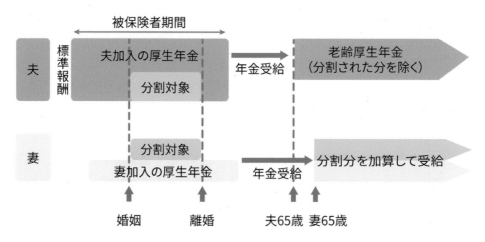

（出典）各種資料を参考にして作成

　離婚をした場合、扶養配偶者であった者からの請求によって、2008年4月以

降の第3号被保険者期間について、分割される特定被保険者及び被扶養配偶者の標準報酬を特定被保険者の厚生年金の被保険者期間に係る標準報酬に、2分の1を乗じて得た額にそれぞれ改定及び決定することができる。離婚した場合の前月までが分割の対象となるため、2008年5月以降に離婚をした場合にこの3号分割を行うことができる。この分割の請求期限は、原則、次の離婚等をした日の翌日から起算して2年以内である。①離婚をしたとき、②婚姻の取り消しをしたとき、③事実婚関係にある人が国民年金第3号被保険者資格を喪失し、事実婚関係が解消したと認められるとき、である。

　離婚時の年金分割は、「年金額を分割」するのではなく、厚生年金に加入して保険料を納めた「保険料納付記録の分割」である。加入期間中に保険料計算の基礎となった「標準報酬月額」から計算した標準報酬月額の総額（「対象期間標準報酬総額」）が分割の対象である。国民年金の加入期間は分割の対象外である。フリーランスや自営業者のような第1号被保険者の加入記録は離婚時の年金分割の対象とはならない。

　この年金分割の対象期間は、結婚時までさかのぼり、離婚時までの期間であり、結婚前の期間は分割の対象外である。分割される人は、厚生年金に加入する第2号被保険者であり、分割を受ける人は、第1号〜第3号被保険者のいずれの種別でも構わない。既に年金を受け取っている人も離婚時の年金分割の対象である。

　この年金分割は、夫婦が話し合った合意の下、あるいは裁判所の判断にしたがって行われるが、分割の上限は5割である。共稼ぎで夫婦ともに厚生年金に加入している場合は、お互いの加入記録を合計して分割する。共稼ぎ夫婦の分割の順序は、初めに結婚から離婚までのお互いの給与（標準報酬）の総額を比較して多いほうから少ないほうへ保険料納付記録が分割される。夫のほうが多い場合は夫から妻へ、妻のほうが多い場合は妻から夫へ保険料納付記録が分割される。分割割合の上限は、分割後のお互いの対象期間の標準報酬総額が夫婦合計の2分の1になるまでになる。

　この年金分割の期間は、原則として、分割された保険料納付記録は厚生年金額算定の基礎とするが、年金受給資格期間等には算入しないので、老齢年金の受給資格を判断する「原則10年以上」の加入記録の中に、離婚分割で分割された加入記録を加算することができない。したがって、公的年金の受給のためには、自分自身で加入した記録のみで10年以上の加入期間を満たすことが必要である。

分割を受けた被扶養配偶者は、自身の厚生年金受給資格（老齢・障害等）に応じた年金を受給し、自身が老齢に達するまで老齢厚生年金の受給はできない。分割された特定被保険者が死亡しても、分割を受けた自身の厚生年金受給に影響しない。この年金分割は、厚生年金（報酬比例部分）の額のみに影響し、基礎年金の額には影響しない。

06　公的年金の財政方式

年金の財政方式には、次のようなものがある。

① 賦課方式

　賦課方式（Pay-As-You-Go）は、現時点で年金を受給している世代に対する年金給付を次世代が納める保険料で賄う財政方式である。年金制度の導入時の引退世代は、保険料を支払わないまま年金を受給することになる。

② 積立方式

　積立方式（Fully Funded）は、受給者世代が積立てた社会保険料（使用者負担分も含む）を運用して、その元利合計で同世代に対する年金給付を賄う財政方式である。政府は、積立金を持つので、運用リスクを負う。制度導入時の引退世代は、制度があるのに年金受給ができない。

③ 修正賦課方式

　修正賦課方式（Partially Funded）は、少しの積立金を有するが、現時点で年金を受給している世代に対する年金給付の多くの部分は、次世代が納める年金保険料によって賄われる財政方式である。

　ほとんどの先進国では、賦課方式が採用されている。欧米各国の公的年金制度は、概ね 20 世紀前半に、積立方式で始まったが、その後における高齢化の進行や激しいインフレのため、1950 年前後を境として相次いで賦課方式へと移行した。

　日本でも、1944 年に厚生年金保険法により厚生年金が積立方式で始まったが、1954 年の新厚生年金保険法では修正積立方式へと変更された。日本における公的年金の財政の仕組みは、次の通りである。

　　　　　　　　　　　　　　　　　第三部・所得保障と保険制度

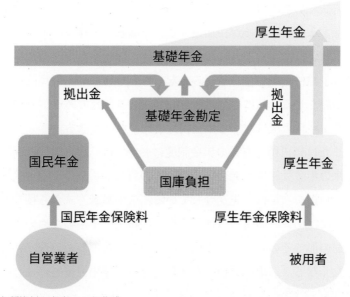

図80 公的年金財政の仕組み

（出典）各種資料を参考にして作成

　日本の公的年金制度は、「国民皆年金」という特徴を持っており、20歳以上の全ての人が共通して加入する国民年金と、会社員などの被用者が加入する厚生年金などによる、いわゆる「2階建て」と呼ばれる構造になっている。具体的には、自営業者など国民年金のみに加入している人（第1号被保険者）は、毎月定額の保険料を自分で納め、会社員などで厚生年金に加入している人（第2号被保険者）は、毎月定率の保険料を事業主と折半で負担し、保険料は毎月の給料から天引きされる。専業主婦など扶養されている人（第3号被保険者）は、扶養者である配偶者の厚生年金制度で保険料を負担しているため、個人としては保険料を負担する必要はない。

　事業主の負担分を含めて会社員や公務員が支払っている厚生年金保険料の中で、本人と専業主婦などの第3号被保険者の国民年金保険料に相当する金額は、基礎年金（国民年金）勘定に支払われる。さらに、この基礎年金勘定には、給付額の2分の1に相当する金額が国庫負担で入れられる。

　この公的年金制度は、働いている世代（現役世代）が支払った保険料を仕送りのように高齢者などの年金給付に充てるという「世代と世代の支え合い」という

考え方による賦課方式を基本とした財政方式で運営されており、保険料収入以外にも、年金積立金や税金が年金給付に充てられている。

この賦課方式においては、高齢者への給付の財源の大半を現役世代から集めた保険料に依存することになるが、加速する少子高齢化の環境の中で、年金財政を収支相等になるようにするためには、現役世代の保険料負担が増加するか、年金受給世代の年金給付が減少する仕組みとならざるを得ない。現実的な方法は、保険料負担を増加させると共に年金給付を減少させることであるが、それが続けば、若い世代ほど保険料負担に対する年金給付の比率が低くなる。

賦課方式または修正積立方式の年金制度においては、現役世代は保険料を払った時点で将来の年金受給権が発生するが、その負担は将来の現役世代に求めることとし、その負担を次世代に先送りしている。この賦課方式から積立方式に切り替える場合には、切替時の現役世代が、自らの将来の年金のための保険料負担に加えて、別途の形でその時の受給世代等の年金の支払のための保険料を負担しなければならなくなる「二重の負担」が必要となる。厚生労働省によれば、この二重の負担は350 ～ 380兆にも及ぶという。

国民年金の保険料は、定額である。厚生年金保険料は、給与と賞与の両方に対する一定比率で算出され、被保険者と事業主が折半で負担する。厚生年金の加入者およびその扶養配偶者に対する国民年金保険料は、被保険者が納めた厚生年金保険料（事業主が2分の1を負担）から支払われる。その配偶者の国民年金保険料は、配偶者の属する厚生年金が制度全体で負担する。 厚生年金の保険料率は、毎年、0.354％ずつ引き上げられ、2017年9月に18.3％となった。

国民年金保険料の推移は、次の通りである。

表52　国民年金保険料の推移

保険料を納付する月分	定額	
	35歳未満	35歳以上
昭和36年4月～昭和41年12月	¥100	¥150
昭和42年1月～昭和43年12月	¥200	¥250
昭和44年1月～昭和45年6月	¥250	¥300
昭和45年7月～昭和47年6月	¥450	

保険料を納付する月分	定額	
	35 歳未満	35 歳以上
昭和47年 7 月～昭和48年12月	¥550	
昭和49年 1 月～昭和49年12月	¥900	
昭和50年 1 月～昭和51年 3 月	¥1,100	
昭和51年 4 月～昭和52年 3 月	¥1,400	
昭和52年 4 月～昭和53年 3 月	¥2,200	
昭和53年 4 月～昭和54年 3 月	¥2,730	
昭和54年 4 月～昭和55年 3 月	¥3,300	
昭和55年 4 月～昭和56年 3 月	¥3,770	
昭和56年 4 月～昭和57年 3 月	¥4,500	
昭和57年 4 月～昭和58年 3 月	¥5,220	
昭和58年 4 月～昭和59年 3 月	¥5,830	
昭和59年 4 月～昭和60年 3 月	¥6,220	
昭和60年 4 月～昭和61年 3 月	¥6,740	
昭和61年 4 月～昭和62年 3 月	¥7,100	
昭和62年 4 月～昭和63年 3 月	¥7,400	
昭和63年 4 月～平成元年 3 月	¥7,700	
平成元年 4 月～平成 2 年 3 月	¥8,000	
平成2年 4 月～平成 3 年 3 月	¥8,400	
平成3年 4 月～平成 4 年 3 月	¥9,000	
平成4年 4 月～平成 5 年 3 月	¥9,700	
平成 5 年 4 月～平成 6 年 3 月	¥10,500	
平成 6 年 4 月～平成 7 年 3 月	¥11,100	
平成 7 年 4 月～平成 8 年 3 月	¥11,700	
平成 8 年 4 月～平成 9 年 3 月	¥12,300	
平成 9 年 4 月～平成10年 3 月	¥12,800	
平成10年 4 月～平成11年 3 月	¥13,300	
平成11年 4 月～平成12年 3 月	¥13,300	
平成12年 4 月～平成13年 3 月	¥13,300	
平成13年 4 月～平成14年 3 月	¥13,300	
平成14年 4 月～平成15年 3 月	¥13,300	

保険料を納付する月分	定額	
	35 歳未満	35 歳以上
平成15年4月～平成16年3月	¥13,300	
平成16年4月～平成17年3月	¥13,300	
平成17年4月～平成18年3月	¥13580	
平成18年4月～平成19年3月	¥13,860	
平成19年4月～平成20年3月	¥14,100	
平成20年4月～平成21年3月	¥14,410	
平成21年4月～平成22年3月	¥14,660	
平成22年4月～平成23年3月	¥15,100	
平成23年4月～平成24年3月	¥15,020	
平成24年4月～平成25年3月	¥14,980	
平成25年4月～平成26年3月	¥15,040	
平成26年4月～平成27年3月	¥15,250	
平成27年4月～平成28年3月	¥15590	
平成28年4月～平成29年3月	¥16,260	
平成29年4月～平成30年3月	¥16,490	
平成30年4月～平成31年3月	¥16,340	
平成31年4月～令和2年3月	¥16,410	

（出典）日本年金機構

一方、厚生年金保険料の推移は、次の通りである。

表53 厚生年金保険料率の推移（単位：％）

料率改定時期	男性	女性
1942年～2003年3月までは給与（標準報酬月額）のみに対する料率		
1942年6月	6.4%	-
1944年10月	11.0%	11.0%
1947年9月	9.4%	6.8%
1948年8月	30%	30%

料率改定時期	男性	女性
1960年5月	35%	30%
1965年5月	55%	3.9%
1969年11月	6.2%	4.6%
1971年11月	6.4%	4.8%
1973年11月	7.6%	5.8%
1976年8月	9.1%	7.3%
1980年10月	10.6%	8.9%
1981年6月	10.6%	9.0%
1982年6月	10.6%	9.1%
1983年6月	10.6%	9.2%
1984年6月	10.6%	9.3%
1985年10月	12.4%	11.3%
1986年10月	12.4%	11.45%
1987年10月	12.4%	11.60%
1988年10月	12.4%	11.75%
1989年10月	12.4%	11.90%
1990年1月	14.3%	13.80%
1991年1月	14.5%	14.15%
1992年1月	14.5%	14.30%
1993年1月	14.5%	14.45%
1994年(平成6年)1月以降男女共通の料率を使用		
1994年1月	14.5%	
1994年11月	16.5%	
1996年10月	17.35%	
2003年4月以降は給与（標準報酬月額）及び賞与（標準賞与額）に対する料率。		
2003年4月	13.58%	
2004年10月	13.934%	

料率改定時期	男性	女性
2005年9月	14.288%	
2006年9月	14.642%	
2007年9月	14.996%	
2008年9月	15.350%	
2009年9月	15.704%	
2010年9月	16.058%	
2011年9月	16.412%	
2012年9月	16.766%	
2013年9月	17.120%	
2014年9月	17.474%	
2015年9月	17.828%	
2016年9月	18.182%	
2017年9月	18.3%(これ以降は料率固定)	

（出典）日本年金機構などを参照

　1993年（平成5年）以前は、女性の厚生年金保険料率の方が低く設定されていたが、長い時間をかけて厚生年金保険料率を徐々に上げていき、1994年からは男女共通の厚生年金保険料率となった。また、それまで17.35％であった厚生年金保険料率が2003年に13.58％に下がっている。これは、「総報酬制」の導入により「賞与・ボーナス」にも厚生年金保険料率が賦課されるようになったため、月収ベースの標準報酬月額にかかる料率を引き下げても制度全体の収入を維持できるようになったからであった。それまでは、月収を下げる代わりに社会保険料のかからない賞与を多めに支給することで、実質的に社会保険料を節約するという手法が流行していたが、総報酬制の導入でそのような手法はなくなった。

07 マクロ経済スライドと所得代替率

　急速な少子高齢化によって、財政再計算のたびに保険料が引き上げられ、給付水準は引き下げられてきた。この問題に対応するため、2004年に年金財政の枠組みが抜本的に改正された。その内容は、①上限を固定した上での保険料の引き上げ、②基礎年金国庫負担割合の2分の1への引き上げ、③積立金の活用、④財源の範囲内で給付水準を自動調整する仕組みである「マクロ経済スライド」の導入、である。

図81　2004年の年金財政改正

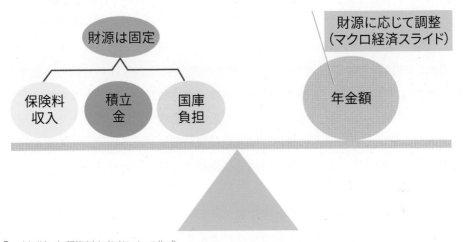

（出典）各種資料を参考にして作成

　年金のスライド方式には「マクロ経済スライド」、「物価スライド」、「賃金スライド」の3通りの考え方がある。この中で、物価スライドは年金受給者の生活水準の維持を重要視したものであり、賃金スライドは現役世代の負担を重要視したものであるといえる。また、マクロ経済スライドまたはマクロ・スライドとは、2005年4月から採用されており、年金の被保険者（加入者）の減少や平均寿命の延び、さらに社会の経済状況を考慮して年金の給付金額を変動させる制度である。このマクロ経済スライドは、従来の賃金スライドや物価スライドだけでなく、賃金と労働力人口といった社会全体の保険料負担能力（支える力）の変動に見合

うような年金改定率（スライド調整率）により年金額を調整するものである。

新規裁定年金の改定率と既裁定年金の改定率（65歳で受給開始後）は、次の通りである。

新規裁定年金の改定率 ＝ 賃金上昇率 － スライド調整率

既裁定年金の改定率（65歳で受給開始後）＝ 物価上昇率 － スライド調整率

スライド調整率 ＝ 公的年金の全被保険者数の減少率の実績（3年平均）

＋ 平均余命の伸び率を勘案して設定した一定率（0.3%）

2004年年金制度改正の前の制度においては、将来の保険料の予測に基づいて、給付水準と当面の保険料水準を改定してきたが、少子高齢化の急速な進展によって、負担可能な将来の保険料水準を予測することが難しくなった。これに対応するため、2004年の年金制度改正では、将来の現役世代の保険料負担の上限を法律で決めた。また、国が負担する割合も引き上げ、積立金を活用していくこととし、この保険料・国の負担金・積立金の収入の範囲内で給付を行うため、現役世代の人口の変化と平均余命の伸びに伴う給付費の増加というマクロでみた給付と負担の変動に応じて、給付水準を自動的に調整する「マクロ経済スライド」が導入された。

このマクロ経済スライドでは、年金額は、賃金や物価が上昇すると増えていくが、現役の人口の減少や平均寿命の延びによる負担の増加を考慮して、賃金や物価が上昇するほどは増やさないようにして、年金額の伸びを調整し、年金財政における収入の範囲内で給付が行われるようにして、長期的に公的年金財政の均衡を維持することが目標とされている。年金財政の財政検証は、5年に一度行われているが、その財政検証において、概ね100年後に年金給付費1年分の積立金が維持できるように、年金額の伸びを調整している。

マクロ経済スライドによる調整期間の間は、賃金や物価による年金額の伸びから、「スライド調整率」を差し引いて、年金額を改定する。「スライド調整率」は、現役世代が減少していくことと平均余命が伸びていくことを考えて、「公的年金全体の被保険者の減少率の実績」と「平均余命の伸びを勘案した一定率（0.3%）」

で計算される。

図82 マクロ経済スライド

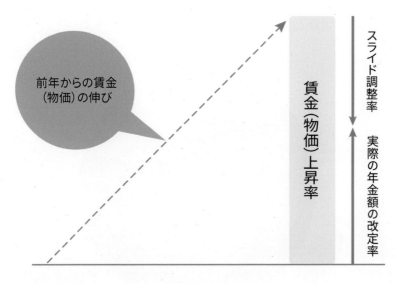

前年からの賃金（物価）の伸び

賃金（物価）上昇率

スライド調整率

実際の年金額の改定率

┃（出典）各種資料を参考にして作成

　基礎年金についても厚生年金と同様にマクロ経済スライドが行われ、スライドの自動調整を行う調整期間中は、現役男子被保険者の平均手取り収入に対する厚生年金の標準的な年金額の割合である所得代替率は低下していくが、調整期間の終了後は、原則、一定となる。

$$所得代替率 = \frac{厚生年金の標準的な年金額}{男子被保険者の平均手取り収入}$$

　「所得代替率」は、主に厚生年金に対して使われているが、年金を受け取り始める時点（65歳）における年金額が、現役世代の手取り収入額（ボーナス込み）と比較してどのくらいの割合であるか、を示すものである。例えば、所得代替率50%の場合は、そのときの現役世代の手取り収入の50%が年金として支払われることである。

　モデル世帯とは、40年間厚生年金に加入し、その間の平均収入が厚生年金（男

子）の平均収入と同額の夫と、40年間専業主婦の妻がいる世帯としており、公的年金において単純に「所得代替率」といったときには、このモデル世帯の比率を意味する。

図83 年金額と現役世代の年金

現役世代の所得

年金額

▍（出典）筆者作成

　所得代替率は、世帯の所得水準によって異なり、世帯一人当たりの所得が低いほど高くなる。公的年金の厚生年金では、このようにして世帯構成や現役時代の所得の違いを軽減するように給付額の算定が設計されており、所得の再分配が行われている。これに対して、老齢基礎年金（国民年金）では、定額の保険料と加入した期間による給付額の算定であるため、所得再分配機能はない。

　また、厚生労働省は、標準世帯（モデル世帯）の年金額を毎年1月末に発表している。モデル世帯とある通り、一定の条件に当てはめて算出した年金額なので実態と異なる。会社員のモデル世代の年金受給額は、夫の基礎年金6.6万円と厚生年金10.1万円の合計16.7万円程度と、妻の基礎年金6.6万円の合計23.3万円程度である。一方、自営業のモデル世帯の年金受給額は、基礎年金のみであるので、夫の基礎年金6.6万円と妻の基礎年金6.6万円程度で合計13.2万円程度となる。

　厚生労働省案では、保険料水準固定方式の下で、マクロ経済スライドなどによ

り給付水準の調整は行うものの、所得代替率で「概ね50％から50％台半ば程度を確保する」としている。

マクロ経済スライドの効果は、次の通りである。

① 人口の変動

現役の人口の減少が予想され、保険料負担の上限が設定されている。将来の被保険者数が減少し、制度全体での保険料収入が少なくなれば、それに合わせて将来の給付水準も自動的に引き下げられる。平均余命が延びた場合（高齢化）、公的年金は終身年金であるのでマクロ経済スライドが適用されなければ給付総額は膨らむことになるが、これを抑制するために給付水準は自動的に引き下げられる。

② 給付水準の調整

マクロ経済スライドによる給付水準の調整は、世代間の公平の観点から、これから年金を受給する人だけでなく、既に年金を受給している人に対しても行われる。ただし、1人当たり賃金や物価が下落する場合には、通常の賃金スライド、物価スライドによる年金改定を行い、マクロ経済スライドによる給付調整は行われない。

すでに年金を受給している人の年金についてのマクロ経済スライドによる給付水準の調整が行われるのは、1人当たり賃金や物価が上昇した場合のみとなる。マクロ経済スライド調整後の年金額改定率がマイナスとなる場合には、前年度の年金額を下回らないように調整される（名目年金額下限型）。

08 社会保障協定

1 社会保障協定

社会保険協定が締結されている国は、次の通りである。

国際化の流れの中で、国家間の労働人口の移動も増えている。これに対応するために、社会保険の重複加入を防止し、年金の加入期間を通算できるようにするための国と国の間の社会保険協定が締結されている。

| 表54 | 主要各国の年金制度 |

区分	年金制度への加入対象者			老齢年金の受給要件	
	被用者	自営業者	無業者	受給開始年齢	最低加入期間
日本	加入義務あり	加入義務あり	加入義務あり (20歳〜)	65歳(国民年金) 65歳(厚生年金)	10年
ドイツ	加入義務あり	職種により、加入義務あり	加入義務なし	65歳	5年
イギリス	所得により、加入義務あり	所得により、加入義務あり	加入義務なし	男性65歳 女性60歳	男性11年、女性9.75年 ※2010年4月6日以降1年
韓国	加入義務あり	加入義務あり	加入義務あり (27歳〜)	60歳	10年
アメリカ	加入義務あり	所得により、加入義務あり	加入義務なし	66歳	10年
フランス	加入義務あり	職種により、加入義務あり	加入義務なし	60歳	なし

（出典）各種資料を参考にして作成

2 二重加入の防止

(a) 日本から協定相手国で就労する場合

　日本において被用者として就労する者が事業主により日本から海外に派遣される場合、海外の社会保険制度に加え、日本の社会保険制度に二重に加入しなければならないことがあった。これを2国間の協定によって、二重加入を回避できるようになった。

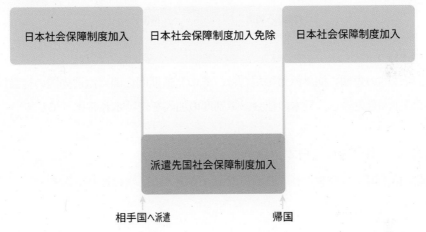

図84　協定締結後（海外に派遣）

（出典）各種資料を参考にして作成

　上の図のように、日本から海外に派遣される場合、その派遣期間の間には、派遣先国の社会保障制度に加入し、帰国した後には、日本の社会保障に加入できるようにしている。

　5年以内の短期の海外派遣の場合は、次の通りである。

図85　海外への一時派遣（5年以内）

日本社会保障制度加入　　日本社会保障制度加入　　日本社会保障制度加入

派遣先国社会保障制度
加入免除

相手国へ派遣　　　　　　帰国

（出典）各種資料を参考にして作成

　5年以内の短期の海外派遣の場合は、その派遣期間の間に派遣先国の社会保障制度の加入を免除し、日本の社会保障制度の加入を続けられるようにしている。

(b) 協定相手国から日本で就労する場合

　協定相手国から派遣され、日本で就労する場合は、次の通りである。

図86　協定締結後（日本で就労）

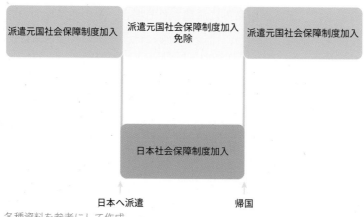

派遣元国社会保障制度加入　　派遣元国社会保障制度加入免除　　派遣元国社会保障制度加入

日本社会保障制度加入

日本へ派遣　　　　　　帰国

（出典）各種資料を参考にして作成

協定相手国から派遣され、日本で就労する場合は、日本での就労期間は派遣元国の社会保障制度の加入を免除し、日本の社会保障制度のみに加入することにして、二重加入を回避している。

日本への一時派遣の場合は、次の通りである。

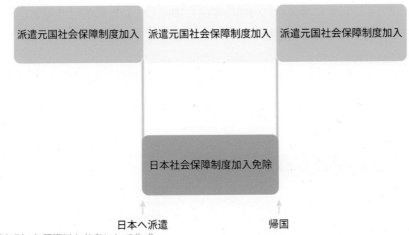

図 87 日本への一時派遣（5年以内）

（出典）各種資料を参考にして作成

日本への一時派遣の場合は、日本の社会保障制度の加入を免除し、派遣元国の社会保障制度に継続して加入できるようにしている。

3 年金加入期間の通算

(a) 協定発効前

協定相手国の年金を受給するためには、一定の期間年金制度の被保険者でなければならないという期間要件が定められている場合がある。そのため、加入期間が短い場合は、相手国の年金を受給できず、納付した年金保険料が無駄になってしまうことがあった。例えば、ドイツの老齢年金受給の期間条件は5年であるが、3年間ドイツで就労していた場合は2年が足りないために、ドイツの老齢年金を受給することができない場合があった。

(b) 協定発効後

　協定相手国の年金を受給するためには、一定の期間年金制度の被保険者でなければならないという期間要件が定められている場合がある。例えば、ドイツの老齢年金受給の期間条件は5年であるが、3年間ドイツで就労しながらドイツの年金に加入していた場合は2年が足りないために、ドイツの老齢年金を受給することができない場合があったことは、前述の通りである。

　このドイツの年金加入期間（3年）はドイツの老齢年金の期間要件（5年）を満たさないが、日本に帰国後に日本の年金に加入していた場合、ドイツとの協定を通じて、日本の年金加入期間を通算すると5年以上になるので、ドイツの老齢年金を受給できる。

図88　年金加入期間通算

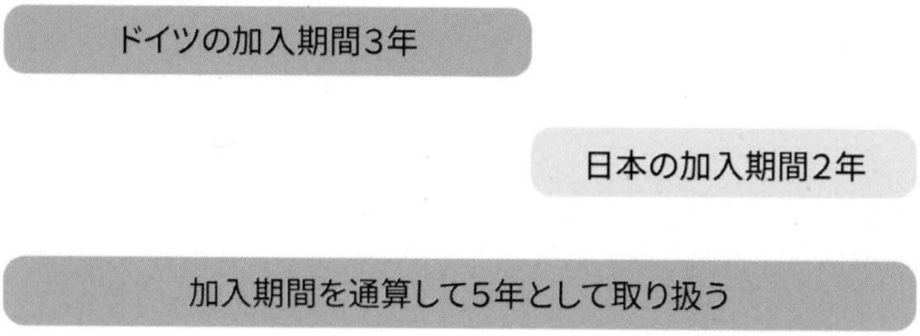

ドイツの加入期間3年

日本の加入期間2年

加入期間を通算して5年として取り扱う

▎（出典）各種資料を参考にして作成

　年金加入期間通算とは、協定相手国の年金制度の加入期間のみでは、受給資格を満たさない場合に日本の年金制度の加入期間を協定相手国の加入期間とみなし、年金加入期間を通算することにより、協定相手国の年金を受けられるようにするものである。ただし、両国の年金制度に二重に加入していた期間は、一方の国の加入期間のみを考慮する。この年金加入期間通算は、年金の受給資格の判定のためのもので、年金額の算定の際には、実際に当該年金に加入した期間のみが参入される。

(c) その他

　年金加入期間の通算とは、両国の年金加入期間をまとめての一方の国から年金を受給する仕組みではなく、それぞれの国で年金受給権を獲得するための期間要件を判断する場合に相手国の年金加入期間を通算する仕組みである。したがって、年金を受給するときには、両国の年金制度に加入した期間に応じた年金を、それぞれの国から受給することになる。

　障害年金及び遺族年金についても年金加入期間の要件を満たす必要がある場合は、日本の年金加入期間を通算することができる。

　しかし、協定発効前は、日本に在住している人が協定相手国の年金を請求する場合、直接相手国の年金担当窓口に協定相手国の年金申請をする必要があったが、協定により、日本の社会保険事務所や年金相談センターでも相手国の年金申請書を提出することが可能になった。

　協定相手国の年金の申請を日本で行う場合には、日本の社会保険事務所または年金相談センターに協定相手国の年金申請書と必要な添付書類を提出する。それらの書類は、社会保険業務センターを経由して、協定相手国の実施機関に送付される。申請者自身が日本の年金加入記録を証明する書類を添付する必要はなく、年金機構が申請者の日本の年金加入記録を確認のうえ相手国の実施機関に送付される。

４ 日米社会保障協定（年金）

　日本の年金加入期間（6 年）は日本の老齢年金の期間要件（10 年）を満たさないが、アメリカの年金加入期間を通算すると 10 年以上になるので、日本の老齢年金を受給できる。

　一方、アメリカの年金加入期間（4 年）はアメリカの老齢年金の期間要件（10 年）を満たさないが、日本の年金加入期間を通算すると 10 年以上になるので、アメリカの老齢年金を受給できる。

図89　日本の年金加入期間

日本の年金加入期間6年

アメリカの加入期間4年

年金加入期間を通算して10年として取り扱う

（出典）各種資料を参考にして作成

　協定により、アメリカの年金の請求を日本の社会保険事務所及び年金相談センターの窓口で行うことができる。社会保険事務所及び年金相談センターでアメリカの年金を請求する場合は、窓口に備え付けてある「合衆国年金の請求申出書」にアメリカ社会保障番号（Social Security Number）、氏名、生年月日、住所など必要事項を記入し提出する。

　「合衆国年金の請求申出書」に記入された情報は、年金機構を経由してアメリカの社会保障庁マニラ事務所へ連絡する。マニラ事務所では、その情報に基づいて正式な申請書類を用意し、申請者本人へ送付する。これを受けて「アメリカ老齢年金の申請書」などに必要事項を記入・署名の上、直接マニラ事務所へ返送する。

　アメリカでの申請方法については、アメリカ国内法令に基づいて行われる。日本に在住している人は、以下の3通りの方法から選択して、アメリカの年金を受給することができる。第一に、日本円による、日本国内の銀行口座への振り込みである。第二に、米ドルによる、アメリカ国内の銀行口座への振込みである。第三に、米ドルの小切手による、日本の住所地への郵送である。

第10章
- - - -
企業年金

━━━━━━━━━━━━━━━━━━━━━━━━━

　企業年金は、退職一時金から発展した退職給付であ
り、その制度も多様化してきた。本章では、退職給付と
しての企業年金について概説する。

━━━━━━━━━━━━━━━━━━━━━━━━━

01　退職金と企業年金

1　退職金と退職給付会計

(a) 退職金

　退職金の起源は、江戸時代の"のれんわけ"に始まるといわれているが、その普及は、明治から大正にかけて、労働移動が盛んになったことに対応して、会社が労働者を定着させるための施策として退職金制度が導入されたことであるといわれる。近代における代表的な退職金制度は、労働移動を防止するための強制貯金の退職時返還と、労使共同拠出の共済制度であった。これらは、熟練労働者の定着を目的としていたために、自己都合退職や懲戒解雇の場合には、返還や給付を行わないことが多かった。この退職金制度は、このようにして、工員などの定着を図るために使用者から「恩恵的・功労的」に支払われる慣行が制度化されたといわれている。

　退職金制度の最初の立法は、1936年の「退職積立金及退職手当法」である。同法では、常時50人以上の労働者を使用し、工場法、鉱業法が適用される事業主は、労働者の賃金から100分の2を「退職積立金」として控除して、解雇、退職、死亡の時に支払う、というものであった。経営団体は、福利厚生である退職金制度は法制化になじまないとして全面的に反対したが、退職金制度が恩恵的性格を失うことによって、主従的雇用関係が崩れることを心配していた。この退職給付の法的規制は、退職金が客観的な雇用条件の一部として、賃金の後払いの性格を与えた。

　戦後の急激なインフレーションによる生活不安や厚生年金保険の機能喪失によって、退職金制度が離職後の唯一の生活保障となったことから、労働者は、退職金を「労

働条件」の一つとして要求するようになった。この退職金は、自己都合退職の場合にも支給対象となり、労働運動の高まりの中で、制度の数も増加していった。1952年税制改正で法人税の引き上げ（35％から42％）が行われた際に、その税負担を緩和する意味で、退職給与引当金制度、退職所得優遇税制が実施された。

1957年には、信託銀行に基金を積み立てるという退職金の社外積立の企業年金が生まれた。退職金の社外積み立ては、当該企業が倒産しても、年金資産（退職金）は保存されるというこのであった。1950年代に入り、大企業で定期昇給制が定着し、年功序列的な基本給による賃金体系が一般化すると、基本給を主な算定基準としていた退職金も当然に年功序列的な色彩を強めることとなった。

私的な企業年金は、既に明治期から大正初期には一部の財閥系企業に見られ、長期勤続に対する終身年金など手厚い制度も存在したが、その数はごくわずかであった。戦後の混乱、インフレが終息した1950年代半ば頃から、主な大企業では退職年金制度が設置されるようになった。いわゆる「自社年金」である。主に、増大した退職金の費用の平準化を目的としたが、そのほとんどは退職一時金と年金の併用であり、功労報償の意図を込めて、定年退職者を中心に退職金の一部を年金で給付するものであった。この時期は、適格退職年金や厚生年金基金（調整年金）の発足前であり、設計も管理も企業ごとに自由に行われ、財源も多くは社内準備であった。

退職金に対する主な学説には、従業員の企業への貢献度に応じた功労報奨として支払われる対価であるとする「功労報奨説」、従業員の賃金の一部の後払いであるとする「後払い賃金説」、従業員の低賃金の補正として退職後の生活補償のために支払われるものであるとする「生活保障説」の3つがある。退職給付は、退職一時金が含まれるが、これらの3つの学説の側面を併せ持つ制度であるとされている。この退職金制度は、法定された制度ではなく、その制度を設けなくても違法ではないが、就業規則に退職金規定が設けられた場合は、退職金は賃金の一部とみなされ、従業員らから支払いの請求があったときには企業はそれを支払わなければならない。

この退職金の金額は、勤続年数が長いほど、そして職能が高いほど、勤続年数当たりの単価が高額になる。また、この退職金の金額は、企業ごとに就業規則に定められているため、同じ勤続年数の場合でも、企業や業種によってその金額は異なり、退職事由によっても異なり、一般的に自主都合の場合は少なく、会社都

合・定年退職の場合は多い。特に、退職金の功労報奨説が強調され、懲戒解雇・諭旨解雇などのときには、退職金を没収（Confiscation）して不支給とするか減額することが多い。また、企業が人員整理を目的に退職を勧奨する場合には退職金を増額する例もある。

　一方、アメリカの「従業員引退所得保障法（Employee Retirement Income Security Act of 1974）」（「エリサ法」とも称される。）は、在職中の従業員に受給権を「付与ないし確定（Vesting）」し、個人の権利として受給権を保障している。その受給権が確定した権利は、「没収できない（Non-forfeitable）」権利であり、その時点までの勤務に対応する給付への確固とした権利である。この受給権の付与は、日本におけるそれとは異なり、今日の欧米の制度においては一般的であり、それゆえ一旦受給権を付与された退職給付が没収されることはない。

(b) 退職給付会計

　従来、退職給付は、自己都合による退職金の要支給額の一定比率を退職給与引当金として積み立てるか、退職年金（企業年金）の保険料を支払うときに、税法上の損金算入の処理を行っていた。そして、多くの企業年金の資産は、年5.5%という予定利率で運用されることを前提に積み立てる場合が多かったため、近年の超低金利等の環境では、積立不足が増加している年金基金が見られた。また、最初から企業年金の積立不足が存在したままの状態の場合も少なくないと見られた。このような企業年金における積立不足額は、決算書では読み取ることができない問題があった。

　一方、経済のグローバル化が進行し、あらゆるビジネス・ステージにおいて国際基準への準拠が求められている。企業会計の面では、2000年4月1日以降に始まる事業年度より、国際会計基準に準拠した「退職給付会計」が義務化された。それによって、オフ・バランスになっていた退職金や年金の積立不足を負債として計上し、企業が従業員に対して将来支払わねばならない退職債務を透明に公開することが退職給付会計の目的であった。

　これによって、企業が将来負担する可能性のある退職給付額のうち、当期末までに従業員に対価を支払わなければならない部分を退職給付債務として財務諸表に計上することとなった。

　退職給付債務とは、将来支払う退職給付見込額（年金・退職金の見込額）のう

ち、現在までに発生していると認められる額を一定の予定利率で割引いたもので ある。この債務から、外部に積立てている年金資産を引いた額が資金面での積立 不足であり、この内企業が既に費用認識して退職給付引当金に計上した分を引い た額が費用処理しなければならない積立不足である。

　この退職給付会計によって、オフ・バランスであった企業年金における積立不 足が、退職給付引当金として、貸借対照表（バランスシート）に計上されること になった。それと同時に、退職給付費用を損益計算書に計上することによって、 退職給付のコストは、掛け金拠出分に限られなくなった。その結果、企業は、退 職給付費用を賃金と同じ人件費の一部として認識するようになった。

　退職給付債務の認識や測定方法は、「退職給付に係る会計基準」において、IAS と同様に、次のように定義されている。

　『退職給付債務とは、一定の期間にわたり労働を提供したこと等の事由に基づ いて、退職以後に従業員に支給される給付のうち認識時点までに発生していると 認められるものをいい、割引計算により測定される。』

　退職給付債務は、①退職給付見込額の計算、②現在まで発生した退職給付の按 分、③割引計算、の手順で算出される。

図90　退職給付債務の算出

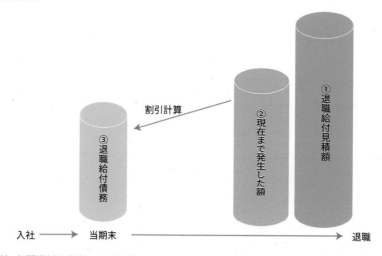

(出典) 各種資料を参考にして作成

この退職給付債務とは、予測給付債務（PBO；Projected Benefit Obligation）により評価される。予測給付債務は、将来の勤務や昇給を織り込んで算出した退職時の予想給付額のうち、計算時点までの勤務期間に対応するものとして配分された額を数理的現価に換算したものを指す。日本の退職給付会計では「退職給付債務」、IFRSではDBO（Defined Benefit Obligation）という用語が使われるが、いずれも、計算方式は同様である。つまり、退職給付債務は、予測される退職給付額の中で個人別の現在までに確定した部分の退職給付に対して、一定の割引率（予定利率）によって、それが実際に支払われると予測される退職時までの利息を控除して、現在価値を算出するものである。

2 企業年金制度の発展

(a) 適格年金

戦後になると、インフレによる公的年金制度に対する期待は薄れ、労使は、退職一時金制度を中心に交渉するようになった。労働者の立場では、当時の状況としては、退職後の平均余命が長くなかったことや、住宅ローンの返済にまとまった資金が必要であったことなどから、資金を外部の金融機関に積立てる年金よりも、退職一時金に関心が高かった。企業の立場からも、退職一時金制度は、その一時金の原資を、外部に積立てずに内部留保にして事業資金に活用できたため、労使双方にとってメリットのある制度であった。

このような状況下で、1952年に、退職一時金の内部留保に対して、税法上の損金計上を認める税制優遇措置を講じた退職給与引当金制度が創設された。その影響もあって、企業内部に退職給与引当金を積み立てることが一般化し、高度成長期における企業の資金不足の経営環境下では、欧米のように、企業年金として社外に積立てることはあまりなかった。この社内積立金では、企業が倒産した場合に、労働者の退職給付の受給権が確保できない問題が露呈した。

これに対応して、退職金のための資金を企業の外部の金融機関に積み立てる適格年金制度が1962年に導入され、さらに1966年には厚生年金基金が導入され、これらの二つの制度が企業年金の2本柱となった。適格年金は、事業主が生命保険会社や信託銀行等に資金を積み立て、従業員が退職するときにその年金制度から退職年金または退職一時金を支払う制度である。この適格年金は、掛金の拠出

を通じて企業の退職費用負担を各決算期に平準化することができること、拠出した掛金は損金算入が認められること、外部の金融機関に資金を積み立てるため、退職金の支払いのための資金の保全ができること等のメリットがあった。

適格年金は、法人税法上、その契約内容が、積立金の従業員への帰属と、適正な年金数理による計算などの条件を満たす必要があった。しかし、その制度設立の条件が緩やかなことと、比較的自由な給付設計が可能なことから、企業規模にかかわらず、広く普及した。

適格年金の制度設立に必要な従業員数は、最低15人と少なく、厚生年金基金等と比較しその設立が容易であった。この適格年金には、積立不足に関しての積増し規定がないことが問題であった。この問題点などに対応すべく、2002年4月からの適格年金の新設は認められなくなり、既存の契約は2012年3月31日までに他の制度（厚生年金基金・確定給付年金(基金型・規約型)・確定拠出年金（企業型・個人型）・中小企業退職金共済）に移行するか解約・廃止にすることとなった。

(b) 厚生年金基金

厚生年金基金においては、厚生年金基金が企業によって母体企業とは独立した法人として設立され、厚生年金の報酬比例部分（代行部分）と企業独自の給付部分（加算部分）を併せて運用して、従業員に年金の支払を行うものである。この厚生年金基金の創設の経緯は、次の通りである。

1950年代には、公的年金の給付の増額が求められる状況下で、企業側の関心は退職一時金制度から企業年金制度へと変わった。しかし、公的年金の増額のためにも、企業年金の拡充のためにも、企業の負担の増加は避けられなかった。その結果、厚生年金保険の給付の増額と企業年金制度の拡充に係る負担の「調整」が論点として浮上した。

企業側の主張は、古くから企業が負担する退職一時金制度が整備されていることに加えて、企業側が厚生年金の給付の増額のために保険料負担を増加させることは、企業の二重負担であるというものであった。老後所得保障としての機能を果たしている厚生年金と退職金・企業年金は、その役割が重複しており、厚生年金保険の給付改善のための企業負担が過大なものにならないよう、公私の制度の費用負担を合理的に調整する必要があるということであった。

しかし、労働組合側は、厚生年金の給付の増額には賛成したものの、「公的年金である厚生年金と私的な制度である退職一時金ないし企業年金と調整することは筋違い」で、「社会保障はあくまで公的制度で行うべき」とし、既得権である退職一時金が侵害されることへの懸念から、調整には強く反対した。また、労働組合は退職一時金の獲得運動には熱心であったものの、同じく賃金の後払いという機能的役割を担う企業年金に対しては、「労働者の管理強化につながる」、「退職後も企業動向の影響を受ける」、「住宅ローンの返済に使えなくなる」とし、企業年金の導入が退職金の削減につながるとの懸念から、一貫して反対していた。

一方、厚生省では、健康保険組合のような独立の公法人に厚生年金保険の支給事務の一部を代行させる代行方式が議論された。この代行方式は、国の厚生年金の事務の一部を公法人が代行し、企業年金と調整を行うものであった。その結果、創設された厚生年金基金は、調整年金とも称される。

厚生年金基金における調整は、次の通りである。

図91 厚生年金基金における調整

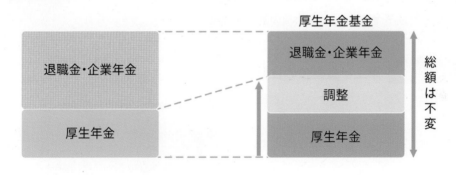

（出典）各種資料を参考にして作成

つまり、厚生年金基金は、企業が負担する厚生年金と退職金・企業年金の保険料などの総額は変えずに、その総額の中で、厚生年金と退職金・企業年金の配分を調整する調整年金とするものであった。この厚生年金基金は、企業年金制度と公的年金制度の性格を合わせ持った制度として、標準的な老齢年金の月額が1万円となる1万円年金が実現した1965（昭和40）年の厚生年金保険法の改正によって、厚生年金と企業年金の調整年金として、1966年に開始した。

厚生年金基金は、その設立のための従業員数が 1,000 人以上となり、大企業が中心に普及したが、後に同業種または同一地域の企業が総合型として設立することが可能になったことから、中小企業の間にも普及した。厚生年金基金は、その母体企業とは独立した法人であり、厚生労働省の監督を受けている。その設立の形態は、加入員が設立時に 1,000 人以上を条件として一つの企業が単独で設立する単独型、1,000 人以上を条件として親子会社などが共同で設立する連合型、5,000 人以上を条件として同業種の企業などが複数参加して設立する総合型がある。

厚生年金の老齢年金には在職中の報酬によって支給額が決まる報酬比例部分があるが、厚生年金基金が、この老齢厚生年金の支払業務を国に代わって、代行することになった。その老齢厚生年金の代行部分に、加算部分として国の老齢厚生年金に 3 割以上加算することによって、公的年金の給付の増額が達成されたことになり、この二つの部分は「基本部分」と称された。また、基本部分は、加算部分については確定年金も部分的に可能であるが、終身年金にすることと、国の給付に比べて 3 割以上の上乗せ支給を行うこと等が定められた。これによって、厚生年金基金では、企業年金の部分に相当する企業独自の年金を、加算年金として、上乗せして支給されるようになった。

厚生年金基金の仕組みは、次の通りである。

図 92　厚生年金基金の仕組み

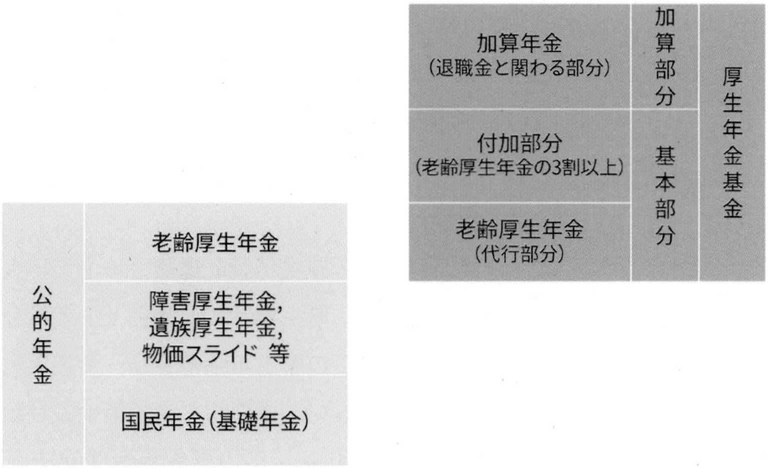

（出典）各種資料を参考にして作成

厚生年金基金では、報酬比例部分の保険料の中で、老齢厚生年金の部分に相当する保険料の国への納付義務が免除され、国に代わって独自で運用できる。この老齢厚生年金の運用代行で予定利率より高い運用利回りが得られた場合は、それを付加部分（プラスアルファ）または企業年金に相当する加算年金に回すこともできるため、厚生年金基金を実施している企業には大きな利益となるが、高度経済成長が続く間は、それが可能であった。しかし、近年、資産運用環境の悪化によって、厚生年金の予定利率を超える収益を上げることが難しくなってきた。そのため、一定条件の下、代行している部分を国に返還する「代行返上」が認められ、老齢厚生年金部分の代行を国に返上して、厚生年金基金を解散する事例が多くなってきた。

(c) 中小企業退職金共済制度

中小企業退職金共済制度（Smaller Enterprise Retirement Allowance Mutual Aid System）は、企業年金制度には含まれないが、中小企業の社外積立型の公的退職金制度として、広く利用されている制度である。1959年に中小企業退職金共済法に基づき設立され、「独立行政法人勤労者退職金共済機構」によって運営されている。事業主（共済契約者）が勤労者退職金共済機構と従業員（被共済者）一人ごとに退職金共済契約を締結し、被共済者ごとの毎月の一定額の掛金を全額事業主が負担する。同機構は、事業主によって納付される掛金を運用し、従業員が退職した際には、同機構から従業員に直接退職金が支給される。この掛金は全額非課税で、退職金は一時払いによるほか、全額または一部を分割して受け取ることができる。

3 企業年金制度の再編

企業年金と退職一時金の相違点は、「外部積立」と「平準的な掛金拠出」の体制が整備されることである。退職一時金には、事前積立ての義務がないため、計画的な事前の退職給付のための資金準備・保全が行われていない事例も少なくない。さらに、退職一時金は、内部積立であるために、その資金が保全されず、企業の倒産の場合には退職金が十分に支払われない場合も発生することが想定される。しかし、企業年金制度においては、企業は、生命保険会社や信託銀行などの

外部に積立てを行い、毎月、企業年金の掛金を計画的に拠出しているため、企業が倒産する場合でも退職給付のための資金が保全される。したがって、退職給付に対する受給権保護において、退職金の企業年金化は、大きな意味がある。また、老後の収入保障としての年金の重要性が高まっているが、企業年金は、従業員の退職後の年金形式の受け取りの選択肢が与えられるため、老後保障としてもその役割が期待される。

　このような企業年金が再編されることになり、2001年10月施行の確定拠出年金法に基づく「確定拠出年金」と、2002年4月施行の確定給付企業年金法に基づく「確定給付企業年金」が実施された。確定拠出年金は、日本版401kとも称されるが、原則的に企業が掛金を拠出して、運用は加入者である従業員が行う制度である。確定拠出とは、拠出建てによる拠出（掛金）が確定しており、支給額（退職金）は決まっていない。この確定拠出年金は、加入者は、自らの責任で運用した成果を受け取ることになり、企業は、掛金の拠出で責任が終了する。確定給付企業年金は、厳正な積立基準、資産状況の開示などが定められ、企業側には積立不足の対処が求められるようになった。確定給付とは、給付建てによる給付（年金）が確定しており、拠出額（掛金）は決まっていない。

図93　企業年金の再編

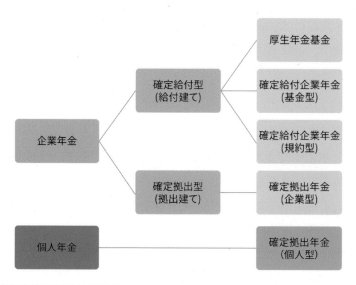

▌（出典）各種資料を参考にして作成

企業年金の種類は、次の通りである。

(a) 厚生年金基金

厚生年金基金は、企業や業界団体等が厚生労働大臣の認可を受けて設立する法人であり、国の厚生年金のうち老齢厚生年金の部分を代行するとともに、厚生年金基金独自の上乗せ（プラスアルファ）を行い、年金資産を管理・運用して年金給付を行う。

(b) 確定給付企業年金

確定給付企業年金は、運営形態により、企業が法人格のある企業年金基金を厚生労働大臣の認可を受けて設立する「基金型」と、労使合意の年金規約を制定し、厚生労働大臣の承認を受ける「規約型」の2つに大別され、年金資産を管理・運用して年金給付を行う。

(c) 確定拠出年金

確定拠出年金には、運営形態により、企業が掛金を負担して実施する「企業型」と、国民年金基金連合会が実施し確定給付型企業年金のない従業員や自営業者等が加入し、個人が掛金を負担する「個人型」の2つに大別され、いずれも規約を作成し厚生労働大臣の承認を受ける。この中で、企業が掛金を負担して実施する「企業型」のみが退職給付としての企業年金に分類される。確定拠出型年金は、拠出された掛金は個人ごとに明確に区分され、掛金と個人の運用指図による運用収益との合計額をもとに給付額が決定される。

4 確定給付型と確定拠出型の特徴

確定給付型（給付建て）と確定拠出型（拠出建て）の相違点は、確定給付型（給付建て）が年金給付額の算式を予め決めておき、その給付のために、年金数理計算を用いて掛金を定めるのに対し、確定拠出型（拠出建て）は掛金を予め決定し、その運用実績により将来の給付額が決定されることである。また、資産運用などのリスク（責任）は、確定給付型（給付建て）は企業側が負い、確定拠出型（拠出建て）は加入者である従業員が負う。最近では、確定拠出型（拠出建て）は、

資産運用責任を従業員が負うため、企業側のリスクマネジメントの側面からも採用する企業が増えている。

表 55　確定給付型（給付建て）と確定拠出型（給付建て）の特徴

区　分	確定給付型（給付建て）	確定拠出型（拠出建て）
年金給付額	算出式などが先に定められ、給付に見合う掛金が年金数理によって算出される。	掛金が予め定められ、給付額は運用実績による決まる
リスク負担	資産運用などのリスクは企業が負担する。 積立不足が発生した場合は、企業がその積立不足を補填する。	資産運用などのリスクは、加入者が負担する。加入者の自己責任による運用実績によって、事後的に給付額が決まるため、積立責任などが賦課されていない。責任準備金などの積立の管理をする必要がないので、年金数理も必要としない。
積立額の把握	企業が加入者全員の年金資産を統合的に運用しているため、個人別の積立資産の残高は把握することができない。企業が給付の支払責任を負っているため、個別の年金資産を把握する必要もない。	個人別に口座があるので、各自の年金資産の残高を把握することができる。

（出典）各種資料を参考にして作成

02 確定給付企業年金

1 確定給付企業年金の仕組み

(a) 確定給付企業年金の種類

確定給付企業年金は、既存の厚生年金基金と適格年金のように、将来の受給額の算定方法（給付建て）が予め決まっている企業年金である。

確定給付型年金の給付のイメージは、次の通りである。

図94 確定給付型年金

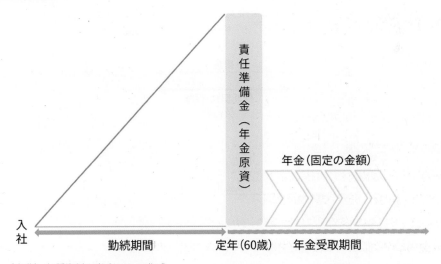

（出典）各種資料を参考にして作成

確定給付（Defined Benefit）型年金では、あらかじめ定められた給付額（給付建て年金）に対し、その資金の準備のための数理計算によって掛金額が事前に算出される。この確定給付型年金は、企業の責任において、給付のための資金が用意され、加入者は資産運用リスクを負わない。

この確定給付企業年金は、2002年から実施された確定給付企業年金法によって、受給権保護のための基準を設け、その基準を満たすものについては税金の優遇措置が講じられるようになった。

確定給付企業年金には、「規約型」と「基金型」がある。規約型は、労使が合意した年金規約に基づき、企業と生命保険会社や信託会社などが年金契約を締結し、生命保険会社や信託会社などが企業の年金資産を管理・運用して年金給付を行う制度である。

　基金型では、確定給付企業年金の設立に必要な人数要件はない。その掛金は、原則として事業主が負担するが、本人同意の上、2分の1を上回らない範囲で本人に負担させることも可能である。また、年金給付は、原則として終身または5年以上の有期年金とされている。毎年、積立金が責任準備金額（継続基準）、最低積立基準額（非継続基準）を上回るかを計算し、不十分な場合は法令の定めによって掛金を見直す必要がある。

図95　形態（DB）− 規約型

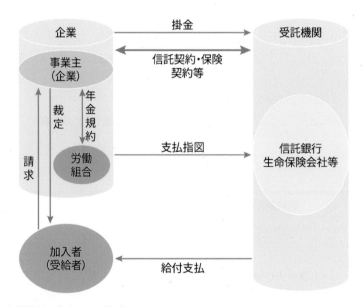

▍（出典）各種資料を参考にして作成

　一方、基金型は、労使の基金設立の合意に基づき、母体企業とは別の法人格を持った基金（企業年金基金）を設立し、この基金が企業の年金資産を管理・運用して年金給付を行う制度である。基金型には、加入人数3,000人以上という人数要件がある。

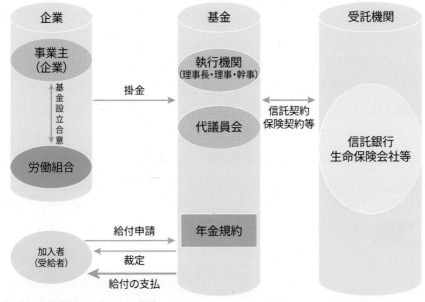

図96 形態 (DB) – 基金型

（出典）各種資料を参考にして作成

　確定給付企業年金の掛金は、企業が全額拠出することが原則であるが、年金規約で定めれば、加入者である従業員本人の同意を条件に従業員も拠出できる。また、従業員全員が加入することを原則とするが、労働条件が異なる研究職などの一定の資格が規約に定められている場合は例外であるが、非加入者に対する不当な差別は禁止される。

　給付は、勤続年数20年超過に限るのは禁止である。給付の期間は、終身または5年以上の有期（一時金可能）となる。3年以上加入者には、脱退一時金の支払が義務化された。また、逓減給付は禁止され、退職事由や年齢による過大な差または不合理な差を設けることは禁止される。職種別に差を設ける場合は、合理的な理由が必要となる。

(b) 給付の変更（減額）

　適格退職年金の廃止の場合、加入者の給付の引き下げ部分の要留保額（既積立額）は、事業主に返さず、加入者に分配する必要がある。この既積立額が企業の倒産などの際に加入者の受給権の保護につながるといわれた部分であるが、全額

もらえなくなることよりは良いという考え方であり、積立不足などによる不足額については考慮されていない。したがって、積立不足の状態で企業が倒産した場合には、減額することになる。さらに、労働組合の同意などの一定の条件を満たせば、減額も認められる[98]。

また、厚生年金基金でも、一定の条件を満たせば、加入者の給付の引き下げが認められている。過去の加入期間に対応する給付は、「みなし受給権」として原則、保護されるが、一定の同意を得れば、引き下げが可能である。また、年金財政破たんの増加を受けて、1997年度より「基金存続のために、真にやむを得ない」場合には、受給者の給付の引き下げも可能になった。ここでも全額もらえなくなるよりは、減額していくらかもらえる方が良いという考え方が現れている。

図 97　給付の減額

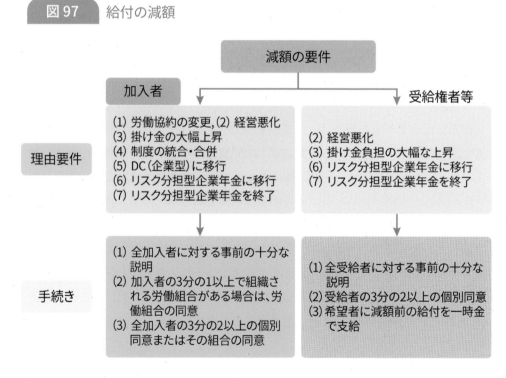

▌（出典）各種資料を参考にして作成

98　拙稿「確定給付企業年金における 受給権保護とその実効性」『早稲田商学』第 409・410 合併号、2006 年 12 月の一部を抜粋して、加筆・修正した。

　一方、確定給付企業年金における給付設計の変更は、給付水準が下がらないことを原則としているが、やむを得ない場合には、変更後の給付設計が設立認可基準の要件を満たしていることを条件として、給付水準の引き下げができる。つまり、①母体企業において労働協約や退職金規程等が変更され、その変更に基づいて基金の給付設計を変更する場合、②母体企業の経営状況が、債務超過の状態が続く見込みであるなど著しく悪化している場合（連合設立及び総合設立の基金にあっては、設立事業所の大部分において経営状況が著しく悪化している場合）、③設立時または直近の給付水準の変更時から５年以上経過しており、かつ、給付設計を変更しなければ掛金が大幅に上昇し掛金の負担が困難になると見込まれるなど、給付設計の変更がやむを得ない場合、④基金の合併に際し、給付設計を変更する場合、である。さらに、⑤ DC（企業型）に移行する場合、⑥リスク分担型企業年金に移行、⑦リスク分担型企業年金を終了する場合に減額が認められている。

　この給付の変更（減額）にあたっては、次のような労働組合や加入者の同意を得ることが必要である。①全加入者に対する事前の十分な説明、②設立事業所に使用される加入者の３分の１以上で組織する労働組合がある場合は、当該労働組合の同意、③全加入者の３分の２以上の個別同意（加入者の３分の２以上で組織する労働組合がある場合、当該労働組合の同意で代替可能）である。

　しかし、企業の経営は、状況によって悪化することもあるのが自然であり、企業の寿命は、20 年とも 30 年ともいわれる。確定給付企業年金法で積立不足を 20 年以内に償却するようにしているのは、この企業の寿命を意識していることであるといわれる。それにも拘わらず、上記のように、企業の経営が悪化して、積立不足の解消などのためには掛金の増加が必要になれば、それを回避するための給付の減額が認められると、掛金の増額による積立不足の解消よりは、給付の減額の道を探る企業も現れることになる。したがって、確定給付企業年金における給付の減額規定は、企業に対して、減額を勧めている側面があることは否めず、企業のモラル・ハザードを誘発しているともいえる。

　さらに、上記の見解に対して、減額には組合の同意などの一定の条件を課しており、それによって抑制されているという反論が考えられる。しかし、組合の同意は、組合員が社員でもあるので、企業によってはそんなに難しくない場合もある。ましては、組合員が企業年金の複雑な年金数理を理解できない状況であれば、

企業から年金業務を受託している信託銀行などに所属する年金数理人などが経営の立場でその合理性を説明すればそれに対する反論は、不可能に近い。このような状況は、何処の国でもあり得ることであるため、法律が禁止行為を定め、支払保証制度などを通じて企業のモラル・ハザード防止のための安全措置が設けられている。

また、給付設計の変更日における受給者及び受給待期者（以下「受給権者」）の年金額は変更により下げることはできない。ただし、基金存続のため受給権者の年金額の引き下げが真にやむを得ない場合で、事業主、加入者及び受給権者の三者による協議の場を設けるなど受給権者の意向を十分に反映させる措置を講じ、次の３つの要件をすべて満たした場合には、受給権者の年金額の引き下げも可能である。①全受給権者に対し、給付設計の変更に関する十分な説明と意向確認を行っていること、②給付設計の変更について、全受給権者の３分の２以上の個別同意を得ていること、③受給権者のうち、希望するものは、減額する前の金額を一時金で支給すること、である。

このように、確定給付企業年金では、一旦与えた受給権も、一定の制限の下で、減額などを通じて変更することが認められている状況下で、訴訟も多発している。りそな銀行（2005 年 6 月）、TBS（2005 年 2 月）、NTT グループ 5 社（2004年 9 月）、早稲田大学（2004 年 7 月）、松下電器産業（2003 年 5 月）などがその事例である。

(c) 加入者拠出

確定給付企業年金の掛金は、事業主負担を原則とし、加入者拠出については、年金規約で定める場合に、加入者本人の同意を前提として可能である（法第 55条 2 項、令第 35 条）。ここで加入者が負担する掛金は、厚生年金基金のような社会保険料控除の対象（全額非課税）ではなく、生命保険料控除（2019 年 4 月現在 5 万円限度）であるため、加入者本人の同意が必要とされている（令第 35 条第 2 号）。掛金を負担している加入者は、いつでも、当該掛金を負担しないことを申し出て、当該掛金を負担しないものとなることができる（令第 35 条第 3 号）。この加入者の同意は、加入時のみならず、加入者の負担する掛金率の引き上げによって、加入者が負担する掛金が増加するときには、得る必要がある（確定給付企業年金法施行規則第 37 条）。

　一方、年金数理は、企業主が掛金を全額負担することを前提にし、加入者の個人別の給付額に見合う個人別掛金を算出するものではなく、加入者全体としての給付額に見合う掛金を算出して、便宜上、それを給与に平均的に上乗せしているだけである。つまり、確定給付型企業年金の掛金は、加入者個人別のリスクに応じて設定されるものではなく、給付に必要な総額を加入者の現在の給与額に単純平均するものであるため、各加入者の立場で公平な掛金とはなっていない。したがって、この企業年金の数理は、企業主が掛金を全額負担することを前提にして企業主の負担を算出するときにのみ有効なものであり、個人別のリスクに応じた掛金を設定するものでもなく、加入者間の公平性を維持しようとする仕組みを持つものでもない。しかし、確定給付企業年金においては、掛金の2分の1の範囲で、加入者本人の拠出が認められている。一方、確定給付企業年金法では、貯蓄的な性格を有するこのような加入者拠出分までを含めて、一定の制限の下で、過去加入分に対しても減額が認められている。

(d) 年金制度の終了

　規約型企業年金の場合は、被保険者等の過半数で組織する労働組合（当該労働組合がないときは過半数を代表する者）の同意を得たときは、厚生労働大臣の承認を受けて、規約型企業年金を終了することができる。労働組合等の同意は、実施事業所毎に必要である。基金型企業年金の場合は、代議員会において代議員定数の4分の3以上の多数により議決したとき、または企業年金基金の事業の継続が不能となったときは、厚生労働大臣の認可を受けて、企業年金基金を解散することができる。解散した場合、基金型企業年金は終了したものとされる。

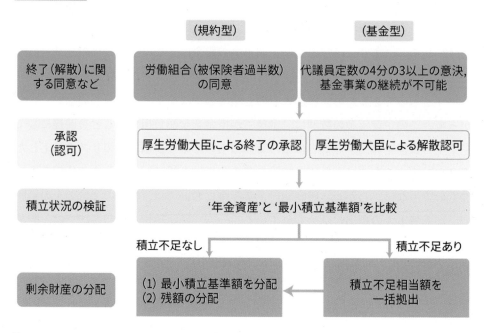

図98 制度の終了（解散）

	（規約型）	（基金型）
終了（解散）に関する同意など	労働組合（被保険者過半数）の同意	代議員定数の4分の3以上の意決，基金事業の継続が不可能
承認（認可）	厚生労働大臣による終了の承認	厚生労働大臣による解散認可
積立状況の検証	‘年金資産’と‘最小積立基準額’を比較	
	積立不足なし ／ 積立不足あり	
剰余財産の分配	（1）最小積立基準額を分配 （2）残額の分配	積立不足相当額を一括拠出

▌ （出典）各種資料を参考にして作成

　終了日の積立金の額が最低積立基準額を下回るときは、当該下回る額を掛金として一括拠出しなければならない。

図99 終了時の積立不足の掛金の一括拠出

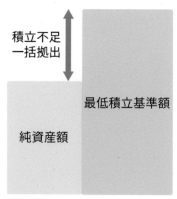

積立不足
一括拠出

最低積立基準額

純資産額

▌ （出典）各種資料を参考にして作成

終了した確定給付企業年金の残余財産は、規約で定めるところにより終了制度加入者等に分配しなければならない。

2 確定給付企業年金の年金数理

後述の確定拠出年金は、事業主などが年金資産を管理する必要がないため年金数理の必要性がない。しかし、確定給付企業年金は、事業主が給付のために、積立金である年金資産を管理しているため、年金数理を必要とする。

(a) 責任準備金

年金における収支相等の原則は、次の通りである。

$$\boxed{給付支払総額} = \boxed{将来の年金掛金収入現価} + \boxed{責任準備金}$$
$$+ \boxed{責任準備金の利息収入}$$

また、給付現価は、次のように計算される。

$$\boxed{将来の年金掛金収入現価} + \boxed{責任準備金} = \boxed{給付現価}$$

$$\boxed{責任準備金} = \boxed{給付現価} - \boxed{将来の年金掛金収入現価}$$

ここで、年金資産が責任準備金より少なければ、年金資産は積立て不足と判定される。

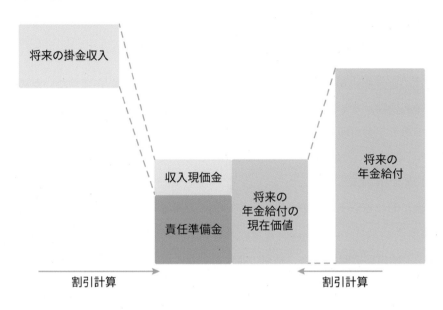

図100　責任準備金

将来の掛金収入

収入現価金

責任準備金

将来の
年金給付の
現在価値

将来の
年金給付

割引計算　　　　　　　　割引計算

（出典）各種資料を参考にして作成

　適正な年金数理に基づいて計算された掛金を算出して払い込むことによって、年金制度の運営を適正に行う。年1回の年金制度決算によって確認し、必要に応じて基礎率の見直しを行う。基礎率計算の時期は、新規に制度が発足する時、予め定めた再計算の時（財政検証）、予期しない事態の発生などに伴い財政の健全性確保のために必要と認められる時である。基礎率とは、年金制度を円滑に実施するために、将来の年金（一時金）の支給に支障をきたさない掛金の計算、積立金の計算等を行う計算利率である。この基礎率には、予定（仮定）利率、予定脱退率、予定死亡率、予定昇給率、事業費率がある。

　企業年金や個人年金などの私的年金では、「事前積立方式」が採用されている。確定給付型企業年金は、予め給付する年金の金額を決め、そのあとで掛金を設定している。ここで、標準的な新規加入者の年齢を特定する加入年齢方式とし、その標準者の加入時点で掛金と給付の収支が相等するように標準掛金を設定する。しかし、制度発足時に比較的年齢の高い人がいて、十分な掛金期間がないまま退職し、満額の給付を得る事で、制度内で年金原資の不足が発生するが、この不足分は過去勤務債務（Past Service Liability）と称される。この過去勤務債

務には、年金制度の創設時に発生する先発過去勤務債務とベースアップなどによる後発過去勤務債がある。過去勤務債務の解消（償却という）のための特別掛金を設定し、掛金を追加的に払い込むことによって、20年内に償却するようにしている。

図101　過去勤務債務（Past Service Liability）

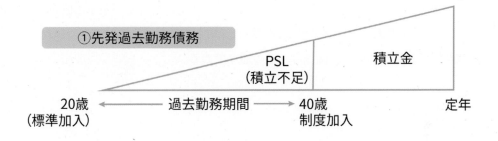

①先発過去勤務債務

PSL（積立不足）　積立金

20歳（標準加入）　←　過去勤務期間　→　40歳 制度加入　定年

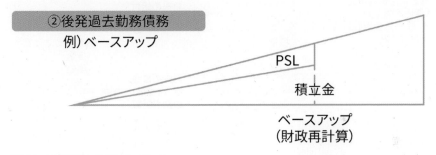

②後発過去勤務債務 例）ベースアップ

PSL

積立金

ベースアップ（財政再計算）

▌（出典）各種資料を参考にして作成

(b) 財政計算

確定給付企業年金では、将来にわたって約束した給付が支給できるよう、年金資産の積立基準を設定し、受給権保護を図っている。この積立の状況は、また、少なくとも5年に一度の財政の再計算が行われる。

さらに、毎年の決算の際に財政検証が行われるが、その財政検証には、継続基準によるものと非継続基準によるものがある。継続基準では、将来の年金給付が支払えるよう年金資産を確保するための掛金の積立目標値として「責任準備金」を設ける。

責任準備金	=	数理債務（負債勘定）	−	特別掛金収入現価（資産勘定）

　数理債務とは、当該事業年度の末日における給付現価から標準掛金現価を控除した額である。実際の年金資産が責任準備金と同額であれば、将来の給付は、保有する年金資産とその運用収益、将来の標準掛金、特別掛金で賄える見込みであることを示していることになる。一方、年金資産が責任準備金を下回っていれば、将来の給付を賄うのに十分な積立水準ではないことになる。

　年金資産の検証にあたっては、責任準備金そのものではなく、毎年の財政決算において「責任準備金−許容不足金」を算出し、年金資産との比較検証が行われる。

　数理債務と責任準備金の関係は、次の通りである。

図102 数理債務と責任準備金

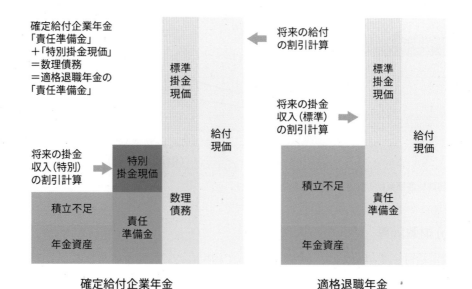

（出典）各種資料を参考にして作成

　非継続基準の財政検証における判断基準は、現在までの加入者期間に見合った給付（最低保全給付）の現価相当額である最低積立基準額である。最低保全給付とは、過去の加入期間に応じて発生している、または発生しているとみなされる給付をいい、受給権保護の観点から最低限保全すべき受給権として導入されたも

のである。年金資産（純資産額）が最低積立基準額を下回った場合は、事業主は、掛金を追加拠出することとなる（確定給付企業年金法 63 条）。最低積立基準額は「最低保全給付の現価相当額の合計額」である。

図 103　積立不足と最低積立基準額

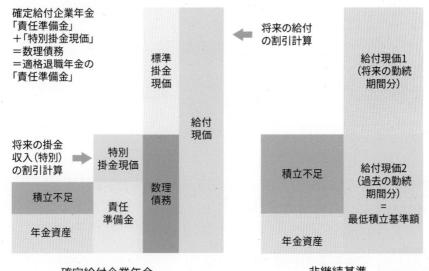

（出典）各種資料を参考にして作成

　財政計算は、「財政検証による基金の財政状況、設立母体の状況、経済・金融情勢等の変動を適宜反映したものとするため、計算基礎率等の見直し等を通じて掛金率を設定し、年金財政計画を策定するために実施されるもの」として位置付けられている。

　財政計算は、基金設立時等、財政再計算、変更計算の３つの場合に行われる。また、基金設立後 36 ヶ月経過直後の事業年度末、および、初回再計算後５年毎の事業年度末に、直近の計算基礎率の動向を反映させ、将来に向けての財政運営を見直すための掛金率の再算定を行うことを財政再計算という。この財政検証には、継続基準によるものと非継続基準によるものがある。

　継続基準による財政検証は、次の通りである。

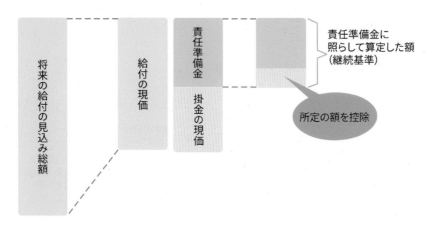

図 104 財政検証（継続基準）

将来の給付の見込み総額

給付の現価

責任準備金

掛金の現価

責任準備金に照らして算定した額（継続基準）

所定の額を控除

（出典）各種資料を参考にして作成

　継続基準による財政検証における積立不足は、純資産額が責任準備金より大きいかを比較することによって判定する。

図 105 積立不足の判定（継続基準）

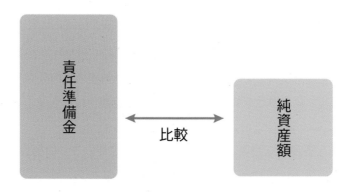

責任準備金

比較

純資産額

（出典）各種資料を参考にして作成

　継続基準による財政検証において、純資産額が責任準備金よりも少なくなった場合、財政再計算が必要であるかを検証する。「数理上資産額＋許容繰越不足金＜責任準備金」の場合、掛金額を再計算しなければならない。

　非継続基準による財政検証の場合は、「純資産額≧最低積立基準額×1.0」となっているかどうかを検証する。

図106　非継続基準による財政検証

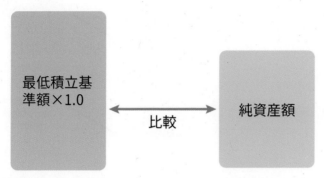

　「純資産額＜最低積立基準額×1.0」となった場合、積立比率に応じた掛金の追加拠出、または積立水準の回復計画の作成を行い、最低積立基準額を確保するよう積立不足を解消しなければならない。

　最低積立基準額とは、過去期間分の給付を確保するために現時点で保有しなければならない金額のことであり、最低保全給付の現価相当額として算出される。また最低保全給付とは、過去の加入者期間に応じて発生している、または発生しているとみなされる給付であり、受給権保護の観点から最低限保全すべき受給権として導入されたものである。

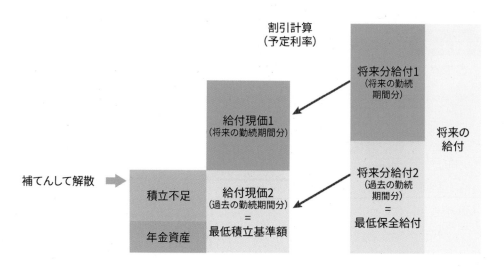

図 107 最低保全給付と最低積立基準額

割引計算
（予定利率）

将来分給付1
（将来の勤続
期間分）

給付現価1
（将来の勤続期間分）

将来の
給付

補てんして解散 ➡

積立不足

給付現価2
（過去の勤続期間分）
＝
最低積立基準額

年金資産

将来分給付2
（過去の勤続
期間分）
＝
最低保全給付

▌（出典）各種資料を参考にして作成

3 リスク分担型企業年金

(a) リスク分担型企業年金の概要

　リスク分担型企業年金は、2017 年 1 月の法改正により創設された「第 3 の企業年金」と呼ばれる制度で、企業年金の運用リスクを労使で分担する制度である。リスク対応掛金の導入を前提とした新しい概念の確定給付型の制度である。

　事業主は将来の財政悪化に備えた財政悪化リスク相当額（全部または一部）を予めリスク対応掛金として拠出することによって、事業主が拠出する掛金を固定化し、積立状況に応じて給付を自動的に調整する。ここでのリスク対応掛金の額は労使の話し合いにより決定することになっており、運用についても加入者の代表が必ず参画することが規定されている。

　掛金収入現価と積立金の合計が給付現価を下回った場合は、給付を減額し、掛金収入現価と積立金の合計が給付現価と財政悪化リスク相当額の合計を上回った場合は、給付増額を行うことによって、将来発生するリスクを事業主と加入者等で分担する仕組みである。

　リスク分担型企業年金は、リスク対応掛金の拠出をもって追加的な拠出の義務

から解放されたとみなし、企業会計上の退職給付（企業年金・退職一時金）に係る債務がバランスシート上からオフ・バランスになる。また、このリスク分担型企業年金は、確定拠出年金制度においては、後述するように事業主に従業員に対する投資教育の努力義務があることとは異なり、制度の運営を企業側が行うため、従業員に対する投資教育の必要性がない。

(b) リスク対応掛金

リスク対応掛金は、2017 年から新たに導入することが可能になった。それまでの財政運営では、積立不足が発生した場合、事後的に特別掛金を拠出して対応する仕組みであった。この場合、一般的に不況期には運用状況の悪化により積立不足が生じやすいが、同時に実施している企業も業績低迷になっている可能性が高く、掛金の引き上げが困難になるという問題点が指摘されていた。ここで、リスク対応掛金は、あらかじめ将来発生するリスク（財政悪化リスク相当額）を測定したうえで、事前に掛金を拠出することができるようになった。

リスク対応掛金は、20 年に一度発生すると想定される損失額（財政悪化リスク相当額）を基準に設定される。財政悪化リスク相当額の計算方法には、「標準算定方法」と「特別算定方法」があり、標準算定方法は、年金資産の資産区分ごとの資産残高にリスク係数を乗じた額に基づき算定する方法で、「その他の資産」の割合が 20％未満の確定給付企業年金において使用することが可能である。一方、特別算定方法は標準算定方法のように計算方法が確定しているわけではなく、厚生労働大臣の承認を受けて、確定給付企業年金の実情に合った方法により算定することになる。

4 キャッシュ・バランス・プラン

キャッシュ・バランス・プラン（Cash-Balance Plan）は、2002 年 4 月より厚生年金基金の加算部分および確定給付企業年金の給付設計において認められたために、確定給付企業年金の一つの種類として規定され、「確定給付型年金」と「確定拠出型年金」の両方の特長を併せ持つ給付設計である。年金資産の運用に関して、他の確定給付型年金との違いはなく、給付債務に対する運用リスクは、企業が負うこととなる。

キャッシュ（Cash）は「一時金での現金払い」、バランス（Balance）は「口座残高」を意味する。アメリカの確定給付年金では、給付金の支払は、65歳に開始される終身年金が通常であるが、キャッシュ・バランス・プランでは、退職時に一時金で受給することができる。このような意味合いが「キャッシュ」という単語に含まれており、「バランス」には、加入者が自分の給付を一時金として確認できるというニュアンスが込められている。

　日本のキャッシュ・バランス・プランでは、帳簿上に、仮想の個人口座（Hypothetical Account）を設定し、そこに各従業員の持分が積み立てられる。この個人口座は、あくまでも従業員の持分を計算するためのもので、実際に掛金が振り込まれることはなく、その残高は、その従業員がその日に退職する場合の受給額を示しているものに過ぎない。この仮想の個人口座おける個人別残高は、算定時点の給付額（仮想個人勘定残高）を意味し、その年金口座が実際保有する資産の残高ではない。

　企業が実際に拠出する掛金は、確定給付型年金制度と同様に数理計算によって算定され、その拠出が行われたか否いかに関係なく、仮想口座の残高に加算される。仮想個人口座に積み立てられた年金持ち分には、一定の利回り（定率、国債利回り、その組み合わせ）が保証される。

　年金資産は、既存の確定給付型企業年金と同様に、企業や基金が全資産を一括して管理・運用を行う。その資産運用リスクは企業が負い、積立不足が発生した場合は、企業が掛金を追加拠出する点は従来の確定給付型企業年金と同じである。給付額は、実際の利回りに左右されず、退職時の従業員の仮想口座に記録された想定掛金の元利合計を原資として算定される。

　持分付与額（Pay Credit）は、拠出クレジット、ペイ・クレジット、付与ポイントなどとも呼ばれる。持分付与額は、一定の期間毎に個人勘定残高に付与される額であり、毎年度個人別に付与する持分を積上げる。持分付与額を定額とすれば、加入期間に応じた年功的な給付設計となり、給与比例やポイントとすれば在職中の企業貢献度を毎年度積上げる成果主義的な給付設計となる。

図108 既存年金額カーブとキャッシュ・バランス（CB）カーブ

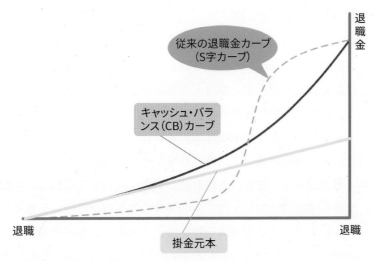

（出典）各種資料を参考にして作成

5 確定給付企業年金における問題点

(a) 監督の範囲

　事業主が確定給付企業年金を実施するためには、労働組合などの同意を得て、厚生労働大臣の承認または認可を受けなければならない（確定給付企業年金法第3条）。確定給付企業年金法では、年金規約に、義務的給付である老齢給付金および脱退一時金の支給を行うために必要な受給要件、給付額の算定方法、給付期間などを定め（確定給付企業年金法第5条第3号）、厚生労働大臣にその年金規約の承認を受けるようにしている。事業主が年金規約を変更しようとするときも、厚生労働大臣の承認を受けなければならない（確定給付企業年金法第6条）。しかし、これらの規定は、認可を受けていない年金制度には適用されない。

　一方、事業所などが確定給付企業年金として認可を受ける目的は、掛金を損金として認めてもらい、税務上の費用と処理できるようにするためである。しかし、大学や非営利団体などの非課税団体の場合は、法人税の対象ではないため、この掛金の損金算入のための認可を受ける動機は薄い。その結果、認可を受けていない確定給付型年金は、監督の死角に置かれ、受給権が保護されない場合がある問

題点がある。

(b) 支払保証制度の不在

　確定給付型企業年金は、信託銀行または生命保険会社が受託会社となる。規約型の場合、信託銀行と信託契約が締結されるか、生命保険会社と保険契約が締結されることになる。ここで、信託銀行の倒産の際に、信託商品のうち、元本補てん契約がある金銭信託、貸付信託等は、預金保険制度の対象となるが、元本補てん契約のない信託契約は預金保険制度の対象にはならない。また、信託財産は信託銀行等自身の固有財産とは分別管理されているとはいえ、破たんする会社に不正などがある場合は少なくなく、その財産が実際に存在するのかは、別問題である。また、生命保険契約に対しては、生命保険契約者保護機構による支払保証制度がある。これによって、生命保険会社の破たん時点での責任準備金すなわち積立金の 90% が補償されることが保険業法に規定されている。しかし、確定給付企業年金のような運用実績連動型の保険商品は、補償の対象ではない。

　つまり、確定給付型企業年金の年金財産は、受託会社が破たんした場合に保証されないため、その支払と管理について、委託者である企業を信頼するしかない。しかし、その頼みの綱である企業が倒産した場合の支払保証制度が存在しない。さらに、信頼していた企業が、企業年金について不正を行った結果、その積立不足が膨大な額となった場合、年金給付に対する保証もなく、それによる積立不足などによる掛金を減らすための減額までが認められている。

　また、受託会社が倒産しない場合においても、企業が倒産した場合には、それまで発生した確定給付型企業年金の支払い義務に見合う積立金が年金財産として実在するとは限らない。ここで問題になるのが、支払保証制度であるが、確定給付企業年金には、先進各国のような制度終了保険（支払保証制度）は存在せず、積立不足が存在する状態での制度終了の場合には、そのときに存在する年金資産のみが給付の財源となる。

　一方、アメリカの確定給付企業年金では、従業員退職所得保障法（ERISA; Employees Retirement Income Security Act of 1974）基づいて設立された年金給付保証公社（PBGC; Pension Benefit Guaranty Corporation）によって、企業の倒産の際には受給すべき年金額が保証される。この年金給付保証公社は、連邦の公的機関として設立され、理事長（Director）は大統領が任命し、保証料は国

会が設定する。公務員または26人以下の専門職場（医師または弁護士）を除けば、給付額が月額で特定できる確定給付型企業年金のほとんどが付保されている。その財源は、財政からの支援はなく、企業年金プランからの保険料（保証料）とその運用益によって運営されている。保証の対象は、企業倒産が生じたとき、その企業の年金資産が清算基準の年金債務（ABO; Accumulated Benefit Obligation）に満たなかったときの積立不足である。したがって、企業の積立義務も、その時点で倒産することを前提にした年金資産の清算基準の年金債務が基準となる。

　イギリスにおいても、2004年年金法（the Pensions Act 2004）によって、2005年4月に年金保護基金（PPFP ; ension Protection Fund）を創設して、確定給付企業年金を対象にした支払保証制度が導入された。年金保護基金は、すべての適格企業年金から強制的に徴収される保険料によって運営されるが、保険料は、初年度は定率（Flat-Rate）であったが、2006年からは、その20%は制度の要因（負債総額）、残りの80%は年金保護基金の評価によるリスクによって、差別される変動率となった。

　年金保護基金における支払い不能となった年金基金の加入者・受給者に対する補償金額は、次の通りである。①定年年齢または疾病により退職した者、遺族年金者は、限度額（cap）なしで、年金額の100%、②その他の個人には、限度額の範囲内で、倒産時点での年金額の90%までを定年年齢に達した時に支払われるが、定年年齢まではインフレーションにリンクして毎年5%を限度として増額される。

(c) 掛金の本人負担

　確定給付企業年金の掛金は、事業主負担を原則とし、本人拠出については、年金規約で定める場合に、加入者本人の同意を前提として可能である（法第55条2項、令第35条）。企業年金の数理は、企業主が掛金を全額負担することを前提にして企業主の負担を算出するときにのみ有効なものであり、個人別のリスクに応じた掛金を設定するものでもなく、加入者間の公平性を維持しようとする仕組みを持つものでもない。

　確定給付企業年金法では、貯蓄的な性格を有するこのような本人負担分までを含めて、一定の制限の下で、過去加入分に対しても減額などが認められている。

(d) 年金数理人

事業主などが財政計算などに関して厚生労働大臣に提出する書類は、年金数理人が確認し、書名押印しなければならない。

（社）この年金数理人は、日本アクチュアリー会の正会員、基金の年金数理の業務に 5 年以上従事し、その期間のうち少なくとも 2 年間は責任者として業務に携った者から任命される（厚生省年金局長通達（昭和 63 年 年発第 2658 号））。

日本の確定給付企業年金法で、受給権の保護のための仕組みの「積立義務」「受託者責任」、「情報開示」がある。このうち、積立義務による事前積立は、年金数理人制度によって維持することが期待されている。しかし、年金数理人のほとんどは、独立性を持たず、そのほとんどが受託機関に所属しており、その受託機関は、企業から企業年金業務を委託され、手数料を収入として得ている。

(e) 年金の没収・減額

日本の企業年金は、その多くが退職金を年金化したものである。この退職金の経済的性質としては、長期の勤続に対する「功労報償」、賃金の一部の支払いを退職時に繰り延べる「賃金の後払い」、「老後の生活保障」、の 3 つが複合的に含まれており、日本の退職金制度は任意の制度である[99]。また、日本における企業年金は、退職金規定にその根拠が規定され、退職金の一部または全部を企業年金に移行していることが多く、少なくとも理論上では、年金制度を廃止して、退職金制度に戻れるものである。それによって、退職金と独立した企業年金の受給権の概念の成立が難しくなっていると見られる。しかし、企業年金から支払われる年金や一時金は、退職金とは異なり、労働基準法上の使用者によって支払われる賃金には該当しないとされ[100]、それぞれの法制により保護されている。つまり、退職金を年金化して確定給付企業年金の認可を受ければ、労働基準法ではなく、確定給付企業年金法が適用される。

---

[99] 韓国の勤労基準法第 34 条 1 項には、使用者は、勤続年数 1 年につき、30 日分以上の平均賃金を退職者に支払わなければならないと規定されている。退職金を法定化した国として、韓国の他に、台湾が知られている（韓国労働部）。

[100] ニッセイ基礎研究所「年金法制受給権付与ルールの法制化に向けて（2）」『年金ストラテジー』vol.27、1998 年 9 月。

　一方、確定給付企業年金法における受給権すなわち「受給を受ける権利」は、その権利を有する者の請求に基づき事業主等が裁定すると規定されている（法第30条）[101]。つまり、確定給付企業年金法の受給権では、退職金の性格が引きずられており、在職期間中には受給権が与えられず、退職した後の裁定によって、受給待機者を経て、またはすぐに受給者となるときに受給権が確定されると考えられる[102]。

　さらに、確定給付企業年金では、退職金と同様、窃盗・横領などによる加入者等の責めに帰すべき重大な理由によって実施事業所に使用されなくなった場合は、給付の一部または全部を没収することができる（施行令第34条第2号）。また、中途採用などにより定年までに予測される加入者期間が20年に満たない場合には、加入者としないことは可能であり、一旦加入者となった者に対しても20年を超えない加入者期間を老齢給付金の受給要件として設定することができる（法第36条）[103]。つまり、加入者期間が20年に満たない場合には受給権を与えないことができるのである[104]。

　また、確定給付企業年金法では、経営状況の悪化・掛金の大幅上昇などの理由と、加入者または受給者の3分の2以上の同意・受給権者の場合は希望者には一時金の支給などの手続きという一定の要件を満たすことを前提に、受給者と加入者の両方に対する過去の加入者期間を含めた減額が認められている[105]ことは、前述の通りである。さらに、確定給付企業年金では、加入者拠出を認めているが（法第55条2項、令第35条）、この加入者拠出分までもが過去の加入者期間を含めて減額の対象とされる。確定給付型企業年金では原則的に減額は認められなかっ

---

[101]　確定給付企業年金法第30条は、既に受給権が存在することを前提にしているとも解釈される（島崎謙治「企業年金の社会保障政策上の位置づけと受給権保護」『PIE/CIS Discussion Paper』No.330、一橋大学　経済研究所、2007年9月、pp.11-12）。

[102]　古市峰子『年金基金を巡る法律関係と会計処理との整合性について』Discussion Paper No. 99-J-9、日本銀行金融研究所、1999年4月、pp.3-12。

[103]　2001年に導入された確定拠出年金では、受給権が加入後3年で確定し、懲戒解雇されても減額・不支給にはできなくなった。

[104]　加入者が中途退職などによって規約で定める老齢年金の受給要件を満たさなくなった場合、3年を超えない加入者期間を定め、脱退一時金を支払うことができる。

[105]　減額の理由と手続きは、確定給付企業年金法施行令第4条、同施行規則第5条、第6条に規定されている。

たが、厚生年金基金において、年金財政破綻の増加を受けて、1997年度より「基金存続のために、真にやむを得ない」場合には、受給者の給付の引き下げも可能になったことが引き継がれたものである。厚生年金基金、確定給付企業年金、適格退職年金（自主審査要領）に、同様の減額規定が設けられたため、企業の自社年金でも援用されることが考えられる。

03 確定拠出年金

1 確定拠出年金制度の概要

確定拠出年金制度（DC; Defined Contribution Pension Plan）は、掛金とその運用収益によって、給付額が事後的に決まる年金制度である。この確定拠出年金制度は、運用環境の長期低迷や退職給付会計の導入、雇用形態の流動化等を背景に、2001年10月に施行された。確定拠出年金制度における加入者は、自己責任で年金資産の運用を行い、その運用成果に基づいて、老齢期に給付を受け取る。

図109 確定拠出年金

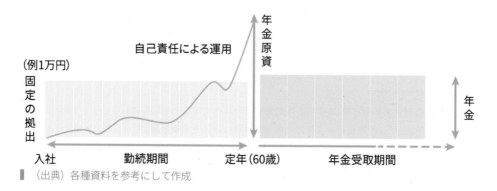

（出典）各種資料を参考にして作成

確定拠出年金は、保険料支払い（拠出額）が決まっていて、給付額は、加入者の指図による運用成果によって変化し、運用リスクは、加入者が負う。確定拠出年金の年金資産は、個人勘定で管理され、転職時に携帯するため、受給権は確保されており、年金数理は不要となる。

確定拠出年金制度は、障害給付金や死亡一時金等を除いて、60歳到達後に受け取ることができる老齢給付を基本としており、転職や離職の際には、他の実施主体によって他の年金制度に資産を移管するポータビリティ（Portability）が高い。

確定拠出年金制度の長所と短所は、次の通りである。

表56 確定拠出年金制度の長所と短所

区分	企業	従業員
長所	長期債務の解放（退職給付債務の削減） キャッシュフローと会計上の費用の一致 運用リスクの解放 人材確保（労働力の流動化に対応） 年金制度導入が容易	個人毎の資産を把握 税制優遇 ポータビリティが高い 個人毎に運用指図が可能
短所	独自の給付設計の欠如 受託者責任（投資教育、情報提供） 運営管理費の増加	運用リスクを負う 老後所得の不安定さ 途中引出し不可

（出典）各種資料を参考にして作成

確定拠出年金制度の企業側のメリットは、次の通りである。企業は、予め定められた金額を毎月の掛金として支払うことによって、退職金費用を平準化することができる。また、その掛金額は、定額・給与比例・資格別等に柔軟に設計でき、掛金は全額損金に算入できる。この確定拠出年金制度では、年金資産の運用責任は従業員であるため、企業側の積立不足が発生しえないので、企業側は、企業年金の運用リスクを回避することができる。企業が支払った掛金（年金資産）は、従業員ごとに個別に管理され、従業員自身があらかじめ提示された運用商品の中から自由に運用商品を選んで運用できるため、将来の受給額は従業員ごとに異なる。

確定拠出年金制度は、大きく「企業型（Corporate Type）」と「個人型（Individual Type）」の2種類に別れる。企業型では、企業が確定拠出年金制度の実施主体となって、従業員を対象に掛金を拠出し、個人型は、愛称として「iDeCo」と称され、国民年金基金連合会が実施主体となって各加入者が掛金を拠出する。この個人型

は、個人年金として分類される。

区分	企業型	個人型
加入者	国民年金の第2号被保険者で、労使合意に基づき確定拠出年金制度を実施する企業の従業員	60歳未満の基礎年金（国民年金）加入者
掛金	会社からの拠出に加え、規約に定めれば、個人からの拠出も可能	個人からの拠出のみ（中小事業主掛金納付制度を導入している場合、個人型において加入者掛金に追加して事業主が掛金を拠出することができる）
規約	労使合意に基づき確定拠出年金規約を制定 加入資格について差別的取扱禁止（一定条件の下、特定の者を加入者とすることも可）	国民年金基金連合会が規約を制定 本人の申請による任意加入

表 57 確定拠出年金における「企業型」と「個人型」

（出典）各種資料を参考にして作成

　企業型の確定拠出年金は、原則的に退職金を財源とする企業年金に分類されるが、個人型（iDeCo）の確定拠出年金では、退職金を財源とする企業年金に属するものではなく、従業員が拠出した掛金は自らの給与の一部であるので、企業の従業員であっても企業の意向は及ばず、拠出が始まると同時に受給権が得られる。しかし、企業型と個人型ともに、実際の老齢給付の受給は、60歳から始めることができる。

２ 確定拠出年金制度（企業型）

　企業型の確定拠出年金の実施企業は、厚生年金の適用事業所に限り、60歳未満の厚生年金保険の被保険者を全員加入者とする必要があるが、特定の者について不当差別がないことを前提に、「一定の資格」を定め、当該資格のない者を加入者としないことができる。要件を満たす限り、確定拠出年金と確定給付年金と

を併せて導入することもできる。

　企業型の確定拠出年金の実施の際に、事業主は、労使合意のもと、企業型年金に係る規約を作成し、厚生労働大臣の承認を受ける必要があり、信託会社や生命保険会社などと資産管理契約を締結する必要がある。運営管理業務は、運営管理機関に委託することは任意で、企業自らが運営管理業務を行うこともできる。2018 年より、掛金は、年 1 回以上定期的に拠出することとされ、必ずしも毎月でなく一定期間（企業型掛金拠出単位期間）を区分して、その区分ごとに拠出できるようになった。

　企業型の確定拠出年金の掛金は、企業側が従業員を対象に、信託銀行・保険会社・金庫・協同組合・無尽会社等の「資産管理機関」に、拠出する。資産管理機関は、加入者である企業または個人（マッチング拠出）が拠出した掛金をその企業または個人の財産から分離し、年金資産として管理・保全等を行う機関であり、この資産管理機関によって、企業が倒産した場合でも、加入者の年金資産は保全される。

　さらに、資産管理機関は、運用管理機関が取りまとめた運用指示に基づいた運用商品の売買、受給者への年金や一時金の支払いなどを行う機関である。加入者（従業員）からの運用指図は、運営管理機関で取りまとめられ、銀行・信託・信用金庫・証券会社・生損保などの「資産管理機関」に伝えられる。資産管理機関は、その指図にもとづいて、運用商品を提供する金融機関と資産の売買を行う。この他にも、資産管理機関は、給付の支払いを行い、運営管理機関は、個人記録の管理、給付の裁定、運用商品の選定・提示、運用商品の情報提供を行う。

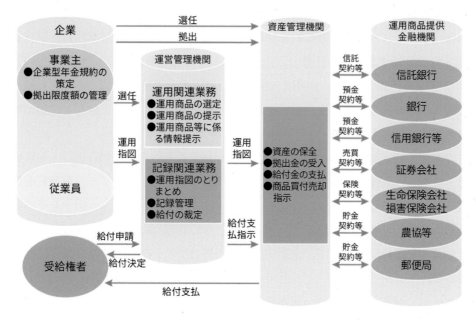

図110 確定拠出年金（企業型）

（出典）各種資料を参考にして作成

　企業型の確定拠出年金において、事業主に使用される期間が３年未満である場合、その者の個人別管理資産のうち、事業主掛金に相当する部分の全部または一部を事業主に返還させることができる。したがって、企業型の確定拠出年金では、３年以上の勤続で、従業員負担分や運用益が無くても、全額受給権が与えられ、離職・転職の際には、年金資産の移換を認めなければならない。

　確定拠出年金（企業型）の掛金は、退職給付として原則的に企業が負担するが、2012年１月より、年金規約に、企業が拠出する掛金に加え、加入者本人が掛金を上乗せして拠出することができる旨が定められている場合は、マッチング拠出（Matching Contribution）と称される加入者本人からの拠出も可能になった。このマッチング拠出は、一定の限度額内で、企業型確定拠出年金（企業型DC）の加入者が自身の給与から掛金を上乗せして拠出できる制度である。

表58	マッチング拠出の際の総限度額

企業年金がない場合	企業年金がある場合
66万円（年額）	33万円（年額）
55,000円（月額）	27,500円（月額）

（出典）各種資料を参考にして作成

　確定拠出年金（企業型）は、厚生年金基金・確定給付企業年金などの企業年金の有無によってその限度額が異なる。確定拠出年金（企業型）の他に、厚生年金基金・確定給付企業年金などの企業年金がある場合は、事業主の掛金とマッチング拠出を合算して月額27,500円が上限となる。この場合、事業主の拠出する掛金が1万円であるときは、マッチング拠出も事業主拠出と同額の1万円が上限となる。また、この企業年金がある場合、事業主が拠出する掛金が15,000円であると、マッチング拠出は、総限度額である27,500円（月額）と事業主拠出15,000円の差額である12,500円が上限となる。

　このマッチング拠出の掛金は、全額が所得控除の対象となり、iDeCoとは異なり、運営管理手数料は企業負担となり、運用益も非課税である。年収500万円の人が所得税10％、住民税10％であると仮定すれば、20％の課税となるため、給与10,000円に対する手取り額は約8,000円になる。この10,000円をマッチング拠出した場合、課税されずに10,000円を年金資産として運用することができ、この課税の免除額は、年間24,000円（2,000円×12ヵ月分）、30年間続くと72万円（2,4000円×30年）となる。このマッチング拠出の掛金は、原則60歳まで引き出せない。この確定拠出の老齢年金を受給するときに、年金所得に対して課税されるが退職所得控除や公的年金等控除の対象となり、本来であれば課税されたはずの金額を含めて資産運用できるメリットがある。

　このマッチング拠出を利用するためには、企業の年金規約でマッチング拠出が規定されていることが条件である。また、企業によっては、確定拠出年金（企業型）におけるマッチング拠出は認めていないけども、iDeCo（個人型確定拠出年金）との同時加入を規約で認めている場合がある。iDeCoも、マッチング拠出と同様に、掛金全額が所得控除になる。ただし、マッチング拠出を導入している場合、iDeCoに加入することはできず、マッチング拠出とiDeCoの併用はできない。

つまり、「企業型DC＋マッチング拠出」と「企業型DC＋iDeCo」の組み合わせで認められていることになる。

「企業型DC＋マッチング拠出」の場合、マッチング拠出は事業主掛金以下でなければならない。企業型DCの加入者のマッチング拠出またはiDeCoの選択は、企業の年金規約による。マッチング拠出の場合、運営管理手数料が企業負担となるので、コスト面ではiDeCoよりも有利である。

2018年5月1日施行の確定拠出年金法の改正によって、努力義務であった導入時の教育と同様に、継続投資教育が配慮から努力義務として規定され、事業主は、加入者に対して、導入時だけでなく導入後の継続教育にも努力しなければならなくなった。

3 確定拠出年金制度（個人型）

個人型（iDeCo）の確定拠出年金は、退職給付としての企業年金ではないが、企業型の確定拠出年金と同様に、確定拠出年金法に規定される私的年金の1つである。個人型確定拠出年金（個人型ＤＣ（iDeCo））は、国民年金第1号被保険者と企業年金のない国民年金第2号 被保険者のための制度として創設されたが、2017年1月、企業年金加入者、公務員等共済加入者、国民年金第3号被保険者まで加入可能範囲が拡大され、被保険者種別にかかわらず国民年金被保険者を包括する制度となった。

個人型確定拠出年金の愛称である「iDeCo（イデコ）」は、2016年8月1日から8月21日に実施した愛称選定委員会により、応募総数4,351件の中から選定され、確定拠出年金の普及・推進協議会で決定された。iDeCoは、英語表記のIndividual-Type Defined Contribution Pension Plan の単語の一部から構成され、個人型確定拠出年金を表している。「i」には「私」という意味が込められており、自分で運用する年金の特徴を捉えている。

国民年金基金連合会は、個人型の確定拠出年金の実施主体となり、「個人型年金規約」を定め、その規約について厚生労働大臣の承認を受けている。個人型の確定拠出年金制度に加入したい自営業者等や企業年金のない企業の従業員は、国民年金基金連合会が事務委託した金融機関を通して加入の申込みを行う。認可を受けずに行われている自社年金を実施している企業（団体）は、その自社年金の

掛金に対して税控除を受けていないため、企業年金のない企業（団体）としてみなされている。企業年金のない企業の従業員は、企業が給与の天引によって、掛金を取りまとめて国民年金基金連合会に支払う。国民年金基金連合会は、個人型の確定拠出年金において、財産保全機能等の役割を担う。運営管理機関は、国民年金基金連合会から多数選任されているので、加入を申込むときに選択する。

　個人型の確定拠出年金は、その加入が任意で、加入者は、自分で申し込み、掛金を拠出し、運用方法を選ぶ制度で、掛金とその運用益との合計額をもとに給付を受け取ることができる。掛金拠出時、運用時、そして給付を受け取る時に、それぞれ税制上の優遇措置が講じられている。

　このiDeCoは、米国のIRA（Individual Retirement Account：個人退職勘定・個人退職年金制度）を参考にして、企業年金を補完する形で導入された。IRAには、EET型（通常型）とTEE型のRoth IRAなどがある。EET型（通常型）は、積立時に非課税（Exempt）、運用時に非課税（Exempt）、給付時に課税（Taxed）される制度ある。TEE型（Roth IRA）は、税引き後所得から拠出し（Taxed）、非課税で積み立てて（Exempt）、引き出し時に非課税（Exempt）となる。Roth IRAは、拠出時点では所得控除ができないが、運用時非課税、給付時非課税となる。Rothは、この制度を提案したWilliam Roth上院議員の名前をとったものである。

　このアメリカのIRAは、就業状態や勤務先の年金制度にかかわらず加入することができるため、柔軟なポータビリティが確保されている。

図 111　確定拠出年金（個人型（iDeCo））

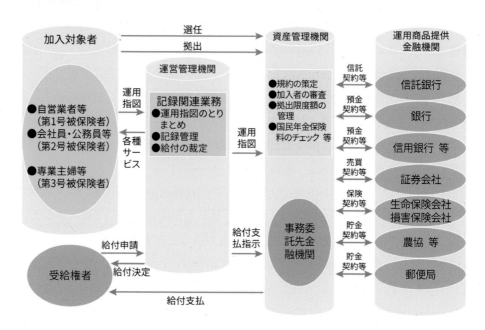

（出典）各種資料を参考にして作成

　確定拠出年金（個人型（iDeCo））は、国民年金基金連合会が主体となり、受付金融機関である運営管理機関が加入者への窓口となって運営されている。各機関の役割は、次の通りである。①運営管理機関は、運用関連業務と記録関連業務を行う。運用関連業務には、運用商品の選定・提示、制度・商品に関する情報提供等があり、記録関連業務には、加入者データの記録・管理、運用指図の取りまとめ、給付の裁定等がある。②受付金融機関は、運営管理機関となり、各種届出の受付と各種手続きの相談を行う。③国民年金基金連合会は、加入資格の確認と拠出限度額の管理を行う。④事務委託先金融機関は、年金資産の管理を行う。

　確定拠出年金（個人型（iDeCo））の加入対象は、以下の条件に合う 60 歳未満の人である。①第 1 号被保険者として、自営業者とその家族、自由業、学生など（農業者年金の被保険者、国民年金保険料の支払いの免除を受けている人を除く）。②第 2 号被保険者として、会社員や公務員など厚生年金、共済組合の加入者の人。③第 3 号被保険者として、会社員や公務員などの第 2 号被保険者に扶養されている配偶者の人。

掛金の拠出単位と限度額は、次の通りである。確定拠出年金（個人型（iDeCo））の掛金は、基本的に毎月定額の拠出（納付は翌月26日）を原則とするが、2018年1月より、加入者が年1回以上、任意に決めた月にまとめて拠出する年単位拠出も可能になった。年単位拠出については、12月分の掛金から翌年11月分までの掛金（実際の納付月は1月～12月）の拠出期間を1年とし、この1年（12ヶ月）を加入者が任意に区分し、年間の拠出月を決める。毎月の掛金額は、以下の拠出限度額の範囲内で、5,000円以上、1,000円単位で指定できる。

表59 確定拠出年金（個人型（iDeCo））の拠出限度額

加入対象者	拠出限度額 （年額（月額））	納付時期	掛金額の変更
自営業者等 （第1号被保険者）	81.6万円※1（6.8万円）	掛金引落口座から、毎月26日（非営業日の場合は翌営業日）の引き落とし。なお、掛金の前納はできない。また、引落日に納付できなかった場合の追納もできない。	毎年12月分から翌年11月分まで（納付月は1月～12月）の間に1回のみ可能。
会社員 （第2号被保険者）	【企業年金等※2に加入している】※3		
	企業型確定拠出年金のみ加入24万円（2万円）		
	企業型確定拠出年金以外の企業年金等に加入14.4万円（12万円）		
	【企業年金等に加入していない】		
	27.6万円（2.3万円）		
公務員等 （第2号被保険者）	14.4万円（12万円）		
専業主婦等 （第3号被保険者）	27.6万円（2.3万円）		

※1 国民年金基金の保険料と合算した金額が、限度額を超えない範囲で指定できる。

※2 企業型年金等とは、企業型確定拠出年金、確定給付企業年金、厚生年金基金、石炭鉱業年金基金である。

※3 企業型確定拠出年金を実施している企業は、規約で個人型確定拠出年金への加入を認めている場合のみ、加入可能。

（出典）各種資料を参考にして作成

確定拠出年金（個人型 (iDeCo)）の税制上の優遇措置として、掛金全額が所得控除され、運用利益は非課税となる。また、受給時も退職所得控除や公的年金等控除の対象となる。

　また、2018 年 5 月 1 日に施行される確定拠出年金法等の改正によって、中小事業主掛金納付制度が創設された。中小事業主掛金納付制度とは、一定の要件を満たす事業主に使用される従業員で個人型確定拠出年金（iDeCo）に加入している者について、従業員が拠出する加入者掛金に中小事業主が事業主掛金を上乗せして拠出する制度である。

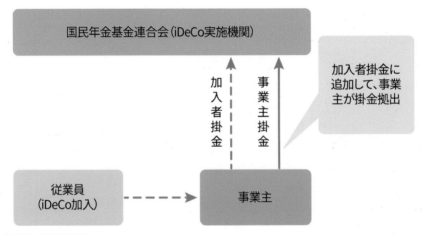

図 112 個人型確定拠出年金（iDeCo）の中小事業主掛金納付制度

（出典）厚生労働省

　拠出対象者となる従業員が個人型確定拠出年金（iDeCo）の加入者となって加入者掛金を拠出している必要があり、個人型確定拠出年金（iDeCo）の加入者とならない従業員に対して事業主掛金のみを拠出することはできない。中小事業主掛金納付制度を実施できる事業主の主な要件は、次の通りである。①従業員が 100 名以下であること。②企業型確定拠出年金、確定給付企業年金、厚生年金基金のいずれも実施していないこと。

04 通算制度

1 通算制度の概要

通算制度とは、ポータビリティ（Portability）とも称され、転職または離職の際に、元の会社で積み立てた年金資産を、一定の条件の下で、持ち運びできることである。企業年金では、転職先の企業年金に積立金を移し、元会社での勤続年数を通算できる制度が設けられている。

この通算制度によって、年金原資と加入期間を通算し、転職を繰り返しても、年金の受給資格を得ることができるようになる。転職や離職の際に、企業年金からの給付金を脱退一時金で受け取るしかなかった人も、法律改正により 2005 年10 月から、転職先の企業年金等へ脱退一時金を移換することにより、年金受給に結びつけることができるようになった。

図113　企業年金連合会による通算制度

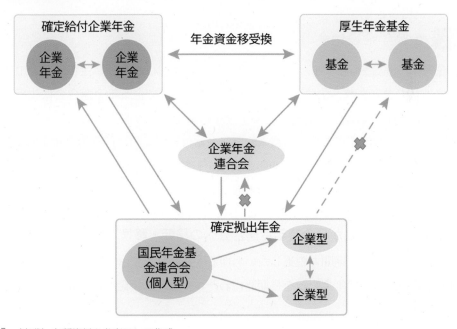

（出典）各種資料を参考にして作成

また、通算制度の全体像は、次の通りである。

表60 通算制度の全体像

区　分	移換先の制度				
移換前に加入していた制度	-	DB	企業型DC	個人型DC	中小企業退職金共済
	DB	○	○(注1)	○(注1)	○(注3)
	企業型DC	○	○	○	○(注3)
	個人型DC	○	○	-	×
	中小企業退職金共済	○(注2・注3)	○(注2・注3)	×	○

▌（出典）厚生労働省

(注1) DBから企業型・個人型DCには、本人からの申出により、脱退一時金相当額を移換可能。

(注2) 中小企業退職金共済に加入している企業が、中小企業でなくなった場合は、資産の移換を認めている。

(注3) 合併などに限って措置。

2 企業年金連合会の通算制度

企業年金連合会は、1967年2月に厚生年金保険法に基づき厚生年金基金の連合体として設立され、法律改正により2005年10月に企業年金連合会に改組された。厚生年金基金や確定給付企業年金を退職等により脱退した人（中途脱退者）等の年金資産を引き受け、将来的な年金給付を一元的に行う年金通算事業を実施するとともに、中途脱退者の年金資産を転職先の企業年金制度や個人型DC（iDeCo）に移換するポータビリティ機能の役割を果たしている[106]。

(a) 厚生年金基金から企業年金連合会への移転・移換

厚生年金基金を短期間で脱退したいわゆる「中途脱退者」に対する年金給付は、個々の基金において年金記録を長期間にわたって管理し、短期の加入期間に係る

---

106 移転・移換の内容などは、企業年金連合会のホームページを参照した。

年金給付を行っていくことは、事務負担上、困難な面もある。また、中途脱退者が、その後、他のいくつかの基金の加入員となることも考えられ、このような場合には、複数の基金からそれぞれの年金を受け取ることとなり、請求手続きが煩雑で不便なものとなるおそれがある。さらに、基金が解散した場合には、基金の残余財産があったとしても、残余財産の分配金を一時金として受け取ることしかできないのであれば、退職後の備えとすることができない可能性もある。これらのことから、中途脱退者及び解散基金加入員に対する年金の支給義務を企業年金連合会が引き継ぎ、一元的に年金給付を行っている。

① 厚生年金基金の中途脱退者の年金通算

2014年3月31日までは、厚生年金基金の基本部分の支給義務の移転の申出が企業年金連合会に対して行われた場合は、企業年金連合会は「基本年金」の給付を行っていた。また、厚生年金基金の基本部分の支給義務の移転の申出とあわせて、脱退一時金相当額（加算部分）の移換が行われた場合は、企業年金連合会は基本年金とあわせて「通算企業年金」の支給を行っていた。通算企業年金の受給権者に対する一時金給付として、死亡一時金や選択一時金がある。

2014年4月1日以降においては、企業年金連合会に対して厚生年金基金の基本部分の支給義務の移転の申出を行うことはできなくなり、脱退一時金相当額の移換のみ行うことができる。

図 114 厚生年金基金の中途脱退者の年金通算

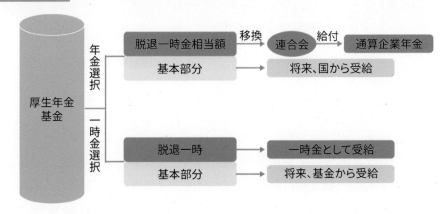

(出典) 企業年金連合会

② 厚生年金基金の解散基金加入員の年金通算

　企業年金連合会は、2014年3月31日までに解散した基金から最低責任準備金を徴収し、解散基金加入員に対して、「代行年金」の給付を行う。また、残余財産分配金を企業年金連合会に移換した者に対しては、「通算企業年金」の給付を行う。

　なお、企業年金連合会が支給する代行年金は、厚生年金の一部であるため、支給要件は老齢厚生年金と同一である。したがって、解散基金加入員が老齢厚生年金の受給権を取得したとき、または、解散基金加入員が解散した日において老齢厚生年金の受給権が生じているときに代行年金を支給する。

　また、規約において支給停止を行わないと規定している基金の解散基金加入員であっても、企業年金連合会が支給する代行年金は、国が支給する老齢厚生年金と同様に、在職中による調整や雇用保険（失業給付等）との調整による支給停止の対象となるため、代行年金の一部または全部が支給停止となる場合がある。2014年4月1日以降に解散した基金の解散基金加入員については、残余財産分配金のみを企業年金連合会へ移換して年金化することが可能である。

> **図115**　厚生年金基金の解散基金加入員の年金通算

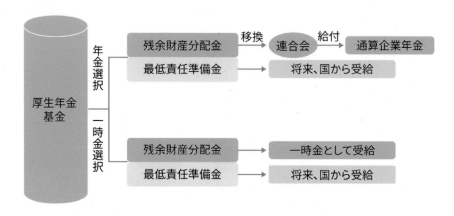

（出典）企業年金連合会

(b) 確定給付企業年金から企業年金連合会への移換

　2005年10月より、確定給付企業年金の中途脱退者または終了制度加入者等は、脱退一時金相当額または残余財産分配金を企業年金連合会へ移換し、将来、年金

として受け取ることができるようになった。

① 確定給付企業年金の中途脱退者の通算

確定給付企業年金の中途脱退者は、脱退一時金相当額を企業年金連合会に移換し、年金化することができる。企業年金連合会は、中途脱退者に対して、将来、「通算企業年金」の支給を行う。また、通算企業年金の受給権者に対する一時金給付として、死亡一時金や選択一時金がある。

図116　確定給付企業年金の中途脱退者の通算

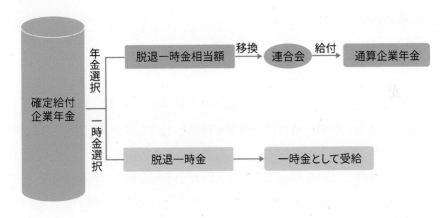

（出典）企業年金連合会

② 確定給付企業年金の終了制度加入者等の通算

確定給付企業年金の終了制度加入者等は、残余財産分配金を企業年金連合会に移換し、年金化することができる。企業年金連合会は、確定給付企業年金の終了制度加入者等に対して、「通算企業年金」の支給を行う。また、通算企業年金の受給権者に対する一時金給付として、死亡一時金や選択一時金がある。

図 117　確定給付企業年金の終了制度加入者等の通算

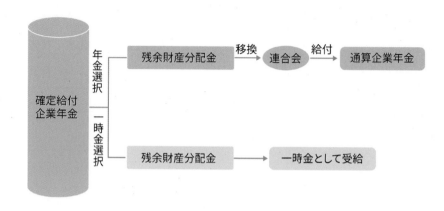

（出典）企業年金連合会

(c) 企業年金連合会から各企業年金制度への移転・移換

　企業年金連合会に脱退一時金相当額等を移換している者が、確定給付企業年金、厚生年金基金または確定拠出年金に加入した場合、本人の申出により、既に企業年金連合会へ移換している年金原資を加入した企業年金制度へ移換することが可能である。ただし、既に企業年金連合会の老齢年金給付の受給権が生じている者の脱退一時金相当額は移換することができない。

　なお、確定給付企業年金および厚生年金基金においては、移換を受けることができる年金原資の範囲（たとえば、企業年金連合会に移換されている全ての年金原資について受け入れるのか、自企業年金から企業年金連合会に移換した年金原資についてのみ受け入れるのか）を規約に定めることになっている。

① 企業年金連合会から確定給付企業年金への移換

　企業年金連合会から確定給付企業年金への移換は、次の通りである。

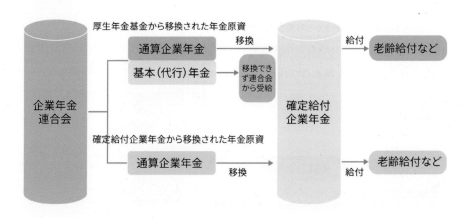

図118　企業年金連合会から確定給付企業年金への移換

② 企業年金連合会から厚生年金基金への移転・移換

企業年金連合会から厚生年金基金への移転・移換は、次の通りである。

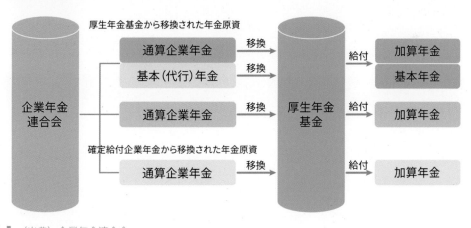

図119　企業年金連合会から厚生年金基金への移転・移換

③ 企業年金連合会から確定拠出年金への移換

企業年金連合会から確定拠出年金への移換は、次の通りである。

図120 企業年金連合会から確定拠出年金への移換

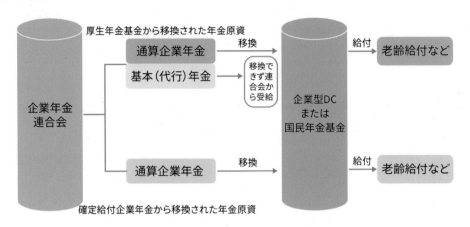

（注）企業年金連合会においてはいずれも規約で対応済み。

（出典）企業年金連合会

第11章
- - - -

個人年金

公的年金制度と企業年金によっても、老後の準備が十分ではない場合が多くある。このような場合のために民営年金制度である個人年金が用意されている。この個人年金は、変額年金のように比較的に高リスク高収益で運用できる商品もある。本章では、個人年金について概説する。

01 個人年金保険

1 個人年金の概要

　個人年金は、年金契約時に将来の年金受取金額を確定できる「定額年金保険」と、運用成果により受取年金額や解約返戻金などが変動する「変額年金保険」の2種類に分類することができる。また、この2種類以外にも、積立利率が定期的に市場金利を反映する「積立利率変動型年金保険」というものもある。

　個人年金保険の基本的な仕組みは、保険会社に保険料を払込み、一定の保険料払込（運用）期間の満了後に積立金である年金原資を年金、または一時金として受取るものである。保険料払込（運用）期間中に年金契約者が死亡した場合は、予め指定した受取人に死亡保険金が支払われる。

　次は、個人年金（一般型）における年金受取開始日前の死亡保障の図示である。

図 121 個人年金（一般型）における年金受取開始日前の死亡保障

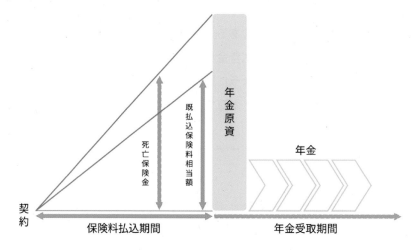

（出典）各種資料を参考にして作成

　個人年金（一般型）における年金受取開始日前の死亡保障は、死亡保険金を、既払込保険料相当額に経過期間に応じた上乗せ分を加えた額とする個人年金である。
　次は、個人年金（生存保障重視型）における年金受取開始日前の死亡保障の図示である。

図 122　個人年金（生存保障重視型）における年金受取開始日前の死亡保障

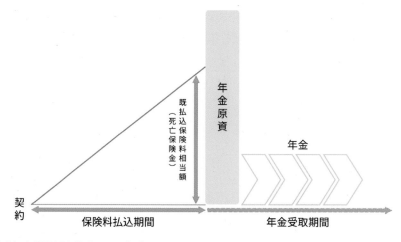

（出典）各種資料を参考にして作成

　個人年金（生存保障重視型）における年金受取開始日前の死亡保障は、死亡保険金を既払込保険料相当額に抑えることで、受け取る年金額を多くした個人年金である。一定期間保険料を払い込み、保険料を積み立てた資金を原資として、年金契約で定められた年金を受け取る生存保険の一種である。

　次は、個人年金（10年保証期間付き終身年金）の図示である。

図123　個人年金（10年保証期間付き終身年金）

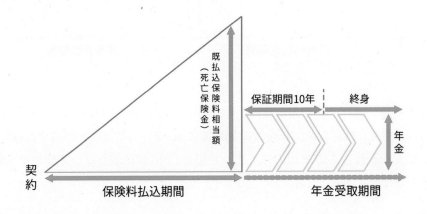

▌（出典）各種資料を参考にして作成

　個人年金（10年保証期間付き終身年金）では、年金の受給期間は終身であるため、生存している限り年金が受け取れ、年金受給開始後に10年以内に死亡した場合でも、10年分の年金の受取が保証される個人年金である。10年以内に死亡した場合の10年に満たない期間の年金は、遺族が受け取ることになる。

　個人年金（10年確定年金）の図示は、次の通りである。

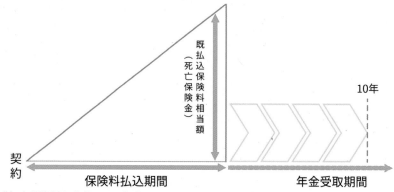

図124 個人年金（10年確定年金）

既払込保険料相当額（死亡保険金）

契約

保険料払込期間

年金受取期間

10年

（出典）各種資料を参考にして作成

　個人年金（10年確定年金）では、年金の受給期間は確定期間として10年と設定され、生死に関係なく、年金受給開始後に10年分の年金が一時金または年金として支払われる。10年以内に死亡した場合の10年に満たない期間の年金は、遺族が受け取ることになる。

2　新種の個人年金保険

(a) 積立利率変動型

　積立利率変動型の個人年金は、一般的な個人年金において年金契約締結の際に予定利率が固定されることとは異なり、加入後の市場金利の変動に合わせて、一定期間ごとに積立利率の見直しが行われる。この積立利率は、将来の年金支払いに備えて積み立てている部分に付利される利率である。この積立利率には、最低保証があり、加入時に設定した基本年金額は保証される。積立利率が最低保証を上回れば、それにあわせて、基本年金額や解約返戻金が増加する。

(b) 外貨建て

　外貨建てとは、外貨または円で保険料を払い込み、外貨で年金や解約返戻金などを受け取る個人年金保険である。円換算特約で、円と外貨の換算ができるが、為替変動リスクは、年金契約者または受取人が負う。

(c) 市場価格調整型

市場価格調整（MVA; Market Value Adjustment）とは、解約返戻金等の受け取りの際に、市場金利に応じた運用資産の価格変動が解約返戻金額に反映される仕組みのことである。具体的には、解約時の市場金利が年金契約時と比較して上昇した場合には、解約返戻金額は減少し、逆に、下落した場合には増加することがある。

図125 市場価格調整

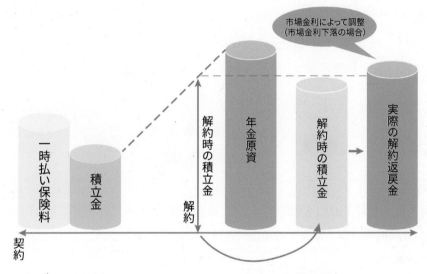

（出典）各種資料を参考にして作成

保険会社は保険料を国債で運用している場合、解約時の市場金利が契約時より高くなると、相対的に債券の価値が下落するので返戻金が減額される仕組みである。金利が上昇すると債券価格は下落する。例えば、金利1％の10年国債を保有している時、金利2％の10年国債が額面100円で新規に発行されたと仮定すると、金利1％の10年国債を100円で買う人はいなくなり、売却するならば100円より安く取引せざるを得なくなる。金利と債券価格には、金利が上がると債券価格は下落し、金利が下がると債券価格は上昇するという関係がある。このようにして、金利の変動によって、投資資産の評価額が変動するので、それによ

る解約返戻金額を変動させる仕組みである。したがって、市場金利の変動により解約返戻金が払込保険料の総額を下回ることがあり、損失が生ずる恐れもおそれがある。

　多くの生命保険会社の保険料一時払の外貨建保険は、この市場価格調整型となっている。外貨建ての資産の場合は、円安の場合は円換算で為替差益となるが、円高の場合は為替差損となる。

　個人年金保険、終身保険、養老保険などの一部に市場価格調整を利用した生命保険商品が販売されている。

3　返戻率（戻り率）

　返戻率（戻り率）は、払い込んだ保険料に対していくらの保険金（年金）が支払われるのかを比率で表したものである。

$$\text{返戻率} = \frac{\text{年金総額}}{\text{払込保険料総額}} \times 100$$

　例えば、毎月1万円を保険料として30年間払い込み、30年後に年44万円ずつを10年間受け取る個人年金の返戻率は、次の通りである。

$$\frac{(44\text{万円} \times 10\text{年})}{(1\text{万円} \times 12\text{カ月} \times 30\text{年})} \times 100 = 122.2\%$$

　受け取る年金の総額が440万円で、払込保険料総額が360万円となるので、この年金保険の返戻率は122.2%となる。次の例は、ある保険会社の個人年金保険の月払い保険料1万円プランに加入した場合の年金契約年齢別の返戻率である。65歳払込満了で、年金受取開始年齢も65歳の場合である。

表61	年金契約年齢別の返戻率の例		
年齢	年金受取総額	払込保険料総額	戻り率
20歳	740万円	540万円	137%
25歳	636万円	480万円	132%
30歳	538万円	420万円	128%
35歳	446万円	360万円	124%
40歳	359万円	300万円	119%

（出典）各種資料を参考にして作成

　終身保険や養老保険などの貯蓄性の強い生命保険は、多くの保険会社において、満期時ないしは保険料の払込満了時に、定額年金へ切り替える事が出来るようになっている。

　一方、個人年金には、インフレーションによる価値減少のリスクも存在する。

　個人年金とインフレーションの関係は、次の通りである。

図126　個人年金とインフレーション

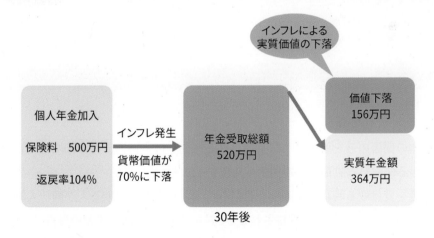

（出典）各種資料を参考にして作成

4 個人年金保険料控除

生命保険料控除制度の中の個人年金保険料控除は、1年間の個人年金保険の払い込み保険料の一定額を所得税と住民税の対象となる所得から控除できる制度である。年末調整の時期になると保険会社から控除証明書が送られてくる。この制度は、次の全ての条件を満たし、個人年金保険料税制適格特約をつけた個人年金契約の保険料が要件となる。①年金受取人が年金契約者またはその配偶者のいずれかであること。②年金受取人は被保険者と同一人であること。③保険料払込期間が10年以上であること（一時払いは対象外）。④年金の種類が確定年金や有期年金であるときは、年金受取開始が60歳以降で、かつ年金受取期間が10年以上であること、である。

生命保険料控除制度は、2012年1月1日に改正され、新制度では4万円＋4万円＋4万円＝合計12万円（所得税）に拡大された。

| 表62 | 生命保険料控除の最大控除額 |

種類	保険	最大控除額	
		所得税	住民税
一般生命保険料控除	生命保険・学資保険	4万円	2万8千円
介護医療保険料控除	医療保険	4万円	2万8千円
	介護保険		
個人年金保険料控除	個人年金保険	4万円	2万8千円

▌（出典）各種資料を参考にして作成

身体の傷害のみを原因として支払われる特約（傷害特約、災害割増特約）などにかかる保険料は生命保険料控除の対象外となる。

年金を受け取る時に、保険料を負担した人と年金を受け取る人が同一人物の場合は、所得税（雑所得）が課税されるが、異なる場合は、贈与税と所得税（雑所得）が課税される。雑所得の計算方法は、その年に受け取った年金額（1年分）から必要経費である保険料（総払込保険料の1年分）を差し引いた額となる。

個人年金保険の年金受取にかかる税金は年金契約者と年金受取人の関係で異な

るが、贈与税は年金の受け取り開始初年度のみにかかる税金である。贈与税を支払っても翌年以降に受け取る年金は、雑所得として所得税の対象になる。2年目以降の年金が所得税の対象になるといっても、既に贈与税として課税された年金資産は課税対象外であるが、年金資産が受取期間中も運用され少しずつ増えていくため、その増加分が所得税の対象になるためである。

02 変額年金

1 先進諸国おける変額年金の発売

変額年金は、日本では1999年に販売が開始されたが[107]、2002年10月の銀行窓販の解禁から販売量が本格的に増加してきた。窓販で変額年金を仲介する銀行は、投資信託よりも多くの販売手数料が見込まれるためである。

このように日本における変額年金の歴史は浅いが、世界においては、日本よりも先に、投資信託（Mutual Fund）と生命保険を組み合わせたような保険商品が販売されてきた[108]。しかし、変額年金は、生命保険商品であるため、それに保障機能が添付されることが求められ、運用実績が悪化した場合においても、死亡や満期時の保険金額が最低保証されている。また、変額年金に対しては、投資信託にはない税制優遇を与えている国が多い[109]。

アメリカでは1976年に「変額保険」、1977年に「ユニバーサル保険」、1985年に「変額ユニバーサル保険」と矢継ぎ早に販売されていった。また、それまで

---

[107] 1999年4月にアイエヌジー生命が日本で初めて変額年金保険を発売した（大塚忠義「銀行の窓口販売による変額年金市場の拡大と縮小に係る考察」『保険学雑誌』第618号、日本保険学会、2012年）。

[108] 英国においては、1960年代から1970年代にかけて「ユニット・リンク保険」が普及したが、この商品は、死亡時または生存時の最低保証給付が添付されていた。一方、アメリカでは、1980年代から普及されたが、最近ではより複雑な給付内容を持つ各種形態の「変額年金」や「株価指数連動年金」が登場している。カナダでは「最低保証付きファンド保険」が1990年代後半に普及したが、この保険にも死亡や生存に関する保証給付が添付されている。ドイツや日本でも1990年代の後半になって、類似の変額年金商品が導入された。

[109] 変額年金の保険料の所得控除、積立期間中の収益に対する課税の繰り延べ、保険金受取時の税制優遇などが行われている。

の「定額年金」のみであった個人年金にも1980年代の中頃から「変額年金」が
登場し、1990年代中頃からは、株価の変動によってその販売実績に変動はあるが、
販売量は増加傾向にあるとされる。

2　変額年金の仕組み

　変額年金は、保険料の積立金が生命保険会社の一般勘定とは分離された特別勘
定で運用され、死亡保険金や年金原資などがその運用成果によって変動する年金
保険である。

図127　変額年金の流れ

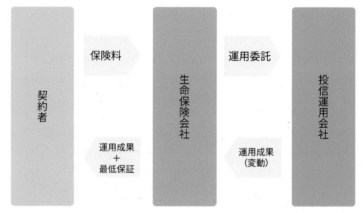

（出典）各種資料を参考にして作成

　変額年金には、一般的に、保険金や年金原資に最低保証が設定される。最近の
変額年金では、保険料の支払方法は一時払いが多く、「投資型年金」という名称
で販売されている。

図128　変額年金（一括払いの場合）

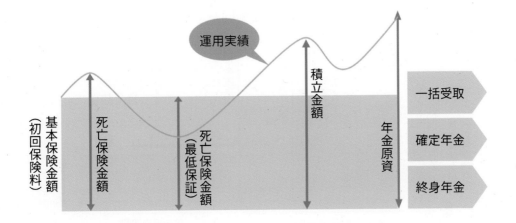

運用実績

積立金額

基本保険金額
（初回保険料）

死亡保険金額

死亡保険金額
（最低保証）

年金原資

一括受取

確定年金

終身年金

▌（出典）各種資料を参考にして作成

確定年金は、インフレ対応が難しいが、変額年金は、インフレ対応が可能である。

3　変額年金の特徴

　変額年金は、保険料を株式や債券となどに運用し、その運用の実績によって年金や解約返戻金などが増減し、その投資リスクは個人が負う個人年金保険である。変額年金には、年金額が年金受取開始後は一定となるものと、受取開始後も運用実績によって年金額が増減するものがある。その年金受取期間は、保証期間付終身保険と確定年金が多いが、保証期間付有期年金もある。

　年金受取開始前に被保険者が死亡した場合の死亡保険金は、最低保証があるものが多いが、最低保証のないものもある。解約返戻金についても、最低保証がないものが多いが、最低保証のあるものもある。

　変額年金において、保険料一時払い・年金額一定の10年保証期間付終身年金で、年金原資が払込保険料を上回った場合の図示は、次の通りである。

図129 変額年金における 10 年保証期間付終身年金（保険料一時払い、年金額一定）

（年金原資が払込保険料を上回った場合）

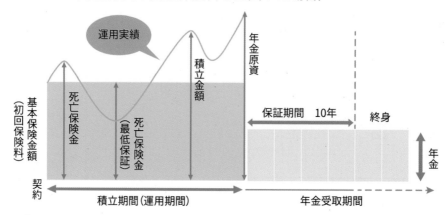

　このように、年金原資が払込保険料を上回った場合は、その年金原資の増加分を年金額に反映して、年金額が増加する。

　一方、変額年金において、保険料一時払い・年金額一定の 10 年保証期間付終身年金で、年金原資が払込保険料を下回った場合の図示は、次の通りである。

図130 10 変額年金における 年保証期間付終身年金（保険料一時払い、年金額一定）

（年金原資が払込保険料を下回った場合）

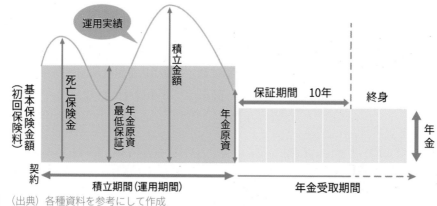

　このように、年金原資が払込保険料を下回った場合は、その年金原資の減少分を年金額に反映して、年金額が減少する。

　変額年金の保険料の支払方法には、一時払い、月払い、年払い、半年払いなどがある。払い込まれた保険料は、生命保険会社の特別勘定で運用され、その運用成果に応じて年金が支払われることになる。

　特別勘定とは、払い込まれた保険料とその運用成果が、生命保険会社の他の財産と区分して経理される勘定である。また、払い込まれた保険料の運用成果に関係なく保険金が一定である定額保険にかかわる資産を管理運用する勘定は、一般勘定と称される。この特別勘定にはファンド（投資信託）が使われており、変額年金の運用のための専用ファンドが用意されているものと、一般に販売されている投資信託を利用するものがある。

　変額年金の受取方法は、5年、10年、15年などの確定した期間受け取る確定年金と保証期間付終身年金がある。保証期間付終身年金は、被保険者の死亡時までに年金が支払われるが、年金開始後の10年、15年などと定めた保証期間中は、被保険者の生死にかかわらず年金が支払われるものである。保証期間付終身年金では、保証期間中に被保険者が死亡した場合は、継続して保証期間終了まで遺族が年金を受け取るか、残りの保証期間分の年金を一括して遺族が受け取ることになる。その保証期間経過後は、被保険者が生存している限り年金が一生涯（終身）にわたって支払われる。

　変額年金の年金額については、年金支払開始時の年金原資の時価によって年金額が確定し、支払い開始後は一般勘定で運用するために定額となるものと、年金支払い開始後も特別勘定で運用して年金額が変動するものがある。

03　変額年金の種類

　変額年金には、一般的に保険としての機能を保つために、死亡保険金や年金原資に最低保証が付けられる。この「保障額の変動と保証」が、変額年金の特徴である。最近では、保険料払込方法が一時払いのものが主流となっており、「投資型年金」という名称で販売されている。また、保障額の保証はあるが、解約返戻金の元本（一時払保険料）保証はないことが一般的である。

変額年金の基本型には、運用実績に応じて積立金が変動し、将来の年金原資あるいは年金受取総額について元本（一時払保険料）保証のあるものと、ないものがある。また、年金開始前に被保険者が死亡した場合、死亡保険金には一般的に元本保証があり、運用実績が一時払い保険料を上回っている場合はその時点の積立金を受け取れる。保険料の払い込みについては一時払いのほかに月払・半年払い・年払いがある。年金の受け取りも確定年金や終身年金などが選択可能である。

変額年金の保証には、最低死亡保険金保証型、最低年金原資保証型などがある。

(a) 最低死亡保険金保証型

最低死亡保険金保証型（GMDB; Guaranteed Minimum Death Benefit）では、積立期間に被保険者が死亡した場合の死亡保険金が最低保証となる。また、保険料の積立金の運用成果が利益の場合には、年金契約締結の当初に払い込まれた一時払い保険料を上回る死亡保険金が支払われる。一方、保険料の積立金の運用成果が損失の場合でも、一時払い保険料の一定割合（年金契約締結当初に定められる 90%、100%、110% などの比率）の死亡保険金が保証される。例えば、運用損失によって、運用資産額が目減りした場合でも、死亡保険金が保証される変額年金である。

図 131　変額年金の最低死亡保険金保証型

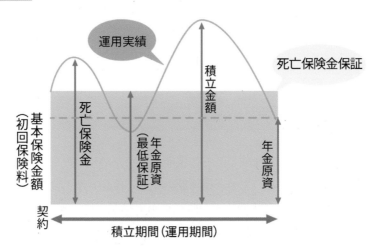

（出典）各種資料を参考にして作成

(b) 最低年金原資保証型

　最低年金原資保証型（GMMB; Guaranteed Minimum Maturity Benefit）では、年金開始の時の金額である年金原資が最低保証される。この年金原資に基づいて年金額が算出され、その年金額が年金開始時以降に支払われる。年金開始の際に、投資信託の運用資産額が、運用益が加算されたため、当初の一時払い保険料の金額を上回る場合には、その運用資産額が年金原資となる。一方、その運用資産額が、運用損が発生したため、一時払い保険料を下回る場合でも、一時払い保険料の一定割合（契約当初に定められる 90%、100%、110% などの比率）が、年金原資として保証される。

図132　最低年金原資保証型

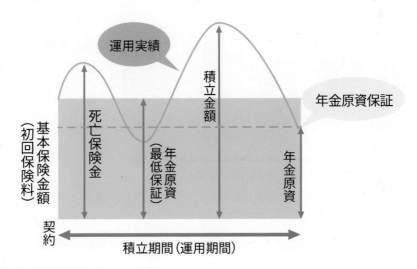

（出典）各種資料を参考にして作成

2 最低保証引き上げ型（ラチェット型）

　最低保証引き上げ型（ラチェット型；Ratchet）は、ラチェット保証、ステップアップ保証などと呼ばれ、年金原資あるいは年金受取総額と死亡保険金の最低保証額が積立金の増加に応じて引き上げられる変額年金の種類である。一度増えた最低保証額は、その後の運用が不調であっても減少することはない。一般的に契約日から 1 年以降の判定日（毎月・毎年の年金契約応当日など）に積立金が増

えていると、最低保証額が引き上げられる。解約返戻金の元本（一時払保険料）保証、ラチェット保証はない。

　死亡保障のラチェット型は、運用実績（ファンド残高）を基準に決められる死亡保険金の年金契約時点以降の最大額が、最低保証額となる。運用資産額（ファンド残高）の最大額が更新されるつど、給付金の最低保証額も上方修正される。顧客に有利な条件が付けられているが、保険料率がその分、高くなる。

図 133　最低保証引き上げ型（ラチェット型）

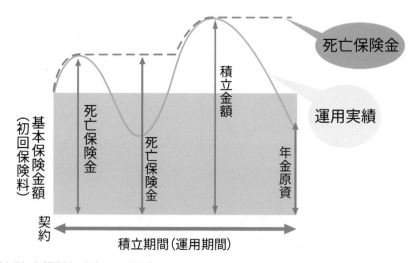

　ラチェットは、次の図で示すように、動作方向を一方に制限するために用いられる機械で、自転車、回り木戸、巻取機（ワインダ）、ジャッキなどにも使用されている。ラチェット用の歯車は、通常の歯車と異なり、図のaがbの右への回転を止め、ラチェットに方向性をもたらしている。

図134 ラチェット用の歯車

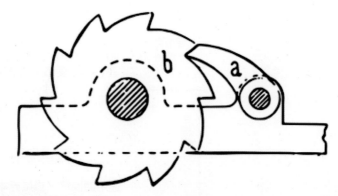

▎（出典）各種資料を参考にして作成

3 到達目標設定型（ターゲット型）

　到達目標設定型（ターゲット型）は、年金契約時に一時払い保険料の110〜150％などの目標値を設定し、年金契約してから一定期間経過後（一般的には1〜3年後）に目標値に達した場合、運用実績による金額を年金または一時金で受け取ることが可能な種類である。目標値に到達できないままに据置期間が終了した場合や、年金開始前に被保険者が死亡した場合、年金受取総額または死亡保険金の元本（一時払保険料）の保証があるものとないものがある。

図135 到達目標設定型（ターゲット型）
（死亡保険金、年金原資の保証がある場合）

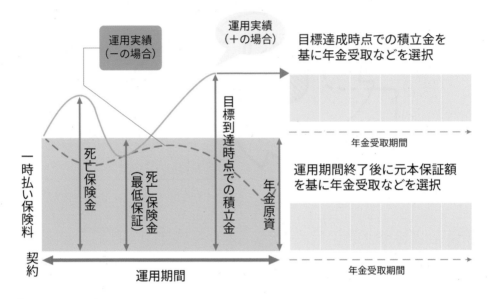

（出典）各種資料を参考にして作成

4　早期年金開始型

　早期年金開始型は、年金契約日から始めて、最短1年後から年金受け取りが可能な種類の個人年金である。この早期年金開始型は、年金開始後も特別勘定で運用される。また年金開始後に被保険者が死亡した場合は、積立金または一時払い保険料のいずれか多い金額から受け取った年金額の累計を差し引いた金額が死亡保険金となる。

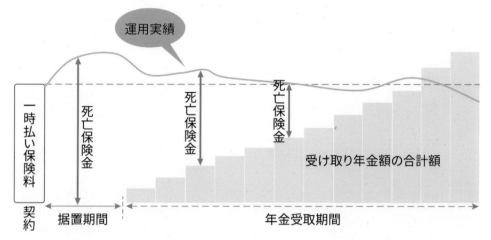

図 136 早期年金開始型

（出典）各種資料を参考にして作成

04 投資信託と変額年金の比較

1 投資信託と変額年金の相違点

　投資信託も変額年金も、専門家が運用する運用実績により受け取る金額が増減するという点においては共通しているが、投資信託は準拠する法律が証券投資信託および証券投資法人に関する法律であるが、変額年金は保険業法に準拠している。したがって、投資信託と変額年金は、その準拠する法律が異なる金融商品である。

　投資信託と変額年金の相違点は、次の通りである。

表 63 投資信託と変額年金の比較

区　分	投資信託	変額年金
準拠する法律	証券投資信託及び投資法人に関する法律（投信法）	保険業法
購入（加入）時の手数料	投資額の0〜3%程度	なし

運用期間中の手数料	信託報酬（純資産総額の0.3〜2.1％程度）	年金契約管理費+運用関係費用（積み立てる。額の126%〜35％程度）
運用期間中の収益に対する課税	20%の源泉分離課税	非課税
解約時	20%の源泉分離課税	一時所得扱い（50万円特別控除、残額の2分の1に課税）
所得控除	なし	生命保険料控除
死亡解約時の受取額	時価	基本的に時価（払い込み保険料を最低保証）
相続時の取扱い	時価評価	時価評価だが、500万円X相続人の数までは、非課税財産
解約ペナルティ（手数料）	ほとんどなし（ファンドにより一部例外あり）	保険料払込から一定期間（7〜10年間など）は積立金に対して一定（0〜8%など）の解約控除が発生
ファンドの種類	多種多様	商品毎に異なる（6本から10本程度）
運用状況報告	決算時（決算期はファンドにより異なる）	保険会社により異なる
販売会社	証券会社、銀行、保険会社、信用金庫など	保険代理店など
運用者	国内外の運用会社	国内外の運用会社

（出典）各種資料を参考にして作成

　また、ETF（Exchange Traded Fund）は、上場投資信託と称され、取引所に上場している投資信託であり、日経225やTOPIXなどの株価指数、商品価格、商品指数などに連動している。このETFは、裏付けとなる資産（Fund: 投資信託）を保有し、その資産は信託銀行に保管されているため、組成会社が倒産しても投資した資産は守られる。

　このETFも投資信託も投資信託であるが、証券取引所に上場している点が上場していない投資信託とは異なる。ETFは証券会社でのみ取り扱われており、投

資信託は、証券会社や銀行・郵便局などでも販売している。

ETF は、上場された投資信託であるため、株式と同様に、証券会社を通じて証券取引所に買付や売却の注文が出される。したがって、売買単位が決まっており、売買単位ごとで注文する。また、ETF の価格は、株式同様に証券市場にてリアルタイムで値動きしており、注文方法は、指値注文と成行注文などがある。

一方、投資信託は、上場しておらず、証券会社や銀行などの金融機関の窓口で購入し、その多くは、注文を出した当日は売買金額（基準価額という）が公表されず、注文した翌営業日に公表される。

ETF と投資信託は、上記のような違いはあるが、本質的には投資信託である。

2 投資信託と変額年金の税金の比較

投資信託と変額年金の税金の比較は、次の通りである。

表64 投資信託と変額年金の税金の比較

区　分	投資信託	変額年金
購入時	購入手数料は消費税の対象	払込保険料は他の保険料と同様に消費税の対象外
運用期間中の収益	20％の源泉分離課税	非課税
所得控除	なし	生命保険料控除
解約	収益が発生していれば収益に対して20％の源泉分離課税	一時所得扱い（50万円の特別控除、残額の2分の1に課税）
乗り換え時	収益が発生していれば収益に対して20％の源泉分離課税（但し、セレクト型のファンドの場合。一般の投資信託においては解約と同じ。）	非課税
相続時	時価評価	時価評価だが、500万円×相続人の数までは非課税
年金受取時	投資信託は年金型の受取形式をとっていないので該当しない	雑所得として所得税の対象

（出典）各種資料を参考にして作成

① 購入時

投資信託の場合は、購入手数料がかかる場合は、手数料について消費税の対象である。変額年金の場合は、購入手数料はかからず、払込保険料は、他の保険料と同様に消費税の対象外である。代理店として変額年金を販売している銀行などは、生命保険会社から代理店手数料を受け取る。

② 運用期間中の収益

変額年金に対しては、保険商品であるため、配当や値上り益への課税が、年金の受取り時まで繰り延べられる課税の繰り延べがある。変額年金の運用期間が長くなるほど、税の繰り延べ効果は大きくなる。投資信託の場合は、収益分配金は一律20%源泉徴収される。また、変額年金は、保険商品であるため、生命保険料控除が使えるので、払い込んだ保険料の一定額がその年の所得控除の対象となり、所得税と住民税の負担が軽減される。

③ 乗り換え時

変額年金は、特別勘定の乗り換えが可能である。変額年金の種類などによって異なるが、一般に、1年間に12回から15回の乗り換えについては無手数料で行うことが可能となっている。この乗り換えの際には、例え収益が発生していても、課税が繰り延べされる。

一方、投資信託の場合は、一つのファンドから他のファンドに乗り換える場合は、保有ファンドを売却して、他のファンドを購入することになるので、保有ファンドの売却により利益が生ずれば収益に対して20%の源泉分離課税が課せられる。

ファンドファミリー、あるいはセレクト型ファンドと呼ばれるグループ間で乗り換え（スイッチングともいう）が可能となっているファンドの場合でも、手数料はかからない場合が多いものの、乗り換え時にこれまで保有していたファンドに利益があれば、収益に対して20%の源泉分離課税が課せられる。

④ 解約時

変額年金を解約すると、解約金は時所得扱いとなる。一時所得の場合の所得の金額は、その満期保険金以外に一時所得がないとすれば、受け取った保険金の総額から既に払い込んだ保険料を差し引き、さらに、他に一時所得がなければ、一時所得の特別控除50万円を差し引いた金額である。課税の対象になるのは、こ

の金額をさらに2分の1にした金額である。一方、投資信託では、解約＝売却であり、収益に対して20%源泉分離課税の対象となる。

⑤ 相続時

被保険者の死亡により生命保険金を相続した場合、保険金は相続税の対象となるが、相続人一人につき500万円の控除枠がある。そのため、全ての相続人が受け取った保険金の合計額が、500万円×相続人の数として算出した金額を超えた場合にのみ、その超える部分が相続税の課税対象になる。投資信託に関しては、相続財産の金額算定のために時価評価される。その他の相続財産との合計額により、相続税の対象となるかどうかが決定されることになる。

⑥ 年金受取時

変額年金の年金受取に関しては、雑所得として扱われる。雑所得の場合の所得の金額は、その年に受け取った年金の額に対応する払込保険料の額を差し引いた金額である。受け取りの際に、原則として所得税が源泉徴収される。投資信託については、年金形式での受取りはない。あくまでも、これまで運用してきたものを自分の都合に合わせて一部（あるいは全部）解約して老後資金に充当することになるので、その都度、利益が生じていれば20%源泉分離課税される。

3 変額年金と投資信託のリスクの比較

変額年金も投資信託も主なリスクは投資リスクである。投資リスクは各特別勘定、あるいはファンドが投資している対象により異なるが、金利リスク、価格変動リスク、為替リスクなどがある。両者とも投資対象は金融市場であるから、日々刻々と金融市場は変動しており、その影響を直接受ける。また、変額年金の最低年金保証型などの例外はあるが、両者とも、原則的に元本保証はない。金融市場の動向により投資額（支払額）を上回ることも下回ることもある。

表 65 変額年金と投資信託のリスクの比較

区　分	投資信託	変額年金
投資リスク	金利リスク、為替リスク、価格変動リスクなど投資対象により異なる	金利リスク、為替リスク、価格変動リスクなど投資対象により異なる
預金保険機構	対象外	対象外
生命保険契約者保護機構	対象外	対象
元本保証	なし	なし（最低年金保証型などの例外はある）

（出典）各種資料を参考にして作成

第12章

就業不能リスクと保険

病気または傷害によって働くことができなくなった場合、収入を得ることができなくなる。このような場合に対処できる保険が所得補償保険または就業不能保険である。所得補償保険は損害保険会社が販売する商品であり、就業不能保険は生命保険会社が販売する保険である。この二つの保険は、担保内容が類似しており、生きている間の収入減少リスクに備える保険である。

01 就業不能リスクと保険

　近年における技術革新・社会構造の変化は、労働環境をより高度で専門的、複雑なものへと変えている。このような社会の中で働くこと自体、多くのストレスを人々に与えており、さらには労働環境の継続的変化は、就業不能リスクを確実に高めている。このような環境下で、病気や傷害による長期高度障害の場合は、本人・家族・雇用主の三者全てに負担となる。

表66　就業不能リスクによる負担

区　分	負　　担
従業員本人	- 入院・手術等治療費は保険処理が可能だが、長期に亘る雑費負担 - 長期休養から失業へと、収入が最終的に途絶 - 職場・社会復帰のためのリハビリ・トレーニング
家族	- 預金解約・借金等家族の生活費工面 - 残ったローンや子供の教育費 - 主婦（主夫）が働きに出れば、ベビーシッターなどの付帯費用 - 保険料の支払が困難になり、生活上必要な各種保険を解約
雇用主	- 休職療養中でも規定された手当等の支払は継続 - 代替従業員の雇用と育成 - 家族へのサポートにも配慮の必要が発生 - 職場復帰に際し職場環境の整備や、各種トレーニングが必要

▌（出典）各種資料を参考にして作成

一方、死亡時に遺族の生活を保障する生命保険、病気やケガの治療費を補償する医療保険・傷害保険、介護費用を補償する介護保険などは、突発的な事故に対しての日常生活費以外の出費に備えるためのものであるが、就業不能による本人の収入の減少には十分に対応できない。

　また、社員が就業不能になった場合、企業が健康時の収入水準を補償する期間には限度があり、大手企業の一部を除けばその期間は意外に短いのが現実である。さらに、業務上の病気やケガによる就業不能の場合は、労災保険で休業補償給付または障害補償給付が行われる。しかし、業務外の傷病による就業不能の場合は、健康保険から傷病手当が支払われるが、その金額は標準報酬額の3分の2であり、最長でも1年6カ月分に過ぎない。さらに、自動車保険の中には、本人の過失による逸失利益をも担保する人身傷害補償保険があるが、一般的な自動車保険では本人の過失による逸失利益は担保されない。

　個人事業主などには、職域の医療保険や労災保険がないため、地域保険である国民健康保険からの傷害や病気の場合の所得保障がなく、障害基礎年金のみとなる。公的医療保険の職域保険である健康保険からの傷病手当支給期間の1年6か月が過ぎても就業不能であった場合、国の定める障害等級1～3級に該当した場合は、当該の障害に関わる初診日から1年6か月後から65歳まで障害基礎年金と障害厚生年金が受給できる。この障害年金は、国民年金法または厚生年金法で定められた障害認定を受けた場合に限られ、障害認定を受けても十分な金額の年金にはならない（詳細な内容は本書の第9章参照）。

　このように、社会保険と伝統的な既存の生命保険と損害保険では、病気やケガで長期間の就業不能になった場合の本人の収入の減少には対応できない。これに対して、所得補償保険は、病気やケガによる収入減少リスクを担保する保険である。このような所得補償保険による収入減少リスクの担保は、次の図の通りである。

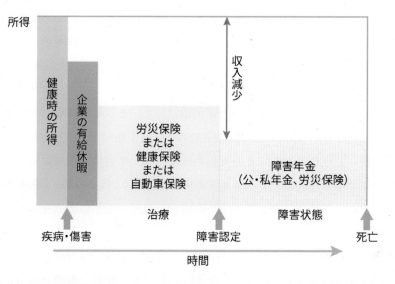

図 137 収入減少リスク

所得

健康時の所得

企業の有給休暇

労災保険
または
健康保険
または
自動車保険

障害年金
（公・私年金、労災保険）

収入減少

治療　　　　　　　　　障害状態

疾病・傷害　　　　　　障害認定　　　　　　　死亡

時間

（出典）各種資料を参考にして作成

　損害保険業界は、1974年、就業不能リスクに対応するため、所得補償保険を発売した。この従来の日本における「所得補償保険」は、免責期間7日でてん補期間が1年ないし2年という、いわゆる短期の所得補償を提供するものであった。この所得補償保険は、傷害または病気によって、入院の有無にかかわらず病気やケガで働けなくなった場合に保険金が支払われるものである。

　また、日本の保険会社の多くが所得を補償する保険はビジネス・リスクが高いという認識を持っている。これは、この所得補償保険が発売当初大変な損害率を記録してしまったという事実によるところが大きい。現在は、損害率も好調に推移しているようであるが、確かに販売するマーケットやリスク選択を誤ると大きな損害が発生する商品である。現在そして将来にわたり、安定した給与所得が期待される以外の人に大量に所得補償保険を販売すれば、モラル・ハザードを惹起する事になるのは容易に想像できる。

　しかし、近年、損害保険各社が販売している「長期所得補償（LTD；Long Term Disability）保険」は、長期の就労不能・障害リスクを担保するものである。免責期間は通常90日である。会社員の場合、休業が始まってからも2〜3ヶ月

は年休や病気休暇の活用で、本当の所得喪失は起こらないという実態のみならず、モラルリスクに対する対策でもあった。このような LTD は公的な保障や会社保障ではヘッジできない長期の就労不能・障害を担保する保険商品であるが、次のような問題点があるとされてきた[110]。①給付金支払が1回とは限らない。②給付金支払総額は、保険事故発生時点では確定しない。③就業不能の客観的な判定が困難である。④商品設計が複雑である。

　一方、最近、生損保各社は補償内容が類似している就業不能を対象とする保険を次々と発売している[111]が、生命保険会社は「就業不能保険」、損害保険会社は「所得補償保険」と称している。その支払条件は、国民年金の障害等級または公的介護保険の要介護の等級をその基準とする場合や、特定の疾病（ガン（悪性新物質）、急性心筋梗塞、肝硬変、慢性腎不全）の場合、医師の指示による在宅療養の場合など、様々である。

　損害保険会社が販売している所得補償保険では、男女での保険料の差はなく、契約前の平均所得額をもとに決めた保険金に対して、年齢、職業の区分に応じて支払う保険料が決まる。同じ保険金額でも、年齢が高いほど、また、働けなくなるリスクが高い職業ほど、支払う保険料は高くなり、職業上のリスクは、事務職や危険物の取扱がない従業員や役員などは低く、金属、電気、建設機械、危険物の取扱のある技術者や工員などは高いとみなされる。原則として仕事をしている人のみ契約できるが、特約をつけることで家事や育児をしている人、主婦が契約できるところもある。

　生命保険会社が販売している就業不能保険は、原則として仕事をしている人のみ契約できるが、パートやアルバイト、主婦の人は、安定した収入があれば契約できる。しかし原則として、就業不能保険では、損害保険会社の所得補償保険とは異なり、職業によって保険料の違いはなく、同じ保険金額（給付金月額）なら、年齢、性別によって月々に支払う保険料が変わり、一般的には年齢が高くなるほど保険料も高くなる。

　一方、収入保障保険は、死亡保障の保険であり、本章で説明する収入減少リスクに対応するための所得補償保険または就業不能保険とは異なるものである。こ

110　天野卓「所得補償保険を巡る最近の動向」『ニッセイ基礎研 REPORT』、2004年3月。

111　田伏秀輝・森田直子『就業不能リスクと GLTD』保険毎日新聞社、2018年。

の収入保障保険は、保険会社によっては、「家族収入保険」や「生活保障保険」とも称しており、保険契約時に定めた保険期間内に、被保険者が死亡したり高度障害になったりした場合に、残された遺族が、保険金を年金形式で、年払いや月払いで受け取ることができる保険である。その仕組みは、簡単にいえば、定期保険（逓減定期保険）の死亡保険金を分割して受け取るものであり、1983年に、ソニー生命が最初に取扱いを開始したのが始まりとされる。収入保障保険は、外資系を含む中小生命保険会社の主力商品の一つになっている（拙著『保険論』博英社、2021年、第22章参照）。

02 所得補償保険の利用

1 アメリカ

　アメリカでは、65歳に達するまでに7人のうち1人が5年以上の長期高度障害にあっており、30歳の男性が65歳までに長期障害にいたる確率は死亡する確率の3倍にも達していると報告されている。さらに、入院患者のうち、3人に1人は1年以上の長期入院を強いられており、その中で35歳から64歳の働き盛りの人の占める割合が最も高いとも報告されている。連邦社会保障（ソーシャル・セキュリティ）等の公的保障制度では、実収入に対する保障割合は極めて低く、高所得者ほど保障額と実所得とのギャップが顕著であり、長期所得保障に限って言えば厳格な給付資格審査があり、受給までにかなりの手続が必要である。

　また、アメリカにおける団体長期所得補償（Group Long-Term Disability）保険は、傷病により就業不能となった場合、直近の所得の一定割合（例えば6割程度）を公的給付や労災保険給付と併せて維持するように設計され、従業員が就業可能まで回復した時点、あるいは最長65歳で保険金支払いを完了する。この保険には、特約内容は団体規模や保険会社により異なるが、次のように従業員福利厚生制度として検討すべき特徴がある。①就労による障害か否かを問わず、全ての原因による高度障害を担保する。②ユニオンの労働協約のような5年補償から、本人65歳補償まで企業のニーズに合わせた期間の補償が可能である。③給付置換率も、公的給付と合算で直近所得の50%から70%まで選択可能である。④就労

可能まで回復したが、現職に復帰出来ない場合、「現職復帰不能（Own Occupation」）特約によって、所得の低下・減少に対して一定期間補償される。⑤長期受給中の物価上昇を反映する生計費調整（Cost of Living Adjustment」特約）がある。⑥リハビリ・職業訓練中の託児費用（Child Care 特約）の担保がある。⑦大学・大学院在籍子弟の為の教育費（Continuing Education」特約）の担保がある。⑧１年超の就労不能後に死亡した場合の遺族２年間生計費（Family Income 特約）の担保がある。

表67 アメリカにおける福利厚生制度

制度・保険種類	提供主体	補償期間	その他
短期所得補償 (Short-Term Disability CA)	民間保険会社	52週(CA)	労災対象クレームは除く。一部の州では民間保険会社または州SDI による手当が義務付けられている。LTD との重複部分は調整の対象となる。
長期所得補償 (Long-Term Disability)	民間保険会社 本人65歳まで 任意	５年から	就労によるか否かを問わず対象とする。STD, Workers' Compensationとの重複部分は調整の対象となる。
労働者災害補償 (Workers' Compensation)	州または民間 保険会社	州法の規定による	職業・就労から発生した傷病のみで、州労災保険基金または民間保険会社による引受。
社会保障制度 (Social Security Disability)	連邦政府	-	連邦法の超高度の全面就労不能でなければ受給は規定による。５ヵ月の待機期間を経て審査完了まで１年を要し、大多数は給付拒否となる。

（出典）各種資料を参考にして作成

　State Disability Insurance（SDI）とは、California と New Jersey で従業員から源泉徴収することが義務付けられており、仕事上以外の理由（出産など）で勤務できなくなった場合に給与の一部を補償する保険の意味合いのある税金である。

　また、企業が従業員に対し一定の金額を福利厚生費（給与以外の所得）として支給し、業員は会社が用意したプランの中から必要なものを選択する「カフェテリアプラン」が普及している。アメリカ型カフェテリアプランの主なメニューは、次の通りである。

| 表68 | アメリカ型カフェテリアプランの主なメニュー |

名　　　　称	内　　　　　　　　容
医療保険	病気の入院、手術、被保険者、免責などの選択肢が多い
眼科保険	眼鏡・コンタクトレンズの購入
歯科保険	歯の治療、歯列矯正
生命保険 （MAX5万ドル）	死亡・高度障害の保障
ＬＴＤ （長期所得補償保険）	病気・ケガで就労不能になった時、一定期間の所得を補償する
ＦＳＡ（実費償還勘定）	従業員が自分で拠出額を決定。医療費およびホームヘルパー、ベビーシッターなどの扶養家族ケアに充てる
４０１Ｋ（企業年金）	確定拠出型年金、事業主と従業員が同額を拠出するマッチング型も可。ファンドの選択、運用方法は従業員に一任
有給休暇	一週間（5日）を限度として有給の売買が認められる
法律相談サービス	弁護士による遺言、離婚、マイホーム購入など
財務相談サービス	ファイナンシャルプランナーによるマネープランの相談

▌（出典）各種資料を参考にして作成

2　日本

　医師・大学教員などの安定した専門職種は団体所得補償保険に一番適した職種である。大手損害保険会社が、全国医師協同組合連合会の会員などを対象に、所得補償保険を販売している。また、日立キャピタル損害保険会社は、長期所得補償保険を主力保険として販売しており、団体保険においても、既に全従業員を加入させる企業が出始めているほか、日本弁理士協同組合も組合員を対象に任意加

入の募集に踏み切った。

　一方、所得補償保険を主力商品としていたユナム・ジャパン傷害保険株式会社（以下、ユナム・ジャパン）は、2004年1月、親会社のユナム・プロヴィデント・コーポレーションが日立キャピタル株式会社（当時）売却することによって、日立キャピタル株式会社の100％子会社となった。当時の日立キャピタル株式会社がユナム・ジャパンを買収した理由は、損害保険業の免許取得に対する強い意欲に加え、ユナム・ジャパンの主力商品であった所得補償保険の販売不振による同社の累積赤字が原因であったといわれた。ユナム・ジャパンの累積損失は、2002年度末現在で、総資産46億円に対して27億円であった。同社は、2021年4月に日立キャピタル株式会社と三菱UFJリース株式会社の経営統合に伴い、親会社が三菱HCキャピタル株式会社となり、2021年7月1日には、キャピタル損害保険株式会社に社名が変更された。

　一方、住宅建設会社であるミサワホーム株式会社は、住宅ローンの返済期間中に、世帯主が病気や傷害により収入を得ることが困難となった際に一定の所得を補償する、団体長期傷害所得補償保険「ミサワハーネス」を2000年7月から導入した。現在の生命保険は死亡時の保障であり、入院特約を付加しても、それはあくまでも治療費の為の保障である。また、団体信用生命保険は、死亡時及び高度障害時のみの保障で、住宅ローン返済期間中の病気や傷害については保障されていない。この「ミサワハーネス」では、ローン返済期間中の長期にわたる傷害だけなく、病気による入院、自宅療養中でも保険の対象となる。具体的には、当時の日立キャピタル損害保険会社と提携し、住宅ローン開始から5年間のうちに世帯主が、傷害・病気により著しく収入を得ることが難しくなった場合、90日以上の長期にわたる入院、自宅療養に対して月に10万円を、「団体長期障害所得補償保険」によって、最長5年間にわたり補償するというものである。従来の所得補償保険へ一般加入した場合、保険金が支払われる期間（てん補期間）は2年間が限度となるが、「ミサワハーネス」の場合は、団体契約となっている為、てん補期間が最長5年間と、一般加入に比べ3年間も長く保険金が支払われる。一連の大手銀行の所得補償保険と大きく異なる点は、銀行については銀行融資の返済分のみが対象となるのに対し、「ミサワハーネス」では銀行ローンだけでなく、住宅金融公庫や年金融資等についても対象となる。加えて、当初5年間については保険料をミサワホームが負担し、世帯主には最高600万円の保険金が支払われ

る。6年目以降については、わずかな保険料で更新が可能である。

　また、経営者にとってもLTDは、いま企業がさかんに取り組んでいるリストラ（事業の再構築）との関連でも大きな意義を持つ。リストラの本質は将来の事業展開に備えて、企業の制度体系を問い直して構築し直すという前向きな布石である。同じく、企業福祉のリストラも、形骸化した制度は廃止する半面、真に従業員の福利厚生に役立つ制度はさらに充実させる方向で行われている。その意味で、これからはカフェテリアプランが企業福祉のひとつの主流になるといわれている。カフェテリアプランとは、従業員に画期的な企業福祉のプログラムを提供するのではなく、従業員一人ひとりが自分に合ったプランを選べるシステムである。アメリカではこれが既に定着している。日本でもカフェテリアプランへの関心は高まり、厚生省も研究会を発足させていた[112]。アメリカではこのカフェテリアプランがLTDの普及に一役買ったといわれており、LTDはカフェテリアプランのメニューの大きな柱になっている。経営者にとって、LTDのメリットはこれだけではない。保険料は標準的な設定で月給の1％以下で済み、企業にとって大きな負担なしで導入できる。企業がリストラに合理的に取り組むのならば、LTDは日本で急速に普及すると見られる。また、労働組合も関心を寄せており、いずれ経営陣に対してLTDの加入制度導入の旗振り役になることもある。実際、全勤労者の半数以上が加入しているほどLTDが普及しているアメリカでも、労組は大きな役割を果たしてきた。

03　就業不能に対する保険の事例

　所得補償保険と就業不能保険とは、病気やケガでの入院・在宅療養で一定期間以上働けなくなったとき、毎月の給料のように給付金が支払われる保険である。その保険金は、一般的に毎月一定額が支払われるが、一括して一時金で支払われるものもある。以下では、いくつかの保険会社が販売している所得補償保険と就業不能保険の事例を紹介する。最近では、大手の損害保険会社も販売しており、その内容は

---

[112]　カフェテリアプラン研究会は、1994年に『多様化時代の企業厚生〜日本型カフェテリアプランの研究〜』を発表している。

販売する時期などによって異なることがありうるが、各保険会社の保険の購入のための参考資料としてではなく、その仕組みの理解を助けるために紹介する。

1 AIG損害保険（旧富士火災）

　AIG損害保険（旧富士火災）が販売する所得補償保険の特徴は、次の通りである。①病気やケガで働けなくなったとき、契約者の毎月の所得を補償する。②入院により動けなくなった場合だけでなく、医師の治療を受け自宅療養中でも補償の対象となる。③「傷害による死亡・後遺障害特約」によって、傷害による死亡・後遺障害の場合も所得補償保険金額（月額）の50倍〜100倍が支払われる。④簡単な告知書の提出のみで加入でき、医師による診断は必要ない。⑤所得補償（基本契約）のみの契約も引受けできる。⑥天災危険補償特約の添付によって、地震・噴火・津波によるケガの場合も担保される。⑦被保険者が、日本国内、海外で業務中・業務外（日常生活中）を問わず、病気またはケガにより就業不能となったとき、被保険者が被る所得の損失を補償する。就業不能開始日から免責期間をこえる就業不能期間1ヵ月について、保険証券記載の保険金額が支払われる。

　また、死亡保険金は、次の通りである。1 被保険者が、日本国内・海外で業務中・業務外（日常生活中）を問わず、急激かつ偶然な外来の事故により傷害を被り、その傷害がもとで事故の日から180日以内に死亡した場合、保険金が支払われる。疾病による死亡の場合は、保険金が支払われない。1 保険証券記載の傷害死亡・後遺障害特約保険金額が全額支払われる。

　後遺障害保険金は、次の通りである。①被保険者が、日本国内・海外で業務中・業務外（日常生活中）を問わず、急激かつ偶然な外来の事故により傷害を被り、その傷害がもとで事故の日から180日以内に後遺障害が生じた場合、保険金が支払われる。後遺障害の程度によって保険証券記載の傷害死亡・後遺障害特約保険金額の100%〜4%が支払われる。

　所得補償保険金額（基本契約）の設定方法は、次の通りである。①所得補償保険金額（基本契約）は、1ヵ月当たりの休業補償額である。総支払限度日数は、1年契約については365日、2年契約については730日となる。②保険料は、職業（職種）や年齢などで異なる。③加入対象は、満15歳以上、原則として満69歳以下である。無職または収入のない人は加入できない。④保険会社または代理

店は、過去の傷病歴や現在の健康状態、年齢などにより契約の引受けを拒絶されたり、引受け条件が制限される場合がある。

2 キャピタル損害保険

キャピタル損害保険は、個人向けの長期就業不能所得補償保険（商品名はリビングエール）と団体長期障害所得補償保険（GLTD: Group Long Term Disability）を販売している。

(a) 長期就業不能所得補償保険

長期就業不能所得補償保険の特徴は、次の通りである。①病気やケガにより、次のいずれかの事由により「いかなる業務にもまったく従事できない状態」であり、病気やケガが治療中であっても、仕事に復帰した場合は補償の対象とはならない。また、被保険者が死亡した後は、就業不能ではない（死亡保険金はない）。病気またはケガの治療のために、入院していること、医師の指示に基づき、通院または自宅療養中であること、所定の後遺障害のいずれかに該当していること。②最長60歳まで継続的に保険金を支払う。従来の所得補償保険の保険金支払期は1～2年程度であったが、長期就業不能所得補償保険では最長60歳まで毎月保険金が支払われる（就業不能発生から60日間はお支払いの対象外）。③現在勤労所得のある人であれば医師の診断なしで加入できる。ここでいう収入とは、勤労により得られる勤労所得をいい、利息収入や家賃収入等は含まれない。なお、加入時、前年度の所得を証明する書類（源泉徴収票や青色申告書等）がない人は加入できない。また、国民健康保険等の健康保険に加入していない人も加入できない。④個人事業主の所得について、事業所得の場合は、被保険者の表面上の給与ではなく、「営業利益」＋「固定費」となる。⑤保険期間は3年間・5年間から選べることができ、3年・5年ごとに保険期間など加入内容の見直すことができる（自動継続特約あり）。

図 138　個人事業主の所得

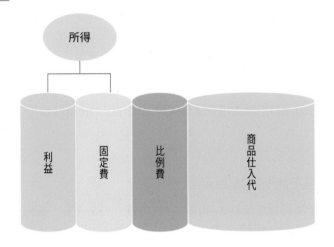

所得

利益　固定費　比例費　商品仕入代

（出典）同社のホームページの説明を参考に筆者作成

(b) 団体長期障害所得補償保険

団体長期障害所得補償保険（GLTD）の内容は、次の通りである。①補償期間は5年程度から最長定年年齢までといった長期間の設定が可能である。また入院中に限らず、医師の指示による自宅療養、リハビリテーション中も、保険金支払い条件が満たされる限り支払の対象となる。②契約内容により、身体障害が残ったことで、就業に支障があり（復職先を問わず）健康時の所得に比べて一定割合の所得喪失がある時には、所得喪失率に応じて保険金が支払われる。③補償制度を、補償額・補償内容・コスト負担・加入形態・既存の補償制度と合わせた、フレキシブルなプラン設定が可能である。④加入方式には、団体が保険料を全額負担する方法、団体が一定比率を負担・残りは任意で担保する方法、従業員の自助努力の制度として加入する方法がある。

また、介護休業補償特約がある。育児・介護休業法による介護休業制度では、最大93日分までは雇用保険から休業開始時賃金の67%相当の介護休業給付が支払われる。介護休業補償特約は、団体長期障害所得補償保険（GLTD）の上乗せ補償として加入することによって、介護休業給付ではカバーできない部分の所得喪失が補償される。

3 アメリカンホーム

　アメリカンホーム医療・損害保険株式会社が発売した「お給料保険」の特徴は、次の通りである。①ガンをはじめとする成人病や交通事故、スポーツ中のケガなど、ほとんどすべての病気・ケガでの入院期間中の収入減を補償する（8日以上の入院の場合）。②1年間の保険期間中に保険金の請求をされなかった場合（賠償責任補償は除く）は、支払った保険料の約20％がお祝い金（無事故戻し返れい金）として受け取れる。保険期間内の中途解約および保険料が2回連続して振替えられず解除となった場合を除く。③専業主婦の家事も「ご主人の仕事」と同様にとらえて、入院中にかかる家族の外食費やクリーニング代など、家計にかかる負担を補償する。④補償期間は最長2年間である。⑤地震もしくは噴火、これらによる津波など、天災による事故が原因のケガも補償する。⑥ケガが原因で亡くなられた場合は死亡保険金を、ケガで身体に障害が残った場合はその程度に応じて後遺障害保険金を支払う。⑦日常生活中に誤って他人のものを壊したり、他人にケガをさせたりした場合に発生する法律上の損害賠償金を最高3,000万円まで補償する。(例)自転車で誤って他人にケガをさせてしまった場合、買物中に誤って商品を壊してしまった場合など。⑧満20歳から満59歳までの人ができ、最高満64歳まで自動継続できる。⑨加入時に医師による診査は一切必要ない。郵送による申込書で引受けの審査をする。

　後遺障害保険金は後遺障害の程度により保険金額の3％〜100％の支払いとなる。基本補償月額は8日以上の入院が対象で、最長2年間の補償となる。保険期間は1年間（以降自動継続）、加入可能年齢は補償開始時の年齢が満20歳〜満59歳、継続可能年齢は最長で満64歳までであり、職業と年齢により保険料は異なる。税込年収により加入できるプランに制限がある。ただし、専業主婦（家事従事者）の人は、いずれのプランにも加入できる。継続時に契約年齢があると保険料が変更になる。

　また、家事従事者とは、被保険者（補償の対象となる方）の家庭において、炊事、掃除、育児等の家事を主として行っている人である（パート等をされている人も含む）。入院による就業不能時に減少する所得を補償するので、加入は定期的な所得のある人に限られる。ただし、主婦等の家事従事者の人は、所得のない人あっても加入できる。職業・年齢・既住症等によりましては引受けを制限する

ことがある。

「お給料保険」の職業の等級は、次の通りである。

| 表69 | 「お給料保険」の職業の等級 |

区分	内　容
1級職	主に、営業や事務など危険度が少ない職業
2級職	主に、比較的安全な現場での作業を伴う職業
3級職	主に、比較的危険度の高い現場での作業を伴う職業

（出典）同社のホームページ

「お給料保険」の年収別加入制限は、次の通りである。

| 表70 | 「お給料保険」の年収別加入制限 |

区分	内　容
Aプラン	270万円未満(154万円未満)
Bプラン	270万円以上(154万円以上)
Cプラン	360万円以上(205万円以上)
Dプラン	450万円以上(257万円以上)

（出典）同社のホームページ

4　ライフネット生命

　2010年2月に「働く人への保険」を発売し、2016年6月に「働く人への保険2」を発売している。標準タイプ（A型）では、1回目の保険金支払いから設定した就業不能給付金月額が支払われ、新たに就業不能状態となった場合は、その都度、「支払対象外期間」が適用される。ハーフタイプ（B型）では、就業不能状態に該当した日から540日間（1年6ヶ月相当）は、設定した就業不能給付金月額の50%相当が削減され、新たに就業不能状態となった場合は、その都度、「支払対

象外期間」が適用される。

　就業不能とは、単に失業している状態ではなく、一般的に次のような状態を指している。

表71　就業不能状態

区分	内　　　容
入院	所定の就業不能状態とは、病気やケガの治療を目的として、日本国内の病院または診療所において入院している状態。
在宅療養	所定の就業不能状態とは、病気やケガにより、医師の指示を受けて、日本国内の自宅等で、軽い家事および必要最小限の外出を除き、治療に専念している状態。ただし、梱包や検品などの軽労働または事務などの座業ができる場合は、在宅療養をしているとはいわない。
その他	被保険者が死亡した後は、いかなる場合でも就業不能状態とはいわない。

▌（出典）各種資料を参考にして作成

　支払対象外期間とは、所定の就業不能状態であっても一定期間（60日または180日）、就業不能給付金が支払われない期間のことである。なお、新たに就業不能状態に該当する場合は、その都度、支払対象外期間が適用される。回復して就業不能状態に該当しなくなった場合、就業不能給付金の支払は、停止される。なお、回復後、180日以内に再度同じ就業不能状態に該当し場合、支払対象外期間を適用せず、すぐに支払いを再開する。

　給付金は、病気やケガで所定の就業不能状態になり、その状態が支払対象外期間を超えて継続している間、支払われる。設定可能な就業不能給付金月額は、10万円～50万円（5万円単位）である。年収によって設定できる就業不能給付金月額に上限があり、学生、年金生活者・資産生活者、無職などに該当される人は、申し込みができない。また、主婦・主夫は除き、年収100万円以下の人も申し込みができない。また、海外に居住している場合（海外赴任、移住など）は、申し込みできない。

　契約年齢は、20歳～60歳で、年齢によって選択できる保険期間が異なる。

| 表72 | 契約可能年齢と保険期間 |

保険期間	契約可能年齢
55歳満了	20歳〜45歳
60歳満了	20歳〜50歳
65歳満了	20歳〜55歳
70歳満了	20歳〜60歳

（出典）同社のホームページ

　責任開始時点前の病気やケガが原因の場合は、たとえ約款所定の就業不能状態が所定の支払対象外期間（60日または180日）超えて継続したとしても、支払われない。就業不能給付金は、所定の就業不能状態となってから、所定の支払対象外期間（60日または180日）は、支払われない。「うつ病」などの精神障害が原因の場合や、「むちうち症」や「腰痛」などで医学的他覚所見がみられない場合は、支払対象外である。

　所定の高度障害状態になった場合は以後の保険料は免除されるが、それ以外は、就業不能給付金を受け取っている間も保険料の支払が必要である。高度障害給付金の支払いは保険期間を通じて1回となる。高度障害状態とは、病気やケガで両眼の視力を全く永久に失った状態や、言語またはそしゃく機能を全く永久に失った状態などをいう。

　約款所定の高度障害状態に該当した日の翌月から保険料の払い込みが免除され、契約は保険期間満了まで有効に継続する。「支払対象外期間」は、就業不能状態から回復後、あらたに就業不能状態になった場合も同様に、あらたな就業不能状態に該当した日から起算して「支払対象外期間」が発生する。就業不能状態から回復せず、その状態が続いている場合は、保険期間満了まで就業不能給付金が支払われる。海外での入院や、海外での在宅療養では保険金の請求ができない。就業不能状態から回復した場合は、支払われない。

04　就業不能リスクに対する保険の役割

　最近、生損保各社は補償内容が類似している就業不能を対象とする保険を次々と発売しているが、損害保険会社は「所得補償保険」と称し、生命保険会社は「就業不能保険」と称していることは、前述の通りである。この所得補償保険または就業不能保険は、多くの場合、その担保期間が1年ないし2年といった比較的に短期である。しかし、新設保険会社とアメリカ系の損害保険会社は、所得補償保険を積極的に販売しており、補償期間も定年または70歳というように長期である。

　特に、日立キャピタル損害保険株式会社が発売しているLTDは、補償を最長で退職年齢まで設定でき、生涯収入を高いレベルまで担保できる。したがって、家族も養いながら生きていくための備えになる。また、LTDの役割は早期の就業能力回復である。アメリカにはCRC（Certified Rehabilitation Coordinator）という資格があるが、これは障害をもつ人の能力回復（リハビリテーション）のプログラムを作成し、これを実行してゆくための資格である。受験資格自体が要大学院卒業といるほど高度な資格である。日本ではまだこのような資格制度はないが、キャピタル損害保険株式会社は、過去にアメリカでの事例をもとに保険金受給者に対し必要に応じ職業リハビリテーションを提供していた。

　LTDは、これまでの個人のリスクマネジメントのための保険があまり提供していなかった長期就業不能を補償する保険であるが、その意味で、他の多くの保険商品との連続性・補完性がある。例えば、医療保険とは初期の入院について医療保険、以降の自宅療養については、LTDというようなパッケージができるし、現役時の長期就業不能はLTD、退職後の生活保障は年金、というように個人年金との添付も可能である。また、資産取り崩しと資産形成中断の回避といる意味で、投資信託、変額保険等と関連付けることもできるし、さらには、就業不能になったときに保険料負担を担保する保険の保険として現在支払っている保険の保険料をヘッジすることも考えられる。

　日本でもLTDが新しい保険として注目され始めているのは、これまでの社会保険制度や生命保険、損害保険では対応してこなかったリスクを担保しているからである。LTDの発展可能性は、非常に大きい社会状況になっているといえる。

第13章

リバース・モーゲージ

多くの人は、若い時に住宅ローンによって住宅を取得し、人生の長きにわたり返済していく。その住宅ローン完済時に近くなると、住宅所有者自身の高齢化し、年金の受給を基礎に貯蓄を取り崩して生活費を工面する生活となる。しかし、現役の時には住宅ローンの返済などが負担となり、その老後のための貯蓄などが十分ではない場合も生じる。

このように多くの貯えが住宅となっている状況下で、高齢者が住居を手放さずにその住宅を担保にした融資を老後の資金とし、住宅所有者の死亡時に一括して返済する方式の「リバース・モーゲージ」が、老後の所得保障の補完的な手段として注目されている。このリバース・モーゲージは、保険制度ではないが、ここで説明する。

01 リバース・モーゲージの概念

リバース・モーゲージ（Reverse Mortgages）とは、英米において、1970 年代以降に、高齢の住宅所有者がその財産から貸付を受けられるようにするために抵当権（Mortgage）を設定するようになったが、この場合に、借主による返還が一定期間行われないものを指すようになった。この方法による貸付は、Reverse Mortgages、Reverse Annuity Mortgages など と称するようになった。

つまり、通常の貸付では不動産に抵当権を設定し、最初に一時金として貸金を受け取った借主が、後からそれを長期にわたって分割して弁済しているのに対して、リバース・モーゲージにおいては、借主である高齢者が不動産を担保に、貸主から定期金の形式で金銭を受け取ることから、Reverse と称されている。

このリバース・モーゲージでは、借入者が所有する住宅に住み続けながら、借入者の死亡時に全額返済する融資の仕組みである。このような融資は、「逆抵当融資」または「持家担保年金」とも称される。

リバース・モーゲージは、基本的に期間中に返済されることはなく、借入残高は増加していくことになり、借入者の死亡時など契約満了の要件に該当したときに全額返済される。リバース・モーゲージは、この点が通常の住宅ローンとは逆になっているため、「リバース」と称されており、借入金残高と利用者の資産に対する実質的な価値が、「逆」である。このリバース・モーゲージは、住宅ローンなどによって資産を形成した者が、その価値を少しずつ取り崩して収入を確保することができるため、リバース・モーゲージは年金のような役割を果たしている。

02　リバース・モーゲージの歴史

リバース・モーゲージは、1929年にイギリスにおいて、社会福祉政策一環として導入されたといわれている。また、1960年代にはアメリカでリバース・モーゲージ関連商品が開発され、1990年代には本格的に普及した。リーマンなど大手金融機関や、連邦住宅抵当金庫もリバース・モーゲージ商品を提供していたが、金融危機後、大手金融機関等が撤退し、現在は、公的保険を付与されたリバース・モーゲージである HECM (Home Equity Conversion Mortgage) が中核となっている。

HECM は 1988 年に当時のレーガン大統領が署名し施行された Housing Community Development Act（1987）に基づいて、1989 年 10 月のデモンストレーション・プログラムから制度実験が始められ、1998 年に恒久化された。HECM は、アメリカ合衆国連邦政府の組織の 1 つであるアメリカ合衆国住宅都市開発省 (United States Department of Housing and Urban Development; HUD)[113] の連邦住宅局 (Federal Housing Administration; FHA)[114] が運営する公的融資保険制度である。HECM 融資は、FHA が承認した民間の金融機関が行うが、この融資

---

[113]　1965 年にリンドン・ジョンソン大統領によって設立された。

[114]　住宅ローンの債務保証をする米国政府機関である。住宅ローンの貸し手であるオリジネーターが、住宅ローンを貸し出す際に、ローンの債務者が債務不履行となった場合に、債務者に代わり、これを保証する業務を行う。

に関して FHA 融資保険が付保される。この保険によって、金融機関に対しては、リバース・モーゲージの３大リスク（金利上 昇リスク、不動産価格下落リスク、長生きリスク）による担保割れの損失が補償され、利用者に対しては、金融機関が支払不能となった場合でも貸付が保証される。これにより、利用者は、配偶者を含めた自ら退去するか死亡するまで居住の継続が保証され、担保割れとなった場合も住宅の売却収入以上の返済義務はないノンリコース条件融資となっている。

　一方、ノンリコース・ローンとは、担保の不動産のみが責任財産であるもので、債務者たる企業の倒産などの際に、そのローンの担保不動産を売却して返済に充てても、貸付の残額が残る場合において、債務者はその残額の返済責任を負わないものである。しかし、通常の住宅ローンでは、ローンの返済ができなくなり、担保の住宅を売却して返済に充ててもローンの残額が残る場合、債務者は、そのローンの残額に対する返済義務を負う。この従来の住宅ローンは「人」に対するローンであるといえるが、ノンリコース・ローンは「不動産」に対するローンであるといえる。住宅ローンは、商業用不動産ローンとは異なり、償還の資金が不動産からの所得ではない個人所得であるため、日米ともに、リコースローンが主流である[115]。

　一方、日本では、イギリスやアメリカの制度を参考にして、1980 年に有料在宅福祉サービス を担う武蔵野市福祉公社が設立され、1981 年に武蔵野市福祉資金貸付条例が施行され、福祉資金貸付事業が開始された。これが、日本における最初のリバース・モーゲージとなった。

　リバース・モーゲージの嚆矢であった武蔵野市の制度は有償福祉サービスの導入が契機であった。当時は介護保険導入（2000 年）の前であった。武蔵野市では、1973 年に老人食事 サービスを他に先駆けて開始したが、これを契機に 1975 年に近隣４市の共同助成によりケアセンターを設立して、デイホーム、入浴サービス、リハ ビリステーション、ショートステイ等を実施した。

---

[115] カリフォニアなどのいくつかの州では、住宅ローンを借りて住宅を購入した場合、ローンの返済が完了するまでに、当該住宅を金融機関の所有としている。そのため、債務者がデフォルトした場合、金融機関は、裁判の手続きを経ずに住宅を処分する権利である「Foreclosure by Power of Sale」が認められている。その代わりに、銀行は、担保物件処分で不足が生じても、個人財産には遡及できないようにしている（小林正宏・安田裕美子（前掲書）、pp.150-152）。これによって、アメリカの一部の州では、住宅ローンをノンリコース的な運用をしている。

03　リバース・モーゲージにおけるリスク

　一般的に、リバース・モーゲージは、融資機関にとって３大リスクがあるとされ、①不動産価格下落のリスク、②金利上昇リスク、そして③利用者の長生きリスクの３つのリスクが挙げられる。これらのリスクは、担保割れをもたらし、資金回収を困難にするものである。

　第一の不動産価格下落のリスクは、担保融資に共通するリスクであるが、不動産価格、特に土地価格が変動して回収困難になる可能性である。このリスクに対応するためには、不動産担保融資で伝統的に使われてきた「担保掛目」の水準設定のほか、一定期間ごとの担保再評価、さらには保証や保険によるリスク・ヘッジが必要となる。

　第二は金利上昇リスクによって借入額が増加する可能性である。これは変動金利方式の場合に生じる。このリスクに対応するためには、一定期間ごとに利息の返済を求めることや預金連動と称して預金利息と相殺することにより利息負担を軽減するなどの工夫がなされている。根本的解決にはある程度の金利変動の上限や下限であるキャップやフロアを設ける必要があるが、これに対しては保険などの利用も必要となる。

　第三が、契約の際の想定を超えた利用者の長生きリスクによって、借入額が増加する可能性である。契約上の最終年齢を超えて利用者が長生きした場合、融資機関は融資を打ち切ることができるが、利用者が高齢の時点での融資打ち切りによって取扱機関が社会的に批判を浴びる可能性がある。このリスクの回避策としてまず考えられるのは保証や保険の活用である。

04　不動産担保型生活資金

　1981 年に東京都の武蔵野市が福祉資金貸付事業として開始したのが始まりであることは、前述の通りである。その後、東京都、大阪府及び兵庫県の一部の自治体などが同様な制度を発足させていった。しかし、その利用実績が余り伸びず、2002 から厚生労働省が都道府県社会福祉協議会を通じて不動産担保型生活

資金貸付制度を開始した。さらに、厚生労働省は、2007 年からは生活保護を受けるための条件整備を目的とした要保護世帯向け不動産担保型生活資金貸付制度を開始した。そのようなことを背景にして、武蔵野市はその事業を 2013 年 3 月に終了した。武蔵野市に続いた、中野区（直接融資方式）や世田谷区（間接融資方式）等の約 20 自治体も既にその事業を終了し、国の不動産担保型生活資金融資（2003 年）へと移行した[116]。

「不動産担保型生活資金」は、持ち家と土地があっても現金収入が少ない高齢者が、その居住用不動産を担保に生活費を借り入れることにより、世帯の自立支援を図っていく貸付制度である。公的主体の融資方法は、日常の収入不足を補う趣旨から年金のような定額融資が主体となっている。高齢者の居住用不動産を担保に月額で貸付を受け、借り受けた高齢者の死亡時または融資期間終了時にその不動産を処分し返済することから「リバース・モーゲージ」形式とも言われている。

「不動産担保型生活資金」は、居住用不動産を有する低所得の高齢者世帯に、その不動産を担保として生活資金の貸付けを行うことにより、その世帯の自立を支援することを目的とした貸付制度である。その貸付限度額は、居住用不動産（土地）の評価額の 70％程度で、貸付額は、1 ヶ月当たり 30 万円以内で、3 ヶ月ごとに貸付を行う。その貸付けの申込みは、市町村社会福祉協議会で受け付けている。社会福祉協議会は、民間団体ではあるが、社会福祉法に基づいて行政区分ごとに組織されている団体であり、運営資金の多くが行政機関の予算措置によるものであるため、「公私共同」、「半官半民」で運営される。

貸付対象は、次の事項すべてに該当する高齢者世帯である。①借入申込者が単独で所有、あるいは同居の配偶者との共有する不動産に居住していること。②不動産に貸借権等の利用権や抵当権等の担保権が設定されていないこと。③配偶者またはその親以外の同居人がいないこと。かつ、世帯の構成員が原則として 65 歳以上であること。④借入世帯が市町村税の非課税世帯または均等割課税世帯程度の低所得世帯であること。⑤暴力団員による不当な行為の防止等に関する法律（平成 3 年法律第 77 号）第 2 条第 6 号に規定する暴力団員が属する世帯は借入の申込はできない。

---

[116] 村林正次「リバースモーゲージ再考」『土地総合研究』2016 年夏号、一般財団法人 土地総合研究所、2016 年、pp.35-42。

「不動産担保型生活資金」の貸付内容は、次の通りである。

表73 不動産担保型生活資金の貸付内容

区　分	内　容
貸付限度額	居住用不動産（土地）の評価額の70％（※評価額は概ね1,500万円以上）マンションは対象外
貸付期間	借受人の死亡時までの期間または貸付元利金が貸付限度額に達するまでの期間
貸付額	１月当たり30万円以内の額（臨時増額可能）を３ヶ月分ごとにまとめて貸付
貸付利子	年利３％または毎年４月１日時点の長期プライムレートのいずれか低い利率
償還期限	借受人の死亡など貸付契約の終了後、措置期間が３ヶ月あり、償還期限となる。償還期限を過ぎた場合は、償還完了までの間、延滞利子（年30％）が発生する。
償還の担保措置	・居住する不動産に根抵当権等を設定 ・推定相続人の中から連帯保証人１名を選任

（出典）神奈川県社会福祉協議会

「不動産担保型生活資金」の仕組みは、次の通りである。

図139 不動産担保型生活資金

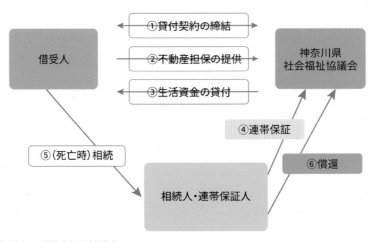

（出典）神奈川県社会福祉協議会

　まず、「不動産担保型生活資金」は、居住する市区町村の社会福祉協議会に相談し、概算評価を受けたあと、申込書類を整え、本申込を行う。①借受人と社会福祉協議会が貸付契約を締結する。②借受人が市区町村の社会福祉協議会に不動産の担保を提供し、③市区町村の社会福祉協議会には借受人に月々の生活資金をの貸付を行う。④借受人が死亡したなどの場合に貸付契約は終了し、借受人の相続人または連帯保証人が貸付金及び利子を償還する。

　また、リスクの発生の場合の処理は、次のような措置が行われる。

① 不動産価格の下落

　３年毎に不動産の再評価をし、貸付が継続できるかが判断される。この時の諸経費は借受者負担となる。

② 貸付元本・利子が貸付限度額に到達

　担保物権の居住中に元本と利子が貸付限度額に達したときは、「居住しつづけながら、それ以降に発生する利息を支払う」、「限度額到達時に物件を売却し精算する」、のいずれかの選択をしなければならない。

③ 借受者の死亡

　引き続き、承継者として配偶者が貸付を希望する場合は、改めて審査を受ける。借受者が死亡し、承継が認められるまでの分は、貸付を一時停止される。

05　金融機関によるリバース・モーゲージ

　民間金融機関では1999月に殖産銀行(現きらやか銀行)が取り扱いを開始した。2005年には中央三井信託銀行（現三井住友信託銀行）、東京スター銀行が取り扱いを開始し、現在では群馬銀行、西武信用金庫なども参入している。また、ハウスメーカーもリバース・モーゲージの取り組みを行っている。2003年に旭化成ホームズ、2004年にトヨタホーム、2006年に積水ハウスがそれぞれ自社の住宅購入者を対象にリバース・モーゲージの提供を開始した。しかし、ハウスメーカーによるリバース・モーゲージの利用実績は、ほとんど無いとみられ、旭化成ホームズでは現在は取り扱いを中止している。

　その後、住宅金融支援機構の住宅融資保険創設（2009年）後に都市銀行や信

用金庫・信用組合等が参入し、現在では、各都道府県の社会福祉協議会や金融機関が取扱いをしているが、その普及度は諸外国に比べて高くないといえる。アメリカの HECM のような担保割れリスクに対する政府の保証や保険がないことがその原因として指摘される。

参考文献

Craig J. Schmidt, MD; Richard B. Singer, MD, "Structured settlement Annuities, Part 1: Overview and the Underwriting Process", Journal of Insurance Medicine, 2000.

Harold D. Skipper,W. Jean Kwon, Risk Management and Insurance: Perspectives in a Global Economy, Blackwell publishing, 2007.

Gregg D.Polsky, Brant J.Hellwig, "Taxing Structured Settlement", Boston College Law Review, 2010.

Jeremy Babener, "Justifying the Structured Settlement Tax Subsidy; The use of Lump Sum Settlement Monies", New York University Journal and Business, Vol.6, 2009.

Jeremy Babener, Structured settlements and Single-claimant Qualified Settlements Funds: Regulating in Accordance with Structured Settlement History, New York University, 2010.

"Structured Settlements —Security and Stability For your Retirement —", The National Structured Settlements Trade Association, 2011.

石名坂邦昭『ファミリーリスクマネジメントと保険』白桃書房、1999 年。

大谷孝一編著『保険論 (第 3 版)』成文堂、2012 年 3 月。

大谷 孝一・中出 哲他『はじめて学ぶ 損害保険』有斐閣、2012 年。

大森 彌・山崎 史郎他『新装版 介護保険制度史：基本構想から法施行まで』東洋経済新報社、2019 年。

木宮高彦・羽成守・坂東司郎・青木荘太郎『注釈自動車損害賠償保障法』有斐閣、2003 年。

国岡福一『自動車事故と保険賠償』山海堂、平成 11 年 3 月。

佐野誠「人身事故損害賠償における定期金払いについての一考察―米国における Structured settlements 制度について―」『保険学雑誌』第 570 号、2000 年。

佐野誠『世界のノーフォルト保険』損害保険事業総合研究所、2001 年。

同　上「定期金賠償の動向と課題」『交通賠償論の新次元』財団法人日弁連交通事故相談センター、2007 年。

同　上「後遺障害逸失利益損害における定期金賠償」『損害保険研究』第 69 巻第 4 号、2008 年。

上　同「自賠法の改正と自賠責保険の変容」『損害保険研究』第 64 巻第 4 号（損害保険事業総合研究所、2003 年。

自動車保険料率算定会『自動車保険料率・制度の変遷』1994 年。

上　同『自動車保険普通保険約款の変遷』1997 年。

上　同『自動車保険論』第 20 版、1999 年。

下和田功『リスクと保険』保険毎日新聞社、2004 年。

上　同『リスクと保険』有斐閣、2004 年。

鈴木辰紀編著『自動車保険』成文堂、1998 年。

上　同「自動車事故被害者の救済と保険制度」『交通災害における損害賠償、保険および社会保障』保険毎日新聞社、1998 年。

上　同　『保険論』成文堂、2000 年。

上　同　『新保険論』成文堂、2003 年。

鈴木辰紀『損害保険研究』成文堂、1977 年。

上　同　『自動車保険』成文堂、1981 年。

上　同　「自動車保険制度の課題」『損害保険研究』第 61 巻 1 号、損害保険事業研究所、1998 年。

上　同　『自動車保険の現代的課題』成文堂、2000 年。

田畑康人・岡村国和『読みながら考える保険論（増補改訂第 3 版）』八千代出版、2018 年。

東京弁護士会自動車事故処理委員会・日弁連自動車事故相談センター『損害賠償額算定基準』1990 年。

田伏秀輝・森田直子『就業不能リスクと GLTD』保険毎日新聞社、2018 年。

吉本智信・佐野誠『生存余命と定期金賠償』自動車保険ジャーナル、2005 年。

保険毎日新聞社『自賠責保険のすべて』2002 年。

星野明雄「新型自動車 TAP 開発について」『損害保険研究』第 61 巻 1 号、損害
　　　保険事業研究所、1998 年。

堀田一吉『民間医療保険の戦略と課題』勁草書房、2006 年。

上　同『現代リスクと保険理論』東洋経済新報社、2014 年。

堀田一吉・山野 嘉朗『高齢者の交通事故と補償問題 (慶應義塾保険学会叢書 5)』
　　　慶應義塾大学出版会、2015 年。

堀田一吉『保険学講義』慶應義塾大学出版会、2021 年。

松木淳一・荒木靖之「アメリカの変額ユニバーサル保険」『生命保険経営』生命
　　　保険経営学会、第 71 巻 2 号、2003 年 3 月。

李洪茂『保険事業と規制緩和』成文堂、1996 年。

上　同「人的損害に対する労災保険と自動車保険の交錯」『保険学雑誌』586 号、
　　　日本保険学会、2004 年 09 月。

上　同「日本における所得補償保険の商品化」『損害保険』第 431 号、大韓損害
　　　保険協会、2004 年 10 月 5 日。

上　同「保険会社の破たんと契約者の保護」『新保険論』成文堂、2005 年。

上　同「日本における生命保険商品の変遷と終身保険」『生命保険』第 315 号、
　　　韓国生命保険協会、2005 年 4 月 25 日。

上　同「日本における保険会社の破たん処理の変遷」『生命保険』第 317 号、韓
　　　国生命保険協会、2005 年 6 月 25 日。

上　同「日本における変額年金リスク管理とその問題点 (1) 」『生命保険』第 325
　　　号、韓国生命保険協会、2006 年 3 月 5 日。

上　同「日本における変額年金リスク管理とその問題点 (2) 」『生命保険』第 327
　　　号、韓国生命保険協会、2006 年 5 月 5 日。

上　同「日本におけるアカウント型生命保険の功績と問題点」『生命保険』第
　　　400 号、韓国生命保険協会、2012 年 6 月 10 日。

上　同「定期保険を年金化した日本の収入保障保険」『生命保険』第 418 号、韓
　　　国生命保険協会、2013 年 12 月 10 日。

上　同「保険会社の破たん処理と保険契約者保護」『保険論』成文堂、2012 年。

上　同「自動車保険の販売競争とその影響」『現代保険論集―鈴木辰紀先生古希
　　　記念』成文堂、2001 年。

上　同「自動車保険の変遷と多様化について」『早稲田商学』第 394 号、早稲田商学同攻会、2002 年。

上　同「確定給付企業年金における受給権保護とその実効性」『早稲田商学』第 409・410 合併号、2006 年 12 月。

上　同「確定給付型企業年金におけるモラル・ハザードと受給権保護」保険学雑誌、第 603 号、2009 年。

李洪茂「後遺障害に対する労働力喪失率」『損害保険研究』第 64 巻 4 号、損害保険総合事業研究所、2003 年 2 月。

同　上「人的損害に対する労災保険と自動車保険の交錯」『保険学雑誌』第 586 号、日本保険学会、2004 年 9 月 30 日。

李洪茂・小笠原秀義『企業年金が危ない！』講談社、2009 年 4 月。

李洪茂「民営医療保険の構造と生損保間の融合」『早稲田商学』第 431 号、2012 年 3 月。

上　同「アカウント型生命保険と収入保障保険 ── ライフステージ別の保障内容の変更と 生命保険商品の展開 ──」『早稲田商学』第 439 号、2014 年 3 月。

上　同『リスクマネジメント論』成文堂、2019 年。

索引

・あ

アメニティ（Amenity） 210

アルツハイマー病 221

・い

慰謝料 82, 83, 86, 92, 160

遺族基礎年金 280, 281

遺族厚生年金 281

遺族年金 279

遺族補償給付 147, 155

1事故当たりのてん補限度額（Any One Accident; AOA） 6

一次判定 219

著しい醜状 62

一部負担 185

逸失利益 38, 43, 87, 89, 90

逸失利益（後遺障害） 53

逸脱 143

一般自動車保険（BAP; Basic Automobile Policy） 28, 29

一般保険料率 176

医療分保険料 173, 175

・う

運行供用者 9

運行供用者責任 11

・お

お給料保険 405

・か

介護サービス 227, 228

介護サービス事業者 216

介護支援専門員 218

介護付有料老人ホーム 250

介護認定審査会 218

介護分保険料 173, 175

介護保険施設サービス 249

介護保険指定事業者 226

介護保険制度 213

介護保険制度の3原則 217

介護補償給付 147, 155

介護予防 240

介護予防ケアマネジメント 243

介護予防サービス 227, 228, 241

介護予防小規模多機能型居宅介護 242

介護予防認知症対応型サービス 242

介護療養型医療施設 235

介護老人福祉施設 235

介護老人保健施設 235

返戻率（戻り率） 372

加給年金 270, 271, 272, 278

確定給付（Defined Benefit）型年金 323

確定給付型（給付建て） 321

確定給付企業年金 321, 323, 327

確定給付年金 256

確定拠出型（拠出建て） 321

確定拠出年金（企業型） 256

確定拠出年金（個人型（iDeCo）） 256, 356

確定拠出年金制度（DC; Defined Contribution Pension Plan） 346, 347

過去勤務債務（Past Service Liability） 332

加算年金 318

過失ゼロ 100

過失相殺 99

過失割合 100

加重障害 61

仮想の個人口座（Hypothetical Account） 340

合算対象期間 266

稼働（就労）可能期間 52

加入者拠出 328

寡婦年金 287

仮渡金 20

加齢的素因 106

簡易生命表 52

がん診断給付金 203

完全生命表 52

がん保険 202

官民格差 258

・き

企業型（Corporate Type） 347

企業年金 256

基礎収入 45, 53, 54

基礎年金（国民年金） 257, 258

基本保険料 180

基本保険料率 176

キャッシュ・バランス・プラン（Cash-Balance Plan） 339

休業給付基礎日額 152

休業損害 38, 39

休業補償給付 147

求償 157, 158, 160

急性期病院 199

給付基礎日額 150

給付の変更（減額） 327

共済組合 173

共済年金 258

業務起因性 131, 135, 139, 140

業務災害 131, 135

業務上疾病 139, 140

業務遂行性 136, 139

居宅サービス 230

均等割 173

金利上昇リスク 414

・く

区分支給限度額 244

繰り上げ受給 272

繰り下げ受給 272

・け

ケアプラン 219

ケアマネージャ 219

経済的利益（Economic Benefit） 113

経済的利益主義 115

継続基準 333, 336

欠損障害 57

現価係数 71

健康型有料老人ホーム 251

健康保険組合 171

健康保険組合連合会 172

現在価値（Present Value） 65

現職復帰不能（Own Occupation」）特約 398

見当識障害 222

・こ

広域連合 180

後遺障害 91, 92

後遺障害(Permanent Disability) 56

後遺障害による逸失利益 38

後遺障害等級 59

後遺障害等級表 56

後遺障害保険金 402

好意同乗 106

高額介護サービス費 246

高額介護サービス費制度 248

高額療養費 189

高額療養費制度 187, 208

後期高齢者医療制度 167, 169, 177, 181

後期高齢者支援金分保険料 173

公私共同 415

控除 157, 158, 160

厚生年金基金 316, 317, 318, 321, 326

厚生年金保険 260

厚生年金保険料 292

公的医療保険 168

公的医療保険制度の3原則 217

公的介護保険サービス 227

公的年金 255

公的扶助(Public assistance, Social assistance) 263

高度医療 194, 195

国民皆年金 257

国民皆保険 166

国民健康保険 166, 171

国民健康保険税 173

国民健康保険団体連合会 217

国民健康保険料 173

国民生命表 53

国民年金 256, 265

国民年金基金 256, 269

国民年金(基礎年金) 257

国民年金の保険料 292

個人型(Individual Type) 347

個人年金 367

個人年金保険料控除 374

雇用保険 129

護療養型医療施設サービス 236

混合診療 192

混同 97

・さ

災害補償 130

災害補償責任 130

財産的損害 37, 81

財政計算 335

財政検証 333

財政調整 177

在職老齢年金 273

最低死亡保険金保証型(GMDB;Guaranteed Minimum Death Benefit) 380

最低生活保障(ナショナル・ミニマム) 264

最低積立基準 330

最低積立基準額 334, 337

最低年金原資保証型(GMMB; Guaranteed Minimum Maturity Benefit) 381

最低保障額 151

最低保証引き上げ型(ラチェット型; Ratchet) 381

最低保全給付 334

裁判基準 41

差額説 38

三大疾病保障保険 201

暫定任意適用 132, 133

・し

資格証明書 174

自家用自動車総合保険（SAP；Special
　　Automobile Policy）29

自家用自動車総合保険（SAP；Special
　　Automobile Policy）28

支給調整 157

支給の制限 135

自己負担限度額 188

市場価格調整（MVA；Market Value
　　Adjustment）371

施設サービス 233

事前積立方式 332

自損事故保険 24

示談 30

示談代行サービス 28

指定居宅介護支援事業者 226

指定施設サービス 227

私的年金 256

自動車運転者損害賠償責任保険（ドライバー
　　保険）30

自動車総合保険（PAP；Package
　　Automobile Policy）29

自動車総合保険（PAP；Package
　　Automobile Policy）28

自動車損害賠償責任保険 12

自動車損害賠償保障法 9

自賠責基準 40

自賠責保険 13, 15

自賠責保険（強制保険）12

自賠責保険における被保険者 14

支払基準 21

支払保証制度 342, 343

死亡による逸失利益 38

死亡表（Mortality Table）52

死亡保険金 402

社会的入院 213

車両保険 26

社会保険協定 302

重過失減額 102, 103

従業員引退所得保障法（Employee
　　Retirement Income Security Act of
　　1974）313

従業員退職所得保障法（ERISA；
　　Employees Retirement Income
　　Security Act of 1974）342

就業不能リスク 393, 395

就業不能保険 396

収支相等の原則 331

終身型医療保険 206

自由診療 85, 191

修正積立方式 292

修正賦課方式（Partially Funded）290

住宅型有料老人ホーム 251

集団ケア 233

収入保障保険 396

重複契約 16

周辺症状（BPSD；Behavioral and
　　Psychological Symptoms of
　　Dementia）221, 223

就労可能年数 74

受給資格期間 266

樹形モデル 219

主契約型 205

出産育児一時金 170

出産手当金 170

障害基礎年金 274, 276

障害厚生年金 275, 276

障害の系列 57

障害の序列 57

障害年金 274

傷害保険 204

障害(補償)一時金 154

障害(補償)給付 153

障害(補償)年金 154

障害補償給付 147

消極損害 37, 38, 82

証券総てん補限度額(Policy Limit) 6

症状固定 92

商事法定利率 75

傷病補償年金 147, 153

将来価値(Future Value) 65

ショートステイ 232

職域保険 167, 168, 169

職業病リスト 141

初診日 274

女性特定疾病特約 204

女性向け医療保険 204

所得代替率 299, 300

所得補償保険 396, 402

心因的素因 106

人身事故 79

人身傷害補償 31

人身傷害補償保険 32

人身損害 8, 37, 81

親族間事故 98

診断群分類別包括評価(DPC) 199

診療報酬 181, 182

診療報酬請求書 185

診療報酬点数 184

診療報酬点数表 181

診療報酬明細(レセプト) 185

・す

推定受領(Constructive Receipt) 113

推定受領主義(Constructive Receipt Doctrine) 115

数理債務 334

ストラクチャード・セットルメント(Structured Settlements) 111

ストラクチャード・セットルメント・ファクトリング取引(Structured Settlement Factoring Transactions) 121

スライド率 152

スライド調整率 298

・せ

生活保護制度 263

生活費控除率 88

生活費等の控除 51

生活習慣病(成人病)特約 202

生計費調整(Cost of Living Adjustment」特約) 398

精神的損害 81

精神的損害(慰謝料) 37

政府の自動車損害賠償保障事業 15

生命表(Life Table) 52

生命保険料控除制度 374

責任準備金 334

世帯合算 189

積極損害 37, 38, 81

前期高齢者医療制度 177

全国健康保険協会 172

先進医療 194

先進医療給付金 200

選定療養 193

・そ

素因 106

早期年金開始型 384

総てん補限度額(Aggregate Limit; AGG.) 6

葬祭料 147, 156

相当 60

総報酬制 296

損益相殺 107

損害の計算項目 79

損害保険料率算出機構 59

・た

第1号被保険者 265, 268

第2次健康診断 131, 147

第2号被保険者 267, 268

第3号被保険者 259

代位 158

退職給付債務 313, 314

退職積立金 311

対人賠償責任保険 22

対物賠償責任保険 25

短期保険証 174

短期入所サービス 232

短期入所生活介護 232

短時間労働者(パート) 261

団体長期所得補償(Group Long-Term Disability) 397

団体長期障害所得補償保険(GLTD) 404

団体長期障害所得補償保険(GLTD: Group Long Term Disability) 403

単利(Simple Interest) 66

・ち

地域支援事業 242

地域保険 169

地域密着型介護老人福祉施設 238

地域密着型介護予防サービス 241

地域密着型サービス 238

中核症状 221, 222

中間利息控除 44, 63, 64

中高齢寡婦加算 282

中小企業退職金共済制度(Smaller Enterprise Retirement Allowance Mutual Aid System) 319

調整年金 317

直接請求権 18

長期高額疾病 190

長期就業不能所得補償保険 403

長期所得補償(LTD ; Long Term Disability)保険 395

長寿医療制度 179, 180

・つ

通院給付金 203

通勤 142, 145

通勤起因性 131

通勤災害 130, 131, 142

通算制度 357

通所サービス 232

積立方式(Fully Funded) 290

積立利率変動型 370

・て

定額化 8

定額払い制度 183

定型化 8

定期金払い(Periodic Payments) 111

適格退職年金 325

適格年金 316

適用事業所 260

てん補限度額(Limit of Liability; LL) 6

・と

投資信託（Mutual Fund）375, 385

搭乗者傷害保険 25

到達目標設定型（ターゲット型）383

特定施設 237

特定施設入居者生活介護 237

特定適用事業所 261

特定保険料 180

特定保険料率 177

特別加入 132, 133

特別支給金 130

特別徴収 181

特別養護老人ホーム 235

取引税（Factoring Transaction Tax）123

・な

内国税規則（Revenue Ruling）113

長生きリスク 414

・に

二重加入 303

二重給付 265

入院 197

入院給付金 197, 198

入院料 198

任意保険基準 41

認知症 221

・ね

年金改定率（スライド調整率）298

年金加入期間通算 306

年金給付基礎日額 152

年金給付保証公社（PBGC; Pension Benefit Guaranty Corporation）342

年金現価係数 72

年金原資計算表 73

年金数理 329, 331

年金数理人 344

年金債務（ABO; Accumulated Benefit Obligation）343

年金分割 288

年金保護基金（PPFP ; ension Protection Fund）343

・の

脳血管性認知症 221

ノンリコース・ローン 413

・は

売却禁止条項（Non-Assignment Clauses）121

賠償責任保険 5

半官半民 415

判断力障害 222

・ひ

被害者請求 18, 20

非継続基準 334, 337

非適格据置プラン（NQDP; Nonqualified Deferral Plan）116

被扶養者 167

130万円の壁 259

評価療養 193, 194

標準報酬月額 176

病的素因 106

平等割 173

費用の徴収 134

・ふ

ファーストパーティー（First-Party）31

付加年金 268, 269

付加部分（プラスアルファ） 319

賦課方式 292

賦課方式（Pay-As-You-Go） 290

複利（Compound Interest） 67

物件損害 37

不動産価格下落のリスク 414

不動産担保型生活資金 415

扶養利益 88

振替加算 271

・へ

平均賃金 151

平均余命 74

変額年金 375, 376, 377, 385

変額保険 375

変額ユニバーサル保険 375

・ほ

包括払い 183

報酬比例部分（代行部分） 316

訪問サービス 231

ポータビリティ（Portability） 347, 357

ボーナス特別支給金 131

保険料納付要件 275, 282

保険料免除期間 266

保険外併用療養費 191

保険外併用療養費制度 193

没収（Confiscation） 313

ホフマン方式 69

保有者 10

・ま

マクロ経済スライド 297, 301

マッチング拠出（Matching Contribution） 350

・み

ミーンズテスト 264

民営医療保険 196, 208

・む

無過失責任 130

無償同乗（好意同乗） 105

無保険車傷害保険 26

・め

免責の3条件 9

・も

持分付与額（Pay Credit） 340

モデル世帯 299

・ゆ

有料老人ホーム 250

ユニット型個室 234

ユニットケア 234

ユニバーサル保険 375

・よ

要介護認定 215, 218

要介護認定等基準時間 219, 220

要介護・要支援の予防 227

予測給付債務（PBO ; Projected Benefit Obligation） 315

予防給付 223

4分の3基準 261

・ら

ライプニッツ係数 44, 74

ライプニッツ方式 64, 69

・り

リスク細分型保険 31

リスク対応掛金 339

リスク分担型企業年金 338

リバース・モーゲージ（Reverse Mortgages）
　411, 414

リバース・モーゲージの3大リスク 413

利用者負担割合 245

療養補償給付 147, 153

・ろ

労災保険 129

労災保険の給付 147

労災保険の適用 132

労災保険の認定基準 59

老人医療制度 186

老人医療費の無料化 178

老人保健法 179

労働災害補償保険法 130

労働能力喪失期間 53

労働能力喪失説 38

労働能力喪失率 53, 54

労働福祉事業 148, 149, 159

労働保険 129

老齢基礎年金 272

老齢厚生年金 269, 272

老老介護 213

・わ

割合 185

割引額（Factoring Discount） 123

・C

CRC（Certified Rehabilitation Coordinator）
　409

・D

DBO（Defined Benefit Obligation） 315

DPC 183

DPC（診断群分類） 182

DRG（Diagnosis Related Group） 182

・E

ETF（Exchange Traded Fund） 386

・F

First-Party Coverage（Insurance） 7

・H

HECM (Home Equity Conversion
　Mortgage） 412

・I

iDeCo 351

IRA（Individual Retirement Account：個人
　退職勘定・個人退職年金制度） 256, 353

・S

State Disability Insurance（SDI） 398

・T

Third-Party Coverage（Insurance）

李洪茂（Hongmu Lee）

早稲田大学商学学術院教授。

早稲田大学大学院商学研究科博士後期課程修了。

博士（商学）（早稲田大学）

韓国檀国大学校商経大学助教授、早稲田大学商学学術院専任講師、助教授を経て現職。

専門は、保険論、損害保険論、リスクマネジメント論。

主要著作（単著）

『保険事業と規制緩和』成文堂、1996 年 (1996 年度日本リスクマネジメント学会優秀著作賞受賞)。

『リスクマネジメント論』成文堂、2019 年。

『リスクマネジメント論 (中国語版、韓国版)』博英社、2020 年。

『保険論』博英社、2021 年。

Risk Management - Fundamentals, Theory, and Practice in Asia--, Springer, 2021 年 .

パーソナル・リスクマネジメントと保険
‐ 人身事故、医療・介護、所得保障 ‐

初版発行 2021年10月29日

著　　者　李洪茂 (Hongmu Lee)

発 行 人　中嶋 啓太

発 行 所　博英社

　　　　　〒 370-0006 群馬県 高崎市 問屋町 4-5-9 SKYMAX-WEST
　　　　　TEL 027-381-8453/FAX 027-381-8457
　　　　　E-MAIL hakueisha@hakueishabook.com

ISBN　　 978-4-910132-17-4

定　価　　2970 円 (本体 2700 円)